每天的生活，都是靈魂的精心創造

You create your own reality.

You create your own reality.

每 天 的 生 活 ， 都 是 靈 魂 的 精 心 創 造

賽斯書 3

個人實相的本質

The Nature of Personal Reality

作者——Jane Roberts
譯者——王季慶
總編輯——李佳穎
責任編輯——管心
特約編輯——陳秋萍
校對——涂美穗
美術設計——唐壽南
發行人——許添盛
出版發行——賽斯文化事業有限公司
地址——新北市新店區中央七街26號4樓
電話——22196629
傳真——22193778
郵撥——50044421
版權部——陳秋萍
數位出版部——李志峯
行銷業務部——李家瑩
網路行銷部——高心怡
法律顧問——北辰著作權事務所
印刷——鴻柏印刷事業股份有限公司
總經銷——吳氏圖書股份有限公司
地址——新北市中和區中正路788-1號5樓
電話——32340036　傳真——32340037
2010 年 8 月 1 日 初版一刷
2014 年 5 月 1 日 初版九刷
售價新台幣 680 元（缺頁或破損的書，請寄回更換）

ISBN 979-986-6436-12-3
賽斯文化網站 http://www.sethtaiwan.com

The Nature of Personal Reality

個人實相的本質

關於賽斯文化

發行人 許添盛醫師

我是個腳踏實地的理想主義者。賽斯文化，是為了推廣身心靈健康理念而成立具公益性質的文化事業，希望透過理性與感性層面，召喚出人類心靈的「愛、智慧、內在感官及創造力」，讓每位接觸我們的讀者，具體感受「每天的生活，都是靈魂的精心創造——You create your own reality.」我們計畫出版符合新時代賽斯精神之書籍、有聲書、影音商品及生活用品，並將經營利潤致力於賽斯思想及身心靈健康觀念的推廣，期待與大家攜手共創身心靈健康新文明。

個人實相的本質

目錄

The Nature of Personal Reality

〈賽斯書〉

策劃緣起

許添盛

欣見賽斯文化將出版賽斯書全集。

二○○九年七月，賽斯早期課的學生瑞克（Rick Stack）來台舉辦靈魂出體工作坊，與我在花蓮賽斯村有一場東西方的交流對話。那時，許多賽斯家族朋友們見我在講座上莫名流下激動的淚水，老實說，我自己也頗感意外。不過各位想想，在台灣、大陸、香港、馬來西亞、美加的華人地區默默努力推廣賽斯思想一二十年的我，和在美國、歐洲推廣賽斯思想不遺餘力的瑞克，有朝「相逢」在台灣花蓮賽斯村，你說，這場面能不令我感慨萬千嗎？

其後邀請瑞克夫婦到我新店山上的家小聚，我才又靈光乍現，脫口而出：「一切都是我！」那年，初遇賽斯，心弦震動，彷彿風雲全為之變色，隨後找上中文賽斯書的譯者王季慶，死纏爛打的自願擔任她的翻譯助理，將一本又一本的賽斯書譯成中文，也找上當年的方智出版社合作。由於出版社擔心書的銷路，所以最早的版權費還是王季慶自掏腰包呢！終於促成中文賽斯書的出版。

王季慶是隱士型的人，不想出鋒頭，更不願找麻煩，但因為我對賽斯書的熱愛，於是在她內湖家中成立台灣最早的一個賽斯讀書會，隨後伴同陳建志南下台中、高雄成立賽斯讀書會分支。

因著我的堅持，雖然不願意，王季慶依然支持我由讀書會走向成立「中華新時代協會」。剛開始就只有讀賽斯書，後來才有人陸續帶進奧修、克氏、光的課程、靈氣等，而我始終如一，獨鍾賽斯。當年的我尚年輕資淺，於是王季慶擔任理事長在先，二屆之後才由我接任，開始大力推廣賽斯思想，以及經我整理賽斯書精髓並融合醫學專業（家醫科與精神科）的身心靈健康觀念。

這樣說來王季慶應該不會反對——我是一切的「元兇」，所有華人地區賽斯書的出現及推廣，我即是那背後最強大的推動力。當然，王季慶是我早期最大的愛護者及支持者。在我生命中最孤單、最無助、最關鍵的十五年練功期，她的呵護陪伴我成長茁壯。

我告訴瑞克這段往事，他似乎有所領會，自二〇〇七年起，「花蓮賽斯村」、「賽斯文化」、「賽斯身心靈診所」、「新時代賽斯教育基金會」、「賽斯花園」，陸續在我的熱情推動下成立，這些年來隨我打天下的工作同仁們，也都功不可沒。

其時，我並不知道美國賽斯書版權主要是由瑞克夫婦處理的——於是這麼一來，想當然爾，瑞克夫婦當然信任由我們賽斯文化兼具專業與熱誠的編輯團隊來出版，加上新時代賽斯教育基金會同步大力推廣賽斯思想，真是再完美不過了。

這就是賽斯文化出版全系列賽斯書的源由。事後看起來理所當然，當時卻也是創造實相的成功典範，正如我常說的：「結果先確定，方法自然來，輕鬆不費力，信任加感恩，但要有耐心！」

〈推薦人的話〉

一字一句，老實修行

許添盛

如果說《靈魂永生》這第一本賽斯書是一部浩瀚如海的總論，那《個人實相的本質》就是對個人而言，一部最扎實的修行書。怎麼說呢？因為賽斯在這本書提到了個人如何能與內在的感覺基調連結的方法，感覺基調即每個人內我的純能量，是個人與存有，與一切萬有連接的能量核心，是每個人「信念創造實相」的能量來源。

首先是和內我能量的連結，再來是了解「信念創造實相」諸般精微奧妙的剖析，從深度的自我覺察中，慢慢體會到個中三昧。我自己進入賽斯心法二十三、四年了，每每在心理治療的歷程中，在賽斯書講解的課程中，在自我靜默的時刻，有一番全新的體會及感動。過去曾有「一字千金」這樣的成語，但在我對賽斯書的體會中，真的是句句千金，且撼動人心。

賽斯的每一句話其實就是修行的法門、自我覺察的方法，也可以用在心理治療及精神分析當中，比如賽斯的自序提到：「不管你自己知不知道，你都曾經懷抱著決心踏上今天所走的路，你運用著各種資源，去追求那一度你認為合理的目的和理由。」各位，這段話的學問及智慧可不得了，通常我們見到今日之果，已忘記了過去之因；信念為因，實相為果，即為真正的因果論。不明究裡的人，還在傳統的因果論糾結，把行為區分為好壞，再由外界的準則及賞罰施以果報，真是謬以千里啊！

於是，每個人都像個健忘的老教授，紛紛在親情、友情、愛情及人際關係的糾纏裡，情緒起伏不定、經濟困境、身體疾患的人生苦痛裡，不得解脫；卻方便的忘了，今日之果乃過去之因啊！那因在哪裡？因就是你的心啊！你過去的心、現在的心及未來的心。記得到北京雍王府參觀時，一個大殿上供奉著三世佛，過去佛、現在佛及未來佛，說的就是過去、現在、未來三心皆不可得，唯有當下是威力之點、解脫之道啊！

「信念創造實相」不是口號，是一個深度的自我覺察及自我開悟的修行口訣。一般人經常停留在表面的好壞及對世間萬事萬物膚淺的看法中，認為哪有人願意創造出疾病、願意離婚，或辛苦了一輩子卻一無所有？殊不知《易經》所言，凶藏吉，吉藏凶，世間無絕對的好壞。一件不好的事發生了，請問，有沒有它好的那一面及創造出一個好的走向，或醞釀著一個潛藏的好呢？一件好的事產生了，請問有沒有它的弊病、缺點及隱藏某個不好的面向呢？舉個例子，如果你和某朋友感情很好，請問是不是容易捲入他的喜怒哀樂中、不易客觀？如果對方無理、有所求，你是不是也不容易拒絕、不容易做自己，因為怕傷了感情及和諧？唯有智慧乃解脫良方，這本書將可幫助無數現代人跳脫二元對立、苦痛輪迴。

生病是一件不好的事，但有沒有好處？當然，可以免除自責及休息的罪惡感，可以得到更多愛和關心。只有明白實相乃自己一手所造，你就可以重新創造實相。賽斯也清楚地解釋了創造實相的步驟：信念感受先建立，想像行動跟著來，實相創造就完成；信念改變一瞬間，創造實相要時間。

世間有許許多多修行、心靈、宗教方面及所謂新時代書籍，一下子流行一個學說，一下子流行一本書，一下子又迷哪位修行人或大師……各位，清醒一點，回來找你自己吧！一字一句，老實修行，由這本《個人實相的本質》開始。開悟解脫的智慧，盡在其中。祝福你。

〔推薦人簡介〕許添盛，曾任台北市立仁愛醫院家庭醫學科專科醫師、台北市立療養院成人精神科醫師、台北縣立醫院身心科主任，現任賽斯身心靈診院長、賽斯文化發行人、新時代賽斯教育基金會董事長。許醫師鑽研新時代思想十數年，尤偏愛賽斯；同時從事身心靈整體健康研究，對於癌症的治療及預防復發有獨到心得。成立「身心靈整體健康成長團體」、「美麗人生癌症病患成長團體」及「賽斯學院」，並定期受邀至全國各縣市、香港及美國等地演講。著有《絕處逢生》、《我不只是我》、《許醫師諮商現場》、《不正常也是一種正常》等十餘種書及有聲書。

〈譯序〉

精采實用的人類心理學

王季慶

賽斯這本《個人實相的本質》的譯稿，經過長達六年的「蘊釀」，終於與讀者見面了。喜愛「賽斯書」的讀者們，曾來信催促我快些把他的其他作品譯好。有人抱怨說，怎麼譯一本賽斯書比十月懷胎還要漫長。且聽我把譯這本書的曲折過程慢慢道來吧。

一九八五年我收到王育盛由美國的來信，說他和我一樣都是生命真理的追求者，看了我譯的第一本賽斯書——《靈界的訊息》後，讚歎我譯書之舉功德比造七級浮屠強勝無量倍。他並且告訴我，他當時已開始譯《個人實相的本質》這本書。我心喜有人為賽斯書共同努力，視為同道。當年夏天我乘赴美之便，去拜訪了他和胡英音夫婦，秉燭夜談，一見如故。

其時我已出版了《靈界的訊息》及《靈魂永生》兩本賽斯資料。我便另外選譯了《心靈的本質》，也於一九八七年出版。八八年我問老王《個人實相的本質》譯得如何了，他說擱置下來了，我便說那我來接力吧。他交給我五章多的譯稿，我接譯完第九章，就因積極進行「新時代系列」的籌劃和翻譯工作，而暫停了此書。後來他又把稿子要了回去。直到九〇年我催問他情形如何，他說沒空再續，我便再度向他要那原稿，他也慨然讓我全權處理。

於是，去年暑假我便邀因賽斯而結緣的年輕朋友許添盛來助我一臂之力。因為他對賽斯理論的認同與熱愛，也成了驅策我集中精力去完成此書的重要因素。

《個人實相的本質》原書有五百一十頁，老王譯到一百二十三頁。去夏我由第十章開始，一邊看原文一邊思考玩味一邊口述，而由許添盛筆錄下來。但他的參與亦不止於筆錄。首先，他隨時不忘以「讀者」身分提醒及要求我盡量用較適合中國語法的句子。賽斯書的英文，原本就相當的嚴謹緊密，句子冗長複雜，即使對美國的讀者而言，也不是可以如「行雲流水」般閱讀下去的，珍也提到過，他的「文字」與他在ESP班上用到的聊天口吻是大不相同的。因此我仍保留了他這種「論文式」的風格，而未加以「稀釋」或「詮釋」（後來在讀賽斯早期課時，賽斯也強調，不可將賽斯資料加以稀釋），句子結構仍是相當緊密的，但我認為這是其「本來面目」。正如珍說她完全照賽斯口述成書，既無「增潤」，也無「減損」。我也是完全尊重原著，認為「翻譯」不是「解釋」或「譯述」。

前三本賽斯譯著，許添盛已讀得爛熟，而把它吸收了解到一個程度了，因此，碰到書中文意難解之處，我也跟他反覆討論、斟酌，務必弄清原意。許添盛和我這樣一週工作六天，一天有時做到十小時，如此全速全力進行了兩個月，終於譯完全書，後來我再一個人把前頭的九章重新修正。

這本賽斯書可以說是最精采實用的一本談人類心理學的書。不同於坊間一般倡言「正面性、積極性思考」的書，賽斯更進一步，領我們直探更深層的心理本源。他強調「信念」的重要性。「信念」令你產生某種「思想」，「思想」令你產生某種情緒，而後「思想」與「情緒」由內向外地造成了你的身體狀況、你的人生經驗、你的「個人實相」。外在的一切因為是由你內在信念創造出來的，因此永遠符合你對實相的信念，因而你會理所當然地對其背後的信念視而不見，每個人的「盲點」就是由此而來。因而「覺察自己」是最重要的。他也提出了一些很實用的如何檢查自己的信念、如何脫離自造的困境的方法。

這本書雖然因賽斯的「苦口婆心」而相當的長，但在翻譯途中，叫苦之際，我們也往往為了他某個精闢的見解，真的禁不住「拍案」叫絕！就只為它是如此的精采絕倫，因此所有的苦都是值得的，正如書中珍和羅對他們傳述賽斯書的這個工作，說是「A labor of love!」對我們而言，何嘗不是如此？

一九九一年

〈珍序〉

過更開心且富創造力的生活

珍·羅伯茲

這本書能在我的名下出版，我深引以為榮，雖然我並不完全了解這本書的製作過程，或我在其中所扮演的那個將這本書「寫」出來的角色究竟是怎麼一回事。在本書的創作過程中，我從未有意識的參與過，我所做的只不過是每個星期「出神」兩次，以賽斯這個人的身分，或者「代替」賽斯，以一個中間人的身分，將這本書「說」給我先生聽，而由他記錄下來。

雖然如此，我還是認為這本書是「我的」作品，因為我深信若不是有我這個人，加上我特有的能力居中傳遞，這本書根本就不可能問世。從另一個角度來看，這本書的產生其背後所涉及的東西極多，例如，連我自己都要將原稿看過才知道它裡面在說些什麼；所以，這本書又不能說是「我的書」。我說這些話是什麼意思呢？

我的看法簡單來說就是：通常我們的著眼點，幾乎完全放在我們所認為的「真實」世界之中，但是，問題是「**實相**」（reality）有這麼多個。藉著轉換我們意識的焦點，我們就能張望一下其他的實相，而所有的各種實相，則又全部是「實相」在各種不同情況下顯現出來的不同景觀。在我看來，想要以某一個實相為標準來形容另一個，簡直是件不可能的事情。

這些年來我一直在一種困擾中，總是希望能以我們這個世界中「是非題」的二分法標準，來替賽斯這個人物做一番定位。我究竟應該把他當作一個一般有精神信仰的人心目中認為的那種獨立精神體——「指導靈」(spirit guide)——好呢，還是把他列為科學解釋的——他只是我自己人格中一個錯置部分的顯現。這兩種解釋對我而言，都沒有抓到癢處。

如果我說：「喂！大家不要搞錯了，賽斯不是你們所以為的那種精神體。」那麼，人家馬上會把我的話當作我在供認原來賽斯只不過是我性格中的另一面。還有些認為自己終於找到一位「超靈」的人，會以為我在故意抹煞賽斯的地位，不肯讓他們受到這個超然精神體的幫助。

事實上，我認為我們在正常生活中所自知的自己，只是其他源頭自己在三度空間中所作的顯現而已，我們從那些「自己」中取得了生命與能量。他們的「實相」根本無法為我們的生物形態架構包容，但是卻不斷經由我們這些個體的作用而轉譯出來。

像「指導靈」這種說法，也許只是以上這種觀念的一種簡化、方便且象徵性的代表，我並不是說「指導靈」不存在。我的用意只是在闡明「指導靈」這個觀念應該值得我們去做更進一步的探討，因為這個概念真正代表的意義可能與我們想像的差得很遠。此外，如果我們過於執著這個概念，先入為主的把一切富有啟示的知識當做外來的啟發，或是穿鑿附會地把不包括在這種範圍之內的其他異象，也都列入這個範圍，那麼，這種「指導靈」的觀念反而會變成了一種限制。

當我試用以上這種觀念來解釋賽斯的存在，老是在懷疑他是否一個「指導靈」時，我反而受到某種程度的限制，自外於賽斯那更大的實相，自閉於他那存在於廣大想像力、無邊創造力、比所有一切具體世界要大、也根本無法為唯事實是問的世界所容納得了的實相之外。就拿賽斯跟我們開課這件事為例子來說吧，我們能看得到他的獨特個性顯現，但是這些東西的來源我們卻觀察不到。相同的情形，任何一個人的來由，在這客觀世界裡都不是「顯」的，也都是一個神祕的謎。我的工作就是去擴大這個世界的範圍，開闊大家對這個世界的觀念。

賽斯書或許只是我自己意識中某一個屬於另一度空間且又不把注意力放在人間世的「面向」，加上其他某些用人間言語解釋不出因素而生產出來的成品，在其中，造就出「賽斯」這了不起的心靈作品，它「真」的程度比任何所謂的「事實」還要「真」。賽斯存在的地方，也許只是某個在事物安排上與我們人間習慣不一樣的層面而已。

我並不是說，如此一來，我們就可以不必把從賽斯書所學到的那一套應用到這個世界來，事實上，我自己就一直在如此做，而賽斯寫這本書的目的，就是在教我們，如何去有效的應付我們的日常生活。我要在此特別強調：當我們在看這本書時，一定要注意不要隨便望文生義，或是斷章取義妄下斷語，或自以為是，否則我們便犯了一個錯誤：硬把多度空間性的東西強塞到三度空間，而妄以人間所謂的真、假來限制與評判事物。

不管在直覺或是情緒感受上，我們了解的事情往往都比理性作用下所能知道的要多。如果我們硬是要把一種富有啟示的訊息，或是像賽斯這樣的事件，用我們自己那種有限的觀念去把它「框」起來，就等於是強要以編號三來解釋一朵玫瑰，或是硬拿兩件毫不相干的事情來互相解釋一樣。

想想也很有意思，一個根本不把注意力放在我們這兩個世界的「人」，卻能藉著他顯示給我們看的一個事實——其他實相確實存在——來幫助我們過更開心、更充實的生活。在這本書裡面，賽斯說明了我們的生活經驗是可以改變的，改變之道在於改變我們對「自己」以及對物質生命的「信念」（beliefs）。

對我而言，「賽斯資料」已是一種不再需要以人間基礎去評判的源源而來神奇理論了。以一種莫名所以的方式，這些理論活了過來，藏於賽斯理論中的觀念也變成了一種像是有生命的東西。我能感受到它們的存在，也由於此，我個人的實相也為之大大開闊，我因而開始對我們生命所由來的更廣大內在次元略見一斑，也更因而學會了其他感知的方式，不僅使我能看到一些其他嶄新的「世界」，更能夠幫助我以更有效的方式去應付我們今天的世界。

當賽斯在進行這本書的時候，我自己的生活在完全始料未及的方式下受到了無可計量的饒益。在賽斯敘述這本書的時候，常常發生一些與他所述內容相呼應而令人心神大為動盪的事件，而我的創造力與心靈能力也發展到一個意想不到的新境界。

比如說，在賽斯快要開始本書的著述時，我發現自己步上了一個新的征途，這種邁進被我稱之為「蘇馬利」（Sumari）的發展。「蘇馬利」的意思是指在某種程度上有著相同整體特性的一個意識「家族」。我和這個意識家族的交流，使用一種特殊的「語言」，但這種「語言」不是我們一般認為的語言。我猜想這種語言的作用就像一種心理與心靈上的架構，使得我可以不受正常口語辭彙的束縛，讓我表達、傳遞形式化的遣詞用字模式之下存在的內在感覺和資訊。

這種蘇馬利的發展在賽斯進行本書的同時不斷擴大。有好多種不同層次的意識狀態牽涉到蘇馬利的發展裡面。比如說，在某一種狀態中我可以寫蘇馬利的詩；而在另一種意識狀態中時，我可以把我所寫的蘇馬利詩翻譯出來；更在另一個不同層次，我可以唱蘇馬利的歌，顯現出遠超過我平常秉賦或背景的音樂素養及表現。這些歌也可以被翻譯出來，但是這些歌在本質上表達的是「情」，而歌詞的本身是否能為人聽懂倒在其次。又在另一度不同的意識狀態中，我還可以收到一些資料，這些資料想來應屬古代「說法者」（Speaker）遺存的手稿，而我後來也翻譯出來了。賽斯說「說法者」就是老師，有些有形，有些無形，而所有說法者千古以來都不斷地扮演一個將內在知識解釋與傳達出來的角色。我先生也能寫蘇馬利語言的東西，但是卻翻譯不出來，非得靠我來為他翻譯不可。

在賽斯持續進行本書的著述時，我完成了一整份詩稿的創作，名為〈靈魂與必朽的自己在時間當中的對話〉（*Dialogues of the Soul and Mortal Self in Time*）。在這首長詩中，我根據賽斯在他書中提示的建議發展出很多我自己的信念，而這個發展又催生了我另一組詩作〈說法者〉的問世。就我而言，我自己的這些經驗說明了一個事實，那就是：天地間本來就有一個蘊藏著豐富知識與創造的寶脈，每個人都可以根據他自己能力的不同而自這股寶脈中獲得不同程度的收益，這股脈流所存的地方就正在我們平常意識的表層之下。我深信這本來就是人類遺產的一部分，任何一個真正有心向自己內心去探尋的行者，都能或多或少進入到這層寶脈而有所收穫。

〈靈魂與必朽的自己在時間當中的對話〉以及〈說法者〉這兩份詩稿，與我所寫的某些其他蘇馬利詩，已由Prentice-Hall出版公司合併為一冊，並將於近期內出書。我認為它應屬本書的姊妹作，因為這本詩集說明了當賽斯在敘述《個人實相的本質》時，在我自己的個人世界中發生了什麼事，同時也顯示了創造動力如何向四面八方迸發而進入一個人格所有的領域中。賽斯在寫書時常常引用到我所寫的這些詩，以及觸發這些詩的那些體驗。有很多這種「觸機」的情形，是由於我拚命的想要搞清楚，到底他的世界與我的世界之間有些什麼關聯，或者內在體驗與外在經驗之間究竟有什麼理路可循而發生的。

除了這些之外，我在賽斯進行本書的同時，還發現自己突然在寫一本小說，書名叫做《超靈七號系列：漫遊前世今生》（*The Education of Oversoul Seven*），本書頗有自動就寫出來的味道。書中的主角是超靈七號，是一個已經圓滿成就了他自己境界的「人」。在那本書進行的時候，我只要在心裡說：「七號，該寫下一章了吧？」然後，我就發現自己飛也似地接著寫出下一章。該書還有一部分內容是由我的夢境而出的。

我心裡明白書中的那位七號和他的老師賽普路斯（Cyprus）確實以某種方式存在著，但是他們存在的實相卻不是我能以一般俗世真假的角度去描寫形容的。比如說，這本小說裡包含了很多蘇馬利言語的詩，以及部分的說法者留下來的手稿內容。當我在唱蘇馬利語的歌時，我會有一種與賽普路斯產生認同的感覺，可是賽普路斯應該只是一個虛構的人物。另一方面，我又發現：當我在受到個人考驗的時候，我還可以把自己調整到七號的方向而向他求援。

我在碰到事情的時候，喜歡毫不保留的全力以赴，喜歡盡情在不受拘束的情況下釋放自己的能力。但矛盾的是：當我在盡情施展的同時，常常會在理智上為自己這麼受直覺驅使而覺得羞愧，又有時，在對這種情形做了一番理智上的解釋之後，自己覺得很不好意思。而我對這情形也並不想自己騙自己。我想，這種忽而直覺、忽而理智的摻雜狀況，背後一定有它的理由。

我終於漸漸了解到，直覺與理智兩者不管是對我自己要做的工作，或是對賽斯所做的工作都相當重要。也許，我這種不肯向「自我安慰式的答案」妥協的態度，反倒導致了我往這方面去作更深入的探討，同時，還在相當程度上幫助我將賽斯而非一個瘋子「帶」到這裡來。

這種蘇馬利的發展，以及與《超靈七號系列：漫遊前世今生》及本書相關的經驗，為我帶來了一大堆疑問，使得我不得不向更大的領域去尋求解答，以搞清楚到底這當中發生了些什麼事。這種追尋又令我開始了另一本書《意識的探險》（*Adventares in Consaousness: An Introduction to*

Aspect Psychology）的著述。在那本書裡，我希望能替大家對「人格」這個問題做一番註腳，也希望我的立論，能大到足以將人類心靈的真相及各種行為的解釋都涵蓋在裡面，這本書預期可以在一九七五年內完成。在本書《個人實相的本質》中，賽斯也常提到。

在這同時，我只能說：我們活在一個一切以具體事實為基準的世界裡，而這些具體事實卻來自一個更深的「創造」領域。真要說來，所謂的「事實」，其實就是在我們經驗中活起來的「虛構」（fiction），所有的事實皆是如此。那麼。賽斯這個「人」就跟你、我一樣的真，只不過他以一種奇怪的方式跨在兩個世界上。我希望《意識的探險》也能夠助我們將這個「事實世界」與其所由生的豐富內在實相連接起來，因為我們的經驗與感受裡面包含了這兩個世界。

《個人實相的本質》這本書不僅大大饒益了我的創作生涯，還同時考驗了我的信念與想法。我知道賽斯的理論和許多為人們所接受的宗教、社會或科學上的教條相衝突，但是我還是毫不保留地完全贊同賽斯的理論。對於那些將賽斯理論實際運用到日常生活上而產生了疑問又寫信來詢問的人，本書無疑是最佳解答。此外，我還相信本書肯定能幫助許多人處理日常生活中的各種難題及事件。

賽斯主要的理論在於——我們個人的實相是根據自己對自己的信念，以及對其他人和對整個世界的信念自行創造出來的。根據這一點延伸下去，他說明了所謂的「威力之點」，並不在前世，也不在來生，而在「當下」。他強調「個人」具備「有意識行動」的能力，並且提供了絕佳的練習方法，這些方法告訴我們如何將他的理論活用在任何生活情況裡。

本書的主旨非常清楚：我們並不是任憑自己潛意識擺布的東西，面臨外力的時候也不是毫無自主之力。「意識心」指揮無意識的活動，而所有「內我」的力量全都在「意識心」的控制之下，這些力量要怎麼用，完全根據我們自己對「實相」這兩個字抱著什麼樣的觀念而定。賽斯說：「我們是一群躺在『生物屬性』（Creaturehood）懷抱裡的『神』。」我們被賦予了將我們思想與感受實際顯現的能力，然後從這些顯現中形成自己的經驗。

賽斯第一次提到要寫《個人實相的本質》這本書，是在一九七二年四月五日的第六〇八節裡，當時我和羅才剛剛將他的前一本書《靈魂永生》（*Seth Speaks: The Eternal Validity of the Soul*）稿子校對完畢，而他正式開始口述這本書的時間是同年四月十日。口述剛開始，我倆的「個人實相」馬上就被突如其來艾格妮絲颱風帶來的水患所干擾。由於這次的事件，本書的進行耽擱了好一陣子，箇中詳情請看書中羅的註解。

發生在我們生活中的各種事件，常常被賽斯信手拈來作為某些更重大問題的例子，而我們那次水災的經驗，結果變成了賽斯討論「個人信念與災難」這個題目的濫觴。另有幾次，我們生活中的一些情況被他引用成資料的來源——一個有趣的轉折。

很早以前，從我們與賽斯開始有所接觸之初，賽斯就管我叫「魯柏」，而稱羅為「約瑟」，因為他說這兩個名字代表了我們更大的「我」，而我們目前的身分是源自那更大的「我」。在本書中，賽斯仍然沿用他一向對我倆的稱呼。

同往常一樣，發生在我們課中的所有資料，仍然由羅以他自己發明的速記方式記錄，爾後再打字整理出來。對羅來說，這比用錄音機錄下整個過程、重放，然後再打字整理，要簡單得多。羅常常在記錄中不時記下時間的流逝，以顯示出賽斯在說到某一個題目時總共用時多長。賽斯口述他的著作，隨時不忘說明哪個字要在底下加劃一條線，哪個字要加引號，什麼時候要用括弧。此外，他也沒忽略掉其他標點符號的使用。

本書應該可以幫助每位讀者了解自己個人經驗的本質，進而去用這份知識改造自己的日常生活，使自己的生活過得更開心、更具創造力。

珍．羅伯茲謹識

於紐約州艾爾麥拉市

一九七三年十一月六日

〈自序〉個人實相的製造

賽斯

第六〇九節 一九七二年四月十日 星期一 晚上九點二十分

（兩個禮拜以前，珍提起說好像賽斯又要開始寫另一本書了，她這個想法是有天晚餐後「就這麼出來了」。當時我們對這件事並不當真，因為我們在上個月底才剛剛完成賽斯前一本書《靈魂永生》的校對工作，根本就沒想到他真的會這麼能幹，馬上可以接著進行另一個大計畫。珍自己也根本沒有動過任何有關這種計畫的念頭，也沒有想到過任何主題或是賽斯能寫的書的標題。

附帶一句：本書中會一直經常引用《靈魂永生》以及另一本於一九七〇年出版珍自己寫的書《靈界的訊息》（*The Seth Material*）。至於說「賽斯」這個「人」則是珍在出神狀態中登場的主角。

（一直到了上星期三，在我們定期的賽斯課裡，賽斯才證實了珍預期的事情，但是卻沒有提及到底什麼時候才會開始著書。以下是賽斯說的話：

（「現在，魯柏〔賽斯稱珍為魯柏〕的感覺很正確。我們確實是在準備寫另一本書，而中間的這一段時間是特為留給你，讓你休息休息用的。

（「這些書把我的資料一氣呵成，而在某種有紀律的架構下展現給讀者……你現在也已知道的，你得花不少時間整理你的筆記，因此我等了一陣子。

（「魯柏對這件事情的感覺相當清楚，也少不了會有一番陣痛的感覺，他一直在猜想這一次我又要寫些什麼，而這本書又會是怎樣的一本書。這樣的一本書可以用平常而又輕描淡寫的方式，在你們正常與我聚會的時間裡寫出來，不僅能增長你們自己的見解，將來還能幫助很多其他人。我建議我們盡可能以一種最單純的方式來進行這本書的著述；我的意思是我們在著書的『機制』上採用一種最精簡的過程。你懂不懂我的意思？」

（我回答說：「懂。」然後我們在當晚討論的話題，就轉到別的題目上面去了。

（現在回到今天晚上：當我們坐在這裡等今夜的賽斯課時，珍說：「我覺得賽斯已經完全準備妥當，我已經感受到那股快要開始的衝勁了，也許寫書就是今天……」在這之前，她並沒有特別將心擺在這件事上面——或至少我不記得她說過多少有關這件事的話。

（透過珍而出的能量直到現在還令我覺得震撼，尤其是當我在念及這個小女人體重還不足九十五磅的時候。在她同意之下，賽斯的確能以非常有力的方式透過她而展現。雖然她現在說話的情形只是一般普通狀態，但是我想要說明的是：當她在替賽斯說話的時候，她的音域明顯地降低，但是音量卻多少更強，並且帶著賽斯慎重從容卻獨特的腔調與節奏。珍現在摘下了眼鏡，把它擺在我倆之間的茶几上。接著，她的眼睛變得更黑了，已完全進入了出神狀態。）

現在，晚安。

（「晚安，賽斯。」）

今夜的這一篇短文可定名作〈個人實相的製造〉。

經驗與體會是「心智」、「精神」、「有意識的思想與感受」以及「無意識的思想與感受」的產品。這幾樣東西加起來就形成你個人所知的實相。因此，你並不會受到外來的、不可抗拒的或是強加於你的外界環境所左右。由於你太過將自己與組成你生活經驗的那些具體事件連接在一起，使得你往往很難分辨彷彿是發生在外界的事件，和令它們發生的那些思想、期待或渴望。

如果在你最切身的思想裡有著非常強烈的負面特質，而這些負面因素又真的在你與更充實的生活間形成了障礙物，你還是經常的視而不見，一逕看了過去而不知有這些障礙的存在，直到有一天你真正認識到它們是障礙為止。話說回來，甚至是障礙也都有其存在的理由。如果這些障礙是你自己造的，那麼就只有你才能決定是否要將它們辨認出來，並且找出它們之所以存在其背後的理由與情況。

你自己有意識的「思想」就是最佳線索，足以導引你去發現，在你生活中的各種障礙究竟因何而來。你對自己思想熟悉的程度實際上比你自己「想像的」要差了一大截。這些思想常常就像水從緊閉的指縫中溜走一樣的逃過了你的注意，它們裡面帶有足以滋養你整個心靈的養分——同時還太常帶有足以淤塞住「經驗」與「創造力」等管道的爛泥與渣滓。

如果你細細審查一下自己有意識的思想，你會發現，這種審查可以告訴你很多關於自己內心深處的心態、意圖和期望，並且還常常導致你去直接面對自己的挑戰及難題。你的思想，在經過細細的探討之後，會讓你明白你到底走向何處。它們會清清楚楚的點明一個真相，那就是：所有存在於世間的事事物物，原來全都是先存在於思想及感受裡。除此以外，別無其他法則。

（九點四十分。）你之所以會有一個「意識心」（conscious mind）的存在，其背後大有道理。要知道，你不受「無意識衝動」支配，除非你有意識地默許這種情形的發生。你當前的各種感受與期望永遠可以被拿來當作檢查自己進境的工具。如果你不喜歡自己現在的境遇，你所要做的就是去改變自己有意識的想法與期盼的性質。你務必要去改變那些透過你自己的思想而送到自己身體、朋友或是生活中相關的人的各種訊息。

以你們的話來說：每一個念頭都會有一個結果。如果你一再習慣性地重複一個念頭，它就彷彿變得多少具有一種永久效果了。如果你對這種「效果」並沒有不滿意，那你就不太會有想要檢驗一下這個念頭的想法。但是一旦當你發現自己深受生活中的種種難題煎熬的時候，你就會開始疑惑到底是那裡不對勁了。

在這個時候，你也許會怪別人，或怪自己的際遇；若你相信有輪迴的話，你也許還會怪自己前世不修；你也可能認為若不是上帝就是魔鬼，二者之間總有一個，要為你的境遇負責；甚至你也可能會「認」了，將一切歸諸「命」，從而逆來順受，把一切橫逆當成自己生命中的「不解緣」。

也許，你終於對「實相的本質」有了一知半解，而哀歎說：「我相信是我引起了這些不幸的結果，但是我發現我沒辦法使它好轉。」

如果情形真是如此，那麼不管到現在為止你跟自己說了什麼，你仍舊沒有真的相信自己就是自己種種際遇的創造者。但是，若你一旦真的了解這個事實，你馬上就可以著手去改變那些令你恐懼或不滿的境遇。

（九點四十九分停頓了一分鐘。）沒有人強迫你要用那一種特別的方式去思考。在過去也許你已經學會了老是將事情往壞處想，你也許會相信悲觀的想法比起樂觀的想法要來得實際些。你甚至會跟很多人一樣，認為悲愴會令人高貴，是非常具有靈性的一個跡象、一種脫俗的徵象，或是一種做為一個詩人或是聖賢之類的人物不可或缺的精神裝扮。這種觀念可說是集謬誤之大成，再也難以找到比這個距事實更遠的想法了。

在每個生靈的深處都藏著一種永不止息的衝勁，想要尋求能力的盡情發揮、胸懷的開闊，以及樂觀進取的去突破那些表面上似乎存在的種種障礙。沒有一個意識會答應任何要將它束縛住的想法，即使是最微小分子內的意識亦然。它們都渴望著新經驗及新的生命形態。那麼，甚至連原子也都不斷的在尋求加入新的結構，或是追求一種新的意義。原子、分子的這些行動及切望本來就是它們的「本能」。

「人」天生就有一個有意識的心靈——「意識心」，而「人」又把這個「意識心」賦予了身為人身的自己，去主宰自己所創造東西的性質、形狀與形式。因此，所有存在於人心深層的渴望、不自覺的深層動機，以及未曾言宣的驅策力全都上升到表面來，等待著「意識心」的認可或否定，並且等待著它的指揮。

「意識心」有主宰這些東西的全權，只有在當它「棄權」的時候，才會讓自己被「負面的感受」所支配；也只有在拒絕承當它的責任的時候，才會覺得自己好像被事情牽著鼻子走一樣，對發生在周遭的事物也好像有一種無力感。

現在我們休息一下。

（「謝謝。」）

（十點整，珍很容易就回過神來。「我有一種感覺，」珍說：「賽斯剛剛說的這一段好像是第一章的開始。」她這個印象是由於賽斯把今晚所說的內容稱做「短文」（lessay）的緣故——這是賽斯第一次用這個詞來形容他的文章。事後證明珍猜對了一部分。十點七分繼續。）

現在開始。那些光是倡導「積極思考」的書籍雖然有時候有益，但它們通常都忽略了「負面的感受」、「攻擊性」或是「受壓抑的感覺」所具有的「習慣性」。這些感受通常都只是被掃到地毯下面去了。

寫那些勵志書的作者鼓勵你做人要往光明處想、要有同情心、態度要堅強、要樂觀進取、要保持開心及熱心等等，卻沒有教你如何從困境中自拔，也無從知道你到底被困於那一種惡性循環的心態中。那些書固然有時很管用，但是卻說明不了「思想」與「情緒感受」究竟是如何的造成了「實相」。那些理論也沒有考慮到「我」這個東西的各種多重次元「面向」，更沒有考慮到每個人雖然遵循著明確的常規，卻終究得找到如何使這些常規適應他的個別境況的法子，再跟著做。

如果你的健康情形不佳，你可以設法補救。不滿意自己人際關係？你可以改善。窮困？你可以令自己置身於富足的環境中。

不管你自己知不知道，你都曾經懷抱著決心踏上今天所走的路，你運用著各種資源，去追求那一度你認為合理的目的或理由。你也許會說：「我看不出『生病』對我有什麼意義可言。」或是：「一個破碎的婚姻關係絕不可能是我自己有意去找的。」你也可能會說：「哪有人會自討苦吃，在這麼辛苦的工作之後所追求的反而是貧苦？」

如果你生來就窮困或是一出生就帶病，這種情況在表面上看來當然是外來的橫逆，其實不然，這些情形還是多少有改善的機會。

這並不是說努力和決心就不再需要了。我這話的重點是在點明你並不是無力去改變事情，而每一個人，不管其地位如何、情況如何、身體狀況又是如何，他個人的經驗、體會全都在自己的掌握之中。

你眼中所見與心中所感，全都是你自己預期會看到和會感覺的東西。你所知的世界就是一幅由你自己的期盼所顯現出來的畫，而整個人間世，就是你們每個人個別的期待總合之後的具體化。就跟小孩是從你們的身體組織而來一樣，這個世界乃是由你們共同創造而成的。

（十點二十六分小停了一會兒，然後賽斯微笑著以輕柔的語氣繼續說道：）我寫這本書的目的，是要幫助你們每個人解決自己個人所面臨的困難。我希望能藉由告訴你們：你們個人的實相是如何由自己所一手造成的，以及解釋給你們聽要如何才能轉逆為順，而達成我的心願。

簡而言之，我不會掩飾所謂「負面」思想及感受的存在，但是也不會忽略你足以處理這些東西的能力。因為負面思想和感受全都在你自己的掌握之中，而我們有方法利用它們作為進一步「創造」的跳板。我絕不會告訴你，你應該去壓抑或忽略那些想法或感受。我會教你如何認出你經驗中的負面思想與感受，去找出它們哪一個失了控，以及如何去處理那些看起來好像是在你控制之外的想法與感受。

我所要說的那些方法，在在都需要你去努力、去集中心神才能辦得到。它們也會向你挑戰，而把最有益的那種意識的擴展和改變帶到你的生命裡來。

我不是一個有形體的「人」，但是，基本上，你們也不是。只不過你們現在的感受及體驗是很「具體」。你是一個將自己的期待帶到具體形式裡的「創造者」。這個世界的意義就在作你自己的「參考點」，而所有外在的顯現其實也就是你自己內在渴望的翻版。你可以改變自己個人的天地，而實際上你一直也都在這樣做，只不過是行焉而不察罷了。你真正要做的，只在於如何去有意識地運用自己本有的能力，去細察自己的想法與感受的性質，然後把那些你基本上贊同的想法、感受投射出來而已。

你的這些想法與感受在進入了這個世界之後，就合成為你切身相關且非常熟悉的種種事件。我會教你們一些如何去認識自己實相的本質，以及如何方能照著自己的意思去改變那種實相的方法。

（聲音轉大：）口述告一段落。

（「好傢伙，你用這種方式來展開新書的著述，可真詐得很啊！」

（和悅的說：）這是本人的絕招。以後我會告訴你本書的章回以及其他有關的資料，如果你想知道的話，我也可以告訴你書中的大意。

（「我想珍一定會想要知道的。」）

讓我先簡單的說一下好了，請等我們一下……

（珍還在出神中，雙眼闔上，一隻腳擱在茶几邊上，坐在搖椅裡不停的前後搖動。這次停頓從十點三十七分開始，停了良久。）

這本書主要在解釋個人的實相是怎麼形成的，重點在：要如何做才能將自己不喜歡的處境予以改造的種種方法。

希望這本書避免掉許多勵志書籍過度樂觀的弊病，而激起讀者心內一種熱切的渴望，想要一探「實相」的特性，即使只為求解決他自己的問題。我所要告訴你們的那些方法絕對可行、絕對實際，而且也全都在每一個人的能力可及範圍之內，只要你真正關切那些生而為人就必然會有的困難。

書裡面將會反覆闡明一個事實，那就是所有的療癒之所以能夠發生，乃是因為當事人已經接納了一個基本的「事實」。這個「事實」是：其一，物質是由那些賦予它生機、活力的「內在特質」所形成的。其二，物質的結構隨「期待」而來；其三，「物質」隨時都能被改變，改變之道在於喚起所有意識之內與生俱來的創造能力。

請將我今天晚上所說的作為我的序言。祝你晚安。

（「非常感謝你，也祝你晚安。」）

（全段於十點四十七分結束。今晚珍替賽斯所做的傳述算是相當平靜的，但是速度卻不慢，說不慢是與我以獨門速記功夫做逐字記錄的速度相較而言。珍一回過神來就說：「我想我抓到了書名的一半，書名是《個人實相的本質》，在這個名字之後接著的是一個連接號或是冒號之類的，在引號或冒號之後還有一個尾巴，但是那部分我沒有收到。我忽然覺得倦極了。」珍說，接著她笑著說：「剛剛那句話可別記錄進去。」

（事後補記：本書名字的後半截我們直到六個月後才知道。當天是一九七二年的十月二十五日，正是本書從第四章進行到第五章，舉行第六百二十三次賽斯課的那一天。那天晚上珍在晚飯前小憩的時候，這本書的全名突然在她心中浮現——《個人實相的本質：賽斯書》（*The Nature of Personal Reality: A Seth Book*）。

（事實上我們後來根本就沒問過賽斯本書的大綱，因為在書一開始之後，我們就發現這個決定給了珍在可能範圍內的最多自由。）

第1部

你與世界的交會處

Chapter

01

活生生的世間萬象

第六一〇節 一九七二年六月七日 晚上九點十分 星期三

(從四月十日賽斯完成了本書的序言一直到今天為止，這期間發生了一些事，其中最重要的是，珍的母親在臥病多年後終於過世了，這些事使得我們不得不把賽斯課暫且擱置。縱然如此，珍自己的ESP班以及寫作班還是維持了部分開課；她也仍在繼續寫她在本書〈珍序〉中提到的那本小說《超靈七號系列：漫遊前世今生》。

(然而，在這整段期間，我們仍期盼著參與賽斯新書的著述。當我們進行賽斯的前一部書《靈魂永生》期間，有很長的一段時間珍一直都在避免閱讀該書的內容，理由是為了想要避免自己有意識地捲入其中。但是，最近珍笑著告訴我，這一回她要在每節一完成之後就看，還要現學現用。她以前對「製作」賽斯書的不論什麼不安現已減至最低了。我對她新的開放心態大加鼓勵。

(我還是會照往常一樣，在課間記下珍各種不同的意識狀態，但那只是一個有興趣的觀察者的側記。她所進入的各種實相和人格，其真正的受化和深度，則完全為她獨自擁有，無法訴諸文字。)

晚安。

（「賽斯晚安。」）

現在開始口述。第一章名為：〈活生生的世間萬象〉。

世間萬相皆由心生。你眼中所見的世界就像是一幅立體的畫，每個人都在作畫過程參與了一手。畫中的每樣色彩、每根線條全都是在心靈中先畫好了才顯現於外的。

然而，在這比喻裡，作畫者本身就是畫的一部分，而出現在畫中。外在世界無有一理不是源生於內，也無有一動不是先發於心。

意識的偉大創造性本來就是你承繼得的遺產，但這份資產並非純屬人類獨有。每一個生靈全都擁有這份能力，而在至高與至微間、至尊與至卑間，原子、分子和有意識與理性的心智間，在在都存在著一種發乎自然的合作，也正是由於這種合作才構成了這個活生生的世界。

形形色色的昆蟲、鳥獸都從事了這項合作，造就了大自然的環境。這種合作之自然與必然，就像是你對鏡呵氣，鏡面必然也會形成一層霧氣一樣。所有的生靈都在「感覺基調」（feeling-tone）中創造出這個世界，而世界也就是你們的意識的自然產品。感受與情緒因而得以某些特定的方式在世間顯現。思想出現，而在現成造好的溫床上滋長。四季躍生，由古老的感覺基調形成，有其深厚、不變的節奏。它們也是所有生靈與生俱有的那創造力的產品。

這些古老的創造潛能，至今深深地埋藏在所有生靈的心靈深處，由它們裡面，個別模式及新分化的明確藍圖得以出現。

（九點二十九分。熱切地：）地球的「身體」可以說有其自己的心或靈魂（隨你喜歡哪個用語）。按照這比喻，高山、大海、山谷、河流以及所有大自然的景象無一不由地球的靈魂湧出，正如所有的事件以及所有製造出來的東西，皆無一不由人類的心靈或靈魂中顯現是一樣的。

每一個人的內在世界都與這個地球的內在世界相連。「精神」變成了「血肉」（譯註：即「道成肉身」）。於是，每個人都有一部分的靈魂，與我們所謂的這個地球或世界的靈魂密切相連。

一枝草、一瓣花，不管它是多麼的渺小，全都知覺這個連繫，不必推理就知道它的地位、它的獨特性以及它生機的源頭。構成世間一切事物的原子及分子，不管它所組成的是一個人體、一張桌子、一塊石頭或是一隻青蛙，也全都知道深藏於自己這個存在之下的那種創造力，它偉大的默默的衝力，而它們的個別性就浮在這上面，清楚、明確、不可輕侮。

同樣的，人類中每一個人從自己靈魂的那個極古老卻永遠常新的泉源中升起，勝利地呈現其特殊性。自己（self）由無知而升入有知，不斷地為自己帶來驚喜。比如說，就在你讀我這些話的時候，你所學到的知識有一部分是你有意識所知而馬上可用的，而另一些則是無意識的，但即使如此，無意識的知識在其無知中仍然是有知的。

就算當你自己沒體認到時，你其實向來都清清楚楚地知道自己在幹什麼。就像是你的眼睛知道它看得見，雖然它看不到自己，除非是利用反映。同樣的，你所看見的世界，反映出你是什麼，不同的只是，這不是反映在鏡子裡，而是反映在一個立體的世界裡。你投射出你的念頭、感受和期盼，然後再感知它們為「外境」。因此，當你以為外界的東西在觀察你的時候，其實是你由你投射物的那個角度在觀察自己。

現在你可以休息一下。

（九點四十六至十點九分。）

你就是自己活生生的畫像，你把自己心目中所以為的自己投射出去變成了血肉之軀。你的感受、你的思想，不管是有意識的或無意識的，在在都改變了、形成了你今天這個具體的形象。你要了解這個還不算太難。

但是，想要了解所謂的「外在」境遇，也是在同樣方式下由你的思想及感受所形成，或是，想要了解那些似乎是發生在你身上的外來事件，原來也是由你內在的心靈環境所發動，就不太容易了。

你身體的胖、瘦、高、矮，或是健康與否，全都不是偶然。這些身體的特徵無一不是心靈的呈現，也全都是你自己向外丟到自己這個形象上的結果。我講這話不是在尋你們開心。要知道你們並不是昨天才生的。以那種說法，你的靈魂更不是昨天才生的，而是早在有「年代」之前就已存在了。

你一生下來就有的那些特徵，是有其原因的。內我（inner self）選擇了它們。即使在今天，你的內我仍然可以大幅度地改變很多你自己的特性。你出生的時候並不是一張白紙，你個體的特性始終都潛藏在你的靈魂內，屬於你個人一部分的你的「歷史」，也深深地銘刻在你無意識的記憶裡，它不但蟄居在你的心靈裡，還以一種被忠實的「解碼」方式存在於你的遺傳因子與染色體❶中，並且充滿了暢行在你脈管裡的血液。

當你的靈魂透過你而表現它自己時，你所知道的、所警覺到的，以及所參與的各種實相其實遠比你以為自知的要多得多。你那個在白天運作的意識，亦即是你那個「自我」（ego）意識，就像一朵花一樣的從你自己實相的那個「無意識」溫床中滋長出來。你自己雖然並不知覺，但這個自我自行顯現，然後再落回無意識中，接著再從「無意識」中新生出另一個自我來，就像從春天的大地上開出的一朵新花。

（十點二十七分。）你今天的這個自我和你在五年前所有的那個自我，並不是同樣的一個，但是你自己並不知道有這種改變。換句話說，那就是你今天的自我是從今天的你裡面生出來的。它是你的「存在」及「意識」活動的一部分，但正如眼睛看不到自己不停在變的顏色和表情，也不覺知它正隨著自身原子結構的改變而不停地生滅，你也不自覺「自我」原是不斷地在變，死而復生。

在實質情況中，雖然組成細胞的東西本身不斷改變，細胞卻仍然一直保留著它的本色（identity）。細胞按照自己本然的模式再造自己，然而它永遠是不斷出現的「行動」（action）

的一部分，甚至在它自己大量死亡之際，它仍然是活的、有反應的。

被冠以各式各樣名詞的「心理結構」也是如此。名詞本身並不重要，重要的是藏在這些名詞之後的結構。這種心理結構也一樣在倏生倏滅的變化中保持其本色、其特有的模式。

眼睛生自身體的結構，自我生自心靈的結構。它們看不到自己，但卻都在從裡向外看——一個向外逸離了身體，另一個卻逸離了內在心靈而投向外在環境。

富創造性的身體意識造出了你的眼睛。富創造性的內在心靈造出了你的自我。你的身體根據它那了不起的「無意識」知識的神奇智慧造出了你的雙眼，你的心靈則為你帶來了「自我」，而像眼睛有物理性的感知一樣，自我則有心理性的感知。眼睛及自我兩者都是用以專注於感知外物的產品。

你可以休息一下。

（十點三十六分到十點四十五分。）

下面我所說的不屬本書的正文。

魯柏在剛剛（休息時）所洞察到的東西很正確。在這本書裡，我將更深入於「無意識」與「心靈」的本質，從而帶出一些具無上價值的觀念。

自從魯柏開始寫《超靈七號系列：漫遊前世今生》這本小說（在一九七二年三月下旬），他就無意識地，又部分有意識地，對有關「意識」和「人格」這方面的問題，諸如，自我意識所扮演的角色，更激起了好奇心。

人類至今所知仍極為有限。你們的心理學家還無法思考靈魂的事，而你們的宗教領袖也是既不能、亦不願以心理的角度去理解靈魂，甚至連最起碼的程度都談不上。換句話說，就是「形而上學」（Metaphysics）與「心理學」還沒碰頭。

現在；如我常常告訴你們的，我是我自己，而不是魯柏。如你們所知，我和魯柏之間有著相當的關連❷。魯柏到現在為止都還沒有了解他自己創造力的真正本質。很少人了解此點。所有這種現象，都必然有心理方面的理由——事實上，任何一種現象也都如此。當然，從某些角度來說，魯柏的書就是他的孩子。他心靈的創造力非常強。當我透過他說話時，我所表現出的「我」，部分而言，也很像是一個小孩的誕生那樣深奧而無意識的現象。在他心目中，「超靈七號」的情形也如此，只不過方式不同而已。

這些「孩子」並不具血肉，不在時間和自然力量的掌握之中，卻是永恆的，比它們的父母懂得更多；它們是由人心靈中躍出、半具人性、半具神性的神明。這時候，作父母的既驚喜於自己後代的青出於藍，卻又不免帶有幾分羨妒。

如果魯柏的書對他而言像是他的子女，那麼他對我的實相的表達，說起來就更活生生、更立體了。舉例來說，他曾幾度懷疑自己是否得了「精神分裂症」。暫且不論我在本質上是個獨立於他之外的人以及一些其他的問題，他並不了解在那個層面上，他創造出一些在「時間」之外的人，並在他自己意識心的領導之下把它們組織起來，為它們指定了一些極為實際也極為重要的工作，然後再一一付諸實現。

魯柏這種極為獨特的創造力，如果他想要，足以讓他能以很少人能辨得到的方式來一探意識的本質、心靈以及創造的奧祕。他自己安排了這些足以讓現在這種結果發生的條件，進而使我的實相的某部分變成了他自己實相的一部分，而「彷彿是賽斯的這個東西」便被創造了出來。

在那個層次之外，我仍然有我自己獨立的實相。

關於這些問題我以後還會說明，我會加上一些補充，以便讓這些論點有個自我圓滿的機會。

（「你說的話很有意思。」）

如果魯柏能把他所遇到的困難當作一種考驗的話，那麼他所能得到的結果會更好。今天的話到此為止，祝你晚安。

（「彼此彼此。謝謝你。」）

有空來上上課吧。

（「好。」在晚上十一點結束此節。珍ESP課的時間固定在每週二晚上。由於我天性比較喜歡獨處，所以我通常在週二晚上把週一的資料用打字機打出來，或者整理信件和檔案之類。

（在這裡回答一下一個被問過很多次的問題：為什麼我寧願用筆做記錄而不使用錄音機？在賽斯於一九六三年剛開始透過珍講話的初期，我們的確試過用錄音機，但是不久之後，我發現根據我的筆記來打字要比邊聽錄音帶邊打字快得多。

（時間上的節省很重要，因為我們白天的功夫已全部花在寫作、畫畫與應付緊湊的日常生活上，而晚上又要進行各種心靈上的工作。〔縱然如此，我還是不得不修改我的工作時間表，以騰出額外的時間來處理這些稿件。現在我的日常計劃是上午畫畫、下午謄稿。〕

（例如，賽斯透過珍對我講話的速度比起珍在上課時要慢，除此之外他還不時的會在標點符號上加以說明，以方便我的記錄。在這種情況下，記下來的初稿本身就已經非常精確，最多只偶爾做點修正即可以出書。此外，我認為這種高品質產品是在這種方式下得來的這事實本身，即已對這課程說明了一些很重要的東西。）

第六一三節　一九七二年九月十一日　星期一　晚上九點十分

（自六月七日開始了本書的第一節課以來，珍一直都熱中於《超靈七號系列：漫遊前世今生》那本書的著述。除此之外，她還訂定了一個長程計劃，準備寫一本暫名為《面向心理學》（*Aspect Psychology*）的書。等到我們剛打算回到本書的著述的時候，突然於六月二十三日發生了一次大水災。

（這一次洪水為患的程度，打破了我們這一區有史以來的記錄。整個這次的水患是由熱帶風暴艾格妮絲所引起的，很具諷刺意味的是，這個颶風在佛羅里達沿東海岸不穩地攀緣而上後，威力就已減除而不成其為颶風了，但是她的鋒面卻寬達數百里且挾帶了數日不歇的豪雨。這個風暴在維吉尼亞角一帶突然又獲得了新能量的補充，出人意表地反撲內陸，當她滯留於紐約及賓州一帶的時候，一場不可避免的洪水就發生了。

（快要天亮的時候，有關當局做了最後一次的呼籲，要求我們這一帶的居民疏散，可是我倆卻決定留了下來。我們這個決定顯然有著深層的象徵意義，可是我們至今對它仍未能完全了解。距我們住處僅一街之遠處就是流經市中心的祈夢河，可是由於我們公寓位在二樓，而且房子也造得很結實，所以我們以為應該不會有什麼問題。左右鄰居全都撤離了，只剩下我們這一戶，變得靜極了。

（挾帶著表土而散發出一股令人快要窒息的汽油味兒的污水開始在院子裡漫漲，先是一呎，然後三呎……五呎……珍和我發現自己正在經歷著一個急遽變化的新世界，雖然到目前為止賽斯還沒如此說，但我確信這種經歷絕對是我們之所以要留下來的原因之一。我們以喝點酒及做些輕度的自我催眠來消減緊張，但是當我們眼看著洪水爬上隔壁那幢老紅磚房子的時候，我們的「新世界」威脅著要轉成一個真正恐怖的經驗了。我們的決定是否正確？

（到現在，就算是我們想跑也跑不掉了。我要珍試著集中心神來感覺一下事情到底會有什麼樣的演變。珍說：「當你真正害怕的時候，想要冷靜下來實在不是件容易的事。」但她開始鎮定下來。慢慢地，她進入了一個相當鬆弛的狀態。她告訴我說，水勢會一直漫漲到近晚時分才會打住，院子裡的水會深達十呎左右，達到隔壁一樓窗子一半的高度，真令人難信。她說只要我們固守在屋子裡，就不會有危險。當她說到祈夢河上的華納街鐵橋也會被沖毀之際，她聽來頗為震驚的樣子，我也嚇呆了，因為那座鐵橋距我們住處不足半條街之遙。由於房子的阻隔，從我們這兒看不到那座橋。

（在珍「接收到」這個訊息之後，我們稍微放心了一點。於是我們吃了一點東西，玩玩牌，同時也不時地跑去檢查一下水位。幾個鐘頭過去了。洪水終於停止上漲，與珍所預測的時間差不到十五分鐘，而高度差不及三吋。當我們回房去睡時，洪水已經開始快速地消退。第二天早上，我走到華納街橋去，橋已被毀；好幾截橋面都被沖掉了。

（與當地大多數的人比起來，我們算是幸運的。車子雖然完了，但是我們還有地方可住，更重要的是我們所有的畫作、文稿、記錄，包括五十三大冊的賽斯資料全都安然無恙。由於生活與工作的需要，我們的住處佔了兩戶公寓，所以能有多餘的空間可以收容一對受災的夫婦。天氣變得很冷，雨又下個不停。有很長一段時間，我們的日常工作變成了為災民服務，此期間雖然珍重開了她的ＥＳＰ班，也於七月初完成了《超靈七號系列：漫遊前世今生》，但是本書卻一直被擱在一邊。

（在八月裡珍就洪水之事舉行了一節賽斯課，在其間，賽斯才有機會稍稍觸及了一下我們個人涉身於其中的種種背後原因。然後在八月底及九月間，我們家裡來過好幾批與心靈工作有關的客人，其中之一就是鼎鼎大名的理查．巴哈（Richard Bach）——暢銷書《天地一沙鷗》（*Jonathan Livings Seagull*）的作者。

（當珍決定回到本書上的時候，她很驚訝地發現自己居然會為此而有點緊張。可是當她一旦替賽斯開始講話後，整個事情就變得非常平順，就好像這中間三個月的間隔根本就不存在一樣……）

晚安。

（「賽斯晚安。」）

現在請你等我們一下（輕柔地），我們馬上就開始口述。

（「好的。」）

你在物質世界中所獲得的經驗、體會，全都是從你心靈的核心向外流出來的，然後你再回過頭來感知這些經驗。發生在外界的各種事件、情況與狀態，實際上為的是作為一種活生生的回饋（feedback）。因此改變自己的心靈狀態，你就自動地改變了外界的具體環境。

捨此之外，沒有其他可行的方法足以改變具體的事件。以下的方法可能有所幫助：如果你想像在自己裡面有個小天地，你在這個小天地中，以具體而微的心靈形式創造了一切你所知的外界環境。簡而言之，你根本原來就一直在如此做。你的念頭、感受及心象可以被稱為一種「雛形」

的外界事件，因為無論如何，它們就會一一具體化而進入物質的實相。

甚至連那些在你生命中看起來似屬永久不變的情況，其實也一直隨著你對它們態度的改變而改變。你所感受到的種種外界事物，沒有一樁不是由你自己內裡所引發的。

當然，你與其他人之間的交互作用的確存在，但是，其中仍然沒有一件事是你所不肯接受的，也沒有一樁事不是被你的想法、態度或情緒吸引而來。這個法則適用於你生命中的每一個領域。用你們的話來說，這個法則還適用於生前死後。你們所擁有的這個可以創造自己經驗的能力，是一項最最神奇的稟賦。

這一生中，你們正在學習的，就是如何去掌握你們可用且取之不盡的能量。整個今日世界的情況，以及在這個世界中每個個人所處的地位與境況，就是當人類形成這個世界時，人類自己本身進步的具體顯示。

（九點二十四分。）創造之喜悅從你心中流出，就如同你呼吸一樣自然、一樣不費力。你外在經驗最為細微的部分，全都出自這種創造之欣悅，你所有的感受全都有一種「電磁實相」（electromagnetic reality），它向外流出，影響了大氣本身。它們因吸引力的作用而聚集在一起，為某一些「事件」與「情況」造勢，最後可以說「凝聚」成了實質的物體或是在「時間」中的事件。

感受及思想中，有些被轉變成你們稱之為「物體」的構造；對你們而言，這種東西存在於一種你們叫做「空間」的媒介中。另一些則被轉變成叫做「事件」的心靈結構，而這種結構在表面上看來則似乎存在於一種叫做「時間」的媒介裡。

「空間」與「時間」二者都是基本假設（root assumptions），稱它們基本假設是因為人類對兩者都肯接受，同時還假設他的實相是根植於一連串的時間以及一個有深度的空間。就因此，你們的內在感受就轉譯成了時、空的說法。

甚至，一樁事情或是一樣東西於時、空中存在的久暫，完全憑它們所由生的念頭或情感的強度來決定。雖然看起來並沒有什麼不同，但是在空間中存在的「久暫」和在時間中的「久暫」並不是同一回事。我現在的話都是以你們的角度來說的。在空間裡，曇花一現的東西或事情在「時間」裡卻可能會經久不散。比如，在空間中早已消逝的事事物物常能深印在你的記憶，並而保留著它的強度與重要性。這樣一種事件或物體，並不僅只會象徵性地存在你的心中或記憶中——它們的的確確會繼續存在，以你們的話來說，而成為一種「時間事件」。

只要這些事物繼續存留在你心中，它的實相也就不會消滅。我們舉個很簡單的例子：如果我們告訴一個孩子不要再玩洋娃娃，而他卻不肯聽話。然後，這孩子有意或無意的把這娃娃給弄壞了，最後終於不得不把它扔掉。在這種情形下，只要這孩子或將來的成人一天沒有忘懷，這娃娃就依然活生生地存在於時間中。

（九點四十分。）如果這個娃娃原來是擺在櫃子上的，而這個印象還一直很生動地存留在這個孩子的心中，那麼即使在原來擺娃娃的空間換上了其他的東西，這個空間還是依然保留了原來這個娃娃的「印象」。因此，能激起你反應的不僅是你眼前直接能看得到的，或占據了空間的東西，還包括了雖然在表面上看起來似乎已經在時、空中消失，但是你還在受著它影響的事與物。

基本上，你的經驗與體會，是你透過了你對自己，以及對實相本質的信念而由自己創造出來的。想要了解這一點，你可以換一個方式，從了解「你的經驗就是根據你自己的期盼而被造出來的」這個事實去著手。所謂的「感覺基調」，就是指對自己和生活大體上所抱持的感情態度，而在一般情形下，這些心態左右了經驗與感受的很大範圍。

（稍停。）發生在你身上的事情之所以有其特性，就是因為你的「感覺基調」為它帶來「整體的情感色彩」，就是如此。你就是發生在你身上的那些事。固然，你的感情狀態往往是短暫的，但在這些情緒的下面，卻存在著你所獨有的感覺品質，就像是深沉的音樂和弦。你日復一日的感覺雖會有起有落，但這些具有特徵的感覺基調仍然藏伏其下。

這些感覺基調有時候會升到表面上來，但這種浮升是以極為緩慢的節奏發生的。你不能稱這種「感覺基調」是「正面」或「負面」的，因為它們根本就是你這個「存在」的基調。它們代表了你經驗中最內層的部分。這並不意指它們是有意在躲著你或有意不讓你去發現的東西。只是說，它們代表的是一個核心，而從這個核心裡面，你形成你的經驗。

如果你已經變成了不敢面對自己的情感，或是不敢表達感受，或者，你已經接受人家教你的，把「內我」當成一個不合禮教的衝動儲藏所，那麼你可能已經養成否定自己這個「深層韻律」的習慣。你可能假裝根本就沒有這個東西，甚或試圖駁斥它的存在。但它代表了你最深沉、最有創造力的衝動；去抗拒它就像在強大的激流中逆游一樣。

現在你可以休息一下。

（九點五十七分到十點六分。）

那麼，這些「感覺基調」是遍佈於你的存在的。

它是你的靈性與肉身合一時，所採取的一種「形式」，從這些「感覺基調」，從它們的核心中，你的肉身浮現出來。

你經驗到的每一樣東西，都有意識，而每一個意識都被賦予了自己的感覺基調。你心目中的地球之所以有今天的面目，其中存在著一種了不起的大合作，因此，所有存在於這地球上的個別生命構造，全都是由存在於每個原子與分子中的感覺基調而生。

你的血肉是響應你的這些內在心弦而生。山、河、大地、岩石、樹木等等生出來，成了地球的血肉之軀，它們也是響應深藏於活生生原子與分子中的內在和弦而生。由於這個創造性合作的存在，使得所有「物質的具體化」這個大奇蹟，都能這麼順順當當、自自然然地成型，其自然的程度，令你在意識上根本就察覺不到自己在這其中扮演了什麼樣的角色。

（十點十六分。）因之，這個「感覺基調」就是你的姿態與氣質——音色——專為你的實質經驗效力的那份能量。它流進了一個身為物質存在的你，又把你在這個四季運行、有空間、有血肉及時間的世界中具現出來。然而它的根源卻又相當獨立於你所知的世界之外。

只要你一旦能感覺到自己內在的音調，就能覺知它所具有的力量、強度以及韌性，同時在某種程度上，你還能順著它一同進入更深一層的境界。

人生經驗其不可置信的豐富情感和多采多姿，也就是這內在感覺基調的具體反映。它瀰漫在你生活中的每一件事裡，在整個的內在方向裡，在你感知的品質裡。它充滿了、同時也照亮了你生命中每一個個別的「面向」（aspects），同時還大幅度地左右了你置身其中、你信服的主觀氛圍和環境。

它就是你這個人的「體性」（essence），亦即你這個人的「精髓」。雖然它的涵蓋範圍極為遼闊，但是在細節方面它卻並不具有「決定性」。（停頓。）它只為你的經驗這件大「風景」著色。它就是你對自己的那種感受，不可窮盡的。

換句話說，它代表的是你以純能量方式表現出來的自己，而你的個人性就是從那純能量裡生出來的，它代表的正是你自己的「你」，而這個你是「僅此一家，別無分號」絕無複製品的。

這個能量來自「**存在**」（BEING）的核心，來自**一切萬有**（All That Is）代表的永不枯竭的生機與活力之源頭。它就是「存在」，在「你」內的「存在」。因此，「存在」所有的能量與力量就得以透過你的而集中，反映在你的人生方向裡。

你可以休息一下。

（十點三十五分至十點四十七分。）

你的「感覺基調」雖然是你獨有的，但它卻以某種方式表現，這種方式是為所有那些將注意力集中在人間的生靈所共享的。因此那樣來說的話，你就跟所有其他的生靈以及自然界有生命的結構一樣，全都是地球的產物。因此當你有肉身的時候，你並不在大自然之外，你就是大自然的一部分。

樹木、岩石都有自己的意識，並且，它們分享著一個「完形意識」（gestalt consciousness），就如你自己身體中有生命的組織，也是一樣。（譯註：gestalt，心理學名詞，意指一個整體的、不可分的結構或模式，具有明確的特性，同時帶有一種整體的經驗。既不能以整體中的部分來劃分，亦不能簡單地歸納成一種個別小單位聚集而成的總和。簡單而言就是一種「形態場」。）細胞與器官也全都有其自己的意識，以及一種完形意識。因此，「人類」除了個人有個別的意識之外，也一樣有著一種完形的或集體的意識，只不過在個人而言，這種意識幾乎根本就察覺不到罷了。

人類的集體意識自有其自己的一個「本體」（identity）。你雖然是一個獨特的、個別的、獨立的個人，但你還是那個本體的一部分。你所受到的唯一限制僅止於你選擇了物質實相，因而把你自己置於它的經驗範圍內。當你有物質性的肉身時，你就得遵守物質定律或假設。所有的這一切造成了一個肉體的表達架構。

在這個架構裡面，你有著完全的自由去創造自己的經驗，創造自己個人生命中的每一個環境，以及你們那活生生的世間萬象。你的個人生命，以及你個人生活中的經驗，在某程度助成了這個世界，如它今天為世人所知的面貌。

（十一點。）在這本書裡，我們將會談到你自己的主觀世界，以及你在各種事件的創造中所參與的部分，包括個人的與共同的事件。在我們繼續談下去之前，有一件很重要的事你先要明白，那就是「任何物理現象中全都有著意識的存在」這個事實。此外，極重要的是你要能知道自己在大自然中所處的地位。大自然是一個從內向外被創造出來的東西。你所自知的生命，也同樣是一個從裡向外由自己裡面生出來的東西，同時，還是被賜予的。事情的真相就是如此。由於你自己本身就是存在的一部分，所以，以某種方式而言，那個透過了你而活著的生命，就是你所給予你自己的。

（停頓。）重起一段：你的世界就是由你自己一手所創。真理就只有這一個。明白這個，你就明白了創造的奧祕。

我一直在提到「你」，在這裡，請別把這個你和你通常認為的「你」弄混了。你通常想到的你只是自我（ego），而自我只是「你」的一部分而已：自我可以說是你這個人裡面具有某種專長的部分，直接跟你的意識心（conscious mind）的內容打交道，它最直接關切的只是你經驗中的物質部分。

自我是你更大本體中一個很專門化的部分。它是從你裡面生出、專門用來與更大的「你」所過的生活打交道的東西。如果意識心容許自我跟它一起逃跑，自我可能會有被切斷、孤單、害怕等種種的感覺。意識心與自我並不是同一碼子事。自我是由一個人的個性中各種不同的部分所組成——它是各種特性的綜合，恆處變化中，卻又以單一的模式去行動——它是一個人個性中，最直接與世界打交道的那個部分。

（十一點十八分。以非常緩慢的進度繼續……）意識心是一個絕佳的感知「工具」，是屬於你內在知覺狀態的一種功能，但是，在我現在所說的這種情況下，它轉而向外投向了五光十色的世界，使得靈魂能夠透過它向外看。若是純讓意識心自行作用的話，它感知得清楚得很。

以某種說法，自我可說是意識心用以感知的眼睛，或藉以觀察物質世界的焦點。話雖如此，在整個一生中，意識心自動地改變其焦點。你的自我，雖然在它自己看起來並沒有什麼變，卻一直在改變中。唯有當你的意識心在它的方向上變得僵化了，或當它在某些方面讓自我越俎代庖的時候，才會有苦難、困境的發生。這時，自我允許意識心在某些方向發生作用，而在其他方向阻擋了它的覺知能力。

因是之故，你所知的實相是你從一個「更大的你」裡面創造出來的。你是否願以一個歡欣而生氣蓬勃的態度來進行這種創造，全在於你。你是否願意去清理你的意識心，以使更大的你所具的更深知識能在有血有肉的世界中得以喜悅的表達，關鍵也完全在你。

（十一點二十五分。）本章結束。口述結束。

好，本書可以幫助很多人找到自助的方法，要比魯柏個人能力所及的，以及我以個別應對的方式所能幫助的人數量要大得多。你應該把上門求助者的名單整理一下，告訴他們將有此書的問世。

（主意不錯，打電話及寫信來求助的人數量之多，珍根本無從應付。）

那麼，魯柏不需要覺得必須為上門求助的人舉行賽斯課，人們必須自己去解決自己的困難。現在，祝你晚安。

（「謝謝你，賽斯，也祝你晚安。能夠再回來上課的感覺真不錯。」）

如果你有疑問，現在可以問我。

（我呆了半晌，看看時間已經這麼晚了，只問了賽斯一個問題。我問的是賽斯對最近發生的一件事的看法。最近有一位年輕科學家從西岸來看我們。當時珍以身為賽斯及她自己的雙重身分成功地調準到某些技術性的資料上，有了一個很好的起步。可是在我看來，珍若想要在如此專門的工作上盡情的發揮，則勢必要花上極大的功夫及好幾年不斷的努力才行。）

那次訪問的效果甚佳，尤其是對魯柏而言。至於科學方面的問題我們以後會談。為了讓魯柏保持信心，我會讓這本書的口述規規矩矩地開始。若有必要，我也會從口述中岔開轉而論及其他的問題。但是，無論如何，我們現在的主要工作還是在這本書上。

你們所碰到的那次水災，在以後說到自然災難那一段的時候，會被提出當範例來討論，這樣子別人也容易懂一點。

現在真的要跟你道晚安了。

（「再一次的謝謝你，賽斯。」

（五十一點三十二分結束。珍很快的就從絕佳的出神狀態中回過神來。她說：「我很高興賽斯又回到他的書上來了。」接著，她說：「聽起來有點可笑，我甚至一直在懷疑，為什麼在那麼多的干擾之後，口述還不開始，會不會是因為我自己的態度在其中作祟。現在我覺得好多了。」

這本書就跟前一本《靈魂永生》一樣，可說實在是兩本書合成一本：所說的不僅是個人實相的本質，還涵蓋了當本書在進行期中圍繞著珍所發生的各種狀況，以及她對本書內容所抱持的許多觀念與想法。

（我很高興賽斯打算將我們遇災的那一段列入本書的討論範圍——我一直在擔心，那一段被其他的事情擠到一邊而被忘記。）

註釋

❶萬一讀者記不起染色體是什麼的話，我可在此略做解釋，染色體是一種極為微小的東西，在細胞分裂時，細胞核中的原形質就分離成為染色體。染色體帶有遺傳因子，是決定一個生物所有遺傳特性的「藍圖」。我會不時在正文中附上我的註釋以解釋賽斯所說的內容。原因是賽斯常常會以這種標準定義作為起點，然後發展到他自己要說的境界裡去。

❷在《靈界的訊息》及《靈魂永生》這兩本書中，賽斯都談到過一些有關他、珍和我三人之間的一些前世關連。這些個人方面的資料不屬本書內容；但在本書的第十九章中，賽斯卻以一個更客觀的角度，談他對「轉世」、「時間」等等的觀念。）

Chapter

02

實相與個人信念

第六一四節　一九七二年九月十三日　星期三　晚上九點三十六分

（在耽擱了這麼久之後，寫書工作居然又恢復了穩定，珍為之大為高興。這些天來，她的精力「旺盛」。前天上了這麼長的一課不說，昨天的ESP課比前天的還長，除了正課以外還加上了「蘇馬利」〔見珍序〕訊息的傳遞。到今天已經是連續的第三天了。

（可是珍說她並不累。唯一令她覺得有點不舒服的是過度的潮濕，她一直都對天氣非常敏感。今天很熱，晚飯後下了一場雨。我們在課前偷閒出去到附近散了個步才回來。）

晚安。

（「賽斯晚安。」）

我們回到書上。第二章：〈實相與個人信念〉。

你的經驗像一塊布，而這塊布是你透過自己的信念與期盼織出來的。你心目中對自己以及對實相本質抱持的觀念，在在都影響到你的思想與情緒。你把自己對實相抱持的信念當作一項真理，幾乎連問都不問，因為每樣事情看起來都這麼的順理成章。對你而言，這些事情本身就是一種事實的「聲明」，明顯得連審視一下都是多餘的。

因此，你就對這些事實予以全盤接受了，極少想到去懷疑一下。你把所有的這些當成實相本應有的特性來接受，根本就不認識這其實只不過是你自己對實相抱持的信念而已。（稍停。）常常，這種信念看起來如此地無可置疑，如此地是你的一部分，因此你從來就不曾對它們的確實性產生過任何懷疑。這時候，你的信念變成了一種「無形的假設」，但它們依然形成並渲染了你的個人經驗。

舉例來說，有些人從來就不曾對自己的宗教信仰提出疑問，一味地把自己的信仰當成真理來接受。而另一些人在碰到有關宗教方面的問題時，反而會比較容易認出存在於其中的這類內在的「無形假設」。可是，這些問題一旦脫離了宗教的範圍，他們「明眼」的程度還是有限得很。（九點四十五分。）大凡人在碰到宗教、政治或類似的問題時，都比較容易發現自己所抱持的信念。相較起來，精準地抓住內心深處對你自己是誰、是個什麼這些問題的最深層信念，就難得多了。尤其是當你想要找出這些信念與你的人生之間有些什麼關連之際，更是如此。

很多人根本就搞不清他們對自己及實相的本質有些什麼樣的信念。其實你自己有意識的想法就會給你絕佳的線索。比如說，你常常會發現自己在排斥某些進入心裡的念頭，原因是這些想法與你平常所接納的觀念有衝突。

你的意識心始終不懈的在試著提供你一個清楚明晰的畫面，可是你卻經常的讓那先入為主的觀念阻礙住這些資訊。近年來有種觀念頗為風行，那就是把一個人在個性上遇到的各種問題與困難一概歸罪於「潛意識」。這個觀念認為，這些問題的發生是由於某些不可解而強烈的早年感受積存在潛意識的結果。就美國而言，就已經有好幾代的人在這種觀念下長成，一心以為潛意識是自己個性中一個不可信賴的部分，裡面充滿了負面的能量，深鎖著一些最好棄之為快的不愉快回憶。

（九點五十四分。）這些人在深信「意識心並沒有什麼大能為」的情況中長大，總以為成人的經驗早在他的孩提時代就已經先定了型。這種觀念的存在造成了一種假性的分野，人們學到他們不應該覺察到潛意識所提供的資料。

通向內我的門戶本該被緊閉。只有在冗長的心理分析下，才能或才應該被再度打開。正常人覺得他最好別沾這種領域，因而當他把自己的這些個部分切除之時，也阻礙住內我自然流露的歡悅。到最後，人迷失了，覺得自己與真正的自己脫了節。

「原罪」（original sin）的觀念雖然很不高明，既侷限又扭曲，但伴隨這個觀念而來的程序至少相當簡單：人可以經過「受洗」而獲救，或可經由禱告、聖禮或其他的某些儀式而找到救贖。（新約馬克福音第一章第一節之十一所說的就是一個例子。）

然而，「潛意識不是個好東西」這種觀念就沒有那麼容易擺脫了。少數幾種可能擺脫的儀式，都得花上多年的心理分析，那是只有很有錢的人才有特權去體驗的。

當「潛意識不是個好東西」這觀念變得水漲船高的時候，靈魂的觀念就被拋到九霄雲外。因而就有無數的人活在一個既容不下「靈魂」、又被極不可靠甚或邪惡的「潛意識」壓得死死的世界中。這些人以為自己是自我當中既脆弱又孤獨的那一部分，危險且毫無保障地航行在「不由自主的過程」的驚濤駭浪上。

（十點五分略停片刻。這些課顯然並不如一般以為的那麼「有靈性」。仍然在出神狀態中的珍點上了一根煙，喝完自己的啤酒之後還伸手來拿我的杯子[1]。）

約莫在同時，很多才智之士開始警覺到，有組織的宗教裡所謂的「神」、「天堂」或「地獄」，其實全都只不過是些帶有童話意味、扭曲了的、偏謬的說法而已。可是，即使如此，這些人並沒有地方可以求援。

在這種情況下，要他們去向內尋求也像是有勇無謀之舉，因為他們向來所受的教育都指稱這個內在本就是他們問題的根源。那些付不起精神分析費用的人，就更努力地去設法堵住源自「內我」的任何訊息，理由是他們深恐被自己野蠻的幼稚情感吞沒。

話說回來，首先，你們要明白，人真正的自己並不受任何限制，也沒有任何分割可言，雖然，為了說明上的方便，有些地方我會使用「自我」（ego）這個名詞，原因是你們還多少能明白在你們心目中它的含意。其實你們的確可依賴自己那個表面上看起來好像是無意識的部分。你們後來會明白，你們可以在意識上變得越來越清明，因而把越來越多自己的其他部分也帶入意識的範圍裡來。

（十點十二分。）你一刻不停的呼吸、成長並進行無數極為精確且纖細的各種活動，而並不知道這些工作究竟是如何完成的。你人雖然是活著，可是在意識層面上，你並不知道這種身體知覺的奇蹟究竟是如何在一個有時間、有血肉的世界裡維持下來的。

你自己那在表面上看來似乎並不具意識的部分，從空氣中抽取了原子、分子來造出你的形象。你的唇舌動了，就說出你的名字，可是，你的名字是不是屬於在你唇舌中的原子、分子所有呢？（稍停。）這些原子、分子一刻不停地在游移，造成細胞、組織和器官。你唇舌所說出的名字怎麼可能屬於它們呢？

它們既不會讀又不會寫，可是它們卻能發出複雜的語音，讓你與其他和你一樣的生靈溝通，從簡單的感覺表達到最繁複的訊息交流。它們是怎麼做的？

唇舌中的原子、分子並不懂它們所說出的言語句法。通常，你在開始說一句話的時候，一點都不曉得自己要怎樣完成這一句話，但是你卻極有信心，知道你說出的會是一句有意義的話，而自己要說的意思也會不費功夫地流出。

這一切情形之所以會發生，其原因在於你的內在部分是自發地、歡愉地、自由地運作；這些情形之所以會發生，是因為你的內我相信你，甚至常在當你不信任它的時候亦復如此。你生命中的這些無意識部分，即使在你對它們的本性和機能有著極端的誤解下，並且在你基於自己的信念而對它的種種強烈干擾下，它還是運作得驚人的好。

人人都經驗到一個全然屬於自己、跟任何其他人都不相同的實相。這個實相從你的思想、情感、期盼以及信念總合的內在風景裡跳到外面來。如果你一心以為內我只會跟你作對而不會幫忙，那麼你反倒是在扯它的後腿，在妨礙它的功能；或換一種說法：你就是在強迫它根據你的信念來改變它的行為。

「意識心」本來就是為了讓你在世間能夠明辨自己的處境。但是錯誤的信念卻往往阻礙住它明辨的能力，因為它的視界會被那些因自我作用而生出的觀念所蒙蔽。

我建議略作休息。

（十點三十一分。珍從深度的出神狀態回來。她說由於天氣已經沒有剛才那麼悶，所以她覺得好多了。我告訴珍，今天晚上的資料，在我認為可以說得上是珍與賽斯合作之下的最佳產品，用語簡單，可是意境深遠。珍聽了大為高興，說她對本書的口述已經不覺得有什麼壓力了。）

準備好了沒？

（「好了。」當珍除下眼鏡開始替賽斯說話時，我剛完成我的筆記。時間是十一點五十三分。）

你的信念可以變得像堵牆一樣，把你重重包圍起來。

首先，你必須認知有這一重圍牆，一定要先看到它們，否則你不會悟到你是不自由的，只因你無法看出圍牆之外。（非常肯定地：）這重圍牆將代表你經驗的極限。

然而，有一個信念可打破知見上的假障，這是一種擴展性的信念，它會自動地穿破那些虛幻和抑制性的障礙。

現在，分開來寫：

自己並沒受限制。

上面這句話說明的是一個真相。你信它也好，不信也好，它就是存在。第二個觀念是：

自己是既無界限，也沒有分割的。

你體驗到的「界限」與「分割」完全是錯誤信念的結果。再下一個觀念就是我說過很多次的：

你創造你自己的實相。

如果你想要了解自己，想要知道自己是什麼，你可以學會跳越自己對自己抱持的信念，而直接地感受自己。我要各位實際去做的是靜心坐好，閉上眼睛，試著去感覺我早先提到過你自己內在那個深藏的「感覺基調」（在第一章第六一三節）。這件事並不難。

你對它們的存在所具有的認識，可以助你認清它們在你之內的深沉節奏。你們每一個人都會用自己的方式感覺它們，所以你們不需要去操心它們應當是什麼樣的感覺。你只需告訴自己，它們確實存在，它們是由生成你血肉之軀的偉大能量所組成的。

然後，就讓你自己去體驗。如果你習於靜坐冥想之類術語的話，在做這件事情的時候，試著忘掉它們。任何名詞都不要用。放下一切的觀念，感受自己的存在，感受自己生命力的活動。別問：「這樣做對不對？」「我的感覺正不正確？」「我用的方法是不是有錯？」這是本書教你的第一個練習。你不要用別人的標準。這個練習沒有任何標準，你自己的感覺就是標準。

我也不建議任何時間限制。這個練習應該是一個很享受的經驗。任何發生於這種練習中的感受，你都要把它當作自己獨有的經驗來接受。這個練習會讓你與自己有所接觸，會把你送回給你自己。每當你感到緊張或沮喪的時候，花一點時間去感覺一下自己內在的「感覺基調」，你將發現自己安居於你存在的核心，無憂無懼。

當你試了這個練習幾次之後，再進一步就是去感覺這些深層的節奏，以你為中心向所有的方向放射，真相其實正是如此。這些深層的節奏會以一種我以後會設法解釋的方式，透過你的實質肉身電磁性的向外輻射；就如它們形成了你的實質形象一樣，它們也造就了你所知的環境。

（十一點十四分。）我已經告訴了你：你真正的自己（self）是沒被限制的，但是你必然會以為你的自己只及於你的皮膚與空間相會的地方，你只在你的皮囊之內。然而，你的環境也是你自己的延伸。它仍是你經驗的「實體」（body），凝聚而成實質形式。你的內我造出了你所知的物體，就像它造出你的眼睛、你的手指一樣的自然而必然。

你的環境是由你的思想、情緒、信念所化成的具體畫面。既然你的思想、情緒與信念在時空中流動，因此你就影響了與你分開的實質情況。

試從一個物質的角度來思考你身體蔚為奇觀的架構。表面看來，你的身體就和任何其他物質結構一樣的堅實；但是當你抽絲剝繭往裡探究的時候，就越明顯地看出在身體內，能量採取了個別的形狀（以器官、細胞、分子、原子、電子的形式），每一層都比上一層更不實質，每一層都以神祕的形態組合而形成物質。

（十一點二十五分。）你體內的原子不停地來回穿梭，肉身之中不斷有著各種大大小小的活動與騷動。這時候看起來實質得不得了的肉身，原來是由快速移動的粒子——它們通常是彼此相互繞著打轉——所組成，在其中，能量以一種不可思議的方式不停地轉換。

在你身體之外的「空間」，其基本構成的材料與組成你身體的材料相同，有所不同的只是「比例」而已。這個「空間」與那個你稱它「身體」的東西之間，有著持續不斷各種實質的「交換」行為在發生，這種互換包括了化學的交互作用以及各種基本的交換。若無這種互換，你們所謂的「生命」根本就不可能存在。

人不呼吸就會死。在你們的肉體覺受中，「呼吸」是你們最切身、最不可或缺的一種，而它必須從「所謂的你」之內向外排到「看來似乎不是你」的外界空間中去才行。實際上，一部分的「你」不斷地離開你的身體，與外界的自然元素相混在一起。你們都知道，當腎上腺素分泌到血液中去的時候，你會受到刺激而準備好有所行動。但另一方面，腎上腺素並不僅只停留在你的體內，它會以另一種方式，在變形之後被你投入空氣中而影響了大氣的成分。

任何的情緒都會釋放出荷爾蒙，而這些荷爾蒙會離開你，如同你的呼吸離開你一樣；換句話說，你就等於是不停地釋放出這種化學物質到空氣裡去而影響了大氣。

那麼，實質上的暴風是由這種交互作用而起。此處我再一度告訴你，你的實相就是你自己造成的，而這其中包括了你們的氣候——那是你們每個人個別的反應匯集而成的結果。

關於這一點，我以後在書中還會有更詳細明確的說明。（羅補註：賽斯確如其言地在第十八章中做了說明。）在這裡，我要強調的是：你們來到這個世界，是要學習與了解，你們的能量在轉譯成「情感」、「思想」與「情緒」之後，引發了所有的經驗。這是沒有例外的。

一旦了解這點，你唯一該做的就是學著審查自己信念的本質，因為你的信念會自動地使你以某種模式去思想與感受。是你的信念在領導情緒，而不是你的情緒在領導信念。

我要你們從幾個地方認識自己的信念。首先，你務必要了解，你接受為真理的任何觀念，其實都只是一個你抱持著的信念。然後，你必須進一步地告訴自己：「即使我相信它，它也未必是真的。」希望你在明白之後，進一步的能做到把所有那些暗含基本限制的信念遠遠拋開。

你可以休息一下。

（十一點四十分。珍很驚訝地發現，原來時間已經過了差不多有五十分鐘之久。剛才，珍的傳述變得越來越有勁、熱烈，今天的課又變成了那種場面——當珍—賽斯看來似乎可以一直說到三更半夜都不會累。我也吸取了一股能量。珍原來打算就此結束，但是因為我還願意繼續，她改變了主意。於十一點五十六分以同樣的方式繼續。）

好，往後我們將討論你們為什麼會有這些信念，現在呢，我只要你們去「認識」自己的信念。

我將要列出一些令人自限的錯誤信念。如果你發現自己同意其中任何一項，那麼就應當知所警惕，認知這正是你個人必須加緊努力的地方。

1. 人生是苦。

2. 身體是個次級品。作為一個靈魂的工具，它自然是下賤且污染了的。

你可能覺得肉身先天上就不是好東西，至於肉體的慾望更是糟之又糟。基督徒可能認為肉身是可悲的，以為靈魂是「下降」到肉體裡去——「下降」這個詞，自然是指由一個較高較好的情況落入較差較糟的。

東方宗教的信徒也常會以為，他們有責任去否定肉身，去超越它，而進入一種無欲的境界。（例如，道家的「無」。）他們所用的語彙雖不同，但仍相信世間經驗是不可取的。

3. 面對我無法控制的情況，我是無助的。

4. 我之所以無能為力，原因是我的性格、個性早在孩提時就已定型，過去的境遇決定了一切。

5.前生的際遇主宰了一切，我無能為力，因為今生我對前世發生的事情一點辦法都沒有。我必須受報應，或自我懲罰以求贖罪，誰叫我前世作孽。自作終歸自受，自己造了「業」（karma）❷，只好逆來順受。

6.基本上人心險惡，人人都在算計我。

7.真理只站在我這邊，別人都沒道理，或，真理只能在我這個團體裡才能找到，別處門兒都沒有。

8.我的精力、健康會隨著年歲增長而消退，而走下坡。年紀越大越不中用。

9.我的存在乃因我的肉體而有。當我肉體死亡的時候，就是我意識滅絕的時候。

以上所列的錯誤信念，只是略舉犖犖大者而已。再下來，我列出的是與你們切身信念的更明確清單，你很可能自己就有這種毛病。

1.我身體很弱，一向如此。

2.錢這個東西總是不怎麼好。有錢人不免貪婪，比起窮人來，他們的精神境界總要差一些。有錢人難免勢利，也比較不快樂。

3.我缺乏想像，沒什麼創造力。

其次：我永遠不能做我想做的事。

其次：大家都不喜歡我。

再其次：我很肥。

（「那該是第六條。」）

對。第七條：我運氣總是不好。

（十二點十五分。）以上所說的，全都是大部分人具有的謬見。有這些謬誤信念的人，總是難免會冤家路狹地處處與他的信念碰頭。因此，實質資料似乎強化了你的信念，但實際上是信念製造了實相。我們將試著助你們打破這種限制性的觀念。

首先，你必須了解，沒有人能替你改變你的信念，也沒有人能逼你相信某種信念。可是，靠著知識和實行，你就能自己改變自己。

放眼看看四周，整個環境都是你的信念化為物質的結果。對哀樂、健康或病痛的感受，也全都因你的信念而起。如果你相信某種狀況總是會為你帶來不快，那麼它就會如此，然後你的不快又更加強了這種狀況。

在你之內，你有能力來改變對實相和對自己的觀念，而創造個人活生生的經驗，一遂自己及他人的心願。我要你在覺察到自己的信念時，把這些信念逐條寫下來。以後你會發現這單子有意想不到的妙用。

要休息還是結束，悉聽尊便。

（「嗯，我想還是結束吧。」）

（在十二點二十五分結束。我倆現在都覺得比課開始前舒服多了。）

第六二五節 一九七二年九月十八日 星期一 晚上九點三十二分

（今天我們已經有過一次賽斯課，只不過比較短就是了。午後不久，我們收到一封信，信中帶來了一個好消息，在我們喝酒慶祝的時候，賽斯加入了。

（後來在吃晚飯時，珍接到一通長途電話，是一個八月間來過我們家的訪客打來的。很遺憾的，珍必須告訴他，雖然她對當時討論到的那個科學計畫仍舊很感興趣，可是她實在抽不出時間去弄它。事後，當珍在飯後洗盤子時，心裡還一直念著這件事，突然，她心中閃過賽斯傳來一個很有意思的訊息：賽斯說她應該放下這樁心事而「採取一種如如不動的態度」。

（到九點鐘的時候，珍已經做好了一切正規課的準備，我們卻不曉得賽斯在這個電話事件之後會講些什麼。然而，到了九點三十分賽斯還沒出現，珍已有點坐立不安了。可是在九點三十二分，當她除下眼鏡開始替賽斯說話時，她的聲音依然保持平靜，節奏悠閒，雙眼常常閉上。）

口述。

（「賽斯晚安。」）

你有意識的信念主宰了身體功能，而不是身體功能主宰了你去信什麼。

你的內我採取了對實質世界有意識、聚焦於實質的「意識心」，讓它作為在你所知世界裡運作的一個方法。意識心是特為配備好來指揮外在的活動、處理你在醒時的各種經驗，以及監督實質工作的。

於是，它把對實相本質抱持的信念回饋給自己的內在各個部分，這些信念主要就依賴意識心對當前實相的解釋。意識心決定目標，內我則運用它那無盡的能量和所有的才幹將之付諸實現。

意識心的可貴之處就在於做決定及定方向。可是它扮演的角色卻是雙重的，它能評估內在及外在的狀況，能處理外界的資料，也能處理由自己內在部分來的資料。它絕對不是一個閉鎖的系統。

生而為人，就必須在這種意識的運用上，有細密的辨識力。許多人都不敢面對自己的思想，也不願做省察的功夫。他們接受人家的信念。這種行為，把內、外兩方面所提供的資料全都給扭曲了。

在富有直覺力的自己和意識心之間，原本無戰事。表面上看來這件事好像存在的原因，是因為你拒絕去面對「意識心」為你開放的全部資料。（停頓。）這樣做，有時候似乎較易逃避自省之後必須常常面臨的自我調整。但是，逃避的結果卻會使你收集了許多二手貨的信念。這些信念中有些是相互矛盾的，由於這種矛盾，你對身體與內我發出的訊號也不順暢、不清晰了，變成互相牴觸的紛亂雜訊。

這種情形一旦發生，馬上就觸動了你的各種警報系統。這時，若不是你的身體不能正常運作，就是整個的心境會受損。這種反應實際上都是最好的警告，告訴你必須有所改變了。

在同時，內我會傳送一些洞見與直覺到你的意識心，去助它擦亮眼睛。但是如果你相信內我是危險又不可信賴的，如果你害怕做夢或任何闖入性質的心靈訊息，那你也只會別過頭去而無視這種援助的存在。

（九點五十分。）況且，如果你堅信橫逆之來不接受也不行的話，那麼光是這種堅信就足以打消了一切解決問題的機會。

我再重複一遍：你的整個經驗架構就是由你的觀念以及信念創造出來的。你可以從意識心中找出自己的信念以及產生的理由。如果你接受「人類各種行為背後的理由永遠長埋於過去中，不管是那一生」這種看法，就永遠沒有改造自己經驗的機會，除非你改變那個信念。我現在所說的多少是關於正常的經驗，以後我們會討論一些較特別的範圍，諸如生來即有的殘疾之類的情況。

你對「自己的實相是自己一手所造」這個道理的了解，應該能夠助你解放自己，對你的成功和愉悅，你自己要負責。固然，你可以改變生命中不為自己所喜的地方，但你卻一定要為你的存在負責。

你的靈魂結合了肉體而存在於肉體中，是為了要經歷一個無比豐富的世界，是為了要協力創造一個有色有相的實相。你的靈魂生於肉體中，是為了要豐富感官知覺的神妙領域，是為了要體會能量被造成具體形態時的感受。你在這裡是為了要透過身體來享受、來表達、來運用自己。你在這裡是要幫助意識的偉大擴展。你出生不是為了替人類的苦痛號哭，卻是當你發現不喜歡它們時，透過你內心的喜悅、力量和活力來改變它們，你要做的是盡可能信實而美麗地在你的身體中創造心靈。

意識心讓你能從內往外，向物質宇宙觀看，而看到你的精神活動反映。意識心讓你去感知和評估你們個人和整體的創作。

可以說，意識心就像是一扇能讓你自內往外看的窗子——向外看，感知你內心世界的果實。這扇窗子本來清晰明亮，一塵不染，可是你卻常常讓自己那些謬誤的信念為這扇窗子蒙上塵霧。你的喜悅、活力以及成就沒有一樣是外來的，其發生也沒有一樁是因為外界的因素而掉到你頭上的。它們全都源自你的信念導致的內在事件。

（十點六分，賽斯—珍陷入深思中，停頓。）有很多文章都說到「暗示」（suggestion）的本質和重要性。近期來流行的說法之一是，你隨時隨地都受到暗示的支配。其實，你自己有意識的信念，就是你接到的最重要「暗示」。也就是說，你接受或拒絕所有其他的意念，是看你是否相信它們是真的，而那是根據一天大部分時間在你心中不斷進行的自說自話——你自己給自己的暗示——來決定的。

一個外來的暗示能否為你所接受，端視其是否能吻合兩個條件而定。首先要看這個暗示與你心中對實相本質抱持的一般看法是否有衝突，其次則要看這個暗示與你對自己這個人所抱有的特別想法是否相契合。

那麼，如果你正確地運用自己的意識心，就要檢驗臨到自己頭上來的那些五光十色的信念。總而言之，你不再會無可奈何地照單全收。如果你能善用意識心，還可以覺知從自己內在傳送出來的直覺概念。但若是你不去審查從外界傳來的各種資料，或根本忽略從內向外傳出的各種訊息，那麼再怎麼說，你也只能算是一個處於半清醒狀態的人而已。

（十點十三分。）因此，很多謬誤的信念就是因為你不去檢視，才會照單全收。這時，你就給了你的內我關於實相的一副假相。既然意識心的機能是為評估實質的經驗，內我是沒有辦法做好那件事的。若你的內在部分該承當起那份責任的話，那你根本就用不著有這個意識心的存在。（特別強調地說：）可是一旦內我的警覺性被喚醒的時候，它馬上就會採取某些自我改正的措施來設法彌補這種偏差。在情形特別嚴重而失去控制的情況下，內我甚至會繞過意識心的防區而直接向你其他的活動層面放射出能量，以解決當前的困難。

比如說，內我會設法避開理智心的盲點。它也常常會從衝突的信念從連珠炮當中，篩檢出那最能給人活力的一套，而以當時看是天啟的方式，把它送上前來。這種靈光乍現的情況，能夠使你改變一貫行為而採取一種新的行為模式。

你務必要對自己的理智心裡面到底包含著些什麼東西了了分明，找出其曖昧之處。要知道，不管你心中有著何種信念，它們的確都會具體地實現。你的存在這個奇蹟是無法逃避它自己的。你的思想就像花一樣，開成了你生命中的「事件」。如果你認為人世本惡，那麼你所碰到的事件就似處處見惡。宇宙中沒有意外，就算是在你所認為的人世生活中也一樣沒有意外。你的信念就跟花一樣確然地在時間與空間中生長。當你對我說的這些有所了解的時候，你甚至還能感覺到它們的生長。

現在讓你歇歇手，休息休息。

（十點二十九分至十點四十四分。）

好，繼續口述。

基本上意識心充滿了好奇，態度也十分開放。除此之外，它還具備檢驗自己內容的能力。由於上一個世紀的心理學的理論，使得許多西方人都相信，意識心的主要目的就僅在抑制「無意識」的資料。

反過來，我之前（在本節）就提過，意識心的功能也在於「接收」以及「轉譯」那些從內我傳達給它的各種重要資料。在不受干擾的情形下它做得非常好。它接收及轉譯各種印象。可是問題卻發生在，人們教它（只）接受從外界傳來的資料，而對內在知識設下重重障礙。

以上這種情形，造成了個人對他所具有「全部力量」的一種否定，更有甚者，還使得他有意識地把「自己」與「自己這個存在的重要源頭」切斷。這些狀況特別抑阻了創造性的表達，使有意識的自己摒棄了本來可有源源不絕的洞見和直覺。

這時候，思想與感覺好像分了家。創造力和理解力原是一對兄弟，此時卻陌如路人。意識心也失去了敏銳。它將大堆本可有的內在知識由自己的經驗中切除。在「我」（self）的裡面也顯出一種虛幻的「分割」假相。

在完全沒有受到干擾的情況下，「我」原是渾然天成，自成一個單位，雖然是一個永遠在變的單位。意識心聆聽各種內在和外在的聲音，聯合「我」由有形與無形的來源所收到的知識，而能形成信念。然後，對信念的自我檢驗與其他的活動就自動開始——自然、簡單，根本就毫不費功夫。然而，意識心一旦接受了彼此矛盾的一堆信念時，你就必須花一番氣力，將這些矛盾一一予以揪出。

你們要記住，就實質資料而言，即使錯誤的信念也似乎沒有不妥之處。其原因在於，你在外界的經驗，其本身就是你的信念向外具現的結果。因此，即使你的感官告訴了你某一個信念明明白白是個真理，你還是要從根本處下功夫，下功夫的對象是形成了你的各種觀念的原始材料。於是，要想改變你的經驗或其任一部分，都必須先改變你的觀念。既然，你一向以來始終不斷根據自己的觀念創造自己的實相，那麼，結果就自然而然地跟著來了。

（停頓。）你一定要確信自己能夠改變自己的信念，一定要願意去嘗試。把一個限制性的觀念想成是一種泥巴似的顏色，你自己這一生則是被弄髒的一幅畫。你改變你的觀念，就像一個畫家改變他的用色一樣。

畫家並不會硬把自己和所用的顏色混為一談，他清楚地知道這個顏色是自己挑的，把顏色塗在畫布上也是自己之所為。你就像這個作畫者，「觀念」是你的用色，「個人實相」是你的畫布。你絕不是「你的觀念」，更不是「你的思想」，你是那個去體會這些觀念與思想的「我」。如果一個畫家工作一天之後，發現自己的手上沾滿了顏料，他可以輕輕鬆鬆把污漬洗掉，因為他知道沾上手的是什麼東西；可是如果你一心以為那些狹窄的思想就是你的一部分，因而是永遠跟你連在一起的話，你根本連想都不會想到要把它洗掉。反之，這時候你就會像是一個患了失心瘋的畫家一樣，說：「我的顏料就是我的一部分，它們弄髒了我的手指，我拿它一點辦法都沒有。」

自然而然地覺知你的思想與你主動去檢視一個思想之間，並沒有矛盾——雖然好像是有。發乎自然這回事並不需要在盲目的情形下才能辦到。當你不加分辨地把所有臨到頭上來的資料照單全收、把它當成自己的東西時，你就不是順其自然。

（十一點十分。）如果你真能順其自然的話，很多的信念就會自動脫離，完全不造成任何傷害。可惜你非但沒有這樣做，反而經常變成了這些有害信念的庇護所。

先前已經被你接受的各種限制性觀念會像一張束縛之網，專門收集其他類似的資料，使得你的心智漸漸地堆滿了殘礫。當你是自發的時候，你能接受自己心智的自由天性，而你的心智也仍會自然地在它們收到的資料中自發地進行去蕪存菁的工作。可是當你拒絕讓它去做這件事的話，你的心智就會開始變得雜亂了起來。

蘋果樹開不出紫羅蘭。因為蘋果樹十分自動地知道自己是什麼，以及它自己的本色和存在的架構。（停頓。）你有一個意識心，但是它只不過是心智「最表面」的部分而已，整個心智為你開放的程度遠大過於你的想像，因而，你具備的知識可以更多地被帶入意識裡，而為你所覺知；可是，一個錯誤且限制性的信念，對你的天性而言，其含糊曖昧就如同一株自以為是紫羅蘭的蘋果樹一樣。

它沒法開出紫羅蘭，而當它在如此嘗試時，又作不了一棵好的蘋果樹。要知道，錯誤的信念就是那個在先天上無法與你的內我基本狀況相合的信念。因此，如果你相信自己是身不由主、受外境控制的話，你就是懷抱著一個錯誤的信念。若你認為目前的境遇非一己之力所能改變，你就是懷抱著一個錯誤的信念。

在你童年環境的發展過程裡，你也插了一手。你選擇了那環境。可是這話的意思並不是說你就理應受到那些際遇的支配。我說這話的用意是在點明：安排了那些挑戰的是你自己，為的是克服它；訂定目標的是你，為的是達成它；佈置好經驗的各種架構的是你，為的是讓自己能藉著它成長、了解及完成某些能力。

（十一點二十九分。）你形成自己經驗的這種創造能力，現在仍然在你之內，就像它向來就在你之內那樣，從你一出生就有，在你出生之前也一樣存在。你為這一生也許選擇了一個特別的主題，一個特定的條件架構，但是，在這些條件下，你還是有去實驗與創造的自由，從而改變情況和事件。

每一個人都為自己選擇了個別的模式，以便讓自己能在這個範圍內創造個人的實相。即便如此，在這個界限之內，還是有無數的可行方向以及無限的可用資源。

內我被啟動，開始努力進行一個刺激的行動，學習把自己的實相轉譯成物質形式。那麼，意識心是非常能幹地將自己的注意力調準到物質實相，可是它卻常常目迷五色，而生出了種種錯覺，誤將本來是「果」的世間萬象當成了「因」。這還不打緊，因為「我」的較深部分永遠都在做提醒的工作，告訴它並非如此。但當意識心接受了太多錯誤信念，特別是當它一口咬定內我是個危險的東西時，這種提醒服務就被它關掉了。在這種情形發生的時候，意識心就會覺得自己遭到了環境的痛擊，覺得渺小的自己在無可抗拒的大環境下，只有任憑宰割的份。在這同時，它原應安身立命於其上的深深安全感也全然喪失。

這些錯誤的信念必須被連根鏟除，以使意識心能再度對自己的本源有所覺知，並對它可用的通往各種殊勝力量的內在管道開放。

（十一點四十分。）可以這麼說，「自我」（ego）是意識心生出的一根旁枝。意識心就像是一具龐大的照相機，自我則在指揮這個照相機如何取景與運用焦點。若不去干涉它，你那個本體的各個部分會自動升起，造成自我，打散，然後再造個新自我。在整個過程中，它還始終維持一種奇妙的自發性，也始終保持著自己整體一如的感覺。（見本書第一章。）

「自我」顯現出來的，就是你對身處這個世界中的自己具有的「物質形象」所抱持的「觀念」。因此，你的自我形象並不是無意識的。相反的，你對它相當的清楚——雖然你常常會選擇排斥或接受某些自己對「自我形象」所生出的想法。謬誤的信念會造成一個僵化的「自我」，它堅持將意識心只往單一方向運用，而更加歪曲了它的感知。

你往往會有意地把某個可能會改變行為的觀念或想法埋掉，因為這個觀念或想法似乎與你已有的限制性觀念不合，我要你們在碌碌終日之際，細聽自己那連續不斷的念頭，你到底在給自己什麼暗示與觀念？不要忘了，所有這些都會一一在你的個人經驗中具現出來。

許多相當「限制性的想法」會在「善」字偽裝下逃過了你的審查。比如說，如果你嫉惡如仇，或痛恨那些在你看來似為邪惡的東西，你可能覺得自己這種品德滿高尚的。但如果你專注在「惡」上或是一心集中於「恨」的時候，就是在製造它們。再如，你家境貧寒，也可能會以貧窮為是，轉而瞧不起那些有錢人，告訴自己「錢不是好東西」的觀念，這一來反而導致你窮上加窮。再比如你有病在身，可能會發現自己念念不忘悽慘境遇，對身體健康的人既恨又妒，同時又悲歎自己的情形——因而經你的思想使病況更長存下去。

若你長住於限制中，你就會處處碰到限制。你一定要先在自己心中創造新的畫面。你建立的這個新畫面，不可避免地一定會與感官告訴你的畫面有所衝突，而這些相異之處正是你要下功夫改變的地方。

憎恨戰爭並不會帶來和平——這又是一個好例子。只有熱愛和平才能真正帶來和平。

你可以休息，或者結束此節，隨你高興。

（「那麼我們就到此為止。」）

（十一點五十六分。我筆記還沒來得及記完，珍就從絕佳的出神狀態回來了。課中發生些什麼她一點都不記得。她驚叫道：「我的天哪！都快十二點了。」最近她心靈活動的能力一直都很強，說真的，她根本就可以一直繼續下去，可是我猜想她明天會累。明天晚上她還要開ＥＳＰ課，後天又有賽斯課，大後天還有寫作班。）

第六一六節　一九七二年九月二十日　星期三　晚上九點二十八分

（九點二十分，當我們坐待賽斯開講的時候，珍告訴我，她剛收到本書第三章的標題像是「心電感應與信念的聚集」或「觀念的聚集」，可是她並不確定到底是哪一個。我們將會知道她猜得到底有多接近。到九點二十五分的時候，珍說：「馬上要開始了，我能感覺到……」她點了一支煙，眼看向側邊低處，看樣子她已經全神轉向內在，做好了一切與那位非常熟悉的「能量人格元素」會合的心靈準備。上文那句話是賽斯對自己的稱呼。）

晚安。

（「賽斯晚安。」）

好，我們繼續口述。

我很清楚，我告訴你們的話裡面，很多地方會和你們當中一些人的信念互相衝突，那些人就是接受「意識心相對來說沒有力量，以及問題的答案藏在底下」這個觀念的人。

顯然，意識心不是一個「東西」，而是一種「現象」。它永遠不停地在變。自我可以把它集中或轉向無數的方向，它既可以看到外界實相，又可以轉而向內，觀察它自己的內容。

在意識心的活動裡，有各種等級和波動起伏。它的彈性遠大過於你的認定。（停頓。）自我幾乎可以完全把意識心當作感知符合其信念的外在或內在實相的一種方法。因此，問題不是出在，某些答案沒有公然任人取用，而是出在，你常常把自己設定在一個你相信的行動方向上，任何可能與你當前信念有所衝突的資料，你都不想要開放自己去接納。

舉個例子，如果你病了，必有其原因。要想徹底地恢復而不患上新的症狀，你就必須找出生這個病的理由。你可能並不喜歡你的病，但這個病卻是一個你擇定的「路線」或「方向」。只要你一天認為這個方向有其必要，這些症狀就會一天留在你身上。

生這個病的原因，或許是由於某一個特定的信念，或是多個信念複合在一起的結果。

當然，這些信念對你而言會像是一個事實，而不像是信念。你一旦了解是你造成你的實相之後，就得開始去檢驗一下這些信念，即藉由釋放自己的意識心，讓它自由自在地審察自己的內容。

（九點四十分。）以後在書中，我還會對健康與疾病這個問題做更詳細的說明，但是在這裡，我要特別為你們說明一點——通常「心理分析」只不過是一場躲迷藏的遊戲，在其中，你不斷地放棄自己對自己行為與處境的責任，而把事情發生的根本原因指派給自己心靈的某一個區域，某個藏在「過去」這座黑暗森林裡的區域。然後，你給了自己找出這個祕密的任務。在這樣做時，你永遠都不會想到去自己的「意識心」裡找找看，因為你已先入為主地認為所有深層的答案都藏得很深——並且，你的意識心非但幫不上忙，反而會不斷地在你尋找的途中設下偽裝。於是，遊戲就一直玩了下去。

如果你在這個自欺的遊戲中有所醒悟，而改變了自己的信念，那麼任何適當地「被遺忘掉」的事件，都將被你用為一種觸媒劑。每個都很好用。

（九點四十五分停頓片刻，今天停頓的次數很多。這時樓下開始響起了震耳的熱門音樂，連我腳下的地板都在震動，可是珍在出神狀態卻似乎一點都沒受到干擾。）

然而，你的那些基本信念總是藏在你的意識心中，也一直都是你各種作為的原因。你只是未曾懷著這種覺悟——即你的信念未必是實相，卻常是你對實相的觀念——去檢查意識心的內容。

同時，在「心理分析」的遊戲裡，你又被灌輸了一個設定好的程式，使得你深信「無意識」既是這樣黑暗祕密之根源，就不能被依賴為任何創造或靈感的苗床。如此，你又否定了內在那些部分的自己可以給予意識的協助。

（九點五十分。）通常，當你真的去細察自己「意識心」的時候，你是透過或以自己已構成的信念去看的。明白「你的信念未必就是實相」，可讓你覺知所有你在意識上獲得的資料。我並不是要你們一有空就那麼賣力地細察自己的思想，以致反而擋了自己的路；除非你覺知你的意識心內容，否則就只是個行屍走肉了。此外，我還要強調的一個事實是：你的意識心先天上本來具足「接收內我傳出的資料」與「接收外界傳回的資料」的雙重功能。

我不是要你們去壓抑自己的思想或感覺。我所要求的是，你們要知道自己心裡有些什麼感覺或思想。我要你們了解，造成了你們實相的就是這些東西。同時我還要你們將精神集中在那些能為你們帶來理想結果的思想或感覺上。

如果覺得這些都很難做到，也可以細察你的物質實相所有各面，心裡要明白你的實質經驗和環境，都是信念的具體化。如果你發現自己觸目所及盡是充溢的活力、健康、效率、豐盛，所接觸的處處是笑臉，那麼你大可放心地告訴自己：自己的信念是有益的。若在你眼中看起來這個世界很美好，也認為大家都喜歡你，那你一樣可以放心：你的信念是有益的。可是，若你放眼望去所看到的是病痛、消沉、匱乏，一個充滿痛苦與邪惡的世界，那麼你就該假設你的信念有了差錯，而開始審察它們。

我們以後會討論到群體實相（mass reality）的本質，但是在這裡，我們只詳論個人層面。我在這章要說明的重點是，有意識的信念是極為重要的。同時我要說明：你並不是任憑遠非你可覺察的事件或原因處置。

本章結束。我們略作休息。

（「好極了，謝謝。」）

（十點一分。在休息期間發生了一些事情。在我們沒正式進入第三章之前，我希望在此時討論一下事情的發展順序。首先，珍輕易地從深度的出神狀態中回過神來，說她幾乎沒聽到音樂聲。其實樂聲到現在還一直從樓下隆隆地傳上來，但是她卻並不把它放在心上，只一逕說她感覺有點怪怪的，可是又沒辦法說出箇中詳情。

（在我們略進點心的時候，我問珍認不認為最近我們那隻老貓威立的怪異行為，可能會是對我們心靈狀態的反應？牠這種行徑以前也發生過，但近來沒有。這個月初威立染上了跳蚤，怎麼治也治不好，牠變得喜歡整天整夜的待在戶外。牠也瘦了，而我們的另一隻貓隆尼在我們看來對這件事似乎完全免疫，即使現在，牠仍和平常一樣悠哉。

（威立現在仍在外面，屋外正下著小雨，已經持續兩個鐘頭了。在晚飯時，牠就怎麼都不肯進屋來，真好像屋內是個禁區一樣。現在，我由後樓梯下去，一邊繞著房子叫牠，卻不見牠的蹤影。在樓下進門口我碰到了珍。從一樓那家住戶傳出的音樂聲在那裡聽起來格外震耳。

（由於音樂的引發，一回到我們家的客廳，我就跟珍談起了有關那些年輕人的各種「同儕團體」（peer groups）的事。我們喜歡熱門音樂，還常常隨之起舞；它活潑有勁兒。我還相信，當課間我們在屋裡聽到音樂時，珍還利用了它的能量。在談論中，我評論說，很多年輕人都有的那種顯然是以抗拒潮流來順應潮流的價值觀。珍也談起了她在高中和大學時，也有類似、強烈的這種興趣。但是我顯然選擇了不去受那些因素影響。我一向也就是一個獨來獨往的人。

（我說不知道賽斯是否會願意在今天寫書告一段落後，對威立的行為作一番評論，珍接口說：「我說我今天晚上為什麼老是覺得怪怪的。現在終於搞清楚是什麼理由了。原來，我同時從賽斯那兒收到三個不同的頻道……」

（「這些頻道甚至還有方向，」她坐在搖椅中，指著她的右上方：「這邊這個頻道是有關這本書的，」然後她指著右下方說：「這邊，現成的，是有關賽斯對你、我以及威立之間的評論，也有前幾天你問過我有關你那幅剛畫好的畫的資料。」

（「而這個方向，」珍指著她的左上方說：「則是有關剛才你提到的年輕人同儕團體的問題——包括為什麼年輕人會覺得與他們的同儕相認同有這麼重要，這事情是怎麼發生的，以及為什麼我對這件事會有這樣的感覺，而你又會有那樣的感覺。乖乖！這裡面還包括了整件事情的來龍去脈，每個觀念都有一大堆的資料，全等著傳送呢……有一陣，我真的被搞糊塗了，而現在我能清清楚楚分得出來那一個是那一個，賽斯已把它們準備得好好的。」珍大笑說：「現在你點罷！你要那一個頻道？你不會在一個題目上得到兩句，又換到另一個題目……」

（「我還是識相點，不開口的好。」我開玩笑說：「回到書上來如何？」我想這樣做也許可幫她控制一下頻道的「增殖」，直到我們對這發展知道得更多再說。賽斯的這種能耐其實早都埋好伏筆，我曾多次眼見賽斯對一個團體中不同的人討論各種不同主題，即使他們對珍而言全是陌生人。所不同的是這一次珍自己的能力有了新發展而已，顯然珍現在進步到了能夠在意識上獲知有這種成堆成堆的、已準備好了且隨時都能被「放」出來的資料。我回到書上的建議立刻為珍所採納。

（「我從來沒有這種感覺，好像我被預先『寫好程式』（programmed）一樣，事情就有點像是我同時需要三副嗓子才能應付得了。真是奇哉怪也。錯不了，我收到的是聲音：如果我能同時以三聲道發音，便可以把這三個題目同時說出來。現在，我得要挑那個對的頻道使賽斯回到書上：幾乎像是，若有人現在跑來提出一個問題，我馬上也有現成答案似的。

（「每一個頻道都清楚得不得了。沒有靜電干擾，彼此之間也沒有『滲漏』（bleed-through）。啊，又來了一個，」珍指著她的左下方——「這個新的頻道裡面是所有這些現象的解釋。」珍又笑了：「就叫我作J—A—N—E電台吧。」）

註釋

❶不久以前珍自己發現了一件事，那就是非常適量的酒與賽斯課倒是滿相配的。煙也是。我們後來看到的文章說，煙、酒二者都有抑制中樞神經的作用。我們認為在課程進行的時候，珍把煙酒引發的自發性與她天生的心靈力量結合在一起了。不過，珍是在課開始一陣子之後才會喝任何飲料。

❷在佛教與印度教裡，咸認「業」是一個人在任何一世所作、所為、所思的道德總合——因此，一個人前世的業決定了這個人下一世的命運和方向。在賽斯眼中，所有輪迴轉世全都同時存在，施、受、取、捨間並無先後，而是一直在彼此相互取予、相互影響的。這麼一來，「來生」可以影響「前世」，所以一般認定的業就不適用了。

Chapter

03

暗示、心電感應以及信念的組合

（十點三十七分。賽斯以幽默的姿態回來了。）

繼續口述。第三章：〈暗示、心電感應以及信念的組合〉。

（暫停。請注意賽斯在此處的標題與珍在上課前說出的標題間的異同之處。）

「意念」（ideas）有一種電磁實相，而信念則是你對實相的本質抱持的強烈意念。意念會引發情緒。因為物以類聚的關係，所以相同性質的意念就會聚集在一起，你再選擇性地挑出一些與自己特定「思想體系」相契合的，而予以接納。

自我設法維持住清晰的焦點與穩定，以便它能精確地將意識心導向想要注意的方向，以及集中心神在那些表面上看來具有永久效果的各種實際顯現上。我（在第一章）說過，自我雖是「全我」（whole self）的一部分，它同時也可以被視為一種心理的「結構」，一種由一個人整體個性中抽取某些特性，再加以組合而形成的一種「表面身分」（surface identity）。

一般來說，在一個人的一生過程中，這種組合可以容許他的多種傾向與能力比較容易地顯現出來。若不是有這種組合存在，一個人的種種潛能根本就無有出頭之日，如果情形不是這樣，舉例來說，你終其一生興趣都不會改變。

那麼，這個看起來好像永遠不會有所改變的自我，實際上卻片刻不停地在變，它不斷適應從「全我」❶而來的新特性，也不斷放下其他不再用得到的特性。若非如此，它根本就無法對一個人在整體個性上不停起落的各種需求與渴望有所反應。

自我與「我」的其他部分有著如此緊密的關連，基本上它不會有孤獨或疏離的感覺，相反的，它一直在驕傲地扮演意識心焦點的引導者。從這個角度來說，自我是意識心的一個附屬品。

（十點五十一分。珍傳述的態度十分專注。）

基本上，自我很明白自己的性質與來由。它也是一個人心智中對外的那個部分，它會不停地向外看，然後以當時組成自己的各種特性為基準，來檢視它在物質實相中之所見。它也能根據對自己抱持的各種意念而下判斷。

自我是你的內我中最以物質為導向的一部分，但是，它並未脫離你的內我。可以這樣說，它坐在你與外界之間的窗臺上。（為了強調而較大聲：）它可以同時看向兩方。它根據自己與你的需要對實相下判斷。它決定要不要接受信念。然而，自我不能切斷從你的意識心傳來的訊息——卻可對之置之不理。

置之不理並不表示這些訊息就無法為你獲知，它們只不過被束諸高閣而已，既沒有被消化吸收，也沒有被納入你今天專注於其上的信念體系中。但是，如果你有心去找，它就在那兒。

（十一點整。）它並沒有消失於無形，你也不必一定要知道自己要找什麼才能找得到它，因為，若真是非如此不可的話，你能找到它的機會就幾乎等於零。你需要做的，只是下決心去檢查意識心的內容，明白它的確有你忽略的寶藏。

另外一個辦法，是透過檢查而認識到，你在外遭遇到的實質效果，其實是以「資料」的方式存在於你的意識心——而先前似乎得不到的資料將變得十分明顯。要知道，那些引起你困難的似乎看不見的意念，其實具有十分明顯可見的實質效果，而這些又將自動地把你帶到最初信念或意念藏身之處的意識領域裡。

再說一次，如果你對自己在想什麼變得很能覺察的話，這些思想的本身就會給你線索，因為它們清楚地說出你的信念。例如，如果你老是錢不夠用，而你檢查自己的思想，也許會發現自己經常地這樣想：「我永遠付不起這筆帳，我從來與好運無緣，我永遠是個窮鬼。」或許，你會發現自己在嫉妒那些比你富有的人，甚而更貶低金錢的價值，告訴自己有錢人並不快樂，至少他們精神上很貧乏。

（十一點十分。）當你發現自己有這種想法的時候，可能憤憤不平地說：「可是這些全是真的呀。我的確窮，真的付不起帳。」或諸如此類的。你明白嗎，在這樣做的時候，你就接受了你對實相的信念，當作是實相本身的一個特性，那信念對你而言，變得透明而看不見了。但它卻是你實際經驗的肇始者。

你必須改變你的信念，我會教你怎麼做。另一個例子，你也許會在追蹤自己思想的時候，發現自己在想，你的困難是在於你太敏感了。找到這個想法後，你也許會說：「但這是真的呀，我確是如此。我本來就對小事情有很大的情緒反應。」但那是一種信念，而且是個限制性的信念。

若你更深入地追下去，可能發現自己在想：「我這種多愁善感其實還滿不錯的，它使我卓爾不群」，或「這個世界配不上我」。這些也一樣都是限制性的信念。它們會扭曲真正的實相——你自己真正的實相。

（十一點十七分。）以上只是少許幾個例子，說明自己十分有意識的意念可能不為你所見，同時它卻一直都在那兒，並且限制了你的經驗。

我們一直在談論「意識心」，因為它就是你在物質世界中一切活動的總指揮。我告訴過你（在本章之初）了解自我的重要性，自我是內我最「外在」的部分，並沒有被疏離，而是往外看向物質實相。用這個比喻來說，居於意識心另一面的「我」的那部分，則不停地接收心電感應的資料。要記住，實際上亦沒有分割，我這樣說只是為了便於討論而已。

自我試著把所有進入意識心的資料加以組織整理，因為自我的目的就在處理任何時候，當「我」接觸物質實相後，浮現到表面來的東西。如我曾說的，自我無法切斷來自意識心的資料，但是它可以拒絕直接聚焦於其上。

（十一點二十五分）用我們的比喻來說，心電感應式的訊息，來自「自己」更深的部分。這些部分的接受能力強得令人驚奇，以致必須要有某些組織來篩選過濾這些資料。有一些根本與你無關，它是關於你所不知的人的資料。

你是心電感應的發訊者，也是個收訊人。因為意念有個電磁實相，而信念，因為它們的強度，發出強烈的輻射。由於你自己心理本質的組織結構，使得相似的信念集結到一塊兒，而你會心甘情願地接受那些你本已同意的信念。

因此，限制性的意念自動就會令你去接受那些類似的觀念。同樣的，那些洋溢著自由、愉悅與自發性的意念，也自動地把同類的想法吸了過去。人與人之間有著無休止的相互作用，其中充滿了各種念頭的交換，包括了意識上與心電感應上的。

再次的，這種交換乃根據你有意識的信念。在某些圈子裡流行著一種說法，他們相信不管你有意識的信念或意念為何，你都會對心電感應收到的訊息產生具體的反應。事實並非如此。（強調地：）你只會對那些與你有意識的意念相合的心電感應訊息起反應，它們與你對自己及對實相的看法相契。

我還要加上一句，意識心本來就是自發的。它喜歡耍玩自己的內涵，因此我並不建議你們一種嚴厲的精神訓練，每時每刻都檢查你自己。我只告訴你們，在不滿意的經驗領域，你可以採用的對治方法。

你要不要休息？

（「好吧，我想我要。」）

那我們就休息一下。

（幽默地：「謝了。」）

（十一點三十七分。這一次珍的出神狀態又是極深。她一點都不記得說了什麼，也很驚訝又過了一個鐘頭。我告訴她我選擇休息是因為我還在擔心威立。（珍說她相信：「賽斯可以同時寫三本書，每本書一次一章，絕不會搞混。現在我感覺這整本書就在那兒，等著被說出來，被寫下來。」她又說她忙碌的「夢中生活」顯然是對這種情況做了許多準備，但我並沒問她任何會開放出更多頻道的問題。

（「從『一九六二年』賽斯課開始以來，我從來沒感覺有這麼豐富的資料可以取得。在這之前，我從沒那麼開放——有很多就在那兒的東西我卻不能接受，因為它與我的信念不合。」她指向她的左方，「唔！現在在這許多題目當中，我偏偏能弄到談考古的東西。絕透了……」

（即使如此，珍還是懷疑她有沒有能力為上一節前打電話給她的年輕科學家，取得那十分技術性的資料。當她正如此專心致志地製作這書時，她覺得與他的問題離得相當「遙遠」。十一點五十五分再續。）

請等我們一下，有關威立的。

以一種怪異的方式，威立有點被牠自己的行為嚇著了。魯柏不想因為工作而待在家裡太多時間，他❷希望想出去就出去，他已決定要更常外出。現在他先把威立派出去當作一個實驗工具，而威立自己並不明白到底是怎麼回事。

威立愛往外跑，可是牠並不習慣一天到晚在外面。牠在某個程度覺得被放逐了。其實牠只不過是撿起了魯柏的強烈感受，以及他越來越強的熱切意願而已。在某方面來說，這些並不是針對著威立而發的，但魯柏卻也知道這貓會感受到它們。

你明白嗎，威立一直是隻「家貓」，而珍也整天待在家裡寫作。因此改變了習慣的是這隻家貓，而非另一隻貓隆尼。

某種程度上，你們兩個都默許這件事的發生，門一直開著。顯然你們只要把門關上就行了。你懂不懂我說這話的意思？

（「懂。」

（家裡的壁爐自從上次在水災時被毀後，到現在都還沒修復，因為這附近的技術工人不足。家裡每件東西都非常潮濕並且發脹，尤其是門，脹得不易開關，因此我們就懶得去管它了……）

現在請等我們一下。魯柏正開始心癢想往外跑，但真正發癢的卻是那隻貓。

（「難怪！」）

你們的威立是安全的，只要對牠表示你們的愛，同時幫牠養成規律的進出時間。並不是說魯柏需要令他自己的行動規律，只不過是他的分心或不耐使得那隻貓作出過度反應而已。

話分兩頭，魯柏感覺到多頻，的確代表了一種進展，其實這發展早已是可能的；只是到現在才進入他的經驗中而已。別忘了提醒他，他在這方面及其他方面的成功，因為成功的感覺及事實將會延續下去。

今晚的課就到這裡。我下次一定會記得在書的口述之前或之後談談你的畫。（較大聲而開心地：）今天晚上我在第一號頻道，給你我最衷心的祝福。

（「謝謝你。」）

晚安。

（「也祝你晚安。」）

（在十二點七分結束。珍自出神狀態回來後，一直想要形容一個顯現，雖然它是看不見的，但卻「正在我們面前晃來晃去，像一個大大的、橢圓形的東西」。它是由一群能量組成，可以代表像賽斯這樣的一個「人」，她說，但它卻沒有名字。它只就在那兒，珍並沒感覺到它有想幫忙的意思。珍無法精確地形容這種現象，以及她自己對它的感覺，而我也很難把她所說的轉譯成文字。我在這兒把它記下來，是為萬一將來有什麼發展。她以前也偶爾有類似的知覺。

（到現在，ESP班的學員正密切追隨本書的進展，隨時把每一章的資料加以實際運用，而不等到那一章的結束。珍和我也一樣。看起來我們全都會跟著這本書一起成長。

（幾天之後的補記：這一節是在週三舉行的。週五晚上我們家來了些客人，當珍在跟他們描述多頻道的現象時，她發現她接上了一些賽斯積壓未講的資料，是關於同儕團體及想要隨俗的需要，賽斯在週三那節裡並沒真的給我們這資料，現在也沒有——珍反倒自行對這些問題發表了一些談話。第二天早上，我要她盡她記憶所及地把這寫下來。

（珍寫道：「我正告訴羅和朋友們，關於上一節課裡我知覺到那些頻道的事，突然間我開始抽出其中之一，是關於隨俗和對個人表現的需要的一些資料。

（「我發現賽斯早已收集好一大堆的資料，就在那兒，包括對『隨俗』與『獨立特行』兩者生物學上的基礎。就拿『變形蟲』——一種單細胞微生物——為例：我了解在變形蟲內的『原生質』——物質生命的基礎——代表了個體『向外發展』的特質。但是原生質卻必須順應它的環境——在這個例子裡，環境就是變形蟲的『身體』，當變形蟲在『對刺激反應的個別性需要』指導之下而有所行動時，它的身體只能以一個整體單位的形式移動。

（「當原生質『自行』對刺激有所反應的時候，還必須考慮到它所具有的細胞形式；因為細胞形式維護了整個單位的完整性。因此，當原生質要動的時候，它必須帶著整個單位一起移動。

（「在週三的課裡，羅談到同儕團體的事，而這只是一個被那些話引出有關話題的例子而已。就生物學的論點，及文化和歷史的各面向而言，賽斯資料還有好些可以說而沒說出的呢。這同樣的問題，還可以從人體的成長以及癌細胞的發展來談，好比說，癌細胞逃脫了一個『順應的模式』而在單位結構上強行加上一個『新』的模式……

（「好了——在我要結束這筆記時，才想到最後那一句。那個想法對我而言也是新的呢！」）

第六一七節 一九七二年九月二十五日 星期一 晚上九點二十一分

（今天早上，我們正在吃早餐的時候，珍和我聽到一陣奇特的多重「吠叫」聲從天上傳來。我從窗口探出頭去，剛好來得及看到一大群野雁從我們頭上飛過，顯然是南飛避冬。牠們看起來飛得很低，隊伍也不整齊，「人」字隊形的尾巴，一長一短，差別很大；而在人字中間還夾飛著一小群，好像被保護著一樣。

（我覺得這個景象異樣地動人，珍也有同感。我們讚歎這種移居的天生規律，大聲的雁鳴神氣地顯示出牠們理直氣壯的行徑。我們看見別的人也為之動容，在樓下一間公寓修理地板的工人也跑到外面車道上，凝視著天空。在我看來，這種遷徙，是大自然令人驚奇的變化與生機的另一個展現——提醒了我們那些常常被人類糟蹋掉的價值。

（珍為賽斯的傳述從這節一開始就進行得很快。）

晚安。

（「賽斯晚安。」）

我們繼續口述……因此，你會按照自己對實相本質的有意識信念，對所有收到的資料反應。「自己」的更深部分並不需要把「自我」對時間的意念列入考慮，因此「自己」的這些部分也會處理通常逃過了「自我」感知的那些資料，這些資料也許一直要等到到達「自我時間」的某一

「點」時，才能被「自我」認知。

自我對時間，時鐘上的時間，相當認真，因為它必須非常直接地與日常世界打交道。但即使是「自我」，到某個程度也明瞭時鐘的時間只是「習俗」而已；但它卻不願這種習俗被打破。

自我常常忽略由心靈深處傳到意識心的任何「千里眼」或「預知」的資料。偶爾，當自我認知這種資料很可能極有用的時候，那麼它就會變得較為開放而予以承認——話雖如此，前提卻是，這種資料要符合它認定的可能或不可能才行。

自我的觀念其實就是你的觀念，因為它就是你的一部分。如果你對危險或潛在的災難念茲在茲，如果你對這個世界的想法主要著眼在肉體的存活上，一心念著所有可能威脅你生存的情況，那麼，你很可能發現自己突然覺察到一些預知夢，夢中預告的不是天災就是人禍，再不然就是些謀殺或搶劫之類的事。

「生命是這麼脆弱，步步都是危機」這種想法，在你心中變得這麼強，使得自我容許這些原本在「時間之外」的資料得以現形，因為你這種恐懼信念說服了自我，使它相信你必須隨時處於警戒狀態中。你預知的各種災變，甚至與你完全無涉。然而，從所有這麼多你可以得到的無意識心電感應及千里眼的資料裡，你偏偏會知道這一堆，它的用處又只在加強你「危機四伏」的觀感上。

如果這些資料是在你的夢境出現，你也許會說：「我很怕做夢，因為我的噩夢常會成真。」

於是你又試圖壓抑自己對夢的記憶。其實，你真正該做的是檢查你有意識的信念，因為它們這麼強而有力，不僅使你一心掛慮著人世間的災劫，還把內在能力也都用到那上面去了。

（九點三十七分。）心電感應的溝通無時無刻不在進行，而它之所以常在無意識的層次上發生，只因你的意識心是在一種「變為的狀態」（state of becoming），它沒法留住你所擁有的全部資料。舉個例子，如果你有意識的念頭比較偏向「正面」，你就將會對同性質的心電感應資料起反應，縱使你只在無意識的層次上這樣做。

如我以前提到的（在第六一六節裡），你也不停地放出自己的心電感應思想。別人也就根據他們自己對實相的意念而作出反應。藉著把注意力集中在生機、力量與創造性的念頭上，一個家庭能不斷地加強它的喜悅（較大聲）、歡樂和自發性；或者藉著加強怨恨、憤怒、懷疑與失敗的想法，（較低沉地）也可以讓它一半的能量白白溜走。

（「我懂了。」）

（賽斯在上一段裡巧妙又多少帶點幽默的強調，是特別對我個人而發的，雖然他同時也是在寫他的書。這涉及今天珍和我的一番討論，而我的觀點頗有些不怎麼高明之處。）

以上兩種態度都有意識及無意識地加強了對實相的想法，不只是就那個家庭而言，還包括與此家庭有所接觸的人。

你專心致志在什麼上面，你就得到什麼。除此之外，別無其他的重要法則❸。

你也許很容易地看出別人看不出來、在他們自己心內的那些信念。讀這本書時，你也許能針對你的朋友或相識的人，清楚地看出他們的想法乃是會局限他們經驗的無形信念——卻對你自己的無形信念視而不見，理所當然地把它們當作事實或實相的特點。

此外，你的感官資料毫無疑問會加強你的想法。同時，你也會在一個無意識層次上對內在資料作「千里眼」與心電感應的反應，其實那些資料是在你十分有意識的觀念組織之下被「收集」過來的，而這些觀念涉及的是你對「生存」的意念，特別是對你個人生存的意念。因此，你被牢牢地困鎖在一個實質的情況中，而經過你感官所得的資料，又處處證實了這種情況的真實性——當然，這些感官資料非常令人信服，因為它如此美妙地，如此具創造性地，又如此積極地反映出你自己的想法和信念，不論這信念正面與否。

在一個較大的角度來說，「正面」或「負面」沒多少意義，因為實質人生的經驗就是為讓你學習。但如果你不快樂，那麼「負面」這個字就是有意義的。

（九點五十分停頓，今晚停頓的次數不很多。）我希望，至少在我講到這裡的時候，讀者諸君已經開始檢查他們的信念，而也許能夠看到一些本來一直被自己當作絕對真相而接受的無形信念了。

且說，如果你對自己夠誠實，你終究會找到我所謂的「核心信念」（core beliefs），就是對你自己的存在抱持的強大觀念。許多個其他的附屬信念，先前看來似乎彼此不相干的，現在也該很明顯地現形為核心信念的分枝，只有在它們與核心信念的關係中，才顯得有理。一旦你了解核心信念原來是錯的，其他的也將消失。

唯有「核心信念」才有足夠的強度，能使你的感知集中在某個焦點，因而由實質世界中，只感知那些與它相關的事件。同時，也只有核心信念的力量才能從你廣大的內在知識寶庫裡，只抽出那些切合它組織的事件。

現在，且讓我舉個有關核心信念的例子。「人性本惡」是個概括性質的信念，也是個核心信念。在它的周圍會蹦出那些只會加強它的事件。在有這種信念之人的所聞所見中，不論是個人或普遍的經驗，都只會進一步地加深這個信念。

從所有可得到的實質資料中，不論是報紙、電視、信件，甚至私人談話，他都只集中注意力於能「證實」那信念的資料，對別人的疑心越來越大，更甭說他自己個人的沒信心。這個信念會深入他人生中最親密的地帶，到最後，任何足以駁倒這個信念的證據「似乎」都找不到了。

這是個無形的核心信念在最壞情況的例子。抱有這個信念的人會變得不再信任配偶、家人、朋友、同事、國家，或概括地說，整個世界。

再舉一個比較個人性的核心信念：「我的生命沒有價值。我做的事毫無意義。」抱有這樣一個想法的人，通常不會認出它是個無形信念。相反的，他會情緒化地認為自己的生命沒有意義，個人的行動毫無作用，而死亡是「最後終結者」；還有一大堆的附屬信念與之相連，這些都深深地影響到他的家人，也連累到所有與他接觸的人。

因此，在開列你的個人信念清單時，別放過任何信念，把它當成別人的清單那樣去檢視它。然而，我無意叫你們只特別寫下負面的意念。接受快樂信念的存在，把經驗中那些成功、得意的因素考慮在內，是極為重要的。

我要你們去捉住那種成就感，把它轉譯或轉移到你曾碰到困難的地方。但你一定要記住，先有意念的存在，而後具體經驗才隨之而來。

你可以休息一下。

（十點六分到十點十九分。）

你造成你自己的實相。這句話說再多次也不嫌多！會有一些時期，你所有的信念可說「互相扯平」了，它們會彼此一致。

你的意念也許是相檔局限的，也許是錯誤的，也許建立在錯的前提上，然而它們的生機與力量卻十分真切，而且似乎帶來極佳的結果。

且說，「財富即一切」這個想法固然極不正確，但若一個人死心塌地接受了它，他真的會既有錢又健康，而所有事情似乎也頗能契合他的信念，然而這仍舊是對實相抱持的一個信念，因此，在他的經驗裡，必然有不為他所知的無形鴻溝存在。

從外表看來，情況似對他極為有利，雖然這人彷彿心滿意足，但在表面之下，對自己「並不完滿」的了解卻時時啃嚙著他。在表面上看來，則一切平衡。

因此，當你的信念有所改變時，你的經驗與行為也會改變，你一方面在學習，同時一方面還會有些壓力——創造性的壓力——存在。剛才說的那個富翁，也許突然醒悟他的信念會限制他，因為他一心不貳地專注於其上，以致財富和健康變成了他獨一的目標。這個破碎的信念也許導致他生一場病，而生病會像是個負面的經驗。但是，透過這場病，他很可能有機會看一看那些以前一直為他所拒的區域，從而大獲饒益。

接著，信念的轉變，也許使得他開始懷疑自己其他的信念，而了悟到，好比說，就財富而言，他曾因為他的信念而頗有所成，但從那些因他的病而出現的其他更深體驗，他學到，人生經驗涵蓋了以前不為他所知的實相各種層面，而且那本也是他唾手可得的——並不須依靠原本把它們帶來的那場病。一堆新的信念也許浮現出來。同時，會有壓力存在，但卻是具創造力的壓力。

（十點三十一分。）現在再舉個例子。有意識的想法管制你的健康狀態。你心心念念掛慮著疾病，就會生病。既然你相信自己是因為濾過性病毒、感染或意外而生病，那麼你就必須去找在那個信念體系中運作的醫生。因為你相信他們能治好你，運氣好的話，你的毛病會得到紓解。

然而，由於你並不了解，是你的思想造成了你的病痛，因此你會一再地重蹈覆轍，新的症狀又會出現，你又再去找醫生。如果你正處於一個改變信念的過程中——如果你開始了悟是你的思想和感受引起了疾病——那麼有一陣子你可能會不知如何是好。

放大來看，你明白醫生最多只能暫時減輕你的痛苦，但是你也許還不敢完全相信你有能力改變自己的思想，或者你也可能被它們的效力嚇到。因此，當你拋棄了一套信念，學習運用另一套信念的時候，在信念轉換之間，可以說，確實有一段「壓力期」。

但在這時，你以你的思想與你彷彿經驗到的實相（健康狀況、外在環境等等——譯註）比較印證，你便涉入了個人實相的本質中最有意義的面向之一。也許你需要一段時間才學得會有效改變你的思想，但是，不管怎麼說，你所作的這種努力，基本上就是極有意義的。

事情的真相是：你的實相是你直接造成的。你有意識和無意識地對你的信念起反應。你從物質宇宙及內在宇宙裡，收集那些似乎與你的信念相關的資料。

那麼，你就要相信你天生是個不受限制的生靈，生成肉身，為的是盡你所能把本性中偉大的喜悅和自發性，具體地顯現出來。

現在你可以休息一下。本章篇幅不會太長，因為前一章很長。

（十點四十分。珍在本節中的步調一直比前幾節快得多。休息時間很短。從十點四十五分起，賽斯給我好幾頁的資料，我沒期望他會這樣做。然後在十一點二十分他結束此節，留下這句話：「告訴魯柏將來還會談到成群地建立在『核心信念』上的思想。」）

第六一八節 一九七二年九月二十八日 星期四 晚上九點四十五分

（本節課在《天地一沙鷗》的作者李查·巴哈和他的編輯依蓮娜·弗雷德的見證下進行。他們本來預定星期二到達，參加ESP課，但由於惡劣天氣而延誤，昨天才到。李查八月底的時候來看過我們一次，當時本書的第一章才剛開始。

（昨晚，我們很晚才吃飯，飯後當我們留連在飯桌邊，繼續談天時，珍傳述了相當長而非正式的一節給我們的客人。李查把它錄了音，並答應寄一份抄本給我們，以便我們日後可以由那資料中摘錄一些附加於此節。

（今晚稍早，珍曾相當自發地大唱「蘇馬利」文的歌，可是現在當她開始替賽斯說話時，態度變得較為審慎了。）

晚安。

（「賽斯晚安。」）

——我們繼續口述吧。請給我們一點時間。（暫停。）「核心信念」就是你據以建造人生的那些信念。雖然你不常把注意力集中在它們上面，但你是有意識地知覺到它們的存在。因此，它們變得看不到了，除非你對意識心的內涵開始有所覺察。

想認識你自己的意念和信念，打個比喻，你必須拿掉眼罩漫步其中。必須看透你自己創造的那些結構，你把經驗集結於其上的那些組織好的意念。

想看清楚你自己的心，首先必須拆散你的思想結構，跟著思想走但不要加以批判，也不要拿它們與你的信念架構作比較。

經系統化組織起來的信念會收集並且留住你的經驗，可以說，把你的經驗「打包」起來；因此，當你看到某一個彷彿與另一個經驗相似的經驗時，常常不予細察就把它納入你同一個包裝好的系統裡。這種信念常藏著意外的驚奇；當你揭開了某個信念的封皮時，可能會發現裡面藏著本來不在其範圍內的可貴資料。在一個標準的核心信念周圍可能有「人造的意念群」，就像人造花一樣。

由於你的習慣，也由於核心信念本身的強度，核心信念常常會自動吸引其他類似的信念，附著在它上面。如果你不習慣審察自己的心，你可能會任由這種被吸來的信念在原有信念周圍自行滋長，直到再也無法辨認何者是何者為止。發展到最後，你所有的經驗全都以這個「意念叢」（idea-growth）為依歸。於是，任何看似與這個核心信念不相干的資料，就不再被你消化吸收，而是丟到你心智的角落裡，沒被用到，而你也自絕於這些資料的價值之外。

你心智的某些部分能容納這些資料，把它庫藏了起來。這資料不屬於你慣常思想的系統；雖然它們仍在你意識可及的範圍內，你卻很可能視而不見。

（十點整。）通常當你看進你的意識心時，總懷有一個目的，想找到一些資料。但若你把自己教得不再相信你可以有意識地知道這種資料，那麼，你就不會想到在意識心裡去找它，更有甚者，如果所有在你意識中的資料，全部牢牢地結合在某個核心信念周圍，你便會自動對那些與之無關的經驗視而不見。

只有在你把一個核心信念當作「生命的一個事實」，而非「對生命的一個信念」時，你才看不見它；只有當你如此全然地與它認同，而被它牽著鼻子走時，你才看不見它。

現在舉一個看起來完全無傷大雅的核心信念：「我是個負責的母親（父親）。」

從表面上看來，這個信念沒有什麼不對。但是，如果你堅持這種信念而沒作審查的話，你可能會發現「負責」這兩個字負荷了不少東西，而且它還會收集其他同樣你沒審查過的意念。你對「負責」有什麼樣的想法？從你的答案裡，你會發現這個核心信念到底對你有利與否。

如果負責是指：「我必須做個全天候的母親，別的什麼都不管。」那麼你可能會有麻煩，因為，那個核心信念可能阻止你去運用那些與母職不相干的其他能力。

你可能開始只透過那個核心信念去看所有的實質資料。你不再會以赤子之心或一個獨立個體尚未僵化的好奇心去看這個世界，而是永遠透過做母親的眼睛去看世界。如此一來，你難免自絕於很多的實質經驗之外。

而根據這意念的強度和頑固程度，以及是否願意處理它，你又會透過心電感應吸引與這個僵化模式相合的無意識資料。你可能更進一步使你的人生變得更窄，任何種類的資料都看不到了，除非它觸及了你做母親（父親）的生活。

現在我們休息一下。

（十點十二分到十點二十一分。）

剛才所說的那個核心信念只是一類而已。

你抱持的某些「基本假設」其實也是核心信念。對你而言，它們彷彿是「定義」。因為它們是你如此密不可分的一部分，因此你視之為理所當然。你們對「時間」的意念就是其中之一。

在你的心智裡，也許覺得搬弄一下「對時間的思考」是滿有樂趣的事，也許會發現自己在想：「時間在基本上和我對它的體驗並不一樣。」然而，你根本上仍相信自己生存在鐘點和歲月裡，一個星期結束，下個星期才來，你不由分說地被季節的奔流拖著走。

很自然，你的實質經驗加強了這種信念。因此，你以事件與事件間的「時間流逝」來建構知覺。這種做法本身就迫使你只專注於一個方向，而打消了你以其他方式去認知生活事件的念頭。

偶爾，你會使用聯想，一個想法輕易地引來另一個想法。當你這樣做時，你也往往會看到新的洞見。在你的心裡，當事件跳脫了時間的連續時，它們彷彿獲得了新生。你明白嗎，你已經打散了思想，把它們由慣常的組織中釋放了出來。

當你透過聯想去了解思想時，你距離自由地檢視自己的心智內容已經相當接近了。但是如果你放下了時間觀念，而又從其他核心意念去看心智內容的話，你仍然是在「組織」它。我不是說你永遠不該去組織那些內涵，而是說你必須對自己的構造物了然於心。你可以去建立或拆散這些構造物，但千萬不要放任你自己對心中的家具視若無睹。

你的腳趾踢到一個擺錯地方的念頭，和踢到一把舊椅子一樣容易。事實上，如果你把自己的信念設想成家具，會對你很有幫助，你可以重擺、改造、翻新這些家具，甚至全部丟掉或換新。你的觀念也是你自己的，它們不該控制你。你有權決定接受哪一些。

那麼，你就想像自己在重擺這些家具。某些家具的形象會來到你眼前，問問你自己那些家具代表的是什麼意念；看看那些桌子彼此配不配；打開裡面的抽屜瞧瞧。

（十點三十五分。）這裡並無神祕可言。你知道自己的信念是什麼。你會看到那些信念群，是你自己決定要不要深入看看內心，並且以你自己的方式去運用那些心象。把那些不適合你的想法丟出去。如果你接受這建議，在心中找到這樣一個意念，然後對自己說：「我丟不掉這個意念。」那麼你必須了解，這個念頭本身就是信念。你大可以把這第二個念頭丟掉，並不比丟掉第一個念頭更難。

你在自己的意念面前，絕不至於束手無策。用剛才那個比喻，你一定會發現一些出乎你意料的家具。因此不要只顧著看自己意識內室的中心，你必須謹記，去提防那些我先前提到你「視而不見」的東西，那些明明可以「抓得到」，卻又像是實相一部分的東西。

信念群的組織是以一種極具特性卻又非常個人的方式構成，因此在各種不同的組合裡，你會發現有種模式存在，可以根據一個找到另一個。

比如說，「做一個負責的母親（父親）」這個意念，很容易就把你導向與責任有關的其他心靈結構，因此，你按照那個意念的價值觀來決定接納那些資料。你也許甚至會認為，除了做父母的立場外，由其他立場來看任何一個情況都是錯的。

因此，對「罪惡感」抱持的信念，會像水泥一樣把其他相似的核心信念凝聚在一起，而加強它們的力量。你必須了解，這些信念並不是死的意念，在你心裡像是破壞後的瓦礫一樣。它們是心靈的東西，在某種意義上是活生生的，像細胞一樣群聚在一起，保護自己的實效和本色。

換句話說，你們以類似的觀念餵養它們，因而，當你檢驗這種信念中的任一個時，顯然就威脅到這結構物的整體性；因此你有方法可以插入新的支柱，可以這樣說——來支撐你度過難關。當你檢查這整個核心信念的基礎時，它並不一定必然得全部崩塌在你身上。

好，我在此暫且打住，休息一下。我們很快就將結束這一章，然後開始下一章。（對伊蓮娜和李查說：）我願意對你們講快一點，但我們需要筆錄下來，所以非慢一點不可。

（十點四十六分。珍的出神狀態甚佳。我們很高興有幾次書的口述時，有別人在場。這節餘下的時間都給了我們的客人：賽斯的態度變得更快活，他的步調也快了不少。差不多在十二點半結束。

（補註：李查·巴哈一直覺得《天地一沙鷗》這本書並不是他自己寫的。到如今，那本書的孕育也廣為人知：一九五九年某一天的深夜，李察正走過〔美國〕西岸附近的小運河邊時，突然聽到一個聲音說：「海鷗岳納珊·李文斯頓。」四顧無人，他嚇了一大跳。在他回家的路上，當那聲音啟發了影像，而以三度空間的形式給了他本書的大部分時，他更是驚訝不已。然後它戛然而止。李查試著靠自己把稿子寫完，卻沒成功。此後便毫無動靜，直到八年後的一天，他突然醒來又聽到那聲音——它把書的後半部帶了來。

（誰寫了這本書？李查並沒號稱他是作者。當他看到《靈界的訊息》時，覺得珍的經驗與他類似，就跑來看她或賽斯能否解釋這個現象。當然，兩人的經驗中有相關之點，只不過在珍的情形，不止出現了一個聲音，還出現了整個人格，賽斯，他在珍處於意識改變的狀態時，自己動口寫書。因此，她和李查都對賽斯會如何解釋這種現象極感興趣。

（除此之外，珍的小說《超靈七號系列：漫遊前世今生》也是在相似〔卻又不同〕的情況下完成。她在本書的前言中，描寫了所涉及的過程，連帶描寫了她的一些詩的創作過程❹。

（對珍來說，這些意識狀態全是同一種高度加速後的創造力不同面向，這些創造最後超越了它自己，而進入我們還未能清楚了解的實相層面。與這個問題有關的，還包括了自動書寫、作畫、唱歌及作曲等等。

（以下是一九七二年九月二十七日晚上，賽斯對李查和其他客人所說的話近乎逐字的引述：

「資料不會自己單獨存在。所有那些了解它、知覺它或創始它的人的意識，都與它連接在一起。因此，沒有一種客觀的、永遠可得的資料庫般的記錄，可讓你向它調準頻率而接收到。相反的，那些在過去、現在或未來會持有這資訊的那個意識，像磁石吸鐵一樣把它吸了過去……這資訊的本身也希望向意識靠攏。它並非死的或不會動的東西。它不只是你想去抓住的東西，也願被你抓住，因而它就被吸向那些尋找它的人。

（「你的意識會吸引已經與那些資料搭上線的意識。那是今晚我送你們的好東西之一！那麼，當資訊被一個新的意識詮釋之後，它就重生而變成嶄新的了，就如《天地一沙鷗》這本書一樣。

（「你的內在部分，用那些本來一直就有的能力，透過你自己這個存在的萬花筒來詮釋這資訊，用你自己的最佳部分，於是製作出穿著新衣的璀璨真理——但這新衣除了你自己之外沒人能給它。現在我要告訴你：如果你認為《天地一沙鷗》是別人寫的，那麼你就否定了自己內我的卓越。

（「這個真理是一個由外而來、送給你的東西，但它的原創性和獨特性卻是由你自己的內在部分提供的，那個內在部分到如今可能與你有意識的自己離得這麼遠了，以致它看起來是與你分開的。

（「在此也還涉及了其他的事——不只是一本書的誕生，還包含了內我透過藝術而顯現到物質宇宙裡來的這種誕生。且說，這書的焦點和力量，一部分是來自那兩種誕生，以及在其後的強度，這也是這書的出世帶給世界這麼大衝擊力的緣故。兩者在這本書上合而為一。你在尋找《天地一沙鷗》的作者，而我告訴你，他是遠在天邊，近在眼前呢，我正在看著他。他也許不是你照鏡子時所看到的那張臉，只因為你無法在鏡子裡看到你的真實自性。但我正在看這書作者所有能被看到的全貌，而你應該是最了解他的人。在未來的歲月裡，我會告訴你如何去認識他，更熟知他。

（「在這一點上，魯柏早已先起步了，因此我並沒有掃他的興。你自己的意識的確有「各種不同的面向」，而它們在完全不同的環境裡運作，好比說，那些非物質性的環境。因此，在你裡面的一些面向，它們知道許多其他各種的資訊，這些資訊是你現在有意識的面向得不到的……」

（請注意，賽斯在此認可了珍關於「面向」（Aspect）的理論。她已開始著手寫一本以此為主題的書，其中珍會用部分篇幅，探討像賽斯這種人格，他是哪裡來的，他的本質是什麼以及他的真實程度，除此以外，也會談及那些直覺性或啟示性資料的「入侵」這回事。再一次的，請看她的序文。）

第六一九節　一九七二年十月九日　星期一　晚上九點六分

（上個週末，珍和我去紐約州北部一個小城，去看望我的母親，她和我弟弟一家住在一起。今早在開車回家的路上，珍說：「有人正在寫賽斯這本書，對這點我很有把握。我一直收到其中一些片段。我想它是關於想像與信念，以及它們如何的相互作用——只是，還要比這個多得多。唔，」她高興地加上一句：「知道有人在做這件事真不錯……」）

好，我祝你晚安——

（「賽斯晚安。」）

——除非你有什麼特別希望我談談的事，否則我們就繼續口述。

（「沒事，請吧。」）

那麼，請等我們一下……在你的主觀生活中，想像也扮演了一個十分重要的角色，因為它賦予你的信念活動力。你的信念能被轉成實質的經驗，是因為有各種驅動媒介的幫忙，而「想像」是其中之一。因此之故，你對意念和想像之間相互關係的了解，是極為重要的。為了要驅逐不適當的信念，而建立起新的信念，你就必須學會運用你的想像力，把「觀念」在心中移進移出。然後，想像力的正確運用，就可以把意念推送到你們想要的方向去。

第三章結束。

註釋

❶廣義來說，賽斯所謂的「全我」範圍相當大，舉例來說，轉世以及可能的人格，只是涉及的意念中的兩個。絕對錯不了的是，每上一課，都使我們對「全我」每分每秒不停地開闊壯大這件事，更增認識。詳情請見《靈魂永生》與《靈界的訊息》。

❷提醒一下：賽斯稱呼珍，通常是用她男性存有的名字，魯柏，因此，代名詞也就會用「他」而不是「她」。

❸此處賽斯一字不差地引用了他在一九七二年二月二十六日的一次臨時課裡所說的話，當時我們正在佛羅里達度假。

❹在這本書裡頭有很多例子都是談珍個人的意識改變狀態。除了賽斯的音量之外，有時候這些狀態也會在她「自己」身上產生非常有創造性的結果：第十章第六三九節描述一些和她從一九七二年十一月開始寫的詩集《靈魂與必朽的自己在時間當中的對話》有關連的通靈經驗。

Chapter

04

你的想像力和你的信念，並略談一下你的信念來由

（九點十二分稍停。）第四章：〈你的想像力和你的信念，並略談一下你的信念來由。〉

在實質生命中，你的意識心主要是依你實質大腦的作用。不管在肉身內或肉身外，你都有一個意識心，但是，當你以實質生命為導向時，意識心就必然是與實質頭腦連線的。

到某個程度，頭腦使你的「心」（mind）保持一個三度空間的焦點，使你定位於必須在其中運作的環境裡。就是因為心是那麼效忠肉身的腦，所以，舉例來說，你才會感知時間是一連串的「片刻」。

你的腦把心接到的資料傳達給身體結構，因而你的經驗是經過實質的過濾，才自動變成你這個有機體能了解的東西（賽斯—珍敲著在我們之間的咖啡桌，強調地說著。）就因為這個原因，實質來說，在你身為人的這時候，「心」大部分要仰賴頭腦的成長和活動。有一些資料是維持生命所必知的，必須由父母來教給孩子、傳給孩子。你有一些與生俱來一般性的基本假設，但是，由於你們每個人環境的個別狀況如此不同，這些基本假設必須在實際的考量下加以實行。因此孩子接受父母的信念乃有其必要。

當孩子最需要保護的時候，「從父母處學習」這件事能夠加強家庭的團聚力。那麼，這種對父母信念的默認，在早期嬰兒成長到孩童期間是極為重要的。這樣子分享共同的意念，不僅僅保護了新的後代遠離父母眼中明顯的危險，還提供一個讓孩子能在其中長大的架構。

（九點二十七分。）這個架構提供孩子成長的餘地，直到他的意識心能夠自己推理，並且有自己的價值判斷為止。以後我會談到意念來由的更大面向，但目前我們只就這一生來看。

因此，你們接受的信念，就是你父母對於實相本質的看法。藉著榜樣、交談及不斷的心電感應強化，你接受了這些信念。它們包括了對這個世界的一般意念，以及對你和這世界關係的意念；還有，你也從他們那兒承繼了「我是什麼」的觀念。你對自己這個世界的看法是承繼自你父母的意念。

然而，在所有這些表面意念之下，你內心仍不可磨滅地帶著對自己本體和身分、你的意義和目的的知識，但在你成長的初期，他們小心翼翼地不讓你與物質面的生存脫節。你從父母那裡收到這些導向性質的信念，把你引導到他們覺得安全的方向。在這些信念的庇護下，這孩子才能安全，滿足他的好奇心，發展他的能力，而且把全部的精力投入那明確界定的活動範圍內。

（九點三十五分。）所以說，這種對信念默認的態度十分有其必要，尤其是在一個孩子小的時候。但是，一個人卻沒有理由被孩提時的信念或經驗綑綁。有一些這種信念的本質是，雖然你看得出某些信念似乎很明顯是有害或愚蠢的，但是你未必能這樣輕易了解其他與它們相連的信念。

舉例來說：你也許會覺得自己夠蠢，居然相信過所謂「原罪」的存在。你卻沒那麼容易發現，你現在的許多行為是由對罪惡感的信念引起的。關於你的信念與信念如何彼此相連，我們將有許多話可說，只因你們不習慣去檢驗信念。

你也許會說：「我之所以會過重，是因為對我某些過去的事有罪惡感的緣故。」你可能因而設法找出那有影響力的事件是什麼，但在這樣的一種情形下，你的問題其實是出於對罪惡感本身的信念。

你並不需要背負這樣一個信念。我很清楚，你們這個文明的重要因素是建立在「罪與罰」的意念上。很多人生怕沒有了罪惡感，就沒有了內在紀律，而世界也將大亂。事實上世界現下就夠亂了——並非由於你們沒有罪與罰的意念，反而主要是因為有罪與罰的意念。但這一點我們稍後在本書中再作進一步的說明。

那麼，你父母給你的早期意念，就構建了你的學習經驗本身。它們訂定了安全的界線，讓童稚的你能在其內運作。不知不覺中——因為你與頭腦相連的心智還沒發展得那麼好——你的想像力朝著某些路線走。

（九點四十六分。）大體上，但並非完全的，你的想像跟著信念走，你的情緒也是一樣。這裡面或多或少有某些一般性的模式。一個小孩受了傷就會哭，當他不痛就不哭了，而存在於這哭泣之後的情緒也就自動轉成另一種。但是，如果這個孩子發現，在事情過了之後他仍哭個不停，大人就會給他特別關注的話，那麼他便開始延續那種情緒。

打從一個孩子的最早期，他就會拿自己對現實的解釋與他父母的想法作比較，既然雙親比他大又壯，又能滿足他那麼多的需要，那他自然會試圖使他的體驗與他們的期望及信念一致。雖然，當一個孩子受了傷，他會哭或覺得難過，一般而言是件相當自然的事。但是，這種傾向透過信念能被延伸到這樣一個程度，以致「長時間的孤單、淒涼感」竟被採納成為明確的行為模式。

在這後面藏著的信念，就是「任何傷害不可避免是災難」。這樣的一個信念，可以源自，比如說，一位過度操心的母親。如果這樣一個母親的想像跟著她的信念走——勢必如此——那麼她就會立刻在一個最微不足道的威脅上，感知她的孩子身邊有個潛在的大危險。在這種情形下，孩子透過母親的行為，同時透過感知心電感應，接到這樣一個訊息，而按照那些心照不宣的信念作出反應。

很多這類信念其實就藏在意識心，但一個不習慣檢查個人信念的成年人，也許根本就不知道自己心裡藏有這樣的念頭。這信念的本身並沒有被埋起來，也不是不能為你所知，它只不過沒被揪出來而已。

所以，如我先前提及的（例如，在第二章六一四節裡），一個最害人的信念就是，以為你目前行為的線索，已被埋掉而通常是找不到的了。這個信念本身，就足以把你關在自己意識心的內涵之外，阻止你在那兒找尋本來可找到的答案。

現在你可以休息一下。

（十點一分。珍說她剛才進入了很深、很深的出神狀態，現在她覺得「亢奮得像喝醉了一樣」。在她傳述時我所記下的時間，顯出她是以良好的步調大步前進。珍朦朧地繼續說：「在另一方面來說，我可以進入更深的出神狀態，一直講到天亮，我也可以馬上倒頭就睡，不省人事。」她對這種感覺背後的理由感到十分好奇。

（現在我要描寫一下筆錄開始後困擾我的一件事；這對信念是如何運作的，是個很好的小例子。當賽斯一出現的時候，我便開始感覺到自己的手有一種不尋常的僵硬感，這種僵硬感干擾了字的自然成形。我費了好大的勁才能繼續筆錄，但我發現一方面要花心思想著如何寫字，一方面要試著專心聽賽斯說些什麼，真的是相當吃力。這種困難一直持續到休息時分。

（我告訴珍，我想在課後用「擺錘占卜」（pendulum）的方式來找出這種現象的原因，因為我不想因為問賽斯這件事而打斷了書的進行。〔在這裡，我簡單解釋一下什麼叫做「擺錘占卜」，這是一種很古老的方法。我捏著懸吊著一個小型重物的細線，重物可以自由擺動。我心裡問問題，然後按照擺錘是前後擺動或左右擺動，我可以獲得「是」或「否」的答案。我用它來獲取一些潛意識對那正在我尋常意識之外的知識的反應，往往得到極佳的結果。〕

（當我們在談論各自的心理障礙時，珍說我們能有個選擇：我們可以得到關於它們的資料，或者繼續寫書。由賽斯那兒兩個頻道都是開放的，資料也是完整的。我們雖然想讓口述繼續下去，可是又極想對我們個人的問題知道得更多一點。多少有點心懷愧疚，但我們選擇了後者——不過，資料一展現出來，我們很高興我們這樣做了。在十點二十分繼續。）

好，這裡是你想要的資料。

首先，資料就在你的意識心。擺錘卜卦是一種方法，可以容你看見，在你的意識中沒有被納入你已認可的信念系統的那些資料。我要你了解這一點，因為讀者們沒有那個機會，可以聽到我親自跟他講話。

信念本身的確是你有意識知道的。你對它頗為覺察，卻沒覺察到那些依附其上的意念。你的信念是你與母親溝通不良。

（賽斯說得很好。所謂的靈光乍現，我突然看到一直都在那兒的那個信念……還記得我說過上週末我們去探望我母親和弟弟的事嗎？）

與這個信念交纏在一起的另一個信念是：缺乏溝通是不對的事，而有任何的錯誤你都應當受罰。當你為這書做筆錄的時候，是在幫我們許多人溝通，可是同時你又感覺無法與自己的父母溝通。

於是，這些個信念夾雜在一起，給你寫字的手帶來了一種緊張感。再簡單不過，你想藉著這些課來表達你如此深信的這些意念，當你無法向父母描述這同樣的意念時，你卻又為此感覺或相信自己有罪。

於是，互相衝突的信念引起了溝通方法上的困難。手的動作就不如它本應有的那麼自然平順。同時你也相信用寫的比用說的溝通得好得多。你常寫字條給魯柏，輕鬆又優美地寫出你發現難以說出口的事——那還是因為你的信念在作祟。

（「說得好……」）

因此，今天晚上，你藉著筆錄轉達我的話而觸動別人的時候，你自覺愧疚，因為你相信無法以語言觸動你母親。因此，溝通的方法變成跟你的信念纏在一起了。

（笑著說：）我告訴你這些，是為了讓你看一看信念是如何作用的。

（「我也確實需要你這幫助。」）

你也還相信——（幽默地：）當我跟你講話的時候，如果你想要，可以在每個「信念」之下劃線——你主要的溝通方法是繪畫；而反之在此處，你卻在用文字來作為傳播的方式。

要不是當前的確有兩個和上週末有關的從屬信念互相衝突，這個信念本來不會特別被扯進去。其一是，你應當如你當時那樣的，在羅徹斯特用語言與你母親溝通；其二是，你應當留在家裡，藉著作畫來觸動外面的芸芸眾生。

反倒是你回家後，卻透過你的筆記來與世界溝通——這是個有意識的選擇，但你對意識心的其他內容，以及那些「相互衝突」的信念卻未曾察覺。你懂我在說什麼嗎？

（「我懂。」）

當我把話點明了之後，這些信念變得顯而易見，但它們的相對性給了身體意識混淆不清的訊息：要寫又不要寫。

（十點三十五分。）對懲罰的想法，對它的信念，也都進來了。你終於還是照你的決定去做——上這堂課，卻又以自己個人的解釋來懲罰自己。

你相信你母親的狀況與缺乏溝通有關。弟弟告訴你，她偶爾說話會結巴。於是你對一種適當的自我懲罰的詮釋，就是使你的手動作不靈。我在這裡試以一個簡單的說法，來使你了解其中的關連。

因為你相信，你的表達方法主要是通過作畫的手，而你相信母親的表達方式是說話，你就弄亂了你手的動作——而非，好比說，弄亂了你的言辭。你能不能在意識上了解我所說的？

（「我能。」我一邊寫一邊想，他說得真好。）

且說，你在不同的時候做了那些有意識的選擇，它們逃過了你的注意，但它們以有意識的覺察與抉擇的方式存在。現在你有問題嗎？

（十點四十分。「沒有。我只想有些時間來好好想想所有這些。」）

再說魯柏，最近他一直在設法認出一些想要拋棄掉的信念。他一直在把它們「弄鬆」，以致它們在他的意識裡激來盪去。他漸漸地覺察到這些信念了，它們不再像以前那樣看不見，其中有許多是他第一次面對的。

你倆都應對那些有益的信念以及它們在你們生命中的重要性漸有所知。你們這種「知覺」，不僅在程度上應該彼此不相上下，同時也應該是一種隨時能警覺且存在於意識中的知覺，以上所說的應該列入本書中，因為這是本書內容的一部分。

今晚魯柏一方面覺得累極了，由於他把你們共同的信念與你弟弟一家的相比較；又由於他以自己的肉體信念（珍摸摸她的膝頭）與他們的相比，而看出他自己信念的有害之處——但是另一方面，當他把個人的心靈與創造能力與他們的相對比，又覺得十分亢奮。結果（帶笑地）是他覺得既累又亢奮。

（今早）是我故意要讓他覺察我正在為本書工作。對這書的一些意念進入了他的意識內，而在過去，因為他不相信這種「滲漏」應當發生，所以它們不常出現在他的經驗裡。它們其實就在那兒，但他的信念不讓他認出它們。

偶爾我會給你們兩位一些附帶的資料，以供你們能隨著某一章的發展而予以實際生活上的應用。重要的是，你們要明白，你們在處理的是心中的信念——真正的功夫是在內心完成——而不去尋求立竿見影的實效。

事情肯定而毫無疑問地會照著你對信念所下的功夫而發展。就像以前「壞」的結果來自壞的信念，你也必須相信，當你改變信念後，好的結果一定會隨之而來。再說一遍，真正的功夫是在內心完成。只要你下了功夫，便可安心等待其結果，但你切不可時常查看結果來了沒有。你明白這其間的不同處嗎？

（「明白。」）

有沒有問題？

（「沒有。我認為這一段很精采。」身為賽斯，珍現在做了一個很不尋常的動作：她從搖椅中調頭過去，望了望她左後方放在隔間書櫃上的時鐘。）

現在，我們先短暫的歇一會兒。之後，我會再加些書的資料，使我們更深入此章，但我不會耽擱你們過久。

（十點五十五分。珍由她自稱的「神遊太虛」的深度出神狀態回了來。我很高興地告訴她，我的手已好多了，還有，賽斯已回答了她的問題。我把賽斯的話唸了一遍給她聽。在十一點八分再續。）

口述。（停頓。）你的信念永遠多少有所改變。以一個成年人來說，你做了許多小時候相信自己辦不到的事。例如：也許你在三歲時相信過馬路是件危險的事。到了三十歲，運氣好的話，你該已擺脫了那樣一個信念——縱然在你兒時這信念是很合適而又必要的。但是，如果你母親透過心電感應及言詞，傳給你一個對過馬路潛在危險的可怕畫面，她便加強了那信念，那麼你便會在內心帶著那情緒上的恐懼，甚或還想像著可能的意外。

你的情緒和想像力兩者都跟著你的信念走。當某個信念消失了，你就不會再懷抱那同樣的情緒，而你的想像力也轉向其他方向。信念自動地動員起你情感和想像的力量。

很少有純理性的信念。當你檢查意識心的內容時，務必要知道或認出，那些與某個特定意念相連的情感或想像的種種內涵。要改變信念，可藉以相反信念取代的方式，這也還有好些不同的方法。其中一個特別的法子是「三管齊下」。首先，你要針對那個想要改變的信念，生出一種「與該信念引起的情緒相反」的情緒，此外，你要把自己的想像力轉到「與受該信念控制的想像力相反」的方向上。同時，你有意地向自己擔保，那個不令人滿意的信念，只是對於現實的一個意念，而非現實本身的一面。

你要明白，意念並非靜止不動的，情緒與想像左右了它們的方向，而或加強或否定它們。

（在十一點二十三分稍停。）你要以一種遊戲的態度，有意地「玩」自己的意識心，就像孩子玩遊戲一樣，在其中你有一陣子完全忽略所謂的現實，而「假裝」你真心想要的才是真的。如果你很窮，你便故意地假裝在財務上擁有你需要的一切。想像一下要怎樣用你的錢。如果你有病在身，好玩地想像你已無病一身輕，看見你在做自己想做的事。如果你不善與人溝通，想像自己能輕輕鬆鬆地那樣做。如果你覺得日子灰黯又無意義，那麼就想像自己過得既充實又愉快。

這樣說可能聽起來很不實際，但在日常生活裡，你經常把想像力和情緒為遠較不值得的信念服務；而其後果十分顯而易見——讓我再加一句——又很不幸的「實際」得很。

就如那些不令人滿意的信念要花上一段時間才會具體顯現在你生活中，所以你可能要等一會兒才看得見實際的結果；但是新的意念必然會與舊的那些一樣長起來，從而改變你的經驗。同時，這想像的過程也會使你與其他附帶的意念面對面，而可能令你一時間怔住了。你可能看出自己在哪方面同時抱持著兩個十分衝突的意念，並且還以同等的氣力抱著它們。在這樣的情形下，你是在將你自己的軍。

你可能相信自己有權擁有健康，卻又以同樣的強度相信，人類境況是天生的被污染了。因此你便會在同時試想要健康又不想要健康，或既想要成功又不想要成功，完全看你個人的信念系統如何——因為在本書稍後，我會點出你們的信念是如何地常常落入一個互相關連的意念系統裡。

今天晚上就到此為止。

（「很好，賽斯。」）

（快活地：）我很高興你贊同。

（「晚安。」）

祝你有個愉快的夜晚，同時對好的信念有個親切的認識。

（「謝謝。」在十一點三十三分結束。課一結束珍就兩眼朦朧，哈欠不停。而我的手現在已完全不僵硬了。）

（珍的ESP班學員已把本書的意念付諸實行。很奇怪的，這使得珍多少有些不耐，因為她只能照賽斯至今所給資料的進度走。她發現自己居然有點嫉妒本書將來的讀者，因為他們可以一氣呵成的將本書精神貫穿起來，而做整體的運用。）

（第二天早晨，珍告訴我，她和賽斯「整晚都在寫書，每次我醒來，口述或什麼的都在進行。感覺上這種情形還相當地強迫性——有時幾乎令人不快……」與書有關的這種情形以前也發生過。它們絕不是夜夜發生的，但我建議她在睡前告訴自己，不要覺察在睡眠中的這種活動。我們同時也預備問問賽斯，這是怎麼回事。）

第六二〇節　一九七二年十月十一日　星期三　晚上十點

（近晚時分，珍接到由《時代雜誌》（*Time Magazine*）一位資深編輯打來的電話。他希望在這個禮拜五、六左右能跟珍談談，因為他將為李查・巴哈寫一篇封面報導。李查的書已經變成全國性的熱門話題。見第三章六一八節。）

晚安。

（「賽斯晚安。」）

（幽默地：）我希望你也有時間（time）給我。

（「我懂你的意思。沒問題。」）

那麼我們就繼續口述。（暫停。）你的信念造成情緒。現在卻多少流行把情緒感受放在有意識的思想之上，意思是認為情感比有意識的推理要更基本，也更自然。這兩者其實是焦孟不離，但是你有意識的思想大致上決定了你的情緒感受，而非其反面。你的信念生出了它所暗示的貼切情緒感受。長期的情緒沮喪並不會無緣無故地向你突襲。你的情緒並不會背叛你。相反的，你已經有一段時間有意識地懷著負面的信念，而它們又使你生出強烈沮喪與消沉的感覺。

如果情緒感受比有意識的思想更可信賴的話，那你又何需具有「覺性」？你壓根兒就不需要清明的思想。

此外，你也不為你的情緒感受所擺布，因為它們本來就應當跟隨你的推理過程、你的思路。你的心智本來的目的就是為著要清楚地感知物質環境，然後它對環境所下的判斷再發動你身體的機構，帶來適當的反應。如果你對生存抱著恐懼的信念，就會有那些引起緊張壓力的情緒反應。在這種情形下，你就需要檢查一下自己的價值判斷了。

你的想像當然會煽動你的情緒，但它也忠實地追隨著你的信念。怎麼想，就會怎麼感受，而不是反過來。

以後我們會對催眠這個問題有所評論。在此讓我先提一提，就催眠而言，你們經常不斷地以自己有意識的思想與暗示來自我催眠，催眠這個名詞只不過是指一種相當正常的狀態，在此你集中注意力，縮小焦點到某一個特別範圍的思想或信念而已。

你花了很大的力氣集中在一個念頭上，通常到了心無旁騖的地步。那是一種相當有意識的作為，而它本身也表現出信念的重要性，因為在催眠術下，你「強餵」給自己一個信念，或一個別人——催眠師——給你的信念；但你把全部的注意力集中在那念頭上。

在此，就如在你的日常生活裡，你的情緒與行為都跟著你的信念走。如果你相信自己有病，那麼事實上你就真的有病。如果你相信自己是健康的，那麼你就是健康的。有許多文章談到「療癒」的本質，在這本書裡也會談到它，但是也有「療癒的逆轉」，在那種情形，一個人對他的健康失去了信心，轉而接受了自己有病的意念。

（在十點二十二分停頓。）在此，信念本身會生出負面情緒，而這些負面情緒的確會帶來一種身體或精神上的疾病。然後想像力跟進，對某一個特別的情況繪出可怕的心理圖象。不必過太久，身體的資料就證實了負面的信念；我稱這信念為負面的，在於它比一個身體健康的觀念要有害多了。

我在這兒提到這一點，只因在一個人的整體發展裡，也很可能用一個疾病作為達成另一個建設性目的的方法。在這樣的一個個案裡，還是會涉及信念：這樣的一個人必須相信，唯有患病才是幫助他達到另一個目的的最好方法。

其他方法對他而言似乎都行不通，因為，各種個人信念已在他的經驗中形成了一個真空地帶——也就是說，他看不出還有任何其他方法可能達到同樣的目的。在本書後面我還會更透澈地討論這個問題。

當然，一個信念可能依附著許多其他信念，而每個都衍生出它自己情緒與想像的實相。舉例來說，對生病本身的信念就依賴著「人是沒有價值的」、「罪惡感」和「不完美」的信念上。

心智不只懷抱著積極活躍的信念，它還包含了許多其他消極不活動狀態的信念。它們潛伏在那兒，隨時準備被你注意和召用；其中任何一個都可能經過你有意的動念而被帶到跟前來。

舉例來說，假設你一向貫注於貧困、生病或匱乏之上，你的意識心也還同時藏有健康、活力與富足這些觀念。如果你把思路由負面意念轉到正面意念上，那麼你的這種專注就將開始改變現狀。在意識心的領導之下，深藏在你內心廣大能量庫的潛能都會被喚起而採取行動。

因為你們作為生物具備推理的本能，且有這樣變化多端的經驗可供運用，人類發展出推理的能力，而這種能力本來就是越用越會演進成長的。因此，你越去運用你的意識，它就越擴展；你越練習用這些能力，你就「越」有意識。

一朵花無法為它自己作一首詩，你卻可以。而在如此做時，你的意識回頭轉向它自己。它真的變得比以前大了。生存在這樣一個多采多姿、豐富的環境─可能性之中，人類心靈需要並且也發展出一個「意識心」，以便隨時作出相當簡潔明確的判斷與評估。那麼，當意識心成長時，想像力的範圍也隨之擴大。在許多方面，意識心可說是想像力的一個工具。意識心具備的知識越多，想像力所及的範圍就越遠。作為回饋，想像力也豐富了有意識的推理能力以及情感的經驗。

（緩慢地：）你們都還沒學會正確或充分地運用意識心，以致想像力、情感和推理力彷彿是分開的機能，甚或有時彼此為敵。再說一次，成熟的意識心，由外在世界也由內在世界接受資料。只有當你相信意識必須只對著外在情況調整時，你才強迫它自行與內在知識、直覺「聲音」

及它所源自的深處切斷。

你可以休息一下。

（十點四十八分。珍今晚的傳述一直都很慎重徐緩，聲音也沒有什麼表情。她的出神狀態很深。結束這次休息就結束了今晚的寫書工作。然而賽斯再給了珍和我五頁的個人資料，而此節在十一點四十五分告終。）

第六二一節　一九七二年十月十六日　星期一　晚上九點四十分

（上個星期賽斯透過珍說了五次話。星期一和星期三晚上除了講書之外，另給了我們一些個人資料；星期二晚上在ESP課中又大放厥辭；星期五下午則對時代雜誌的編輯說了一番話——內容是佛洛伊德派心理學；然後在星期六晚上，又對我們的一群朋友不拘形式地談到，當他在四世紀身為一個不足道的教皇時，義大利的一般生活情形。〔賽斯第一次提到在他自己轉世生涯中當教皇的這一段，是在一九七一年五月的一次ESP課中。見《靈魂永生》第二十二章。〕

（星期六晚上的那一段，我只在客人散了之後，作了一點筆記。當大家在談今日世界的人口問題時，賽斯出場了，他告訴我們，在四世紀時，就他所知，殺嬰是一件很普遍的事。一個嬰兒在受洗之前被認作父母的財產，父母可將他任意處置而不會招致物議。

（多餘的孩子，對當時的經濟情形、居住和食物供應上都是「極度的負擔」，因此，在受洗之前，他們就被殺掉。可是，一旦孩子受了洗，他就變成了一個神聖的生命，擁有一個靈魂以及生存權……

（賽斯又說，我們對那些古世紀的記錄，就教會、洗禮及嬰兒等的記載都很混亂。當天晚上論及的東西還更多，但我的記憶不夠周全，無法確實記錄下來。）

又來道晚安了。

（「賽斯晚安。」）

口述：我並沒有輕忽「內我」的重要性。然而，它所有無窮無盡的資源全都任由你的意識心來取捨，並為你有意識的目的服務。

（稍停。）你們對意識心的看法大體上分成兩派。一方面有些人對意識心寄以過大的信賴——同時卻誤解了它的特性和功能——因此，對「有意識的推理心至上」這理論的擁護者就主張，人要充分運用自己的理性和智力，同時卻不承認它們的來源是「內我」。

因此之故，這些人期待意識心能獨立作業，可以這樣說，忽略掉那些本可為它所用的極為直覺性的內在資料。人們假定意識心不該覺察到這種資料。但任何一個人卻又相當明白，直覺性的預感、靈感、預知或千里眼資料，常常會由心底浮現成為有意識的知識。通常它們會被推到一邊不被理會，因為人家早已教你，意識心不應當贊同這種「無稽之談」。因此，人家告訴你要信賴你的意識心，同時卻又讓你相信，意識心只能覺察來自外在物質世界的刺激。

在另一方面，有一些人則強調內我——那情感化的本體——的偉大價值，而犧牲了意識心。這些理論認為，理智與普通的意識比一個人內在的「無意識」部分要差得太多了，而所有的答案全都不能為我們所見。（停頓。）這種信念的追隨者把意識心貶得一文不值，使它幾乎好像長在人心靈上的一個驕橫的惡性腫瘤一樣——非但不能幫助反而阻絕了他的進步與理解。

這兩組人都忽略了心靈奇蹟似的統一性，亦即存在於所謂「意識心」與所謂「無意識」之間那種精緻自然的相互作用——當它們互取互予時的那種不可置信的豐富相互作用。

「無意識」實在涵蘊了你自己經驗的極大部分，那是你被教以不要去相信的。再說一次，你的意識心本來就是為讓你看進外在世界以及看進內在世界的。意識心是為讓靈魂得以用肉體方式表達的一個工具。

（在九點五十幾分停了一分鐘。）意識心是你評估俗世經驗的方法，而你按照意識心對實相本質的信念來加以評估。它自動地導致你的身體以某種方式反應。我要不厭其煩地再度強調；你的實相、你的身體及其狀況、你的個人關係、你的環境，甚至你們文明與世界的整體，全都是你們的信念所造成的。

你的信念自動地吸引與之相應的情緒感受，它們又經想像而更形強化；在此我不惜重複自己的話，因為這實在是太重要了；你的想像與感受跟著你的信念走，而非其反面。

如果——且舉個簡短又無傷大雅的例子——你常常遇見一個人且心想：「他真令我頭痛。」——那麼在你將來與他接觸時發現自己真在頭痛的話，那絕不是巧合。然而，這是個相當有意識的暗示（強調地），是你自己給自己的，然後並不是象徵性地實現，而是非常實際，非常名副其實地實現。換句話說，意識心發出命令，內我加以執行。

今生今世，你是以物質為取向的。那麼可以確定的是，你那有意識的、物質取向的心智，本來就該擔當起對物質實相本質作出推論的角色。不然的話，你也不會有「自由意志」了。

（十點十分。）就西方文化而言，自從工業革命（約在一七六〇年之後）以來，人們變得越來越相信在個人與世間萬物之間少有關係可言。既然這不是一本歷史，我就不深談在這想法之後的理由，而只點出，那是一種對先前宗教觀念的過度反應，至少以你們的話來說是如此的。

在那個時候之前，人確曾相信他能藉由思想影響物質及環境。然而，隨同著工業革命的到來，甚至大自然的各種成份要素，在人們眼中也失去了它們活生生的素質，它們變成了可以被人分類、命名、分解與檢驗的東西。

你不會去解剖自己寵愛的小貓小狗，因此，當人開始以解剖生物的方式去解剖宇宙的時候，他已然失去了對它的愛的感覺。對他而言，那被解剖的東西變成了沒有靈魂的東西。只有在那種情形下，你懂嗎，他才能檢驗它，而沒有良心的不安，並且對那些活生生的抗議聲音充耳不聞（珍說這話時，聲音暫時地變大變深了許多）；因此，在他對是什麼令這些東西發生作用的極大著迷之下，在他想了解——好比一朵花的生命脈絡的極大好奇之下，他忘了藉著嗅一朵花、細看一朵花，或觀察它恬然自得的樣子，也可以學到什麼。

於是乎，他檢驗「死掉了的自然」。他以為，往往必須殺生才能發現其生命的真相。

當你必須先剝奪一件東西的生命時，你再也不會了解是什麼給了它生命，它是靠什麼活著。因此，當人學會去把大自然加以分類、編號及解剖時，他不再感受到它活生生的性質，也不再感覺自己是它的一部分。這樣做時，他已否認了自己的傳承到了相當重要的程度，因為，靈性（spirit）生在大自然與靈魂裡，並且有一段時間住在肉體內。

人的思想彷彿不再能對自然造成任何影響，是因為在他心裡，他不再視自己為大自然的一部分。以一種曖昧的方式，人一方面以一種很有意識的態度專注於大自然的外在景象上，同時結果卻仍舊否定了他自己心智的有意識力量。他變得盲目了，再也看不見在他的思想與物質環境及經驗之間的關係。

你想休息一下嗎？

（「不用。」）

大自然於是成了他必須予以控制的敵手。但他私下卻感覺自己是在大自然的擺布之下，因為當他自絕於大自然之外時，同時也自絕於很多他自己的能力之外。

對意識心本質的大曲解於焉開始，隨之而起的心理學派又把那些沒被認識或遭否定的力量歸之於「我」的無意識部分。（強調地……）因此，意識心非常自然的功能就被打入「地下」，摒除於正常的運作之外。

現在你可以休息一下。

（十點二十九分。珍在課中心神走得很遠，她的傳述熱切，往往說得很快。當她回過神來時，搖搖頭說：「乖乖，他真是硬朗……一開始我真不知道他今晚要說些什麼，然後我就看到他準備了一大堆東西正要傳過來，不說完是不會讓我們歇口氣的……」

（在十點四十分以同樣活躍的方式繼續。）

先寫書，等告一段落後我有別的話要講。

（「行。」）

請稍候……由於意識心受到如此的重視（同時它很多的特性也被剝奪），以致產生了一種過度反應，在其中正常的意識反而被貶抑。

在這種情形下，情緒感受與想像力變成了遠遠凌駕於意識之上的東西。被誤置的意識（本具的）力量卻仍被分配給了無意識，因而，你們又窮心竭力地想去達到那些彷彿在正常狀況無路可通的意識境界。為了這個目的，人們使用麻藥，建立宗派，各處充斥著各種密法和訓練指南。事實上，根本就沒有什麼達不到的「內在知識或經驗」，它全都可以為你的意識所知，並用來豐富你已知的實相。意識心並不是什麼浪子，或「自己」的什麼窮親戚。它可以相當自由地集中焦點於你內在的實相，只要你了解它有此能力。再說一次，你有一個有意識的心智（意識心），你能改變自己意識的焦點。

人們曾為了各種不同的理由，把專橫的意念往自己頭上栽。然而其中最蠻橫無理的意念就是：認定意識心與人本身這存在的泉源完全沒有關係，認為它已與大自然絕了緣，因而個人是在他無法控制的「無意識驅策力」的擺佈之下。

於是人就產生了無力感。如果文明的目的是要使每個人都活得平安、喜樂、安全而富足，那麼前面所說的意念對他真是沒有什麼好處。

（在十點五十五分稍停。）當一個人覺得，個人的實相體驗與外在世界之間了無關係可言的時候，那麼他便失去了連動物都有的純粹勝任感和歸屬感。再說一次，你的信念形成你的實相，塑造你的人生以及它所有的狀況。

「內我」具有的一切力量，都能因你有意識的信念而被激發出來。由於你不相信你有意識的思想造成了你的人生，因此你對思想喪失了責任感。人家告訴你，不管你的信念如何，你是在無意識制約（conditioning）的恐嚇之下。

下面一整句都要畫線：只要你一天抱著那種有意識的信念，你就一天會把它當作事實來體驗。

（在所有這些段落裡，珍的傳述都非常專注而且精力充沛。我很容易感覺賽斯正透過她睜大雙眼直視著我。）

你有些信念是源自你的童年，但你並不受它們擺布，除非你相信自己是受它們支配。由於你的想像跟著你的信念走，所以可能會發現自己陷入了一種惡性循環，你經常在心中想像那些會強化你生命中「消極的」一面的畫面。

這些想像出來的事件，衍生出種種與之相應的情緒，隨之自動地在你身體裡帶來荷爾蒙❶的改變，或影響你待人處世的行為，或令你永遠以自己信念的觀點去詮釋事件。這樣一來，日常生活的經驗便彷彿越來越證明了你相信的事。

唯一能自這種惡性循環中脫身的方法是，對你的信念開始變得覺察起來，覺察你自己有意識的思想，並改變你的信念，以使它們更與你想要經驗的那種實相一致。這樣的話，想像和情緒自然會自動開始作用，而強化了新的信念。

如我提及過的（在第二章六一四節裡），重要的第一步，是要了悟你對實相的信念就只是你對實相的信念，而並不一定是實相本身的屬性。你務必要把「你」與「你的信念」分得一清二楚。然後你必須了悟，你的信念真的會實質具體化。要曉得，你相信什麼是真的，在你經驗中它就是真的。要想改變這具體的效果，你就必須先改變那原始信念——同時心裡還得相當明白，老信念的實質具體化可能還會維持上一段時間。

然而，若你完全了解我正在說的話，你的新信念將會——很快的——開始在你的經驗中顯現出來。但你必須不去擔心它們的現身與否，因為這擔心會使你害怕新的意念不會具體化，因而這權否定了你想達到的目的。

我曾提到（在第六一九節裡）一個遊戲：你首先以遊戲的態度，選擇一個你想要具體化的念頭，然後在心中想像它的發生。要明白所有的事件一開始都是精神與靈性的東西，而它們將會以實質的方式具體顯現出來，但不要一直不斷地注意你自己，只要繼續玩下去。

（十一點十分。）其實你現在就在玩這遊戲，經常自動地把你的不論何種信念轉譯出來。然而，真正重要的是，你首先須將你的信念分清楚。

你不必在意識上猛力鞭策自己。想像力和情緒是你最有力的盟友，在你有意識的指揮下，它們會自動地發生作用。你可以看出，為什麼檢視所有信念是這麼的重要，不論這信念關乎你自己或你的實相本質；而任何一個信念，只要你讓它去，就會把你帶到另一個信念。

好，許多人曾主張，如果想像與意志力發生衝突的時候，永遠是想像贏。我可要告訴你，如果你檢查自己，你會發現（更深沉更大聲）想像與意志力永不會衝突。你的信念也許會衝突，但你的想像卻永遠跟著你的意志力、你有意識的思想及信念走。

如果你還看不出這一點，那是因為你尚未完全地檢視過你的信念。我舉個簡單的例子：你體重過重，試過節食卻沒有效，你告訴自己想減肥。到現在為止，我說過的話你也都聽進去了。於是你改變信念，說：「由於我相信自己過重，我就真的過重，我且改弦更張，想像自己有著理想的體重。」

但你發現你仍然吃得過多。在你心目中，你看自己仍舊過重，仍在想像那些糖果點心，而以你們的話來說，你向你的想像力「豎白旗」——於是你認為意志力根本無用，而有意識的思想也毫無力量可言。

但假設你越過了這一點，在全然絕望中，你說：「好吧，我且再深一層的來看看我的信念！」因為這是個假想的案例，所以你可以在無數信念中取其一。例如，你可能發現，你相信你這人沒有價值，因此不該看來具有吸引力。或者，體重是健康的表徵，而纖瘦是危險的。

或者你可能發現，你覺得——並且相信——自己如此的脆弱，隨時會受欺侮，因此需要重量，以便那些人在把你推來擠去之前會多考慮一下。在所有這些情形中，這些意念將是你可以意識到的。你常常懷著這些想法，而你的想像與情緒都是與它們一致的，而非衝突的。

（身為賽斯，珍看著書架上的鐘。）

你想休息或就此結束？

（「我們就休息一下吧。」）

隨你吧。

（十一點二十六分。在我看來，珍甚深的出神狀態似乎到了「滴水不漏」的程度，她的傳述被極強的能量驅策著。她證實我的感覺說她沒受到任何些微的干擾，還說賽斯真的可以一口氣講到天亮呢。那顯然彷彿是如此。）

（她坐著等我寫完這筆記，以便賽斯可以回來。她說，賽斯準備了一些個人資料要告訴我們，講完後如果我們還撐得住，他會繼續講。

（賽斯果然在十一點三十五分回來講了一些話，在此略去。此外，賽斯和我還有一段較自由交談未做記錄；在課後，趁著記憶猶新，我把這講給珍聽。十一點五十二分珍安靜坐著，仍在出神狀態，同時我簡短地寫了幾行。然後珍在十一點五十五分繼續講述。）

現在：你也許很窮，在聽了我的建議後，你可能試著改變信念，說：「我的需要都已獲滿足，我非常的富足。」然而，你發現自己還是無法付清帳單。

在你想像中，可能看到下一張帳單來了，卻沒法付帳。你說：「我一定會有足夠的錢，這是我的新信念。」但情況一無改善，因而你想：「我有意識的想法毫無用處。」但是，在檢查你的信念之後，可能發現，你堅信自己是沒有價值的。

你也許發現自己這麼想：「我本來就無足輕重」或「有錢的人會更有錢，窮人只會越來越窮」或「這個世界在跟我作對」或「錢不是好東西，有錢的人都沒有靈性」。導致窮困的信念為數甚多；你也許發現其中之一，使你不想有錢或害怕有錢。無論怎麼說，你的想像和信念總是攜手而行。

我再舉個例子。也許你想記得你的夢。每晚你給自己適當的暗示要記住夢，但醒來腦袋中依舊空空如也。你會說：「我有意想記住我的夢，但我的暗示沒有效。因此在有意識的層面，我想要什麼根本不算數。」

但是，若你更仔細地檢視信念，將會發現許多個可能信念之一，例如：「我不敢記得我的夢」或「我的夢永遠不是愉快的夢」或「我很怕知道我夢到些什麼」或「我很想記住夢，但——它們可能會告訴我一些我並不想知道的東西」！

在這情形，你的信念也渲染了你的實相，而你的經驗乃是你有意識心態的直接結果。以剛才提到的那種心態，你箝制了你的內我，故意地妨礙自己的經驗，又強化了你存在的負面部分。

唯有藉著檢查自己的這些意念，你才能明白自己的立場。我絕對無意於只強調那些負面想法，因此我建議你，注意你生命中覺得滿意和做得很好的地方。看清楚你個人如何在情緒和想像上加強那些信念，而把它們帶到實際的實現——了悟那些結果是多麼自然又自動地出現。抓住那種有所成就的感覺，並且了解你在別的地方也可用這同樣的方法。

口述結束。

（「好。」）

這一節到此為止，除非你有問題。

（「沒有，我想沒有。這節很有意思。」）

好說好說！

（「謝謝你，晚安。」）

（十二點七分。當珍慢慢的回過神時，她宣布了下一章的標題，她剛收到它：「未來與你當前的信念。」她說：「但我想，首先這一章還有一個小尾巴。」眼睛仍閉著，她跌回搖椅中，又花了些力氣才把自己弄醒到能爬上床的地步。

（隨後補記：珍在十一月裡寫道：「我把這當作第五章標題是錯了，但我知道它將是某一章……」然而，不僅僅這一章還沒那麼快結束；賽斯也從沒用上珍建議的標題。）

第六二二節　一九七二年十月十八日　星期三　晚上九點四十分

（「奇怪，我還在等課開始呢。」珍說這句話是在九點三十五分。到那時，我們已等了二十分鐘了。我其實並不期待她今晚會開課——那麼難道是我的信念影響了現實？她週一晚上的課講得長而熱切，週二晚間在ESP班，她又整晚進出於出神狀態。這是指約有三小時之久；還包括了「蘇馬利」。近來這陣子珍的精力很旺盛。

（然後在九點三十八分，她說：「終於我感覺賽斯到了。我們終究還是要上一課……」）

晚安——

（「賽斯晚安。」）

我們先口述吧。（靜靜地。）

當然，你也把你的信念傳播給別人。當客人到你家裡來的時候，他們看到的你家並不完全如你所見的一樣，因為他們也是透過他們的信念「濾網」來看它。然而，在你自己的環境裡，你個人的信念仍占著最大的分量。

（稍停。）有著相似想法的人會強化彼此的信念。當你突然決定想藉改變信念來改變環境時，你也許會遭到一些誤解——按照情況的不同，你可能走上一個與你所屬團體完全不同的方向。其他人也許會覺得，有必要維護當初你們大家都認為理所當然的想法，那時候你們的想法融合一體。每個人為了某些似乎合理的理由對實相抱著他自己的想法。這些信念附和了他們的需要。當你突然改變信念，那麼在這個團體裡，你便不再有同樣的地位——你不再玩那個遊戲。在這個團體裡，你也許突然不再為其他人提供你先前令他們滿足的一種需要。這不只影響了親密的行為，也影響了，比如說，社會的相互作用。

（非常耐人尋味的，我們已經開始聽說有這類的摩擦在發生中，尤其是當珍ＥＳＰ班的學員在練習這本書上的意念時。其他我們常見的人也告訴我們同樣的插曲。）

於是，當你由一組信念轉移到另一組時，有段時間你可能會感到失落。然而，其他分享你的新信念的人，會被你吸引，而你也被他們吸引。關於這個，我在本書後邊還會再說一些，但這個道理可以說明，為什麼當一個人突然決定節食減肥時，會遭到由家人或朋友施予或明或暗的阻力，為什麼一個下定新決心的人會為同事的嘲笑所困惑；為什麼當酒鬼努力戒酒時，老是受到人家公然的引誘，或暗中用計來逗引他又沉溺下去。

當一個病人藉著改變他的信念而開始步向康復之路時，他可能很驚訝的發現，甚至他最親密的死黨都突然的感到不快，還提醒他，他是身患惡疾的這個「實相」。

因為信念形成實相，實相就是你經驗的架構，當然，任何信念上的改變就會改變了那個架構，也連帶引發了某程度的其他改變。原來有某種用處的「現狀」已不再存在，新的因素被引進，而另一個新的創造過程於焉開始。因為還有別的人分享你的私人信念，加上人我之間的相互作用，於是你在方向上所作的任何決定性改變必然為他人感覺到，而他們也將以自己的方式反應。

你現在正啟程去經驗你們能達到的最充實圓滿之境。為達此目的，我希望你至少已開始檢視自己的信念了。你可能想叫別人改變，要那樣的話，你便先由自己做起吧。我告訴過你（在第六一九節裡）如何玩一種「想像遊戲」，在其中你看見自己正按照新的、你想要的信念去行動。當你這樣做的時候，觀想你在以這新的方式影響別人。

（十點一分。）觀想他們以新的態度對你反應。這是非常重要的，因為你正以心電感應的方式向他們送出內在訊息。你在告訴他們，你正改變你們關係的狀況與行為。你在向大家廣播你的地位已經改變了。

有些人頗能在那個層面了解你。也有些人仍需要老的架構，如果你不幹了，他也需要有人來補你的缺。這些人要嘛會從你的生活中退出，不然就必須把他們由你的經驗中剔除。

再說一遍，如果你把日常生活想像成一幅不斷改變的三度空間動畫，而你是作畫的人，那麼你就會了悟，當信念改變時，經驗也就隨之而變。然而，你必須完全接納這個意念，即你的信念形成你的經驗。揚棄那些不能帶給你理想結果的信念。同時你將會常處於一種境地，就是得時時提醒自己，雖然面臨著那些彷彿全然矛盾的實質資料，還有些東西是真實不變的。你也許說：「我生活在富足中，我無虞匱乏。」同時你的眼睛卻告訴你，桌上推滿了未付的帳單。你務必要明白，是你製造出那些面對著你的「實質證據」，而你是透過信念那樣做的。

因此，當你改變信念的時候，「實質的證據」也將漸漸開始「證明」你的新信念，與它們以前證明舊信念一樣的忠實。你必須在你的想法上下功夫。雖然信念有一般性的類別，其後也有一般性的理由，但你必須對自己的信念有個人性的了解，因為沒有兩個人是完全一樣的。舊的信念曾有它的用處，也曾滿足過一個需要。

記得我先前舉過的例子，你可能曾經相信就其本身而言，「貧窮」比「富足」更有靈性，或是，你基本上是一文不值，因此之故，你就拿貧窮來懲罰自己。（見第二章六一四節。）

你可以休息一下。

（十點十五分到十點三十分。）當然，按照你的精力、力量與熱切程度，你也能幫許多人改變他們的信念。

在日常的實質生活中，你通常只關心改變你對自己的信念，然後再改變別人對你抱持的信念。你將發現，你內在有些彼此衝突的信念，而你必須對這些信念了了分明。舉個例子，你也許相信，你想了解內我的本質——你也許告訴自己想記住夢境，但在這同時卻仍抱著「自己實在一文不值」的信念，而十分害怕去記住你的夢，因為你在那兒可能會發現些什麼你無法面對的東西。

在這種例子裡，悲歎地說「我是想了解自己，卻又怕我不會喜歡自己發現的東西」是沒有用的。你自己本身必須改變信念。你必須不再相信，「內我」是個充滿了令人厭惡、被壓抑情緒的地牢。它的確藏有一些被壓抑的情緒，但也包涵了偉大的直覺、知識，以及你所有問題的答案。

當你跟朋友交談時，仔細聆聽自己所說的，以及他們所說的話。看看你們是如何加強彼此的信念，看看你們的想像力是如何常在同一線上運作。如果你了悟到它們是顯而易見的，這一切就變成非常明顯公開了。

在這個社會裡，幾乎每個人都聽過這老生常談似的自我暗示：「每一天，在各方面，我都是越來越好。」❷說起來，那才是個最佳的暗示，由你有意識的自己給你本體的其他各部分。然而，這樣一個暗示的結果仍是跟著你有意識的信念走。

先前我用過「我是個負責的父母」作為信念的一個例子。（見第三章六一八節。）如果對你而言，這是指：「我花了極大心力一定要我的孩子記得刷牙、吃得夠飽，並且舉止適度。」那麼你就將以那種看法來詮釋「越來越好」的暗示。

如果對你而言，這個信念是指，那是表達對孩子之愛最好的方式，如果你覺得直接表達愛意是件窘迫的事，那麼「越來越好」的暗示可能只加強了那個信念。

你可能在那方面變得越來越有效率。這就是為什麼我說，為你自己檢視信念，並且了解它對你有什麼個人的意義，是極為重要的事。再用那個例子來講，如果你突然開始明白了你的地位，開始直接對孩子表達你的愛，也許你會發現他們相當驚訝，十分高興卻又很困惑。可能要過一陣子他們才能了解你的行為，但正如舊的實相有種黏著力，新的也一樣有。

因而，你必須了解並且檢查信念，明白是它們形成了你的經驗，而後有意識地改變那些不為你帶來你想要的效果的信念。在作這樣的檢視時，你將會覺察到許多對你有利的絕佳信念。去循跡追蹤它們，看看你的想像與情緒是如何的跟著它們走。如果可能的話，回顧你自己的過去有哪些點，可以認得出的新意念來到你身邊，有利地改變了你的經驗。

意念不只經常在改變世界，還經常在創造世界。

第四章已近尾聲。我且讓你倆休息一下，下節課再來繼續。給你們我最衷心的祝福。

（「非常謝謝你，賽斯。」在十點五十四分結束。）

第六二三節　一九七二年十月二十五日　星期三　晚上九點四十五分

（週一晚上沒上課。

（「今天下午，珍開始有一種很強的鬆弛感。這種感覺一直延續到晚上。同時，她在晚餐前躺著休息時，收到了這本書書名的最後三個字：《個人實相的本質：賽斯書》。請閱賽斯序言末尾的註，我們在一九七二年四月十日的第六〇九節收到序言。

（珍說她並不想因為自己覺得「這麼舒服、放鬆」而延誤了正課。當我們在聊著一般的健康問題時，我說不知道為什麼在我們的社會裡有這麼多人戴眼鏡。我在此提到這一點，因為在課中這個主題出乎意料地出現了。

（在九點四十五分還不到十點的時候，珍告訴我，我可以選擇先聽賽斯對眼鏡的說法，或是先寫書，兩個頻道都是開放的。當然，我選擇了書。珍說：「奇怪，我知道第五章就在那兒，內容是有關『健康』和『聲音』，內在的聲音與外在的聲音。」後來的事實證明她是對的，但在那一刻她無法就此主題做進一步的發揮。

（房子一時嘈雜了起來：樓下一家公寓裡，一個木匠正在一陣陣地用電鋸做工，修理六月大水災造成的損壞。然而，珍替賽斯講話的聲音卻頗安靜。）

晚安。

（「賽斯晚安。」）

口述：讓我們繼續討論「內我」、「你有意識的信念」和「你最切身的實質創造——你的人類形象」三者之間的關係。

本章結束。

註釋

❶荷爾蒙是內分泌系統的無管腺體——腎上腺、甲狀腺、胰臟等——分泌出來的東西。然後這些複雜的化合物被體液帶到其他器官或組織，在那兒它們有某種作用和效果。在此，賽斯不改其一貫的說法，仍說我們並不受這種非自主過程的擺布。

❷此處賽斯引用的是法國心理學家埃米爾．庫艾（Emile Coué）著名的「自我暗示」名句。庫艾是研究「暗示」的先驅，在一九二〇年代曾就這主題寫過一本書。在那時，他的意念在歐洲廣為人們接受，但在美國並未收到很大的回響。事實上，他在美國的巡迴演說因為媒體的敵意反應而告失敗。

Chapter

05

不斷在創造中的身體

第五章（稍停。）〈不斷在創造中的身體〉。

如我說過的（在第四章裡），意識心是內我的一部分；可以說，是那個由內浮升到表面，而或多或少直接地接觸物質實相的東西。

你現在所關切的主要是物質取向的東西，以及內在實相在肉體上的具體表現。因此，意識心把你過一個有效率的日常生活所需的資料準備好，以備你不時之需；而那些和你在任一「時刻」認定為物質實相並不直接適用的資料，則不必保留在你穩定的意識裡。

（停頓，很多次停頓之一。）一旦你對這種資料——援助、資訊或知識的需求出現之後，那麼它就即刻的到來，除非你自己有意識的信念造成了一個障礙。你的意識心具有的這種細膩、精確而又集中的焦點，在肉身生活中是十分必要的。你之所以能夠「對準」某一特定範圍的實質活動，就是因為你有這種高度的選擇能力。

動物也以自己的方式擁有這選擇的意識。牠們把注意力集中在非常特定的方向，從一個廣大而一般性的感知範圍裡，選擇性地知覺那些以一種有組織方式「被認出」與「被接受」的刺激。

就動物而言，能做這種必要的選擇，是因為牠們的意識心是與實質大腦相連的。若非如此，牠們就會因一種「焦點」不清晰的效果而無法在物質世界中生存，因此內我的某部分必須跑到本體的前台來。

新的一句：因為你此生中的心智是與大腦及實質有機體相連的，所以它會自動地對準肉身的實相，而理所當然的，它在某個程度便忽略了潛藏在任何特定感知範圍內的一些「非實質」資料。理由很簡單，它不容許這些無形資料進入它組織性的感知中，於是，就這樣把它們擋掉了。這也是十分必要的。有一些資料對物質實相是「用不上」的。這種資料中又有一些被「無形界的生靈」所感知，把它納入他們的實相系統，在那兒它的確自有其意義，但在此我們不必管它。

只要你是個有形有質的人，那你總是會聚焦於某些資料而排除其他的。然而，若你身處於其他種類的實相裡，也可能會忽略掉物質的系統，轉而聚焦於不為你現在所認知的那些存在系統。在你目前的生活裡，意識心負責評估物質實相，而內我所有的能量、力量和能力，都在它後面為它撐腰、隨它運用。它需要的任何資料都可得到。它的工作就是提用先前提及的精細焦點（見第二章）評估那個實相。意識或意識心，因為其特性，無法一下子接受太多的細節和資訊，內我只傳送意識心所要求或感覺需要的那些資訊給它。於是，到一個非常大的程度，有意識的信念就成了這種內在資料的偉大「解放者」，或成了它的「壓制者」。你聽得清楚我說的這些話嗎？

（「清楚。」賽斯問這話是因為我們樓下公寓爆出一長串的敲打聲。十點十六分。）

意識心的本身也在不停的發展和擴張中，它並不是件「東西」。它藉由經驗以及行為的效果來學習，而不論它想要什麼結果，內我都替它辦到。

內我並不會不理意識心而讓它不知所措，也不會把意識心與自己存在的本源隔絕。既然意識心是內我的一部分，它顯然是由同樣的能量造成且充滿了同樣的活力，並且被創造的深沉源頭——所有生靈由之出現——一再更新。

你一定要了解意識心並沒有與內我切斷。內我維護這實質的身體活下去，正如它形成了身體一樣。「靈」經常不斷地轉譯成「血肉」，你的存在的這些內在部分，以無窮的能量來繼續創造這奇蹟。但是不論在任何情形下，你的內我都仰仗著意識心對身體狀況及外界實相的評估，而形成與意識心信念一致的你的形象。

因此——再說一次——你透過你的信念形成實相，而你最切身的產品就是你的肉體。你對它的信念經常不斷的輸進內在資料裡。你在一個無意識的層面上，把形成你細胞的那些原子和分子組織起來，形成你的身體。但根據的藍圖則是由你有意識的信念製成的。即使面對著矛盾的實質資料或證據，要改變你的身體亦必須改變你的信念。

你們每個人都有一個身體，也都有一個意識，你們可以把這些意念用在身體上來練習看看。就目前而言，我們把下面這個事實納入考慮：一般而言，如果你是個已經長成的大人，你無法使身高再增加五吋，因為有某些你必須與之奮鬥的物理定律。稍後我們將會對那些定律作更詳盡的討論。

即使在那個範疇裡，你也可以看起來高一些，並且讓別人在目前的情況下如此感覺，那豈不正是你想達到的心願嗎？但除了某些以後會談到的情況外，通常而言，透過對你的想法和信念的運用，如果你有病，可以變得健康，如果你過重，可以變得苗條，如果你喜歡也可以增加體重，或大大地改變你的肉體形象。

你的想法和信念形成「藍圖」，你再根據那藍圖造成身體——不論你知道與否。你的身體是個藝術創造，它是在無意識層面被形成並且不斷被維護的，但卻與你對「你是什麼」及「你是誰」的信念相當一致。

你可以休息。

（十點三十七分到十點五十五分。）

再繼續口述：你無間斷地給自己有關你的身體、健康或不健康的種種暗示。也就是說，你常常念著自己的身體。你向內我送出連續不斷的信念及指令，因而影響了肉身的形象。

如我前面說過的，你的思想有一種非常確切的重要實相。信念是關於你實相本質的一種想法，而這種想法是被想像與情緒強化了的。

且說，思想一般而言都擁有一種電磁實相，但不論你知道與否，它們還有一種內在聲音的價值。

你知道外在聲音的重要性。它被用來作為溝通的一種方法，但也同時是許多其他事物的副產品，而影響到物質的大氣。那麼，對我將稱之為內在聲音（inner sound）的這個東西而言，也是一樣的，這內在聲音就是在你自己頭腦裡思想的聲音。此處我所說的，並非你身體裡的那些雜音，雖然你通常對這些也是聽而不聞的。

內在聲音對你身體所造成的影響甚至要大過外在聲音。它們影響組成你細胞的原子和分子。在很多方面，真的可以說：「你說出你的身體（you speak your body）。」但這「說出」卻是在內部的。

建造「金字塔」的也就是這種聲音，它不是你肉耳能聽得到的聲音。這種內在聲音形成你的骨、你的肉。這種聲音與你在思考時所用的抽象字眼雖然是相連的，卻又相當的分開。

（在十一點五分暫停。在此我要提一下，從去年十一月到今年一月之間，賽斯用了許多節課來說明內在和外在聲音的一些意義及用處。那些資料對我們而言是嶄新的，還包括了談埃及人用「聽不見的」聲音來建造金字塔的資料；按賽斯所說，羅馬人也利用這種聲音來在巴貝克（Baalbek）豎立起龐然的、真正令人鎮懾的太陽城（Heliopolis），在今日中東黎巴嫩。在本節最後請閱續註。）

舉例來說，你用哪種語言對自己說話並沒關係。聲音本身則是由你的「意圖」（intent）所形成，而同樣的意圖——我現在是用很簡化的說法——對身體會有同樣聲音上的效果，不論你用的是什麼字語。

（身為賽斯，珍在傳述中停了下來。她顯然對要說什麼及要怎麼說改變了主意。）

但是你通常會以自己的語言來思考，因此實際上你用的字語與你的意圖混合了起來。那麼，實際上兩者為一。當你說：「我累了。」精神上，你不只對自己送出了好些個無聲訊息——我說好些而不說一個訊息，是因為這句很平常的話語已被拆散；在你覺得累以前，你身體的許多部分必先受到影響——並且除此之外，這訊息的內在音值（sound value）也會準確地以那種方式自動影響你的身體。

那麼，在你發現自己覺得很累的時候，該怎麼辨呢？這是在某個特定時刻，你對自己身體實況的有意識評估。若你想改變它就不要去加強它。相反的，你在心裡說身體現在可以開始休息且更新它自己。你把自己最初的判斷視為當然，卻不再予強調，反之建議執行一些補救的方法（積極地）。

如果情況容許的話，你可以躺下來休息，或做任何看來適當的調整。如果那些都不可能，那麼，作幾次這樣的暗示——身體可以自我恢復——會對你有益。然而，一再的告訴自己很累，只會加強那狀況。

這種反向暗示的內在音值，會自動地開始更新你的身體。「噪音污染」現在成了時髦的問殊不知「內在聲音」也發生了同樣的問題，尤其當你內在的思想自我矛盾、混亂不清時，更如此。

（十一點二十三分。）這時候，南轅北轍且極為矛盾的指令便下達給了身體。你應該已經知道，身體的內在環境不斷地在改變，而就是你在改變它。改變是頗為必要的，並且一般而言，身體的整體平衡仍是維持住的。但是你所給的指令往往不清楚或沒有好處，而你的信念又大半決定了你送往那個環境的資訊屬於哪一類。

內我永遠在試圖維持身體的均衡與健康，但是你自己的信念卻經常在扯它後腿，讓它用不上一半的力氣來幫你忙。通常唯有當你處於極度困境之中時，當你明明白白看見原先的信念與行為都不管用了時，才會對這份偉大的能量打開重重關卡。

你隨時都有能力來確保健康。我的朋友約瑟（賽斯這樣叫我）在課前提出了與此相關的一點。他想知道為什麼在這國家有這麼多人戴眼鏡。他在猜測，如果突然把眼鏡這玩意兒介紹給從來不知道它的人們，他們會不會發展出一種對眼鏡的需要：答案是會的。

許多人從小就戴上眼鏡以矯正視力上的問題。在許多情形，不去管它的話，眼睛會改正它們自己。眼鏡可能阻礙了任何這種的自我矯正，因為它提供了一副拐杖，使眼睛對它產生依賴性，更進一步地減弱了眼球的肌肉，反而使那毛病固定下來。當你相信只有眼鏡能矯正壞的視力時，那就果真如此。

相反的，你必須發現在身體機能不良或機能障礙背後的信念，以及這個信念的原因，如果你做到了這個，你的毛病會自動地澄清。可是對大多數人而言，配眼鏡反而容易些。

我們口述到此為止。

（「好的。」）

我們將會談到醫藥這一行業，但今晚已經太晚了……且說魯柏在持續的鬆弛狀態出現時，應該順著它去，而後在平常的時候試著抓住他的精神狀態。現在我祝你有個美好的夜晚。

（「賽斯晚安。非常謝謝你。」）

告訴魯柏，他隨時可以用我的能量，要他儘管放心大膽地去用。這樣並不會否定或排除我的存在。這能量隨時都可取用，他本來就有權利擁有它，我也有權利擁有它。所有的生靈也都有權擁有它，它只是在許多不同時刻以許多不同方式出現罷了。祝晚安。

（「晚安。」

（在十一點三十七分結束。珍還是多少覺得很鬆弛——「軟軟的，」她笑著說：「從下午三點以後，我就無所事事，除了弄晚飯及上課。可是現在我覺得好得很呢。」

（我們認為在她冗長而密集的心靈活動之後，這種鬆弛該是相當自然的。比如說，她星期一晚上就沒上課，昨晚的ESP課中賽斯也沒出現——而她已經取消了明天下午的寫作課。

（對十一點五分談到聲音的註的補遺：在剛才提到的一九七一到七二年的課裡，也包括許多有關聲音的內在意義，以及珍在「蘇馬利」方面發展與應用的說明——再次的，請參閱珍的序言。賽斯告訴我們：「蘇馬利有效地堵住了『內在經驗被自動轉譯成日常生活的老套語言』這回事。」它的功能之一就是教珍把她「內在的認知力」釋放到一個程度，使她足以翻譯「說法者」

（Speaker）的原稿，而不致把它們扭曲到失去了原貌。

（就與對「蘇馬利」一樣，我們期待賽斯在這本書裡也不時地談到「說法者」。就轉世的說法而言，「說法者」是世世代代都從事教導工作的「人」。在《靈魂永生》一書第二十章裡，賽斯說道：「『說法者』在存在的所有層面，活動力都比大多數人強得多，不論那存在層面是有形界或無形界，醒時或睡時，在轉世的過渡期間或在其他實相層面……」

（頗其諷刺意味的，許多非常古老的「說法者」的「原稿」完全是口語的。因為當時的信念，它們沒被寫成文字。）

第六二四節　一九七二年十月三十日　星期一　晚上九點四十五分

晚安。

（「賽斯晚安。」）

我們繼續口述。

想要健康，你就要相信健康。一個高明的醫生其實是個信念的改變者。他以一個「我是健康的」想法取代一個「我是有病的」想法。除非發生了這種信念上的改變，否則不論他用什麼療法或針藥都不會有效。

很不幸的，當人們開始變得喜歡給任何東西貼上標籤之際，也開始製造極為複雜的「地圖」，可以這樣說，比以往更有效得多地將疾病分類，致力於研究死掉的組織以了解置它於死地的疾病性質。醫生開始把人認作帶菌帶病者——而以某種說法，這些疾病卻是這些醫生自己經由某些新的醫藥過程而創造出來的。

從前的醫生往往比今天的醫生更直接地與病人打交道，並且了解信念的作用以及暗示的基本重要性。在他們的治病技術中，有許多是因其具有的「心理震撼價值」而被採用的，在其間，病人十分有效地「被洗腦」，而放掉了他相信自己所患的那種病。

今日的醫藥界則很可悲地為他們自己的信念所阻礙。這些信念的運作像個架構一樣，在其中「不健康」與「疾病」不旦被視為正常，並且在其背後的觀念還被強化了。在此處，就與在「精神分析」裡一樣，你們又玩起一個醫生與病人都參加的躲迷藏遊戲。（見第二章六一六節。）

當然，雙方都相信他們需要對方，這後面有一種信念的心靈模式，在其中，病人往往把他在信念上認為自己所沒有的知識與智慧力量派給了醫生。即使病人明知事實並非如此，他還是想要把醫生認作是萬能的。

至於醫生，則常把他自己與之掙扎對抗的無助感，編派及投射到病人身上。這種交互作用，就在病人設法取悅醫生，且至多也只由一組病癥轉移到另一組的情形下繼續進行。在絕大多數的情形，醫生也「分享」了病人對疾病和身體不好的不可動搖信念。

尤有甚者，醫藥界更常提供了疾病的「藍圖」，而病人呢，則往往拿它們試來試去，看那一個「合身」。這並不是說醫藥界往往沒給人多大幫助和益處，而是在它運作的價值體系內，它的正面影響大半被沖消了。

由於醫生如此為人尊崇，他們給的建議和暗示就特別受到重視。這時病人的情緒狀態，使得他很容易以較平常不帶批判的態度，接受醫生在此情況下所說的話。

對「疾病」的命名和標籤是一種有害的做法，它大幅度地否定了「心靈」表現在肉身內的天賦活動力和不斷在變的特性。醫生告訴你，你有「某種病」，「它」莫名其妙地襲擊你，也許襲擊你最切身的器官。他們往往告訴你，你的情緒、信念或價值體系，與圍困你的不幸情況完全扯不上關係。

（十點八分。）因此，病人常常覺得相當的無力，任由任何可能路過的迷途病毒所宰割。事實卻是，你甚至根據你信念的性質而選擇了要生哪一種病。只要你相信自己對疾病是免疫的，你就真的百病不侵。

這些全是相當實際的聲明。你的身體有一個充滿了能量與活力的整體身體意識，它自動地改正任何的不平衡，但你有意識的信念也影響這個身體意識。你告訴你的肌肉它們是怎麼樣，它們就相信自己是那樣。你身體的每一個其他部分也都一樣。

當你相信只有醫生才能治好你的時候，你最好去找他們，因為在你信念的架構內，他們的確是唯一能幫助你的人。但那個架構本身就會限制了你；同時，雖然你的某個毛病可能被治好，你仍會以另一個去取代它——只要你的信念會令你有身體方面的問題的話。

這情形也同樣適用於一般所謂的「靈療」（Spiritual healing）。如果透過心靈能量的集中利用，你的身體被這樣一位「神醫」治好了，你也會很簡單地把那些症狀去換其他症狀，除非你改變最初的信念。但是有時候，一位「神醫」或醫生，由於他療癒一個狀況所顯示的效果，會讓你推斷出，原來療癒的能量始終存在於你的內心，而這個領悟本身，也許就足以讓你全然改變你對健康的信念。

在這樣一種情況，你會了解，你原先的病是由信念引起的。如果你有任何身體上的問題，應反過來集中於你身體那健康的部分，以及你所有未被阻礙的正常功能。在那些健康的區域，你的信念正在為你效命。

如我說過的（在上一節裡），內在的聲音極為重要。組成身體的每一個原子和分子，都具有你聽不到的它們自己在「音值」上的實相。那麼，你身體的每個器官也有它自己獨特的音值。當什麼地方出了岔的時候，內在聲音就不調和了。

由於你自己「思想－信念」內在聲音的結果，這種不和諧聲音變成了身體那個部位的一部分。這就是為什麼我說極為重要的是：不要對自己重複那些同樣的負面暗示，因而加強了那些內在的聲音。語言上的建議與暗示會被轉譯成內在的聲音。而這內在聲音會穿過你的身體，多少是以某種光穿透你身體的同樣方式。

你可以休息。

（十點二十五分到十點三十五分。）

現在：當你是一個有形體的生物時，那麼，你的感知能力必然大體上是物質取向的。但即使是你的身體，也不只存在於你通常設想的範圍內。

你把身體看作有體積、由骨頭血肉組成的「東西」。殊不知它們也有你看不見的聲、光和電磁性質的「各種結構」。這些全部與你所知的身體形象（image）相連。任何身體上的殘障，都會首先在這些其他的「結構」上顯示出來。

這聲、光和電磁的模式，會為這個你認可的肉體形相（form）帶來力量與活力，它們比肉體要活潑得多，對你的思想和情緒不斷改變的模式也更為敏感，更會被影響。

我告訴過你們，思想被轉譯成這內在的聲音，但是，思想也一直試圖具體顯現它們自己。依照這樣來講，思想是「雛形的形象」、能量的收集者，它們建構起自己「胚胎」似的形式，直到它終於具體的被轉譯出來為止。

「心象」（mental image）因此是極為強有力的東西，它以一個清晰的畫面把內在聲音及其效果揉合起來，而終將求得具體的形式。你的想像力把驅動與推動的力量再加諸這個心象上，因此，你會發現自己常以一種內在視覺的方式在斟酌許多信念，而所有這些信念都有心靈畫面與之相連。

這樣的一個畫面也許代表一個特定的信念，或代表好幾個信念。當你在替信念擬一清單時，會發現有些這類畫面在你心中浮現。你要以看一幅你創作的畫那樣的態度去看它。如果你不喜歡自己看到的東西，那就要十分有意識地改變在你心中的畫面。

這些畫面只顯現在你內心，但因它們早已成為你信念的一部分，你也會看到它們外顯於你的經驗中。

（十點四十八分。）我舉個簡單的例子。你有個腳趾在痛，你不時會在心裡十分清楚地看見它。你可能發現自己老是在看這腳趾，而你還可能會發現，自己在人群中專挑那些走路不太對勁的人看。平常你大概不會注意到這些人，但是突然間，這世界好像充滿了痛腳趾。

我在這要講的，是一個信念已經變成事實的情形。但如果你繼續這樣去注意那腳趾，它不是不會好就是變得更形惡化。當然，在所有這些情形背後作怪的，就是惹起這場麻煩的那個信念；一旦你已導致了一堆症狀時，必須非常小心的避免再從那個地位去看你的境況。否則，當你那樣做時，就加上了內在與外在形象兩者而更強化了那狀況。

那麼，的確有你肉眼看不見的光，也的確有你肉耳聽不見的聲音。這些合起來而在精神層面形成你所知的肉體形象，因此，你必須由內而外地下功夫。再以作畫來打比方，你的信念即你的調色盤。

勾畫出你具體感受的實相輪廓。你的情緒感受賦之以光。你的想像把這些鑄為一

想的聲音，則是你實際用到的媒介。然而，這不只是個「比喻」，因為它以很簡單

方清楚地解釋你的信念形成實相的方法。當你在寧靜的時刻，慢慢地在心裡唸或說出

」（O-O-O-O-O-M-M-M-M-M）這個字，對加強你一般的身體狀況大有裨益。這聲音本身會有一種天生固有朝向「精力」與「幸福」的推動力，這點不久我會解釋。

現在——今晚就到此為止了。下一節我們再接下去。有問題的話我可以回答。

（「沒有……」）

那麼，我就祝你有個美好的晚上。

（「彼此彼此。」）

（較大聲地：）並致上我最衷心的祝福。

（「謝謝你。晚安。」在十一點五分結束。自上次休息以來，所有賽斯講過的話，珍一點印象都沒有。）

第六二五節　一九七二年十一月一日　星期三　晚上九點三十分

（在課開始時，珍的傳述悠閒而安靜。）

好，晚安。

（「賽斯晚安。」）

口述：身體對實質聲音反應的程度，遠不如它對前者轉譯之後的「內在聲音」反應的程度。此外，像我曾說過的（在前兩節裡），它還會對那些沒有「實質對等物」（physical counterparts）的其他「聲音」反應。

在染色體的結構中，有某些特質必須要靠特定的內在音值來啟動。如果這種啟動沒有發生，那麼潛藏在染色體中的「屬性」只有維持原狀了。內在音值把繁複交織的「基因」及「染色體」兩者都編在一起，而實際上組成了一連串的連鎖式影響。

我在這裡慢慢地說，盡可能地以最簡單的方式解釋。

（「我懂。」參閱第一章六一〇節裡有關基因與染色體的定義。）

這些音值真的彼此交織成一個電磁性的模式。這些聲音自己交互穿插（作手勢）而助成了這模式，體內細胞的活動也激起了一陣陣微細的「內在音爆」，（停了很久。）某些類型的光也對這電磁與內在聲音的模式加以衝擊。所有這些總合起來形成一個「原型」，根據這個原型，從中便形成了肉體。

好，當你在心中創造出一個心靈形象時，它也是由剛才所說的同樣特質組成的。那麼，一個心靈形象也是被某類「光值」（light value）浸染的、具有電磁特性的一個內在聲音模式。就某種說法而言，而且是個非常真實的說法，心靈形象是初期的物質（incipient matter）；任何這樣組合的結構，結合了電磁、聲和光的「值」的結構，就會自動地設法使它自己誕生成實質的存在或具體化。（停了很久。）那麼，在這種心靈形象性質與你的身體組合方式上，有一種明確的關係。

（在九點二十五分停頓。）電子、原子和分子❶全都有各自獨立的內在音值與光值。當訊息由你神經末梢跳過時❷，也會產生明確的聲音。這些東西非常難以解釋，但是，總而言之，的確有「看不見」的光及聽不見的聲音在影響你的身體，並且也形成了一個模式，而它們經常地在這模式周圍顯現。

以你們的話來說，即使在你目前這一生中，你的身體也顯然在不停地被創造，身體並非一個一旦被創造出來、就任之自生自滅的「機制」。與許多思想派系所認為的相反，你的身體並非在出生時被賦以定數的「生命力」，而後你越活「生命力」便越用越少，終至耗光。

（九點二十八分。）你體內的原子和分子真的一直是死了又被完全取代的。每一剎那你都在實質地被創造，事實就是如此。身體對感官帶給它的外界聲音和刺激有所反應。這些反應模式可以很清楚地顯示出來。然而，更偉大的相互作用也同時在發生，這些反應模式只不過是其中目前所有能被觀察到的部分而已。

舉例來說，組成你細胞、血肉的原子和分子，並不會對你肉耳聽到的聲音或肉眼看見的光影反應。但是在危急的時候，你的整個身體必須能迅速地移動，內分泌系統必須極敏捷的反應，有時候完全地改變了前一刻的平衡。你的肌肉必須立刻處於警戒狀態，而整個身體要有足夠的彈性以便全面應變，這包括了每一個器官以至於最微小的部分。

假設你正在馬路當中，突然一輛汽車就快撞上你了，它好像無中生有地出現。「你」看到了這部車，但組成你的腸子、心臟、肌肉的那些細胞顯然並沒看到它。然而，你整個身體系統必須即刻被激發起來，「你」知覺到的資料必須立即被轉譯，使得身體每個部分都進入備戰狀態。

這必須仰賴把外界的刺激轉譯成一種內在的刺激。但是，迄今你們的科學家或醫生所能追究到的，只是這資料實質肉體帶訊者。他們沒看到那更了不起的相互作用（突然大聲得多地），也尚未了解這種訊息是如何被「解碼」的真實故事——你可以休息。

（九點四十分。珍進入了深深的出神狀態，但很典型的，她很快就回來了。她喊道：「哇！他今晚將大有發揮呢！他現在讓我們休息一下，只不過因為他有更多話要說，而且想一氣呵成不被打斷呢，我說不出他等下要講什麼，但我有個感覺……我想賽斯希望我對身體方面的事有較好的詞彙。」

（以同樣方式在九點五十七分繼續。）

好，（頓了一頓。）身體裡面的神經也是由前面提過（在這一章）同樣的「內在結構」所組成的：神經是「圍繞」著，或不如說是「從」這些結構生成的。在這結構中，外來的資料被轉譯而分解成內在的方式。也就是說，它以前面說過的內在聲、光與電磁模式被「解碼」出來。

然後它變成了可用的資料，變成了甚至連組成細胞的原子和分子也能用的資料。在進來的訊息被傳達到它應到的目的地之前，這中間發生實質的「時間消逝」（停頓，皺著眉）並不存在於這些其他的層面裡。「內在的訊息」比實質肉體上的訊息更早一步達到它的目的地。

等到肉體有所反應時，「內在模式」已經反應過了，而這「內在反應」必須並且永遠要比肉體對刺激的反應搶先一步，這個由內在的光、音與電磁特性組合而成的「無形身體模式」率先反應，並且事實上引發了隨後身體上的反應。

（緩慢地：）永遠有這種對外在刺激的轉譯。被科學家觀察到的那些「時間消逝」當然是發生在肉體上的（向前傾，手蒙住閉著的眼），它是由於訊息躍過神經末梢❸所需要的「時間」引起的。內在的轉譯即是「同時發生的」。

且讓我們回頭來看看那個幾乎出車禍的情形。那件事，包括那輛車、它的駕駛，以及你自己那不確定的險境，全都以你肉眼看不見的「另一個結構」的方式存在著，而你眼能見的是一個實質結構。那件事也同樣是以剛才所說的方式存在著的，也就是說，它存在於由看不見的光、聽不見的聲音及電磁模式所組合的一個實相裡。

在有意識的層次上，你對實質的資料反應，比如周圍的噪音，也許是尖銳的剎車聲、眼見汽車逼近的視覺震撼等等，但是，那個景象或事件的整個內在事實，卻即刻被我所謂你的「內在感官」（見此節尾的註）所「認知」。內在感官對我說過的那些「內在模式」反應。實質的資料經由神經來傳達時，必然發生「時間消逝」。這代表了「感知的光譜」（spectrum of perception）有時間性的那一端。

由於你是有血有肉的生物，感知的內在層面就必須有它們在實質上的「對等物」。但，要不是有這些內在的網絡，也就根本不可能有物質性的覺察和身體上的反應。

在你用肉眼看見任何東西之前，先透過了這些內在管道「看見」它。內在的感知發動了外在感知。當你經歷身體移動或活動、實際的事件或現象時，事實上，你是對一長「串」「內在理解」的尾巴變得有所知覺而已。我是說，所有外在事件，包括你自己的身體從裡到外、所有的物體、所有的具體顯現，全都是「內在結構」的對等「外在結構」，而內在結構則全是由內在聲音及看不見的光組合交織成的電磁模式。

（十點二十八分。）那麼，在你有時間性的感知層面之下，每一個物體和事件都以這種方式存在，存在於彼此相互作用的模式裡。在一個物質層面上，你好像是與每一件「非你」的東西分開的，其實不然，但在你實際生活中卻彷彿是如此，而成為一個你「想當然爾」的假設。

（停頓。）在我說的「內在層面」上，所有發生的事件和物體都是彼此相連的。其中的一個動作或改變就會影響另一個。你會認知某些這種改變而對之反應，好比在幾乎發生車禍的例子裡。但不管在意識上你對這種活動有沒覺察，它會經由這些內在管道而改變你身體的內部環境。

你的思想與信念有著同一類的內在實相，也能轉變別人的內部環境。前面所說的那個危急狀態，是一個實際的事件，但它最初卻是個心靈事件。那麼，以你們的話來說，在它還沒有實際具體化出來、被人看到並對之反應以前，它是存在於這個沒有時間性的實相裡。

它是透過信念、情緒與想像，由內在實相被推送到外在實相裡。因為你看不見信念、情緒與想像，於是這些特性對你似乎不像一件實物那麼的真實。例如，在實質層面，你只能看到一個情緒的後果，卻無法像握住一塊石頭那樣地握住它。

你的「想法」代表心靈的意圖，它們滋生出情緒感受與想像，而觸發內在的模式。它們是行動的動力（停頓），也是所有內在事件被外在化的途徑。它們是成了形的受到指引的能量，是內在與外在實相模式有系統的表達。它們是所有實相從中而生的大創造力的一部分。在此，我又再度的辭窮，因為我試想說明的實非筆墨所能形容。

（慎重地：）作為一個有形體的生物，想像與情感是你擁有最濃縮的能量。任一強烈情感在它之內帶有的能量，好比說，較推送一枚火箭上月球所需的能量還要多得多。

（很有力地：）舉例來說，「情感」所做的不是把一枚實質的火箭推送出去，而是把「思想」由這內在實相向外推送，穿透無形界與有形界之間的障礙，進入「客觀的」世界——這可不是小事一樁，而是你經常在重複的了不起的事。

你可以休息。

（十點四十七分。「好傢伙，我告訴你，我剛才真是出去了，真的。房子塌下來我也不會知道，我想……我又有那種感覺，好像進入得那麼深，以致你變成那東西的一部分了——像是你在東西的核心那樣的感覺。

（「那是種很怪的向內集中的感覺。當我講述的時候，有一種很棒的令人滿意的勝利感，好像你在由東西的神祕性裡抽取什麼玩意兒出來。我說不出來我到了哪兒或做了什麼。在這麼久之後，我仍然感到訝異，這本書居然一出來就已全完成了。」她說，「通常我不喜歡講書時有人在場。那時你把一切外緣都斷絕了——別的人會使你對他感應，或因他而分心……」

（對這最後的想法，不久前賽斯曾發表過一些意見。由一些刪掉的資料裡，我抽出以下的話：「一般而言，書的傳述最好由你倆單獨做，或只有那些你們很熟悉、並使你們感覺輕鬆自在的朋友在場。這只因為你們會比較少些心靈上的干擾，並且魯柏也比較容易集中在一個清楚的頻道上。

（「別人的需要及願望會自然地摻雜進來，」賽斯繼續說，「而你必須耗些能量去摒除它們。當然，目擊者越有興趣及越興奮，他們自己的關切之情就越凸顯出來。要魯柏去擋掉這些額外的心靈干擾是很難的……然而，有陌生人在場的話，課往往成了私人性質的，因為他們自己的情緒反應在開始時是那麼強烈……」

（在此補充剛才賽斯講到的內在感官：到現在為止，他告訴了我們其中大約九種，在《靈界的訊息》第十九章可以找到它們的清單。將來還有更多呢。

（結果這次休息發展成今晚講書的結束。但是賽斯還是回來講了些其他的東西，而這節直到十一點四十五分才告終。）

第六二六節　一九七二年十一月八日　星期三　晚上九點六分

（星期一晚上沒開課。

（昨天珍和我看了《時代雜誌》（*Time Magazine*）一九七二年十一月十三日的封面故事，談李查．巴哈和他寫的《天地一沙鷗》。我們很為李查高興。文章中也包括了賽斯資料的消息。見第三章中有關賽斯與巴哈及弗雷德相會的經過。

（不必在此詳述日期及其他細節；但在我們得知原定於十月底刊登的這篇文章將延期刊出之

前的好幾天，珍已由一個生動的夢裡知道了那個消息。她寫信給李查告訴他這件事，也跟別人說起過。有關為了這篇文章而畫的雜誌封面，她的夢也相當正確。她形容道：「一張蒙太奇手法的畫面，顯示一個人有一張部分像鳥的頭或臉。」實際上《時代》的封面設計畫了一隻海鷗重疊顯像於李查頭上，把他的頭遮沒了一部分。

（星期一晚上，珍又做了一個鮮明的夢，夢裡有賽斯資料、她自己及某一種雜誌報導的故事。她把這夢記錄下來，我們將看看結局如何。）

晚安。

（「賽斯晚安。」）

口述。（停了一下，然後幽默地說：）且說個題外話：現在，你看明白了，我可以在時代（Time）之內或時間（time）之外說話，請在「時代」之下劃線。

（「我明白。」）

這個實質上活著的身體，它的活動和狀況，是透過意識心的信念來指揮的。正如我在這一章裡解說的情形，身體也還有一個「看不見的」對等部分，由電磁及內在的聲與光的特性所組成。

這些看不見的結構，在肉體出現之前便已存在，在肉體死亡之後也還不滅。那麼，雖然你的身體狀況在這一生是意識心來指揮的，但是身體在意念或心靈上的模式，則早在意識心與大腦連上線之前便已存在。

「遺傳基因」和「染色體」並不只是湊巧會有你所需的精確密碼資料。這資料是由內而外銘刻在它們身上的。「本體身分」（identity）在「形象」之前即已存在。你可以說，完全存在於另一個次元的本體，播種在物質實相的媒介裡，而後它自己物質的存在再由其中躍出。

因此，內我首先形成「無形的」身體結構，它「然後」再以血肉之軀出現。以你們的話來說，在這心靈播種發生的當兒，意識心顯然尚未與大腦連線，你的大腦那時尚未成形。是意識心懷著對身體的「意念」而使它實質具體化。

那麼，意識的知覺並不依靠肉體的感知，雖然這個屬性的確需要一個沉浸在物質形體中的覺察力。但是當具體的知覺是透過身體的設備來過濾的時候，你通常因那過程而對非肉體的那種知覺並不覺察。因此，身體的一般架構、性質和特點，在它成形前即已存在。簡單地說，你在事先選擇自己將居住和影響的是那一種肉體。但你可能覺得，對你所知的這個身體此生的狀況都沒有任何有意識的控制能力，更遑論在你出生以前的狀況。人家早已告訴你，在你的思想與身體活動之間沒有多少關連。

（九點二十九分。）一個相信自己心臟有毛病的人，如果這個信念不加檢討的話，終究會透過他的焦慮而影響了自己的「不隨意」系統，進而對心臟造成確定的傷害。是意識心主導身體所謂的不隨意系統，而非其反面。沒有一個意念能暗暗逃過你的知覺而影響你的不隨意系統，除非它本來就與你自己有意識的信念相契合。再說一次，如果你認為自己健康，你就不會生病——但是也許你有別的想法，令你相信自己有生病的必要。

你並不知道身體如何執行它那些不隨意的功能。意識心不能處理所有那些資料，但是那些功能都像鏡子一樣，忠實反映了你在有意識層次上抱持的想法與信念。

如我也提過的（在第二章六一四節裡），基本上，意識心並沒有和「內我」斷線，也沒有和那些它可以得到的深層內在知識之源脫節。就那一點而言，你那有覺知的心並不是個片面的東西；它代表了在任一時刻，「浮現」到表層的內我各種不同的部分。

在你出生以前就選定的這個身體（理由稍後再討論）的基本架構之內，你個人擁有完全的自由去創造一個全然健康且功能無礙的形體。然而，這形體的確是信念的一面鏡子，它將確實的在血肉之軀裡，把意識心抱持的那些意念具體顯示出來。

（珍的傳述非常認真，聲音有點大。她傾身向前，用手指敲著我們之間的咖啡桌，她的雙眼又大又黑。）

那就是身體主要功能之一。那麼，以它自己的方式，一個患病的身體也與一個健康的身體一樣，在執行那個功能。身體是你最密切的「回饋系統」，隨你的思想與體驗而變，而在肉體中給了你思想的對等物。因此，因為一個症狀而生氣是沒有用的，也不必為了身體的情況而嘲笑它，它只是在盡它的責任，把你自己思想的肉體複製品給你看看而已。

你的環境和你在物質世界的體驗，也提供同類的回饋給你。為了同樣的道理，痛罵你的環境或你在其中的經驗，也和嘲笑你的身體一樣的沒有用。

當我告訴你們這一類意念的時候，以你們的話來說，往往好像理想的結果應該是完美——「人間天堂」——人人都是健康、富有而聰明的一種狀態。

（這時賽斯要我開瓶啤酒給珍。他說：「我還不想讓他休息。」珍顯然在一種非常深的出神狀態。我們這房子變得嘈雜起來，但她完全無動於衷。相反的，她靜坐著等我拿起我的筆記本……）

然而，你們是在物質的存在裡，正用你的身體作為學習與表達的媒介。你們每個人都是獨特的。（停頓。）舉例來說，你們有許多人為了個人的理由而做某些追求，那些追求並不能給他們的能力一個均衡發展、一種全盤的平衡；他們卻選擇了去表達與實驗某些特質而排除了其他的。在物質世界裡，這樣的一條路並不會帶給你任何像一個「平衡的完美畫面」那樣的東西。

（九點五十分。）在本書裡，以後我們會討論你們也涉身其間的其他種類「存在」；這些存在到某個程度渲染了你現在所了解的，你此生的意圖與目的。

若不是你所有的信念，不只是那些「幸運的」信念，全都會具體實現的話，在實質層面上你就永遠不會徹底了解，是你的意念創造了實相。如果只有你「正面的」信念具體實現了，那麼你再也無法清楚理解思想的力量，因為你不會完全體驗它的實質後果。

意識心在你這一生以前就已存在，這一生之後仍然存在。在肉體的存在中，它和大腦交纏在一起，在物質生命中，你世俗的知覺——你在這個特定時空系統裡精確而穩定的焦點——就得依賴那個微妙卓越的聯盟。

（停頓。）那麼，在你誕生之前，你對將有的身體形成一個精神上的觀念。這個形象以下面這方式「印」到物質裡：你把自己調整到一個非常明確的實相層面，造成一個可以生存在那個密集性區域的物質結構，一個有「確實性」與「有效性」的物質結構——在那些「頻率」裡能夠活起來的結構（非常肯定的）。

「自己」內在那些彷彿有的區分就是在這兒發生的，因為在物質生命裡，意識心必須與大腦相連，而那器官本身必須跟著時間成長與發展。因此你無法在物質層面上覺察全部的意識。那個必須「等待」大腦發展的部分，就是你在人生中稱之為「意識心」的部分。

其他部分則可稱為「內我」。這個內我即使與大腦相連，它的全部仍然無法被表達出來，因為大腦必須藉身體的器官來過濾知覺。

你現在可以休息。因為屋子裡嘈雜不寧，我要把魯柏留在出神狀態久一點——這樣比較簡單。

（十點六分。珍長達一小時的出神狀態真的變得深酣了。「好傢伙，我可真出了神了。」她一面努力不讓眼睛閉上一面說。最後她終於放棄又倒回搖椅裡。她問我寫厭了沒有，我說沒有。

（她說：「那麼，我想就再繼續吧。」她把眼鏡摘掉。一會兒賽斯就回來了。他一回來珍的眼睛就睜得好大，而且再一次的，她變得生氣勃勃又親切的樣子。十點十分再開始。）

大腦因為它與身體的連線，乃必須與感官知覺所暗示的「時間消逝」打交道。如果身體的內部作用要成為「有意識」的話，就必須處理時間上的順序，這會使得向肉體對準的意識面對數量極為龐大「數學的」演繹和計算，遠超過它所能應付的。例如，當它在時空中操縱身體的同時，它還得對所有的肌肉、神經、器官、細胞、分子與原子的活動都有意識的保持警覺。

因此之故，就發生了一個彷彿的區分，無形的意識心有一部分與物質的大腦相連，而也有一部分不與之相連。而「後者」形成了你所認為的身體的不隨意系統。

再說一次，有件事是很重要的，就是你得了解針對引發所有實質反應的刺激產生的那個最初的非實質反應。在「與大腦相連的意識範圍」與「不與大腦相連的意識範圍」之間，有經常的交流與相互作用。意識「更深層」的目的涉及了「循環」（circulate），有時候會上升到與大腦相連的「覺察」層面。由「我」的更深源頭來的資訊，達到了與大腦相連的區域，就被按照「自己」最向著物質集中焦點的那個部分信念加以詮釋。

到某個程度，這種內在資料，必然會被那最直接面對物質世界的「自己」那個部分的信念影響。然而，那些個信念，也是經常不斷地在內我的檢查下。

現在，我建議你到此結束——

（「沒問題。」我說。這麼早結束令我有點意外。）

——我們已經傳過來相當多的資料了。因此（帶笑地）你該滿意了。

（在十點二十七分結束。珍慢慢地從一個很深的出神狀態出來。她最後說，賽斯突然結束此節，只因為她累了。結果這便是第五章的結束。）

註釋

❶這三者之間有著一個比一個複雜的進展。電子是一種帶著負電的粒子，圍繞著帶著同樣數目的正電原子核運行；這兩者合起來就是一個原子；一堆堆原子組合起來就形成分子。

❷賽斯在《靈魂永生》第十九章裡告訴我們：「分子結構發出它們自己的訊息，而除非你對準了頻率去感知它，否則可能把它們詮釋為無意義的噪音。」

❸此地賽斯說的是當神經刺激橫越身體的神經系統時，它由一個神經原，或神經細胞，跳到另一個的方式。兩個神經原之間的相接處叫做神經突觸（synapse）。

Chapter

06

你信念的軀體與其力量結構

第六二七節 一九七二年十一月十三日 星期一 晚上九點二十一分

（在過去幾天裡，珍接到很多從全國各地打來的電話，也收到一大堆的信，這些信與電話都是來求助的，他們希望賽斯或珍能夠對他們的處境有所幫助。其中有部分陳述的問題非常嚴重，嚴重的程度常常超過我們三個所能提供的任何合理〔更別談快速〕治療可以解決的。珍和我常常為了自己幫不上忙、又很為這些人的遭遇難過而覺得懊惱；除此以外，即使我們真的幫得上忙，若要幫到底的話，那麼，只要有少數幾個人求助，我們就完全沒有時間做別的事了。這種情況在珍來說，也只能盡力而為。不久前她才接見了一位訪客，那位客人在各方面都顯示出在他身上有「第二人格」的存在……

（今晚正當我們在等賽斯開課的時候，珍說現在有兩個頻道都是開放的，其一是有關前述那位訪客的資料，而另一個則是本書正文。最後，她還是選了傳書，因為她覺得這本書能幫助的人，數量遠大於憑一己之力所能做到的程度。）

晚安。

（「賽斯晚安。」）

口述。第六章：〈你信念的軀體與其力量結構〉。以上是本章的標題。

名副其實來說，你住在你的信念形成的軀體裡面，你也是透過這個「信念軀體」來感知。你的信念可以增大你的能見範圍，也可以縮小你的視野，可以提高也可以縮減你的聽力，或其他的感官功能。

舉個例子，如果你相信自己到了某個年歲之後聽力會退化，它就會退化。你會愈來愈不用自己的這個能力，不自覺地把注意力轉移到其他感官的運用上，以做為一種聽力退減的補償，漸漸地，你會愈來愈不依靠自己的聽覺，最後，聽覺就真的萎縮了。

身體方面的機能，就以上這種情形來說，完全是一種「習慣」。你只不過是順著自己的信念，而忘了如何正確使用聽覺。在聽覺使用上所需的各種細微控制與運用，就受到了你無意識的鎮壓。於是，身體上實質的惡化情形就真的隨之而來。聽不到，並不是因為先有了機能上的毛病，而是機能上的惡化情形發生在後。

同樣的這種發展，幾乎可能發生於身體的任何部分。可是，一般來說，牽涉到的不只是一個信念。隨著那個前面所說「聽覺會變遲鈍」的信念，你可能同時另有一個「視力也會減退」的信念，這兩個信念又可能受到你另一個信念的強化——「人愈老愈不中用，漸漸變得連日常生活都應付不了」。請注意，這個信念會自動發生作用，以確保真的會實際顯現。（停頓。）反過來，如果你的想法是：智慧隨著年歲而增長；對自我了解的增加，會使自己年紀愈大，愈能心平氣和；敏銳的心智讓人更善於評估環境；肉體感官上更能夠欣賞各種各樣的刺激。如果你有這些想法，這些狀況就真的會在實際生活中與你喜相逢，而整個身體，也會隨著你的信念常保康泰。

再說一次，你一定要了解，你的念頭或是思想，並不存在於虛幻中，彷彿沒有實質的幽靈或幻影，它們全部都是電磁實相，影響你的身體並且自動被你的神經系統轉化，變成你血肉中的東西，或你體驗的東西。

（九點三十六分。）你的「意識心」原本應該要評估物質實相，並且幫助現在身為有形宇宙一部分的你，在茫茫人海中設定航向。前面（比如說，上節課）提到，你整個存在的其他部分，全要靠你來執行這個任務，任憑「內我」取用的資源與能量全都因而集中了起來，造成「意識心」想要的結果。

有效的「行動力量」，完全跟著你的信念走。相信自己的無力與弱點，就等於否定自己的行動能力。如果你不分好壞，就對所有臨到頭來的信念照單全收，充其量你也只是讓自己暴露在所有互相衝突的資料的連番轟炸之中，這一來，原先清晰的力量與行動的方向就變得一片模糊。這時候，矛盾的「要求」與「評估」就被送進了「內我」，而「內我」，會想盡辦法來告訴你有什麼地方不對勁了。性質相似的「信念」會互相吸引，因為你對自己的行為與感受有一種「尋求前後一致」的傾向。

（停頓。）你一定要學會直接處理自己的信念，否則你就會被迫間接與你的信念打交道——你只是在一片糊塗中對之作出反應，而在實際經驗中並不知那信念的存在。當你責罵一個自己很不喜歡的環境、狀況或處境時，基本上——以下這句話請劃線——你並不是獨立自主地行動，而是幾盡盲目地反應。你是在對那些好像發生在自己身上的事件作出反應，且永遠是在對一個情況「反應」。

想要獨立自主地行動，就必須開始主動對你想要讓它實際發生的事情採取行動，（強調地）先在你自己的之中創造它。

你要做的是把「信念」、「情緒」、「想像力」全部結合起來，在心靈上製造出一幅你想要在實際生活中發生的畫面。當然，你希望的結果尚未在實際生活中發生，真要發生了，又何需你去製造。所以，說實際經驗似乎處處與你想要達成的結果相反，對你一點好處都沒有。

由於「意念」與「信念」都有這種電磁實相，所以，在尖銳對立的信念之間不斷進行的交互作用，會產生出很多十分嚴重的「力量障礙」（power blocks），阻擋內在能量的向外流通。有時候甚至會造成一種「兩極化現象」（polarization）。比如說，未經消化的信念、未經檢視的意念，全都會顯得似乎自己有了生命一樣。這些東西可能有效地主宰你的某些活動範圍。

你休息一下吧。

（九點五十分到十點十分。）

我們繼續。不久前，魯柏就曾親眼見到「信念」的性質與力量化為具體的示範。

一個住在另一州的男人打了個電話給魯柏，希望能和他約個時間見面。不知是什麼原因，魯柏有一種想要一見此人的衝動，於是就定了個約會。這個人在太太的監護下，坐飛機來到了這裡。

這個人是個活生生的研究案例，顯示出「相互衝突的信念」在不予檢查之下產生的效果，一個人縱容「意識心」否認它應負的責任，亦即一個人變得連自己意識都怕，這時候可能發生的後果在這個人具體顯現——一個可怕但又極為痛苦的化身。

這個例子裡的年輕人，自己的信念自行獲得了生命而活了起來，相形之下，他自身就顯得沒有力量。他從來就不曾試著直接調停這些對立的信念，直到這個人格本身實際上已然相當兩極化為止。

（十點二十分。）你當時面對的是一個可稱之為「經典案例」的第二人格現象。我之所以在這裡討論這件事，是因為它如此完美地闡明信念的本質和力量，以及當一個人在不肯為自己的思想負責時，會發生什麼衝突。這並不是一個常例——但是當「意識心」的內容未被檢視時，在身體或精神上，這樣的一個「分割」多少會發生。

進門的時候，這個人全身汗毛聳立，充滿了敵意，擺出一副準備戰鬥的樣子。他認為向你求助的「需要」，完全是因自己「軟弱」而引起的。他一進來就怒視著我們的朋友魯柏，眼光中充滿了強烈的情緒，投射出所有他能投射的能量，藉此告訴大家他絕不會退縮，若是有什麼人能控制全場的話，這個人絕對是他。他談到一個比「他自己」強勢很多的人格，不過他說，就算是這個屋子裡面有一百五十個人，「他自己」可以叫屋裡的人全都順從他的命令。他說在他身上的這另一個人物是從其他銀河來的，以一個朋友的姿態來幫助及保護他。

在他的命令下〔他說〕，這個無形的朋友殺死了一個律師，因為照這個人所說，那個律師非但不了解狀況，還傷了我們在討論中的這個人的心。為了方便，我們姑且稱這個人為奧古斯都吧。

為了魯柏，我們暫且休息一下……

（十點三十分。自從上次休息之後，珍就開始間歇性的咳嗽。現在她愈咳愈厲害，使得賽斯不得不中斷傳述——這種事情很少發生。在珍休息的時候，我建議說如果賽斯回來，他最好談談她咳嗽背後的理由。他真的做到了。出乎意料，賽斯說的話記滿了好幾張紙。全部過程於晚上十一點四十三分結束。）

第六二八節 一九七二年十一月十五日 星期三 晚上九點二十九分

（前一節課，賽斯開始討論那個最近到我們家來過的客人——奧古斯都先生，這個人顯示出一種有個「次人格」或「第二人格」在他身上出現的肯定跡象。今晚在我們等待開課的時候，珍說：「我知道賽斯打算稱呼這個人的第二人格叫什麼了：奧古斯都二。」想到賽斯與賽斯二❶，我們覺得這種叫法很好玩。現在，珍以一種緩慢的速度開始在出神中傳話。）

晚安。

（「賽斯晚安。」）

——我們繼續口述……

話說從頭，奧古斯都從一開始，在成長中就深信「內我」很危險，深信人之所以起反應，是因為人幾乎無法有意識地控制的內在衝突造成的。（用手勢加強語氣：）他相信個別的人格並沒有什麼力量去了解自己，而自己則是很不安定地、孤獨而無人相護地站著，腳下是萬惡深淵，頭上則是一個無法達到、冷漠、公正但沒有慈悲心的善（Good）。

他在一個事事對立的世界裡感到迷惑，彼此衝突的信念被不加判斷地接受了。（停頓。）意識心永遠試圖使它的信念合理化，而把它們形成一種模式與順序。它將盡可能以理性的方式組織意念，而排除掉彷彿與它整個信念系統矛盾的那些東西。

奧古斯都曾被教以去害怕他自己的思想，去逃避自我反省，因此，那些使他驚嚇的信念或者意念沒能被面對，就被推到意識心的角落裡去了。然而，在一開始，它們是相當無害地待在那裡的。

隨著時時間漸漸過去，未經檢視、嚇人的信念數目開始累積了起來。意念和信念的確會自行孳生，在它們之內有一個朝向成長、發展與完成的天生動力。數年以來，兩個相反的信念系統愈來愈強，都在爭取奧古斯都的注意。他相信做為一個個人，他是極端地沒有力量，而不管他做了多少努力，仍會一無所成，不為人所注意。他感覺完全不被愛，也不覺得自己值得人愛。同時，他讓自己的意識心四處流浪，而為了要作一個補償，他把自己看作萬能的，看不起其他所有的人，因為他們對他的誤解，他反而能施之更大的報復。順著這種信念，他的確有能力做任何事——如果如此選擇的話，他可以治癒人類的疾病，或為了要懲罰世界而不讓這個世界知道這件事。

現在所有這些意念對他而言，都是相當的有意識，他卻把每一組意念分得很開。再次的，意識心試圖獲致整體的完整與統一，把它的信念排成某種前後一致的系統。當彼此直接矛盾的相反信念被一個人持有了一段時間，而他沒有做任何努力使它們協調的話，那麼在意識心本身之內就開始了一場「戰爭」。

（在九點五十分停頓。）既然是意識心的信念管制著身體不隨意的運作以及整個身體系統，那麼，矛盾的信念顯然建立了身體的不良反應和不平衡。可以說，在奧古斯都的相反信念把它們自己列入了不同陣營之前，身體是在持續的混亂之中；矛盾的訊息經常被送到肌肉系統與心臟去，荷爾蒙系統搖擺不定。甚至他的體溫也變化得頗為劇烈。

因為相似的意念的確彼此吸引，在電磁性與情感性的兩方面都是如此，意識心發現自己有兩種完全矛盾的信念系統，以及兩個自我形象。（停頓。）為了保護身體的完整性，奧古斯都的意識心巧妙地把自己分割了。對身體分分秒秒的訊息不再攪和不清了。

（緩慢地：）奧古斯都那個感覺強而有力、並且陌異的部分變得個人化了。當奧古斯都感覺受到威脅時，意識心就轉換過去，接受另一個信念系統為一種運作的過程，在其中，奧古斯都把他自己視為萬能而安全——不過卻是外來的，因此他這部分的信念以及特定的自我形象佔有了他的意識心，而變成了我們在此將稱之為「奧古斯都二」的那個人。當奧古斯都二擔當了領袖之責時，那麼，身體本身不只是強壯有力，而且能做遠超過奧古斯都一所能做的一些身體上的技藝。

（十點一分。）你要明白，奧古斯都二相信他的身體幾乎是不可征服的，而按照這個信念，他的身體的確可以表現得好得多。奧古斯都二相信他是個外星人。在這種情形下，他的解釋是——因為必須要有一個解釋——他是個由其他的星球、另一個銀河系而來的生靈。在這個情形，他的理由是十分清楚而簡單的：他是要幫助奧古斯都一，為了後者而去用他的力量，獎勵奧古斯都一的朋友而恐嚇他的敵人。奧古斯都一相當深信自己需要這種幫助。

這是意識心的一個分裂，但它不是在內我之內開始的。當奧古斯都二取而代之的時候，他是十分有意識的，他只是透過一個堅定不移的信念系統去看物質實相。送達身體的訊息一點都不矛盾，且身體是在極佳的控制之下。

奧古斯都一的情緒當然是他正在想的那些意念的一個直接顯現。身體所不能忍受的，是這種由狂喜狀態與力量到無力感與沮喪低沉狀態的不停搖擺，因而引起的巨大改變。大部分的時間是奧古斯都一在作主，因為他的無價值感，以你們的話來說，是他較早採取的意念；更糟的是——那又被他與奧古斯都二之間的對比所加強。奧古斯都二有時候一來就待上一個禮拜。

他說與做奧古斯都一非常想說與做的事，那些是只要奧古斯都一能有某些保護就敢去做的事。然而，奧古斯都一在這個時候不是真的無意識，卻對「代替性質的」活動與成就相當覺察。再次的，它是一個躲迷藏的遊戲，在其中，所謂的無意識心智可說是相當的無辜。

奧古斯都二因此可以亂喊亂叫、說謊欺騙、肯定他自己、顯出他對同伴的輕視，而免掉奧古斯都一任何的責任。

你可以休息一下，我們待會兒再繼續。

（十點十九分到十點三十分。）

好，奧古斯都二的本性並不惡，然而，在靈魂學的圈子裡，他卻無疑地會被詮釋為一個邪靈或嚮導。

他的本質是具保護作用的。那些被個人化的基本意念與信念，變成了他這個存在，他的形成是為了保護奧古斯都一不受他幼時被給予的破壞性意念影響，並且去對抗對無力感和空虛感的信念。就彼而言，它們是加在原先意念之上的，但這仍在早年發生；因此，奧古斯都二是由小孩對一個強而有力的生靈觀念裡躍出的。

那麼，自覺軟弱的感覺愈強，補償的有力感覺也就愈強——但再次的，在有意識的層面並沒有和解的企圖。

（停頓。）奧古斯都的母親只注意到她兒子彷彿非常的善變。奧古斯都二並沒有表現出很明顯的「另外一個人格」——直到奧古斯都結婚以後，當作為一個父親以及謀生的要求被放在他身上，且他無法應付時。

他覺得自己沒有價值的信念阻止他去用他的能力，甚而以任何持續力去尋求一條有效行動的途徑。就在那個時候，奧古斯都二才開始對他自己——並且對奧古斯都的太太——予以肯定。以他自己的方式，奧古斯都二證明給她看，她嫁給了一個相當不凡、強而有力的男人，並且是男性與力量的典範；但這樣做的話，奧古斯都一也必須對她顯出好像是奧斯古都二的樣子。這持續了一段時候，奧古斯都一會首先發展出一個頭殼欲裂的頭痛，而後這個從外太空來的外星人就登場了：奧古斯都一所不是的一個儀表堂堂的男人。

（停頓。）然而，此處這個「欺騙」造成某種困難。奧古斯都二不但有很多的性對象，而且在對比之下，奧古斯都一似乎真的是了無生氣。奧古斯都二原先是想幫助奧古斯都一。的確，當奧古斯都二離開一段時候，那種「異國情調」也溢出了、波及了奧古斯都一，給了他一些魅力，但是，這個對比太顯著的擺在眼前，奧古斯都一——仍然是主要的人格——甚至變得更害怕了，因為他知道奧古斯都二逐步地在炫耀自己，「活」得超過了他本來的目的，而必須離去。

（十點四十六分。）事實上，一旦奧古斯都二明顯地「占用」了奧古斯都一的身體時，對全家人而言這都是顯而易見的。他太太開始對他所說與所做的作筆記。在稍後，她向奧古斯都一複述時，其中的謊言與欺騙是顯而易見的，那個「人格」幼稚的本質也是一樣；然而，奧古斯都二聲稱是全知的，來自一個在各方面都超越了地球的銀河系。而在此，他正在做一些永遠不會發生的預言，並且像一個老練的演員一樣謊話連篇。

其能量產生這個「替換的自我形象」的那些信念，然後就在光天化日之下出現，在物質實相裡造出了它們自然的結果。奧古斯都一——現在已經是成人了——被迫在某個程度知覺到這些信念的本質，但當他在這兒拜訪魯柏時，仍不肯檢視它們。

現在奧古斯都二已經有兩個半月沒有出現了。奧古斯都是在一種難局裡，因為他仍對自己的無力確信不移，而那個「他是萬能的」矛盾信念，現在沒有經由奧古斯都二來表現。但它們必然會被表現；因此在這次會面時，奧古斯都一——我們現在將簡稱他為奧古斯都——有一會兒帶著他巨大的敵意透過來，瞪著魯柏，告訴魯柏他將毀掉任何傷害他的人。而在下一刻，出於他對妻與子的愛，那個請求幫助的哀懇又浮現出來了。奧古斯都在一句話裡，會做一個聲明，而在十分鐘後，卻以另一句話來讓人很清楚的知道那第一個說法不是真的。

此處，在奧古斯都一與二之間的極端溶解了，因此，兩個相反的信念系統並肩運作。但奧古斯都卻仍不肯檢查他自己的話語和想法，或看見對別人而言如此明顯的矛盾。

信念的本質與重要性如此生動地表現，以致魯柏受到了驚嚇，而發現自己被迫採取一些複雜的心理應對方法。那兩個「人格」不再是分開的，卻是合了起來。

（在十一點停頓。）奧古斯都說：「藉著給他肺炎，我的朋友殺了一個反對我的鄰居，他照顧我。」另外一個鄰居有潰瘍，而奧古斯都告訴魯柏，當他用手觸及他的鄰居之後，那潰瘍似乎就好了。因此他說：「我想要知道這個偉大能力有多少是屬於我的。」而他把眼光移開了一下：「也許我根本不需要我朋友的保護。」且說這點顯然是有助益的，在於奧古斯都開始感覺也許他不是無力的。然而，他自己的人格，卻必須去處理一個不再個人化的奧古斯都二那顯然令人厭惡的特性。

他被遺以這樣的問題：「如果我是如此的有力，那怎麼會又這麼軟弱，甚至不能養家餬口？如果我是這麼偉大，又為什麼不能有效利用我的精力？」

奧古斯都的身體又再度被關於他自己的極矛盾信念所左右了。在以前，當他是奧古斯都二時，他的身體是強而有力的，而當他是奧古斯都一時，卻是軟弱的。現在，作為奧古斯都，他那交替的強壯與軟弱，給身體的壓力是很明顯的。作為奧古斯都二，他可以日夜不眠，而做出正常人類很難做到的身體重任，因為這是在「力量與力氣不可分割」的意念下運作的。

要讓奧古斯都二消失，他必須有一些勇氣。然而，因為對信念的清楚分隔不再存在，對他的太太而言，甚至更難相處了。奧古斯都二的特性現在已經「滲進」他自己的性格裡，好比說，他會在以前只有奧古斯都二說謊的地方說謊。

那麼，現下就有這樣的一個案例。在此，直接相反的信念在不同時候主宰了意識心，而每一個都以自己的方式來運用這個身體。就身體而言，不管哪一組的意念在作主，身體都存在有相同的力量；但實際地說，奧古斯都一無法表現奧古斯都二的技藝。

有一次，奧古斯都在憤怒中由一個二樓窗口跳了下去而沒受傷——一次相當不平常的偉績。然而，奧古斯都是如此的筋疲力竭，他幾乎熬不過正常的一天。你們有一種情況是，一個人透過信念，真的把他的力量與能量放在一邊不用。只有當他完全轉變信念時，才可以用到它。

只因為奧古斯都二孩子氣的個性最後表現得如此顯明，以至於他必須要被捨棄。奧古斯都的太太左右了他的這個決定，因為很顯然地，她對這位「朋友」與她丈夫對他的意見不同，於是她的信念變成新的基礎，成為容許奧古斯都能以超然態度去看這個替換的自我形象的轉捩點。

(幽默地：）你可以做一個替換的休息。

(十一點二十二分，珍對於賽斯所說的一點也不記得。一旦她由出神狀態出來時——那是很快的，一如往常——她告訴我：「我可以知道賽斯對那個還有很多資料就在那兒，全準備好在等著……在課間，我通常對那個沒有覺察，雖然有時我會夢到它……」

(那是今晚寫書工作的結束，在休息後，賽斯又過來講了兩頁關於我今晚早一些提到的一件事。因此，記錄下來的課在十一點五十一分結束。

(然而，我把筆記本放在一邊後，課又恢復了。在一次自發的交談裡，賽斯對於他自己的來源及創造性，以及珍的人格為什麼能夠使得一個賽斯的出現成為可能，傳述了一些洞見。此外還有更多的東西。我沒寫下我們的對話，而如往常的，結果我卻希望曾寫下它——也許我們以後會在一節課裡面把它補回來。

（我總是發現這些資料似乎會飛走，除非我們以某種方式立刻把它記錄下來，我常常想，理由之一是因為在一節課裡，珍不是唯一在出神狀態裡的人——那個接受者〔例如我自己〕以他自己的方式，也是如此。當賽斯與他的聽眾之間的連繫被切斷了，那個資料某程度就「被留在」那個共同的相會地帶。）

第六二九節　一九七二年十一月二十九日　星期三　晚上九點二十八分

（就如在一年的這個時期常發生的，我們開始錯過一些平常的定時課。珍和我估計，從現在一直到一九七三年的一月，它們將不定時的舉行；一部分是因為我們假日的活動——那是我們很喜歡的；但也因為這對我們而言，彷彿是一個自然的休息時刻——雖然珍計畫照常維持她的ESP班與寫作班。

（這一節的第一部分被刪掉了，賽斯在九點五十九分恢復對第六章的口述。）

在你們的社會裡，並沒有一個真正適當的架構，讓像奧古斯都這種人能夠接受任何有效的治療。

一個精神分析師也許認為奧古斯都患了精神分裂症，而很恰當地給他貼上標籤，但基本上，這種名詞是沒有意義的。如果經過一段時間，那個分析師能夠說服奧古斯都，說他眼前的情況是由過去某個特定的壓抑事件而來，且又如果這個分析師是一個直覺力強又善解人意的人，那麼奧古斯都也許會改變他的信念到某種程度，以致造成了某種程度的「治癒」。於是，他會很方便地記得這樣一個事件，而當他重新經驗它時，會表現出被預期的情緒。很不幸地，在他目前因沒有奧古斯都二而無力的狀況下，他也可能就只向他的另一個自我呼援，讓那個好醫生瞧瞧，他可不是個好惹的人。

那麼，要做的事是去幫助奧古斯都面對另一個自己行為的含意，以使他能夠接受它作為整個本體的一部分。

當奧古斯都二在控制身體時，其化學組成有相當的改變，與奧古斯都平常的荷爾蒙狀態顯出很重要的不同。化學性的改變是由在運作中的信念轉移引起的，而不是反過來。

（在十點八分停頓。見第四章六二一節講荷爾蒙及信念的資料。）

如果在奧古斯都二之內作了化學性的改變，他會回到奧古斯都一的人格，但這改變將是人工化的——非永遠的，而且可能相當的危險。

被化學性地壓抑的傾向，到某個程度藉著用藥而被勉強遮蓋了。然而，問題依舊存在，而很可能會導致明顯的自殺傾向，或在暗中隱藏的自殺傾向，以致重要的身體器官會受到攻擊。

有時候，這種情形會在另一個架構內被處理，在其中，任何時候只要奧古斯都二取而代之，奧古斯都就會被認為是被一個獨立「邪惡的」東西附身。現在，再次的，如果奧古斯都多少改變了他的信念，那麼，甚至在那個架構內也可能達到某種治癒，但在同時，所涉及的危險與困難將會使這樣一個治癒相對地不可能發生。

如果一個醫生相信奧古斯都著魔了，而後說服奧古斯都也相信「那個事實」，那麼，他們聯合的強力信念可能有一陣子有用。說服奧古斯都他是在一個邪靈的主宰之下，將是第一步。那麼除掉那個入侵者的這個第二步，至少可能跟著來。問題是，在那個架構內行事時，自我結構更進一步的減弱了，因為奧古斯都二具有那通常被壓抑的特性，被永遠的否定了。那麼，奧古斯都必須永遠是「善的」，然而，他將永遠感覺可能會再受到這樣一個邪惡的侵犯。如剛才所說的同樣結果也是可能的：自殺傾向或其他自我毀滅行為的發展。

你可以休息一下。

（十點二十三分。「當我剛開始在出神狀態裡說話時〔在一九六三年下半年〕，」珍說，「我一直覺得在一個時候只可以得到一個字，在那之前或之後什麼也沒有——但現在我感覺有一整堆的資料在那兒，等我去拿。就像今晚早一些談到『說法者』的東西一樣。❷愈來愈常是那個樣子了……」在課前珍再次覺察到，由賽斯那兒有好幾個管道可以得到資料。）

（在十點四十五分繼續。）

口述：很幸運的，人類心與身的彈性、韌性與創造性，比我們向來認為的要大得多。許多像奧古斯都的案例從未為人所知，那些人治癒了他們自己。有時候這種治癒的完成，是當這樣一個人選擇去經歷一個創傷經驗時——常常這人格的一部分相當故意地這樣計畫，同時，其他的部分則閉上了眼而假裝看不到。這些事件可以看起來像是災難或近乎災難，但它們卻足以使整個人格為了存活而動員起來。在一個極為危險的緊張時刻，人格也許會把自己再統合起來。

這種「危急的統合」（critical-uniting）的插曲通常不會涉及長久的病痛——雖然它們也可能會——而是像很糟的意外之類的事件。例如，困難的本身可能被外在化成一個殘破的肢體而非殘破的「自己」，而當身體被修復時，信念的必要消化也發生了。

在這種案例裡，有各種不同的種類與階段。每個人都是獨特的。有時候，其架構包括了另一種治癒方法，在其中，這個人的兩個衝突面各有一部分斷開來，形成一個清晰的心理結構，可以與其他二者溝通，作為一個仲裁者，來協調每一方持有的相反信念。

這種情形進行了很多次，但主要人格卻還不明白真的發生了什麼事。有時候自動書寫，或者靈應盤會被用到。兩者都是去發現不可見的有意識信念——好比說，在某個時候被你有意識地接受，而在另一個時候被故意忽略的信念——的方法。

當有人告訴用這種方法的人，他們的寫作是由一個惡魔或邪靈而來時，那麼，既然它可能導致更進一步的這種「侵略」，這些看不到的信念就被推得更遠，任何深入心智的探查變得嚇人而危險了。

現在，這種侵略通常是先前不能被接受的信念——十分有意識卻看不見而被藏起來——突然出現。然後，它們會突然以「外星人」的樣子出現。在大部分的例子裡，附魔的觀念使得它更令人不安了。通常，比較容易面對的概念是，對這種觀念的責任必然屬於另一個存有或生靈。在所有涉及像奧古斯都這類插曲的例子裡，問題是一個沒被消化的信念；除了以這種比較激烈的行為來表現以外，這種信念也能透過身體的各個部分來表現。不幸的是，一種大半只管症狀的醫療體系，只會鼓勵病人把這種信念投射在新的器官上——例如，在已經把其他器官犧牲在外科手術裡之後。

解決之法是在意識心裡——我再怎麼強調這點都不為過——以及在你接受的那些關於實相的本質，尤其是關於你存在本質的信念裡。

雖然，最基本的工作必須由「個人」來做，但是，從各種不同的來源，包括由內與由外兩者，永遠可以得到幫助。你真的會詮釋並且利用任何到你這兒來的資料，並當作是有幫助的，而它也將極為有效——除非你的信念也許使你以為每個人都在與你作對，或你認為自己已無可救藥，或你認為自己不配得到幫助。當然，其他這類意念也會使你得不到幫助。但只要可能，你將本能的去找尋幫助，並且利用它。

你可以休息或結束此節。

（「那我們休息一下好了。」

（十一點十五分。我選擇休息，為的是要看看珍是否仍要我問問賽斯她在課前談到的意念。她先前有些疲倦，但到現在已經恢復得差不多了；無論如何，她還是決定要放棄那些問題而結束此節。）

第六三〇節 一九七二年十二月十一日 星期一 晚上九點二十六分

（在差不多九點十五分的時候，珍和我坐著等課開始。九點二十五分時，她突然的告訴我，她剛「收到」我將要寫的一本書：《透過我的眼睛》（*Through My Eyes*）。她非常驚訝——我也一樣。在一開頭珍說，她把她（由賽斯來？）的資訊，詮釋為我將要為她自己的一本書寫以那個為標題的一章。但隨後她很快地了悟，這個將是我自己的作品。

（這本書假設是要表達我對賽斯經驗的看法，以及它如何影響或改變了我對藝術、人生等等的意念。當珍告訴我所有這些時，她宣布說賽斯馬上就過來了——就我們定期的課而言，這是非常不尋常的。她把眼鏡拿掉了……）

好，這本書的標題應該是：《透過我的眼睛》，而它應是你自己的書，以你自己的方式談及許多重要的範圍。如你所知的，你的確有寫作的能力。

這本書應包括你對我們共同經驗的看法——你自己對它的一個哲學面的解釋，以及它在你心中引起的問題，你對魯柏作為珍及在我們出神狀態裡的觀察。其他部分應該解釋你自己對於創造力的意念，如你感覺它在你裡面的樣子——比較一下，當你由「普通的」靈感畫一幅畫，以及當你首先感知到導致一幅畫的「心靈印象」，這兩種經驗之間的異同。應該包括一些插圖，由一個最初的素描到一幅完成的畫。

花點心思想想怎麼樣去做這個實驗——在平常的意識狀態與改變了的意識狀態裡觀察顏色的本質。也注意一下你夢裡的色彩。你應該探究自己對於所畫的人有何想法，以及為什麼你雖然著迷於畫人像，卻常常不用模特兒的原因。

這本書可能包括，我透過不同管道給你的一些談藝術的資料，也會談到你應用它的方式。然後接著是實用的一節，主要是關於美術，但也涉及一些其他的藝術領域，例如，靈感的本質及來源。

我已給了你一個大綱，確定你一定可以做到。此外，這本書寫起來應該是很有趣的，結合了你寫作與繪畫的能力。書名取得很好，而且這本書會賣得不錯。你會拿到一紙合約，可以先拿到預付金，而且寫這本書又可以作為你畫畫的一個刺激。我在這兒耍了一點把戲。

（「你有嗎？」此處我想套套他的口風。）

我的確有。因為就繪畫而言，這將助你越過一些難關，進而激發一股新的、自發的繪畫力量（幽默地）。你也會認為這是一個有價值的工作，而且也會利用你的經驗做自己的事。我知道，光是那個動力本身就會十分巧妙地自動產生一些極佳的畫作。你會想要利用那些畫。我不會告訴你現在這是用哪種特定方式偷偷繞過你的一些問題，也不會告訴你那些問題是什麼。我建議你擬一分計畫、一個大綱而且開始寫個幾頁——好比說，寫個一章左右。

現在我們休息一下，而那就是我給你倆的一點小小的驚奇。

（「的確！謝謝你。」）

（九點四十二分。「我是太驚訝了，連眼鏡都還沒戴回去呢。」珍在回神之後叫道。我倆都沒想過這樣的提案，那並不是說我從來沒想過我自己來寫一本至少部分涉及賽斯的書。

（「當在一節課裡像這樣的事發生時，我真的感到驚訝！」珍說，「它與我一逕在想的或做的如此不同。我現在就可以看到那本書中央的一段，還有你的插畫。我可以看見賽斯的畫像在封底。」她指著她右肩後的一幅畫——那張像曾附在《靈界的訊息》裡——掛在我們客廳的牆上，就在她搖椅的後方。

（在九點五十八分以同樣積極的態度繼續。）

現在：這本書將是稍後我要寫的書的一個好廣告——而如果你把我告訴你的插入我現在正在寫的這本書裡，人們就將開始期待你的書了。

（「那是相當的狡獪。」）

因此把它包括在《個人實相的本質》裡，因為在你個人的實相裡，這本書是這樣誕生的。

今晚我有好幾件事要做。魯柏的一些問題將會在我們下一章裡回答。然後，我會作一些其他的個人評論。

註釋

❶讀者若想知道賽斯與賽斯二的因緣，請參閱《靈界的訊息》一書第十七章，與《靈魂永生》一書第二十二章。在《靈魂永生》裡，賽斯說：「對我來說，賽斯二所在的位置，以及對這個我現在正透過她在說話的女人〔珍〕來說，我所在的位置相較而言是一樣的。」

❷珍在此說的是今晚的這一節被刪除的部分，以及賽斯在其中討論到我們轉譯早期「說法者」資料將會做的工作：「說法者的稿子在你們的將來會給，我告訴過你們，工作量相當可觀——一種愛的苦工。」見第五章六二三節之後的註，也可參考《靈魂永生》第十七章。

Chapter

07

血肉之軀

（在十點一分暫停。我們的電話鈴開始響。那聲音穿透珍的書房和客廳之間兩道關著的門。我不喜歡打斷上課，所以就讓它響著——同時卻一直覺得不自在。在出神狀態中的珍似乎沒聽見。

（這些日子她接到愈來愈多的電話。現在當我們其中一人拿起電話時，已有心理準備，我們可能在與美國任何角落的一個人講話。例如，今晚稍早，珍接到一通從加州高山郡打來的電話。）

口述：第七章：〈血肉之軀〉。

等我們一會兒……人常常走過了頭，忘了意念有其自己的生機和活力。這種人在本無界限的地方畫地自限。他們把意念當作全然是精神性的東西，而與他們對身體的觀念是分開的。他們以為意念住在他們的腦袋裡。舉例來說，誰會想像一個意念活在他們的手肘、膝蓋或腳趾裡？

一般而言，人們相信意念與血肉之軀沒多少關係。身軀似為實質的，而意念則否。那些熱中理性的人，常常不必要地把意念世界與肉體世界分開了。

雖然身體的確是意念活生生的具體化，而同時，這些意念也真正形成了一個積極、有反應、活潑潑的肉體。但身體卻不只是個可以利用的工具。它不只是心靈的載具（vehicle），它是化作肉體的心靈。你把你的意念強加在它上面，用你有意識的信念大大地影響了它的健康。但是，身體是由活生生、有反應的原子和分子組成。這些原子和分子有其活在物質中的自己意識，它們有種驅策力，使它們想生存於自己本性的架構內。它們構成細胞，這些又組合成器官。器官擁有在其內每個細胞的聯合意識，而以它們的方式，器官感受到自己的身分。

器官有其目的——它們作為一個整體在這有機體內所提供的機能。這種意識的合作繼續下去，以使你有個有活力的身體意識，它奮力維持自己的平衡和健康。

那麼，身體這玩意兒不該被視為某種形而上學的結果，卻應被看作血肉之軀的一個活生生的完形（gestalt）。換言之，你的身體是由其他活生生的存有（entities）組合而成的。雖然你組織這活生生的材料，它有其自己存在與完成的權利，你不是個被關在無生命黏土裡的靈魂。

這個「黏土屋」，當你離開它之後，不會立刻腐敗，它以自己的速度分解，不再被你宰制，它的原子、分子和細胞的生命被轉譯為其他活生生的自然形式。你的感知只是你所覺知的那些。甚至原子和分子也有細密的視野，而以自己的方法欣賞它們的環境。感動你心的那同樣力量也形成你的身體。

形成你意念的能量，和生出一朵花或治癒你燙傷指頭的能量沒有區別。靈魂並不獨自存在於大自然之外，也不是被丟進大自然裡。大自然即靈魂化為肉身，或不論它具體化成什麼。肉體和靈魂一樣地具有靈性，靈魂和肉體同樣的自然。以你們的話來說，身體即活生生的靈魂。且說，靈魂可以活在許多形式裡——有些是實質的，有些則否。但當你是實質的時候，身體即為活生生的靈魂。身體經常不斷地療癒自己，也就是說，肉身裡的靈魂在療癒自己，身體常常比心智離靈魂要近些，因為它像花朵似地自動生長，信賴自己的本質。

你可以休息。

（十點二十七分。珍的步調很好。寫書的工作告一段落。休息後，賽斯為珍和我傳述了兩頁資料，而此節於十一點一分結束。）

第六三二節　一九七二年十二月十八日　星期一　晚上九點三十七分

（今晚稍早的時間我們花在修剪聖誕樹上面。現在修好了，多彩的小燈也閃爍於樹枝和垂懸的金屬絲之間，於是我們準備上課。在我們客廳的窗下，一個木匠正乒乒乓乓地敲打一扇門框，修理上回洪水來襲〔見第一章第六一三節〕造成的一些損壞。除此之外，在屋子裡的槌打聲透過地板傳上來；但這都沒持續很久，也沒干擾我們的課。）

現在——

（「賽斯晚安。」）

——開始口述：實體的生活之可貴，有很多理由，其一是，肉體對思想的反應非常靈敏，但又非常有彈性。有一些天生固有的指導方針，因此身體意識的本身，一方面雖有時反映你的負面形象，但也會自動奮力反抗它們。

你們必須記住，你們永遠住在一個自然的架構裡——也就是說，你們的思想本身，就好比你們的頭髮一樣自然。打一個你們會覺得古怪的比喻，我把你們的思想比為病毒❶，因為它們是活的、永遠都在、還有反應，而且擁有它們自己那種活動（mobility）。至少就實質而言，思想是靠化學物質推動，它們在宇宙的身體裡行進，像病毒在你們現世的形體內行進一樣。

思想與身體相互作用，而變成其一部分，就如病毒一樣。有些病毒有很大的治療價值。肉體常常會對這些病毒撤除阻擋，知道它們會抵制在當時不那麼有益的另一些病毒。

所謂有害的病毒是一直都在身體內的。而其中只有很小的一部分對你們有危險，雖然在你們體內，一直帶著微量最能致命的那些病毒。病毒本身經過醫生完全沒懷疑到的轉變（transformations）。如果一種病毒不見了，而另一種被發現，人們從未懷疑也許是第一種變成了第二種；然而經由某些十分自然的改造，的確事情就是如此。

因此，根據在任一時刻身體的條件、狀況和需要，病毒可以是有益的或致命的。你們的確知道，一種病常能治好另一種；有時，不去管他，一個人會從一種嚴重的病，歷經一連串與原來問題似乎無關且較不嚴重的病。

且說，在通常西方的學問脈絡裡，隨著現代藥物的引進，你們多少是在一種左右為難的局面，身體知道如何對付直接來自土地的「天然」藥物——不論是磨過或煮過、磨成粉或蒸過。一大堆各色「人造」藥品給身體的天生結構提供了一個不熟悉的事物，而可能啟動強烈的防禦機制。這些防禦常是直接針對那些藥物而非疾病本身。這樣一種情形意味你那時必須用另一種藥來對抗剛才給的那種。

（在九點五十八分暫停。）只要你們相信西方世界演進出來的醫學結構的話，我並不建議你們不去看醫生，或不吃那類的藥。你們的身體從一生下來就用這種藥品，已經被調節而適於這種藥了。是有不少傷亡，但這仍是你們所選的一個系統，你們的觀念仍然形成你們的實相。沒有一個人是沒做要死這個決定就死了的——而且沒有一樣疾病是被盲目接受的。簡而言之，你們的念頭可被視為看不見的病毒、帶菌者，像個火花，不僅在體內引發了反應，並且在你們所知的整個實質系統內引發反應。

你們的念頭就與體內細胞一樣的自然，也一樣的真實。它們彼此互相作用，就如病毒一樣。當你在這個實相裡的時候，在精神、心靈和肉體之間沒有界限。如果你認為有，那麼你對肉體的靈性或思想的物質實相還沒有足夠的了解。

你可以休息。

（十點六分到十點二十九分。）

好，我說過，思想與身體任何部位一樣自然。它們和感覺一樣都是自然的一部分，但如果你設定一個武斷的分界——把思想看作精神性的，而與實質的東西有所區分——那麼你的身體可能比你的思想更真實地反映你的存在。

在身體自發性的機能裡，你看見靈魂輕易的流動性，那「隨著本然的我而行」的特性，是對靈魂內在自由的指標，卻又指明其天生的方向感。身體實相的所有各部分，是靈魂實相在肉體裡的版本，就像外在宇宙所有各區段「鏡照」一個內在的宇宙，後者就與外在世界一樣的活生生、自然和多變。物理現象只是所謂的自然之一部分，而所有實相皆是自然的。

以你們的話來說，可能性（probabilites）是成長原則的延伸和變奏，這生長原則在你們的日常實相裡相當明顯可見。這種成長是在你們特定的現實領域內，你們的感官可以觀察到的一種自然的顯現。同樣的，那個原則其他完全自然的顯現也是存在的。有些只能在歪曲了的形式下被瞥見，因為有其他你們無法知覺的「自然」條件。可能性促使你們參與一個豐富的心理成長和發展，但在你們的「主場」內，它雖存在卻觀察不到。任何一種存在皆發生在自然的脈絡內，而自然包括了靈魂。只是你們對自然的定義太過狹隘。

死後仍活著是自然的，把身體還諸大地而〔然後再〕形成另一個是自然的。你的思想和病毒一樣地迅速、有反應而活生生也是自然的。你擁有「可能的自己」和「轉生的存在」❶也是自然的。

當你認為意念是精神性的、和大自然分離的，那麼你就會覺得自己與自然本身分離了。當你想像死後的生命是不自然的，那麼你就會感覺關係斷絕、孤立而且不知所措。你必須試著了解，在**大自然**（Nature）之中有不同種類的自然（nature）。你的肉體生命——你的人性——以你們的話來說，依賴著當你不是〔人〕的那麼一個時候。你必須了悟，在那個含意裡，不存在（not being）就與肉體的存在一樣的自然。你在生前和死後的存在，就與你目前的生命是同樣正常的現象。

口述結束。現在你想休息嗎？

（「是的。」）

那麼我將再以另一條線繼續。

（十點五十五分。珍的出神狀態很深。這房子早已安靜下來了——在這些日子裡似很不尋常。休息後，賽斯討論我的畫，並給了其他與此書無關的人一些資料。此節於十一點三十五分結束。）

第六三二節　一九七三年一月十五日　星期一　晚上九點

（這個月來我們有一連串極美好的溫暖日子，而地上沒有雪跡。我們的聖誕樹撤走了，雖然我們一直保持它到上個星期。珍又恢復了她所有的課。雖然在假期裡，我們就不同的事有些短的賽斯課，這是自十二月十八日起賽斯第一次寫書的課——他那麼輕易地恢復第七章的口述，又再提醒了我們，他不為我們的時間觀念所動的這件事。

(珍在通靈方面的工作導致了讀者來信的穩定增加，雖然還不算過多，我們回信的速度卻逐漸遠遠落後了。最近賽斯告訴我們他會口述一封信，我們可以將之寄給來信的人，附加上任何我們想加的私人註腳，但我們尚未得到此信。)

晚安。

(「賽斯晚安。」)

現在，口述：眾所週知，組合你們細胞的原子，以及細胞本身，一直不停地死亡以及被取代。內臟的材料改變了，然而它們永遠保持其形式，本體沒改變。

同樣的，在所有不為你有意識的自己覺知的生生滅滅之中，你的本體是安全而不受影響的。它全部經驗的記憶都保存著。每個細胞都記著它的過去，雖則它所有部分曾經且正在繼續被取代❸。

就如你們的細胞有其記憶，同樣的，意識心有一種更明顯的記憶。你們有意識的念頭好像一個扳機一樣，把這兩種記憶都啟動了。那麼在你的肉體存在之內，不可磨滅地寫下了每一個愉悅的、擴展的、創傷的和悲慘的「過去」事件。以你們的話來說，這是你們工作的素材，自你們的肉身成胎以來的記憶。〔在你們的記憶裡〕有最複雜的組織和聯想的結構，它同時存在於你們的細胞結構深處及有意識活動的最高層。

早先我曾將你們的思想比為病毒。現在，把它們想作活的電磁細胞，和你身體細胞的不同只在其物質化的性質上。你的思想指揮身體細胞的整體機能——即使你並沒有意識到那些細胞是如何運作的。那工作是無意識的。

肉體的每個細胞可說是一個具體而微的小腦子，擁有它私密的經驗和與其他細胞關係的所有記憶。以你們的話來說，每個細胞天生具有對身體整個歷史——包括過去、現在與未來——的一幅畫面，而它就按照這個畫面來運作。

且說，這個畫面是變化不已的、流動的。身體意識（所有細胞的聯合意識）即刻注意到在單一細胞裡的變化，也感知到將來的結果。身體用這資訊和來自身體的所有其他資料，而作出一個預言。

（九點二十一分。）這個身體的預言，接著就被評估，而且所在層面之多，超過我能夠解釋的範圍。這畫面在身體和心靈相會的那個無形舞台上簡短地「演出」。當然，這舞台不是一個地方，而是完形意識的一種內在狀態顯示。這種狀態來自身體內部深處的某種交互作用，磁性結構於焉成形了在身體層面上，藉由某種神經的活化，它們被創造出來。這種神經的活化可以說就是跳過正常模式進而形成影像之處。神經及其末梢的細胞結構負責攝取畫面。這些全部集合起來使用，身體情況的那幅較大的畫面便得以成形。

這些不是你們以為的影像，卻是極為密碼式的資訊，以電磁的方式印上去，肉眼看來不像影像。無論如何，它們只能被身體感知。但這程序比你們所知的任一種程序都更為高超，因而身體確實對它未來的情況拍下了預知照片——就好像把當時的身體狀況投射到未來。

（賽斯—珍在傳述最後一句時，常常停頓，顯然在找尋正確的字眼。）

於是，這預言畫面被拿來與兩個典型比較。首先把它與這個人身體的理想健康標準——其最大的實現——來核對，然後是與有意識的自己傳送給它的身體形象來核對，即刻做出了關連。在一個令最進步的技術也嫉妒的組織架構裡，通訊極快速地來回躍動，只要有必要，身體就會做出任何改變，以便讓這兩個影像和身體現在的狀況一致。

你可以休息。

（九點三十五分。「賽斯讓我們停一下只為讓我們休息，」珍說：「他還有一大堆準備好了在那兒。我想他也許會談談我們上週買的那本書——至少說一點兒。」

（珍所提到的書是關於動物和人類「生物節奏」的實驗摘要。我們還沒看完，但對其中的一些結論已經有了疑問。我們認為賽斯一直不斷地對這種節奏提供了更大的洞見。在九點四十二分繼續。）

到某個程度有一種天生固有的平衡。身體對有意識的思想是如此地有反應，以致它天生具有自我維護的系統和成就自身圓滿的指導形象。

好比說，你在四歲時，受到嚴重的外傷。在下午三點二十分，發生了一個意外。天正下著雪，你母親正在烤火雞，想像你的一隻手受到嚴重的灼傷。好比說，到了你二十七歲時，雖則那手上所有的組織已換了好幾遍，現有每一個細胞之內的本體仍然記得那傷害。

在那天之前或之後的每個下午同一時辰，有無數其他的事件發生在你身上。在你的手裡面的細胞，所包含的記憶會令你的意識心為之目眩。然而，要記住，你二十七歲的手，它裡面的細胞，實質上完全不是體驗到任何那些事件的同一細胞。然而，在某種感覺的「地下組織」裡，那些無數「過去的」午後經驗的刺激和反應，其證據雖早已被埋葬，卻仍然存在。那些記憶中有些必然會被重新播放，而影響你所謂二十七歲的眼前經驗。你有意識的思想和習慣，掌管它們之中哪一些將被融入目前的大漩渦裡。

你有意識地發出要反應的信號，而非其反面。過去事件，除非它們被你們心中有意識的期待和思想召來，否則不會像這樣入侵。（停頓。）那些無意識的記憶將按照你目前的信念而被發動。當你的思想發動了愉悅的身體感覺和實質事件，你將得到補充和更新；或，當你把不愉快的過去肉體遭遇帶到你的覺知裡來時，你會感到沮喪。

當然，有時候兩者都可以很有助益。例如，對危險的有意識覺察，將會召來處置類似情況的所有資訊，因此身體能從它鮮活記憶的廣大庫藏裡立即對付它。但經常的不愉快念頭把身體放在一個「不真實的」騷亂情狀裡，而接著，強迫它去重新發動這種老模式。

（在十點一分停了很久，眼睛閉著。）血肉之軀對逃過你們意識層面的一些事實，倒是十分明白的。它知道它經常地死而復生，卻仍舊是它自身。我用「死」和「復生」是因為你們了解這些詞語，但身體並不了解它們。身體雖然永遠是它自己，同時卻又在來來往往。它的一個細胞死了，並不覺得有所減損，因為它仍在形成一個新細胞的過程裡。

暫時把你的身體想作當下存在的一個大細胞。你——更大的自己——有許多身體，當一個身體死而再出生，它就變成了另一個身體；然而你（YOU）維持你的本體和記憶，就如你現在身體裡最小的細胞所做的。

這只是個比喻，但可解釋身體對它自己的觀念；作為一個整體，它知道它「會死」，就如它現在的某部分死了，但也覺知「將來的」羽化。在此架構之內，它保護並維持自己的穩定和生存。

在你存在的一個層面，有一個共同場所，在那兒，身體意識和你自己本體源自的更高意識合在一起。那是你的靈魂和肉體相會之處，同時在時間之內也在時間之外。

你可以休息。

（十點十三分到十點二十五分。）

好，因為你對存在有意識，你藉有意識的思想形成你的物質實相。

我知道當我說那句話時，我是在一而再地重複我自己，但你們必須被提醒，你們不是受無意識事件所支配的。你們有身體天生的智慧作後盾，它會一直試圖改正你的錯誤。

這些建議將以無數的方式出現——有些以你們的思想方式來說是相當實質的，有些則藉其他方法，例如，身體本身可能開始渴想某種食物，或新鮮空氣，或運動。這些是簡單的例子，以後我們將會更明確些。

你也許會做夢，慫恿你往如此這般的方向行動，或指出你該改正的地方。這種夢常常引起行為的改變，不論你在早晨記不記得它們。你可以請求做一些給你指出正確方向的夢，而你將會收到它們。然而，如果你一方面請求，另一方面卻不相信夢的療癒本質，你將會阻斷了任何這種活動。在這種例子裡，你對意識心的內容不誠實。相反的，你是在說：「我要有一個對我有助的夢，但我不相信我能有這樣一個夢。」

在所有的情形裡，當你關切你的健康，就會有好幾個方向可供你選擇。這血肉之軀是你的。它是你靈魂的實體化，透過你的身體，靈魂將提供你需要的那些答案。在下一章我們將開始討論那些可用來恢復和療癒身體的方法，它們將助你從物質形體裡喚醒那些對你最有利的記憶和經驗。要有最好的結果，你必須記住，意念就和你手內的細胞一樣是活生生的。

本章結束了。這是過渡的一章。我們將休息一下，你們可以開始下一章，或如你要的話可有私人資料。

（「那麼我想我們最好還是來點私人的吧。」）

（十點四十分。在休息期間，珍由賽斯那兒收到一些關於第八章會有些什麼的洞見——例如，當一個人一生裡一些好的思想被啟動時，它們將會由他轉世的人格裡吸引類似的經驗。這是個非常有意思的意念，同時也是令人安慰的。我記不得賽斯以前用這種方式表達過這觀念。〔後補註：但事情的發展是，直到第十章他才開始談它。〕

（當珍讀到我打好字的這節第一頁時，她說：「看起來好像我把有關原子『死去』的那一點弄擰了。我猜我不以為該那樣講。賽斯對那必有許多話要說。我只記得：物質不能被創造或毀滅。那些離開原子而輻射出來的粒子，就我所知並沒死掉——雖然它們也許會進化……？」

（在我們的實相裡，熱力學的第一條定律告訴我們，能量〔物質〕可以由一形式改變到另一形式，但不能被創造或毀滅。雖然一個化學變化導致一個新物質，其所涉及的各成份總重量仍保持不變；在這種平常的反應裡，轉變成熱量的質量極微。以數學的說法，愛因斯坦透露說，質和能彼此是相等的——當一個「被毀滅」，另一個就「被造出」。

（自從賽斯在六二五節裡提到原子和分子的「死亡」之後，我們對這種資料特別有興趣，但我們並沒問更多的細節，因為那題目多少是在本書範圍之外的。例如，在物理學上，大家「知道」，質子——在原子核裡的一種基本粒子，有一個特別長——一之後再加二十四個〔或更多〕零的那麼多年——的生命。當賽斯結束了《個人實相的本質》之後，我們計畫請他調和一下我們這個世界的這種資料以及他自己那個實相的根本假設或基本協議之間的差異。

（而在同時，珍和我這些日子來讀到：物理學家正開始質疑，這種死板的「定律」——如那些應用在熱力學、因果律上——的不可變性，說它們結果不是有錯誤就是需要修正……

（那些有興趣的人，可看早些提過的第六二五節，賽斯討論內在的電磁音值和光值，還有他在《靈魂永生》第二十章有關ＥＥ（電磁能量）的資料。）

註釋

❶據科學家說，病毒是可能使植物和動物致病的超顯微單位。它們唯有和活細胞連結才會增殖，所以既被當作活的有機體，也被當作複雜的蛋白質看待。不過，承認思想也有同等效力的科學家很少。

❷直到一九七三年的六月，我才完成了這個小註：賽斯在第十四及十五章討論可能性，在第十九章討論轉世，雖然在此書的其他地方也論及這兩個主題。亦見《靈界的訊息》與《靈魂永生》。

❸讓我們用一般的說法給細胞下個定義：細胞是個微小而非常複雜的原生質單位（unit of protoplasm）。它通常由一個細胞核、一種半液態活性物質和一層薄膜構成。然而，賽斯對細胞記憶的意念，給它增加了很多新的次元……

Chapter

08

健康、好的和壞的思想，以及「惡魔」的誕生

第六三三節　一九七三年一月十七日　星期三　晚上九點十四分

（今晚我問珍，賽斯是否會傳述他答應過的給讀者的回信。我們在九點五分時坐等課的開始。同一時間本市的火警笛聲開始緊急地響起；然後我們聽見幾個其他的警笛聲。

（註：珍今天花了她大半的工作時間在重寫她的手稿〈物質宇宙即意念的建構〉，並加上新的有關的內容。一九六三年九月九日晚間，她在一種超越的狀態下收到原稿。這件事啟動了她的心靈發展；由它的孕育到幾乎十年之後，這作品對她仍是一個「試金石」——今天珍在其中發現了她以前視而未見的觀念。欲知更多「意念建構」的事，請看《靈界的訊息》及《靈魂永生》。）

晚安。

（「賽斯晚安。」）

好，我們一開始先來寫一封信。

親愛的朋友：

我感謝你對我的工作和課程的興趣。我同時也知道，你們想把哲學應用於日常生活和行動的這個十分自然和人性的需要。

然而這些意念是提供給你們利用的工具，你們可照自己的方式去用。你們越常用這些精神性的工具，就會在發展和完成自己獨特天賦上，變得越熟練。你們可向世間的一些人——朋友、密友，或醫生、心理學家、通靈者——求助。按照「你在哪兒」，這些人中有人可以幫助你。

雖然這種幫助可能會受歡迎，而我提供的那種價值是具有不同性質的。廣義地說，我最重要的一個訊息只是：「你是個多重次元（空間）的人格，在你之內，有你可能需要知道的所有關於自己的知識、挑戰和難題。其他人能以他們自己的方式幫助你，在你發展的某個層面上，這種幫助是必須且有益的。但我的任務是提醒你，關於在你自己存在之內的不可置信力量，並且鼓勵你去認識和利用它。」

就為這個目的，我透過魯柏製作了連續不斷的賽斯資料和書，每樣都以不同方式為這些目標服務。現在這本《個人實相的本質》裡，將包括一些技巧，能容許你和成千上百的其他人在日常生活中來用這些意念，豐富你所知的人生，並幫助你了解和解決問題。

雖然在目前可能看來不是如此，但我能給你們最大的禮物，是重新肯定你自己存在的完整性。我這樣說，因為我就如你自己存有的其他部分一樣，了解你目前的身分地位。

魯柏只有這麼多時間，必須顧慮許多事。我個人是覺知你的信的。然而，魯柏無法親自一一回覆，不然他和我的工作都會受影響。因而我寫了這封短簡，讓你知道，我把你放在我心中，當我收到你的信時，同時自動地送出能量給你。這能量將助你釋出自己的了解和療癒能力，或在不論哪個你需要幫助的地方對你有所助益。

這種能量永遠是可得的，不管你寫信給我與否。這種能量經常不變地在你自己指揮之下。如果你相信我，就便會明瞭，其他人最多只能充作中間人，而中間人是不必要的，因為能量在你的人生中永遠可得。我只是給你本是你自己的東西。

賽斯

(「謝謝你。」)

現在，等我們一會兒；我們的信就那樣結束了。你們會想要把它給某些人，而不寄給另一些人。你們自己可照應其他人。

(在九點三十六分停頓。我們認為把賽斯的信包含在他的書裡，是有意義的，因為它強調信念的重要性。)

口述：試試一個簡單的實驗。其結果將會不辯自明。想想你一生中某件悲傷的事。相似的情緒很快就跟著來了，而又帶來另外這種不愉快事件的回憶，因聯想而串在一起。景象、嗅味、話語，也許已半忘了的，將會突然鮮活地回來。

你的思想會啟動適當的感覺。然而，在你的覺察之外，它們也會觸發那些事發生當時，細胞受到刺激而後留下的那個永恆不朽的記憶。到某個程度，一個細胞的回憶被重新播放了——而對整個身體而言，承認了它在那時候的情況。

如果你堅持追求這種悲傷的想法，你就是在重新發動那種身體的狀況。想想一件你遭遇過最愉快的事，那麼與剛才相反的結果就會成真，但其過程是一樣的。這次聯想起的回憶是愉快的，身體也隨之而變。

要記住，這些精神方面的聯想是活生生的。它們是能量結集成看不見的構造物，所經的過程，就與任何細胞團的組織過程一樣的有效與複雜。與細胞比較，一般而言，它們的持久性較短，雖然在某些情況下並不一定。但是你的思想形成如細胞般真實的結構，它們的組織不同，並不涉及你們所謂的固體性質。

正如細胞有個結構，並且對刺激起反應，按照它們自己的類別而組織，思想也是一樣。思想聯想而孳盛。它們磁性地物以類聚，而就像一些奇異的極微小動物，它們逐退「敵人」或其他威脅它生存的思想。

（兩輛配有喧囂警笛的車子疾馳過我們的公寓，但珍似不為所擾。自課開始，類似的警號就時有可聞。）

用這個比方，你的精神的和情感生活，形成一個用這種結構組成的架構，而這些直接地對你肉體的細胞作用。

且讓我們回到奧古斯都那兒；因為在此，我們又在一個個人身上找到，關於那似乎無實質的思想和信念能影響和改變肉體形象的一個絕佳例子。你可以休息一下。

（九點五十五分。珍很快地回過神來。她又重複近來講過幾次的意念——雖然賽斯在第六章突然地結束了奧古斯都資料，他計劃在寫書的過程中偶爾回到它上面。

（我問第八章的標題。珍以為已說過；雖然她現在有點隱約的印象，但無法清楚地得到它。警笛繼續著，令我想起動物在遠方潛巡。當我們在聽它們時，我順手拿起一本一位ESP班學員昨晚留下的有關印度哲學和宗教的書。當我開始翻閱它時，珍說：「哦，把它放下，這是個賽斯可能對那本書講上一大堆的那種時候。」——當然，她是指現在她可通到不止一個頻道。

（她繼續解釋，就她所想，這本書是「比許多率直的謊言要更狡詐，因為你憑直覺感到它包括的那些真理，可引你去接受在其中的更大扭曲……」

（在十點十四分以較快方式繼續。）

好，首先，奧克斯都曾被各種不同的方式告以：「你想得太多了。你應該做點什麼實質的事，投入運動裡，更外向些。」這種一再重複的評論，連帶其他兒時的狀況，使他害怕自己的精神活動。同時他也感覺自卑，那麼他的念頭怎麼會是好的呢？

很早，暴戾的情緒便累積了起來，但在他的家庭裡，他們不接受任何釋放正常攻擊性的方法，當這些增強成可感覺到的、暴力式的爆發時，奧古斯都只更加相信他的天性是不可接受的。

在他十幾歲的正常狀態裡，他有一陣子越來越努力求「好」。這意指逐出那些思想或衝動——不論它們是各種與性有關的，或攻擊性的，甚或只是非傳統的。相當多的精力被用來抑制他這部分的內在經驗。然而，被否定的精神事件並沒消失，它們的強度更加重了，卻被阻攔在他「較安全的」平常念頭之外。

以這樣一種方式，奧古斯都實際上創造出一個精神的結構，其組織跟我在你休息前所講的原則一樣。另外一個在其他環境並擁有不同個性的人，則可能損害某個身體器官，真正是在攻擊這器官，就與這器官可能被病毒攻擊一樣地實在（強調地）。然而，因為奧古斯都的特殊氣質和本性，和本具有而未被照常規發展的創造性，他形成而非毀滅一個結構。

在他的正常狀況，他只接受他認為人家期待他接受的信念。我提過（在第六章的第六二八節），在他的狀況發展之前，曾有段時候，他的「好我的念頭」和「壞我的念頭」在爭寵，而身體拚命地試圖對經常不斷、換來換去又常常矛盾的觀念反應。

（停頓。）結果發展成一種情況，在其中，彼此衝突的一套套思想和情緒終於輪值起來，雖然奧古斯都在大半的時間裡維持著自己的完整性。但他將之鏟走的那些信念，由於同類相吸，立即被另外那個精神結構抓住——同樣的，那個結構也是由意念和感覺組成，與你也許會以為是一個看不見的細胞組織結合，具備了所有的反應能力。

在他正常的狀況裡，奧古斯都想到自己的無力——因為他自己捨棄了正常的攻擊行動——而感到軟弱。這信念啟動了身體的細胞記憶，使身體軟弱而阻礙了其機能。然而，有一段時候，他行動遲鈍但是穩定，維持了一個適合他目的的平衡。

他變得害怕身體會失去控制而犯下暴力行為，因為他自然感覺得到那被放棄的思想和情緒的力量。當發生一個危機情況，或當他陷入絕望中，便開始了一個他假裝沒留意到的加速。而奧古斯都二便出現了。

（十點三十五分。）奧古斯都二被一種有力感充滿，因為他認為力量是錯的，而把它與他認為的正常自己分開。然而奧古斯都知道，身體需要他拒絕給予它的那股活力。因而奧古斯都二出場了，帶著他自己對不同凡響的力量、活力和優越感的偉大意念——（較大聲而帶笑地：）我在把我的兩位奧古斯都保持得涇渭分明，我希望你也是的。

（「沒問題。」）

——以及帶著奧古斯都自己否定的那些特殊英雄行為的幻想和記憶。

奧古斯都曾很方便地遺忘了的攻擊行為，現在被奧古斯都二滿懷歡喜地想起來了。結果是，身體的化學本質立即復甦，肌肉的強健度大幅改進，血糖的分量改變了，流過全身的能量也改變了。

我知道當魯柏會見奧古斯都時，這青年把他自己的左半邊認作奧古斯都二。在他的正常狀態裡，他身體的那一半比右邊包含著更多的緊張。

在奧古斯都第二身上，這緊張得到了解放，而在首先猝發的活動之後，能量之流變得較平穩。然而，奧古斯二待得越久，他的地位變得越弱——這是奧古斯都和奧古斯都二都體認到的事實。你明白，奧古斯都必須經由一個他無法應付的情況，而累積起足夠的被壓抑思想和情緒。這威脅於是就引起奧古斯都二的出現。身體照著你認為它必然會如何做而做，因此奧古斯都和奧古斯都二，帶著他們替換的行為模式，引起身體以相當不同的方式去反應。

現在暫且忘掉這情形下發生了這樣一種分裂，反過來，想像你擁有的連綿不斷思想和情感。當你感覺軟弱，你就是軟弱。當你感覺喜悅，你的身體受益而變得更強健。奧古斯都的例子，只是把你們的信念施之於你們肉體形象的影響，以一種過度誇張的形式表現出來而已。如果你想：「好啊，那從今以後我只想好的思想——因而我會健康；同時要抑制我的『壞』想法，或不管怎麼弄，只不要去想它們。」那麼，你正以自己的方式做奧古斯都曾做的事。他開頭就是相信他有些想法是如此邪惡，必須不計一切地把它們弄得不存在。因而，抑制你認為負面的那些思想，或假設它們是如此的可怕，並非答案。

這一章將會叫做：〈健康、好的和壞的思想，以及「惡魔」的誕生〉。你現在可以歇歇。

（十點五十五分。珍曾在很深的出神狀態，她的步調很好，卻記得聽見警笛聲。它們現在仍繼續著，雖然在城西的天空裡，我們看不見任何紅光——好比來自火災的。在十一點十五分以同樣有勁的樣子繼續。）

現在：你對於「什麼值得嚮往，什麼不值得嚮往，什麼是好，什麼是壞」的信念，沒法與你身體的情況分開。你自己的價值觀，可以助你達成健康或帶來疾病，把成功或失敗、快樂或悲傷帶入你的經驗。然而你們每一個人，將按照自己的價值體系來詮釋這最後一句話。你們對成功或失敗、好或壞是什麼，將有很明確的意念。

那麼，你自己的價值系統，是由你對實相的信念以及形成經驗的那些信念累積成的。假定你相信，要做「好」你必須試圖變得「完美」。也許有人告訴你，或你在那裡讀到，說心靈是完美的，於是你認為你的責任，就是盡你所能地在肉身中重造那完美的心靈。為達這目的，你企圖否認所有不完美的思想和情感。你自己的「負面」思想嚇著了你。你也許相信我告訴你的——即你的思想創造你的實相——因而變得對「攻擊性」之精神或實際的表達越加害怕。你可能變得這麼怕傷到別人，而幾乎不敢動了。無時無刻不試著要完美，可能遠不止是惹厭而已；由於你的誤解，它可能招來大難。

「完美」這字設有很多陷阱。首先，它預設某件完成的、無法改變的事或物，它也不能再被移動、改進或創造。

心靈永遠在一種「變為」、變遷、柔軟的狀態，以你們的說法是沒有結束的，就如它也從沒有一個開始的一點。魯柏最近說過，如果他對物質實相能確定一件事，那就是，以那種說法，〔它〕沒有任何地方是接近完美的。但就同樣的字義來說，心靈也不完美。若要達到「完美」的要求，心靈必須被固定在一種「完成了」的狀態，而沒有可能再越過它去完成或創造。

你的思想就是這個樣。你可能贊同也可能不贊同它們，例如，像你對一場暴風雨的想法那樣。不去管它們，你的思想就會像一陣颱風、一朵花、一場洪水、一隻蟾蜍、一顆雨滴或一陣霧那樣形形色色、雄偉、瑣碎、可怖、壯麗或輝煌。你的思想完美地做它們自己，不去管它們，它們就會自來自去。

你的意識心就是要區分那些思想，決定要把哪個形成為你的信念系統（專注地），但在如此做時，你並不應假裝盲目；你也許有時希望一個雨天是晴天，但你不會站在窗邊否認雨正在下著，或空氣是冷的、天空是陰暗的。

就因為你接受下雨是一個當下的實相，也並不代表你必須相信天天都有暴風雨，而讓那明顯的誤解變成實相信念的一部分。因此你不必假裝一個「黑暗的」思想不存在。你不必把「不去管它們，你所有的思想就會陰暗污穢」當成事實看待，而想辦法要把它們藏起來。

有些人怕蛇，就算是最無害的一類也怕，而看不見牠們的美麗和在宇宙裡的地位。有些人害怕某些思想，因而也忘了它們的美和它們在精神生活裡的地位。

既然你有各式各樣的念頭，它們都是有其道理的，就如你們有各種的地形一樣。在你們的世界裡，去否認某些思想的存在是很愚蠢的，就好比假裝沙漠不存在一樣。在跟著這樣一條路走時，你便否認了經驗的次元而削減了你的實相。這不指你必須收集你認為的負面思想，就像如果你不喜歡沙漠的話，不必一定要待在沙漠一個月。事實就是如此。它的確是指，在你們了解的大自然之內，沒有一樣東西是無意義的或要被假裝它不存在似的。

那就行了。現在你可以結束此節或休息，隨你的意。

（「我不想這樣說，但我們最好還是結束吧。」）

（快活地：）那麼我再加一句：我告訴過你這本書沒有問題。告訴魯柏我這樣說——但誰聽我的話呢？雖然他近來比較注意聽了，並且沒跟錯路……我祝你有個愉快的晚上。

（「謝謝你，賽斯。晚安。」）

（十一點四十四分。只因我們自己的疲乏促我結束此節。我可以看出來，賽斯是有辦法無止境地繼續下去的。今天我們累了一天。現在甚至警笛也消失了。）

（賽斯對「這本書」的玩笑，原因在此：在一些近來被節略掉的資料裡，他談到珍對在一本有關心靈的書還未寫出前，就簽出版它的合同這事，一開頭有點不安。譚．摩斯曼（Tam Mossman），珍在Prentice-Hall的編輯，已讀過《個人實相的本質》前六章，而寫了封信鼓勵她。）

第六三四節　一九七三年一月二十二日　星期一　晚上九點十九分

（因我尚未打完第六三三節的字，珍叫我把我筆記的最後兩頁唸給她聽。）

好，口述：每個人對「負面」情緒有略微不同的定義。一個人也許覺得性感刺激的思想令人愉快，並且是他最喜歡的一種消遣。另一個人也許會認為它們不乾淨、壞、不健康或對人不好。有些人能輕鬆、興致勃勃地想像他們在跟人打鬥、爭吵、無情地狠揍對方。同樣的念頭卻會使另一個人充滿了極度的恐懼和沉重的罪惡感；然而，這同一個人，在正常情況下不會有意地去想這種性質的幻想，在戰爭時，卻可能想像自己滿懷著神聖的喜悅和正義感去殺敵。

（停頓。）大家常忘了的是攻擊的真正本質，最真實的意義只是指「有力的行動」。這並不一定暗示身體的力量，而只是能量的力量被導入一個具體化的行動。

以你們的話來說，在你們的實相系統裡，誕生也許是你所能做到最有力的攻擊（強調地）。同樣地，任何意念成長為現世的實現，也是創造性進攻的結果。要抹煞真正的攻擊性是不可能的，這樣做會湮滅你們所知的生命。

（在九點三十四分停頓。）任何試想阻礙真正攻擊之流的企圖，其結果是一個扭曲、不平衡、爆發性的假攻擊，從而引起戰爭、個人的神經質及你們各方面的諸多問題。

正常的攻擊跟著強力的能量模式流動，對你們所有的思想——不論你在意識上視它們為正面或負面、好或壞——給予發動力。（非常肯定地：）同樣的一股衝動十足的創造能量激發了這些思想。當你認為一個思想是好的時，你通常不懷疑，容許它有其生命，而且繼續想下去。如果你認為一個思想不好，或有損你的尊嚴，或若你對它覺得羞恥，那麼你通常試圖否認它，停止它的活動而隱忍不發。你不能壓制能量，雖然你也許以為你能。你只是在收集它，而它就在那兒滋長，等著找出路。

這將引得你說：「那麼，假設我覺得我想殺了上司，或在我先生的茶裡下毒；或更糟的，不在晾衣繩上掛毛巾，反而吊上我的五個小孩，你是否說我就該去那樣做呢？」

我同情你的困境。事實上，你被這種看來似乎很嚇人、不自然的念頭「攻擊」之前，已然擋掉了遠不及這樣激烈的各式各樣念頭，其中任何一個，你都可以在日常生活中相當安全而自然地表達出來。那麼，你的問題不是如何應付正常的攻擊性，而是當它一直未被表達、長時期被忽略與否認了之後，你應如何處置它。在本書後面，我們將特別談談對付這種情況的法子。這裡我只是想指出健康、自然的攻擊性，和被壓抑的攻擊性之爆炸性扭曲出現之間的分別。

你們每個人必須替自己找出那些強力壓抑自己思想的地方，因為在那兒可以找到許多能量的阻塞。這些在以後的課程裡都會談到。

現在讓我們思考一下這被阻塞的能量。有意識地，大多數人已經對這能量感到害怕——他們沒有壓抑它，因為他們認為它是好的。我用「壓抑」這字眼，並不是指忘了，或推入了無意識，或拿不到了。你可以假裝這種資料是隱而不顯的，但它實在是在你們有意識的覺知之內。你們只需老實地去找它，並且把你找到的東西組織起來。

你很可能對這種資訊「視而不見」，只因你沒把全部資料加在一起。當然，沒人能叫你那樣做。去做那件事，你必須要有一種勇氣和冒險精神；告訴自己，你拒絕被本來就屬於你、但並不是你的意念所鎮懾。

好，人們常說人相信魔鬼，因為他相信神明。事實是，當人開始感覺到一種罪惡感，他便開始相信惡魔。罪惡感本身是和慈悲（compassion）一同生出來的。

動物有一種你們不明白的正義感，而與那天真的正義感一起固有的，是一種生物的慈悲，在最深層的細胞層面被了解到。

以你們的話來說，人是一種動物，由他自己脫升，把他自己的某些動物能力進化到極限；不再形成身體上新的實質特殊化（再次的，用你們的話來說），卻是由他的需要、欲望和受祝福的自然攻擊性，創造出內在的結構，那是和價值、空間和時間有關的。以不同的程度，這同樣的推動力是潛伏在所有生物之內的。

（在十點二分停頓。）你想休息嗎？我忘了。

（「不用，我沒問題。」賽斯－珍的步調相當緩慢。）

這樣的一種課題是指，人類必須揚棄自律、精確；以及「本能」裡安全卻限制人的那些方面。意識心的誕生——如你們所想的——是指人類自己選取了自由意志（free will）。那些本來美妙且足供應用的天生俱有程序，現在已被取代了。它們變成了建議而非定規。

慈悲由生物的結構「升格」成情感的實相。「新的」意識接受它剛浮露出來的勝利——自由，而面對了有意識層面上行動的責任，以及罪惡感的誕生。

一隻貓遊戲性地捕殺一隻老鼠並吃了牠，並不邪惡。牠不受罪惡感折磨。在生物的層面，兩者都了解彼此。老鼠的意識，在對要來的痛苦本自俱知的情形下，離開了牠的身體。而貓利用了那溫熱的肉體。老鼠自身曾是獵者，也是獵物，以很難解釋的方式，兩者都了解其中的條件。

（當賽斯—珍傳述這資料時，我的腦子裡閃現出多年前的一個夏日，那時我差不多十一歲。我和兩個弟弟坐在我們老屋的後院裡，那是在離艾爾麥拉不遠的一個小鎮。我們鄰居的貓，「咪子」，捉到了一隻田鼠。牠在草裡跟田鼠玩耍；我帶著矛盾的情緒觀察我喜歡的咪子，牠擋掉了受驚的田鼠每個脫逃的嘗試——直到最後，玩夠了，才把田鼠給吃了……

（咪子事件接著讓我想起幾年前珍寫的一串小詩。許多人稱它們為「俳句」——日本詩型——但它們只是讓人聯想起那類型而已。我們把幾首釘在牆上，其中之一是：

貓吃耗子。
兩者都不存在。
別告訴牠們。

（這些日子天氣特別暖，在上課時開始了一場小雨，現在則在閃電，隨著傳來滾過天際的雷聲。）

在某些層面上，貓、鼠兩者都了解，牠們共享的生命能量本質為何，並不會——從那些方面看來——唯恐失去牠們自己的個體性。這並不是說牠們不掙扎求生，而是說牠們有一種天生的無意識與自然一體的感覺，明瞭牠們不會失落或淹沒（安靜而專注地）。

人類，追求他自己的路子，選擇走出這架構之外——有意識地。於是，同情心的誕生取代了動物的固有知識；生物的慈悲變成情感的覺悟。

獵人，多少不受動物之間的禮貌約束，將被迫在情感上與其獵物認同。就動物而言，「殺生就是被殺。生命的平衡支持一切。」獵人則必須在意識層面學得他老早一直知道的事。這是罪惡感及其自然架構固有和唯一的真正意義。

（長久的停頓。）那麼，就如動物無意識地維護生命，你們則應有意識地維護生命。

你可以休息，我很抱歉。

（「沒關係。說得很有意思。」）

（十點二十七分。這是珍較長的一次出神狀態。也是很深的一次——當我問她時，她卻記得接見雷聲。她很想要我把賽斯資料唸回給她聽，但又說：「哦，等一下……我已開始得到更多的了，我要先站起來走走。」為了讓她休息，我出去找我們的老貓威立。較年幼的隆尼在屋裡。在十點四十四分繼續。）

好，你們對這十分自然的罪惡感的詮釋和利用，真是可怕。

罪惡感是慈悲的另一面。它的原始目的，是讓你能夠在覺察的層面上同理自己及其他生靈，如此一來你才能有意識地控制先前只能在生物層面上處理的事。在那方面罪惡感因而有一個強而有力的自然基礎；而當它被敗壞、誤用或誤解時，它有那種任何失控了的基本現象所有的巨大可怕能量。

（停頓。）如果你因為閱讀某種書，或心懷某種念頭而有罪惡感，那麼你就冒了特殊的險。若你相信某事是錯的，那麼在你的經驗裡它即將是錯的，而你會把它想作負面的。因而你將收集一個「不自然」的罪惡感，一個你罪不應得卻予以接受，因而造出來的罪惡感。

你通常不會把它造成一個你引以為榮的玩意兒。如果你堅決地相信自己健康不佳，你可能用這被壓抑的能量去攻擊某個器官——一個胰臟可能變「壞」。按照你自己的信念系統，可能會相信你身體的健全，而反過來向外投射這罪惡感到別人身上——向個人的一個敵人，或某個特定的種族、信仰或膚色。

如果你有宗教傾向，並且信仰基督教的基本教義，你可能會怪魔鬼使你如此這般，就如身體創造抗體❶來調整它自己，你也設立精神和情感的「抗體」——某些「好的」思想——來保護自己不受幻想或你認為壞的意念所害。

如果身體天生固有的本能不被干擾，它基本上會自我調節（self-regulating）。如果在某個時候紅血球太多了，它不會殺光所有的紅血球。它不致那麼沒見識。但在對負面想法的恐懼裡，你常試圖否定所有正常的攻擊性，而在它才有點影子的時候，就照會你精神的抗體備戰了。這樣做時，你試著要否認自己經驗的真實有據。如果你沒感覺到個人的實相，那麼你永不能覺悟是你造成了它，因而也可以改變它。就是這種對經驗的否認，以及所涉及能量的阻塞，造成不必要的「不自然」罪惡感的累積。身體本身無法了解這些被阻擋的訊息，乃大聲呼求，想表達它自己親身體驗當下而得到的物質知識。（熱切地：）在這種情況下，你在精神層面上大叫說，你對自己所感覺到的東西沒有感覺。

經過一段時間，意識心因為它所在的位置，得以不顧身體的訊息。然而淤積的能量必須找到出口，這時，連代表被壓抑的資料的那個最小、最無辜的象徵，都可能在你身上引發似乎對刺激小題大作的行為。

有十次在你有理的場合，你心想告訴某人別惹你，但你隱忍不說，不想傷人感情；你怕自己會太粗魯，即使在那時的情形下，你的話可能被了解而被平靜地接受。但因為你不接受自己的感情，更別說表露它們，那麼在下一回，你可能看來毫無理由地爆發，完全說不通地開始一個了不得的爭執。

（十一點十分。）在這情形，別人對於你為何有這樣的反應完全摸不著頭腦，害，而你的罪惡感更加重了。問題在於，是非的概念和身體的化學性是密切相關的，的道德價值和身體分開。

你相信你是好人，你的身體就會運行得很順暢。我知道你們有很多人會說：「我經常試著做好人，然而我身體壞透了！那又是怎麼搞的呢？」如果你檢查自己的信念，答案將很明顯：就是因為相信你是這麼壞和沒價值，所以你才試著想要那麼好。

任何一種惡魔都是你的信念造成。它們是由「不自然」罪惡感生出的。你可能把它人性化，甚至能在經驗中碰見它們，即使如此，它們仍是你那不可測的創造力產物——雖然是由你的罪惡感和你對罪惡感的信念而形成的。

如果你捨掉不自然罪惡感的扭曲觀念，反過來，接受自然罪惡感的古老智慧，戰爭便不會有了。你們不會糊里糊塗地彼此相殘，會了解在你體內每個器官活生生的健全性，而沒有攻擊它們任一個的必要。

這顯然並不指身體死亡的那個時候不會來臨。它卻的確是指你將了解，身體的季節是跟隨著心的季節，永在變化與流轉，有些毛病會時來時去，在身體內卻永遠維持著精采的統一性。你不會有慢性疾患，一般而言，並且理想地說，身體將逐漸老化，同時仍會有比它目前能表現好得多的耐久力。

雖然，還有很多其他的狀況，全都與你有意識的信念有關。例如，你也許認為心臟病發作而很快死亡比較好。你們的個人目的不一樣，因而以各種不同的方式安排身體的經驗。

一般而言，你們在這兒是為了擴展意識，學習經由有意識的思想來指揮的創造方法。意識心可以改變其信念，因而也能在很大的範圍改變身體的經驗。

（我的眼睛閉了一下子，被賽斯捉到了。

（微笑著：）你可以改變你的經驗；你可以休息或結束此節，隨你的便。

（「那我們休息一下吧。」

（十一點三十二分到十一點四十八分。）

那麼，自然的罪惡感，是動物無意識的肉身正義感在人類身上的表現。它是指：殺生不可多過於維持肉體生存所需。就是如此。

自然的罪惡感與私通或性毫不相干。但它確實包含著只適用於人類的與生俱來問題，那在其他動物的經驗架構內是無意義的。嚴格地說，由生物的語言轉譯為你們自己的語言，就是像這一節所給的；但更細膩的區別這樣的：你不可侵犯別人（Thou shalt not violate）。

當然，動物不需要這樣一個信念，它也不能真正地被轉譯，因為你們的意識是有彈性的，必須留下餘地給你們自己去詮釋。

一個明擺著的謊言可能是一種侵犯，也可能不是。一件性行為可能是也可能不是個侵犯。一次科學上的遠征可能是也可能不是個侵犯。星期天不上教堂不是一種侵犯。有正常的攻擊想法不是種侵犯。對你自己或別人的身體施暴，是一種侵犯。對別人的心靈施暴，是一種侵犯——但，同樣的，因為你是有意識的生靈，這詮釋也是在你。咒罵不是侵犯。如果你相信它是，那麼在你心裡它就變成了侵犯。

（十二點一分。）殺害別人是侵犯。在肉搏中，為了保衛自己身體不被別人殺害而殺人，是種侵犯。不論是否有很明顯似乎可使之合理化的理由，這侵犯仍是存在的。

（停頓很久。）因為你相信身體上的自衛是對抗這種情形的唯一方法，你就會說：「如果我被別人攻擊，你難道叫我不能用攻擊手段反抗他想置我於死地的明顯意圖嗎？」

我絕無此意。你能以幾種不涉及殺人的方法來對抗這樣一種攻擊。首先，若非你自己本身已面對或未曾面對的暴戾思想把它吸引到你身上，根本就不會陷入這樣一種假設的場面裡。一旦這成了事實，按照其情況，你還有許多法子可用。因為你把攻擊與暴力視為同義語，你也許不了解攻擊性地——強力的、主動的、精神上的或說出來的——追求和平，可以在這種情形下救你的命；但它們確實可以。

通常有各種不涉及殺人的身體行動，那就夠用了。只要你相信暴力必須以暴力來對付，就是在追求它和它的後果。以個人而言，你自己的身和心變成了戰場，就像以群體而言，大地變成了戰場。你的物質形體是藉自然的攻擊性而活的，那種平衡的、有力的、有控制的行動，正是創造力的媒介。

（在十二點十一分停頓很久，兩眼閉著。）如果你割傷了手指，它會流血。在這樣做時，血液清除了任何可能進入的毒素。這流血是有益的，而身體知道何時叫它止住。如果血繼續流下去，在你看來，那是不對或不利，但身體不會因為血繼續流就認為它不好，也不會認為它邪惡而試圖阻斷所有的血。反之，它會做必要的調整來讓流血自然停止。

用這個比方，當你認為攻擊性思想是錯的，你甚至根本沒讓那系統掃清它自己，反而把「毒素」囚禁在裡面了。

就如在身體裡會發生一種累積，同樣的事也會發生在你的精神經驗裡。在身體方面你最後可能會有一種非常嚴重的情況，精神和情感上，這種對自然力量的箝制，可能造成孤立於其他較健康觀念之外的「有病」意念結構。這些結構可以像腫瘤一樣——好比說，不是缺氧，而是與你有意識經驗的其他部分之間缺乏自由交流。

我們現在將結束此節。衷心祝你們晚安。

（「非常謝謝你，賽斯。晚安。」）

（在十點二十五分結束。當珍脫離另一個絕佳的出神狀態時，她說：「哇，我現在累了，但賽斯還有很多沒講……」）

第六三五節 一九七三年一月二十四日 星期三 晚上九點四十四分

（不久，我們便可開始寄出賽斯自己的信給我們的一些通信者；他在六三三節口述了那封信。我把它打字攝影，設計得正如珍和我想要的式樣，現在一個本地印刷廠正為我們印製數百張副本。）

晚安。

（「賽斯晚安。」）

口述：現在（微笑：）你不必寫上我的第一個「現在」。（但我已然寫了。）

「自然的罪惡感」與記憶也很有關連，在人類像遠足一樣進入過去、現在和未來的經驗四處遊歷時，自然的罪惡感也與之手牽手一起現身。自然的罪惡感本來是一種預防措施。它需要一種成熟的記憶系統存在，在其中，新的情況和經驗可以依據憶起的情況和經驗加以評斷，並在一個中間的「反省的一刻」（moment of reflection）作出評估。

任何以前曾喚起自然罪惡感的行為將來都會被避免。因為人類有著多方面的路子可走，不但很多種動物本能那極度明確的本質不再適用，而且還需保持一種奇特的平衡。「有意識的選擇」因人的精神世界擴大而開放，使得人不可能一方面在生物層面上容許足夠的自由，而同時又保有必要的控制。

（於九點五十六分停頓很久。）因此控制乃是必要的，以免拒絕充分利用動物天生禁忌的意識心如脫韁野馬般失控。因而，罪惡感——自然的罪惡感——依賴記憶。

它本身並不像你想的那樣，天生就與懲罰有任何連結。再次強調，它是一種預防措施。對自然的任何侵犯都會引發一種罪惡感，因此，將來要是遇到相似的狀況，人在那反省的一刻就不會重複同樣的行為。

我用了好幾次「反省的一刻」這片語，因為它是意識心另一個特有的屬性，而且，再用你們的話來說，那是其他生靈大半沒有的屬性。若沒有那個停頓——在其間，人能夠在當下憶起從前，並且想像未來——自然的罪惡感便毫無意義。人類會想不起過去的行為，根據當下的情況並且想像判斷那些行為，或想像將來可能會有的罪惡感。

到那個程度，自然的罪惡感把人投射到將來。這當然是個學習的過程，在人所採用的時間系統內是自然的。不幸的是，「人工的罪惡感」（artificial guilt）也具有同樣屬性，利用記憶和投射兩者。戰爭是可以自己永續發展下去的，因為它們結合了自然和不自然的罪惡感，記憶又讓它更加強化。超過維生所需的有意殺戮是一種侵犯。

（在十點八分停了很久。）我們慢慢來……

（「好的。」──自本節開始以來，珍的傳述一直很悠閒。）

經過世世代代的加強，未被認明的人工罪惡感的積結，導致了被壓抑能量日大量累積，以致它的釋放終於導致暴力行為。因此，父母在戰爭中被殺的某代成年人的仇恨，會引起下一次的戰爭。

你不可侵犯別人。另一方面，這禁令必須具有足夠彈性，來涵蓋這有意識人種可能涉及的任何情況。動物的本能和牠們自然的情況，使牠們的數目保持在一個範圍內；而因為無意識、不知情的禮貌，牠們讓出地方給所有其他生物。

你不可侵犯自然、生命或大地。以你們的話來說，動物界為生存奮鬥，雖然是多產而難以控制的，卻非天生的老饕。它遵循著內在無意識的秩序，就好像染色體數目是有限的，也有一定的秩序和關係。一個變得無所不吃的細胞可以毀滅這身體的生命。

你不可侵犯。因此這原則同時適用於生和死兩面。你可以休息。

（十點十八分到十點三十七分。）

「生命能殺戮」這意念是沒有什麼神祕可言的。在生物層面上，所有的死亡潛藏在生命裡，而所有的生命潛藏在死亡裡。

病毒是活的，我曾（在第七章六三一節裡）說過，按照體內的其他平衡，它可以有利或有害。在癌細胞裡，生長原則失去了控制；在動物界每個種類各有其位，如果其中一種增殖超過它適當的定則，那麼，所有生命以及地球本身都陷入了危機裡。

從那些角度看來，人口過多是一種侵犯。在戰爭及人口過多兩例裡，人類忽視了它的自然罪惡感。當一個人殺了另一個人，不管他其他的信念如何，他的意識心某一部分永遠知道所涉及的侵犯——但是他可能自圓其說。

當一個婦人生下孩子，到一個擁擠的世界裡，她意識心的一部分也知道，這樣涉及了一個侵犯。當你們人類看到他自己正在摧毀其他物種，而擾亂了自然的平衡，那麼他對這侵犯是有意識的。當這種自然罪惡感沒被面對時，就必須運用其他的機構。我不厭其煩再次重複；你們有很多的問題，乃是因你們不為自己的意識負起責任的結果。意識是為了要評估實相，而這實相是無意識地直接比照你們的思想和期望複製出來的。

當你不擁抱這有意識的知識，反而拒絕了它，你就是沒在用人類所創造出最精緻美好的「工具」，你就大大地拒絕了，生而具有的權利和傳承。

（很堅決地：）當這發生時，人類因不履行義務，必須退而依靠古老本能的遺跡——那些本能本來就不適合與一個有意識的推理心聯手作業，也不能理解你的經驗，反而覺得你那「反省的一刻」是對衝動的一種不恰當的否定。因此人無法充分利用動物規律、優雅的本能，卻又否定取而代之另外給他的那種有意識的情感辨識力。

（十點五十二分。）結果，所發出的信息是如此極度的矛盾，以致你陷入一種境地，在其中真正的本能無法作主，理性也不能勝出。反之結果是，本能的一種扭曲版本會出現，同時在人類拚命試著調整方向時，也會以假亂真地運用理智。

目前，你們有種情況是，人口過剩透過戰爭來補償（停頓），若非透過戰爭，那就透過疾病。但誰又該死呢？就是將為人父母的年輕一代。了解自然罪惡感的本質的完善，你們就會脫離這樣的困境。

「惡魔」——你們的投射物——於是被加諸一個國家的敵人之上，或另一種族的領導者頭上；有時候，一整批群眾會把它們自己未面對的困擾意象投射到其他大團體上。即使在奧古斯都身上，你都找得到英雄和惡人，分開各司其職。正如一個人可以如此地被分割，一個國家或一個世界也是一樣。人類也是一樣。我們休息一會兒。

（十一點二分到十一點十二分。）

現在，口述：因而，一個家庭可以如此被分割，其中一員總是以英雄形象出現，而另一個則是惡人或魔鬼。

你也許有兩個孩子。大致來說，其一的行為像奧古斯都一，另一個像奧古斯都二。因為一個好像如此柔順、聽話，一個是如此暴戾、難纏，你可能從沒看出他們行為的關連，卻認為他們是如此顯然地不同。然而如果「好」、有禮、溫馴不是正常孩子的一般狀況，那持續不斷的暴力行為也不是。在這種案例裡，通常有這樣一種情況，其中一個孩子為整個家庭演出了未被面對的攻擊行為。此種不和諧一致的行動模式也是指，「愛」沒能被自由地表達。

「愛」是外向的，正如攻擊性也是。你無法抑制其一而不影響另一個，因此在這種情形下，聽話的乖孩子常常替作為整體的家庭表達了被壓抑的愛。然而，惡人和英雄兩者都會有麻煩，因為每一個都在否定他們經驗中其他真實的層面。

那麼，這同樣適用於國家。自然的罪惡感是個創造機制，是為了要用來作為在解決問題方面一個有意識的刺激，而那些問題，以你們的話來說，是別的動物從未有的。藉著利用自然罪惡感，你能躍過更遠的未知領域，而突破進入那些覺察的次元，那是自意識心誕生以來即一直潛藏著的。

如果你隨著自然罪惡感走，它將是個聰明的嚮導，不但帶來生物的完整性，而且在意識內觸發一些活動層面，那是若非如此就會一直關閉著的。

等我們一會兒。（停頓。）此章結束。

註釋

❶抗體是身體為了中和毒性物質而製造的蛋白質。在此，賽斯再次假定有機體現象在精神上的內在對等物。

Chapter

09

自然的恩寵、創造的架構，以及你的身心健康。良心的誕生

（十一點三十分。）第九章〈自然的恩寵、創造的架構，以及你的身心健康。良心的誕生〉。

（我必須請賽斯再說一次章名，以確定我沒聽錯。）

就動物而言，在做出某項行動的牠自身和涉及的行動之間，有各種不同程度的分界。然而，隨著人類意識心的誕生，採取行動的「自己」需要一個方法來判斷它的行動。再一次，我們又歸結到那「反省的一刻」的重要性，「自己」在那時候，運用記憶，在當下看到它自己過去的經常，而將結果投射到將來。

現在講完了。我只想開個頭而已。

（「好的。」）

祝你晚安。

（「謝謝你，晚安。」十一點三十五分。此節的結束很突然。）

第六三六節　一九七三年一月二十九日　星期一　晚上九點二十八分

（今晚我尚未打好第六三五節的字，所以我就把我的筆記當中的第八章最後一頁和第九章開始唸給珍聽，珍整個月都在一種狂熱的創作高潮裡，賽斯資料也被她注入了一種充沛的能量。這同樣的熱切也在她的ESP課本身及「蘇馬利」裡顯了出來——而在她的詩裡也非常的明顯。

（珍仍在寫她的詩集——〈靈魂與必朽的自己在時間當中的對話〉❶，上週她將那資料錄了一些音，她也在搞她的自傳《從這沃土》（*From This Rich Bed*）；這已做幾個月了。

（從我們下面的公寓裡傳來極微弱的古典音樂。今晚賽斯以安靜的態度開始。）

好，晚安。

（「賽斯晚安。」）

口述：恩寵的狀態（the state of grace）是這樣的一種情況，在其中的生長都是不費力的，一種透明的（停頓）、喜悅的默許，那是所有存在的基本要件。你自己的身體從出生時即自然、輕易地生長，沒有預期阻力，反而把它奇蹟似的開展視為當然；以偉大、優雅、有創造力的那種攻擊性的放任態度，去運用它所有的一切。

因此，你們是出生在一種恩寵的狀態裡。你們不可能離開它。你將會死在一種恩寵的狀態裡，不管有沒人為你說些什麼特別的話，或把油或水澆到你頭上（譯註：指臨終的宗教儀式），你們和動物及所有其他生物共享這祝福。你沒法「掉出」恩寵之外，它也不能由你那兒被拿走。你可以忽略它，可以抱持使你對它的存在視而不見的某種信念，你還是受到恩寵，只不過感知不到自己的獨特性和完整性，而且對其他自動賦予你的屬性視而不見。

「愛」看出別人的優雅與被寵。就像自然的罪惡感一樣，在動物裡，恩寵的狀態是無意識的，是受到保護的。動物視之為當然，雖然不知道它是什麼，也不知牠們自己在做什麼，它卻透過牠們所有的動作表現出來，而且牠們安居在它的作風的古老智慧裡。再說一次，牠們並沒有有意識的記憶，但細胞和器官的本能記憶支持著牠們。按照物種的不同，所有這些以不同的程度適用在牠們身上。而當我說到有意識的記憶時，我在用你們熟知的話——我是指一種在任何時候都能透過自己往回看的記憶。

例如，在某些動物，這種有意識記憶的升起明顯可見，卻仍非常有限與特定。一隻狗可能記得最後一次見到牠主人的地點，卻沒有辦法召來那記憶，行事也不能依靠你們所用的那種聯想。牠的連結更加偏向生物性，無法提供像你們自己的精神狀況容許的那種餘地（停頓）。狗不會追憶過去牠有多喜悅地感懷自己的恩寵狀態，也不會預期任何的未來時刻會再發生。然而，因意識心給予很大的自由，人類才得以背離存在的偉大內在喜悅、忘了它、不相信它，或用自由意志去否認它的存在。

在生物層面上對於生命的那種美妙的接納，不能強加於人類正在萌芽的意識上，因此為了要有效果、要有效率、要出現在新的覺察焦點之中，恩寵必須由組織（tissue）的生命擴展到感覺、思想和思慮過程的生命上。於是，恩寵變成了自然罪惡感的輔助物了。

當人安住於他的意識範圍之內時，變得覺察到他的受寵狀況，因為他把意識轉向了自由新世界。如果他沒有侵犯別人，就會覺察到自己的恩寵；如果他侵犯了別人，那恩寵回到細胞覺察的層面，如同動物那樣，但他會有意識地感覺到，他與因寵狀態失去連結而不再受恩寵。

自然罪惡感的簡單，不會引發你們所謂的良心（conscience）發現，但是良心也是依賴那「反省的一刻」，而廣義來說，「反省的一刻」正是你們與動物最大的不同之處。你們所認為的良心，是由一個兩難之局和一個對你們肉體生存所設條件的誤解而引起。良心與人工罪惡感的出現一同升起。等我們一會兒……

現在：就其本身而言，人工罪惡感還是很有創造力，那是當人的意識心開始思索玩味原先不帶任何懲罰意涵、自然、天真的罪惡感時，他按照自己形象造出的一個分支。

你可以休息。

（十點四分。珍很快脫離了出神狀態，令人意外的是，雖然樓下的音樂聲音低啞，她卻曾受干擾；她的聽覺非常敏銳。她的傳述雖慢卻很熱切。在十點二十分以較快的速度繼續。）

意識心造成了區別。它把原先無意識的資料種種完整的完形帶到覺察表面，然後以不斷變化的形式集合並組織它。經由有目的的聚焦，真正無限量的這種資料能被無意識地整理分類；而後，只有想要的成分才會顯露出來。

意識心具有無窮盡的創造力，這適用於意識心思考的所有範圍。意識心也是實質資料的組織者，因此「自然的罪惡感」變成了各種變奏的基礎，而這些變奏緊緊追隨著人類宗教與社會的組合，而後者也是能覺察的心智有能力玩味、混合、重組感知與經驗的結果。

人天生是善的。他的意識心必須自由，擁有自己的意志，因此，人能夠認為自己是惡的。他就是按照自己形象設定那些標準的那個人。

意識心也天生地能看到自己的信念，並反省和評估它們，因此如果人按照本來應該的樣子去運用這個工具，它會自動地幫助人認識他的信念及效果。這偉大的自由是為了使人覺悟，是他創造了他自己的實相。自由意志是必要的，它給予人的餘地，容許人把意念具體化，在實質經驗中接觸它們，然後再親自評估它們各自妥當與否。

（在十點三十四分停頓。）動物沒有這種需要。牠舒適地窩在本能的限制之內，同時也探索人類不那麼密切熟悉的其他覺知層面。但是，自然的恩寵和自然的罪惡感卻給了你們，而這些也將更完全地成長為有意識的覺知。如果你能安靜地坐著，而覺悟到身體各部分正不斷地取代它們自己——如果你把意識心轉向思考這種活動——便能覺悟你自己的恩寵的狀態。如果你能感覺你的念頭穩定地取代它們自己，那你也能感覺自己的高貴。

然而，你無法自覺有罪而享受到這種認知；至少不是當你在有意識層面上自覺有罪時。如果你發現，你為了昨天或十年前做的某事而貶低自己，那樣並不是一種美德。最可能的是你正捲入於人工罪惡感裡。即使當真發生過侵犯，自然罪惡感亦不涉及贖罪。自然罪惡感的意義是在一件事發生之前的預防措施和提醒。

「不可再犯」是事後唯一的訊息，我把這些觀念放在你們的時間範疇之內，因為對你們來說，它們是生自其中的。但事實是，所有的「時間」是同時的。

在一個同時的時間裡，懲罰是無意義的，懲罰這事的本身，和你為了它而受罰的那件事，兩者同時存在；既然沒有過去、現在和未來，你也不妨說懲罰先來到。

我們幾乎完全沒提到過轉世投胎（見第七章六三一節），但此處容我說明，轉世的理論是意識心以直線方式所作的詮釋。一方面它是極為扭曲的。一方面是當意識心與它所了解的實相遊戲時，所創造的詮釋。但照一般用語而言，並沒有作為懲罰而必須償付的業報，除非你相信自己犯了必須補償的罪（如在第二章六一四節裡指出的）。

更廣義地說，也並沒有因與果，雖然在你們的實相裡，這些是基本假設❷。

（緩慢地：）再次地，我用這些觀念，是因它們為你們熟知。在時間的世界裡，它們顯得像是真的。我們再一次回到那「反省的一刻」，就是在這裡，原因和後果兩者都第一次出現。以你們的話來說，它可以藉著觀察至今仍徘徊在地球上的動物，而朦朧地被追溯，因為每一個以牠自己的程度——遠比你們的要少——顯示那反省。在某一些動物身上，它根本就不存在；然而它是在那兒，潛伏著。

你可以休息。

（十點五十六分。珍沒有「它到底是在談什麼的最起碼意念」。因為她如此好奇，我就把最後幾段唸給她聽。我也沒有一直試著去記住這些資料。相反的，我多半是集中精力記錄它，而當我對一個字有疑問時，就和賽斯核對，或當我來不及記錄時，便請那位傑出人物重複一句話……

（在十一點十一分以比較快的速度繼續。）

現在，你反省的「那段時間」越久，在事件之間就彷彿經過了較多時間。

你似乎以為，在轉世的存在之間有那麼一段時間，一次轉世跟著一次，就如一段時間似乎跟著另一段。因為你看到一個因與果的實相，便假設有一個實相，在其中，一生影響下一生。抱著罪與罰的理論，你常想像在這一生裡被，上一生收集——或更糟的，經過幾世紀的聚集——的罪惡感所牽累。

然而，這些多重的存在是同時且無止境的（open-ended）。以你們的話來說，在這種多次元實相裡，意識心是向著成就它扮演角色的方向生長。你了解在這一次存在裡的角色就足夠了。當你完全理解，是你形成了目前實相的時候，其他一切都將各就各位。

你的信念、思想和情感是立即具體化的。它們在這世上的實相，在其開端時即已同時地發生，但在時間的世界裡，其間似乎有時間流逝。因此我說一個引起另一個，用這些術語來助你了解，但所有都是同時發生的。同樣，當你的「存在」（being）自然地伸展它多面的能力時，就立即體現成為你多重的人生！

「立即」並不暗示一個完成的完美狀態，或一個所有事都已完成的宇宙情狀，因為每件事仍在發生中。你也仍在發生中——包括了現在與未來的自己；而你過去的自己也仍在經歷你認為已完成的事。更有甚者，它正經驗著你沒有記憶的事件，那也是你直線調整的意識無法感知的。

你的身體內有著與生俱來——以你們的話來說——奇蹟似的力量和創造能量。你很可能把這句話當作我在暗示一個無止境青春狀態的可能性。雖則青春能在肉體方面「延長」至遠超過它現在的時間，這卻非我在談的。

（十一點三十二分。）肉體上，你必須遵循生於其中的大自然，而在那範圍裡，青春和老年的循環是極重要的。在某些方面，生和死的節奏像一口吸入又吐出的氣。感受一下自己氣息的來來去去，你並非它，它卻進入你又離開你，若沒有它持續不斷的流動，你的肉身無法存在。同樣的，你的生命進入你——是你而又非你——又出來。而你的一部分，在讓它們都走了的同時，卻又記得它們，並且知道它們的旅程。

想像一下當你的氣息離開身體時，它到哪裡去，也許是溜過一扇開著的窗，變成了外面空間的一部分，在那兒你再也認不出它了——而當它離開了你，就不再是你之為你的一部分，因為你已然不同了。因此你活過的那些生生世世並非你，雖然它們同時是由你而來。

閉上你的眼睛。把你的氣息想作生命，而你是那個它們曾經流過且正在流過的存有（entity）。於是你將感受到受恩寵的狀態，而所有的人工罪惡感將是無意義的。這一切絕沒有否定個體性那十足的完整無缺，因為你既是那些生命流過的那個個別的存有，也是透過你來表達的那些獨特的生命。

空氣的每一個原子和另一個都不一樣。每一個以自己的方式都能覺知並且能夠進入更大的轉型和組織，充滿了無限的潛能。就如你的氣息離開了你而變成世界的一部分，自由了，同樣你的那些個生命離開你而繼續存在，以你們的說法。你不能把你「曾是」的一個人局限在某一個已結束的世紀，而否定它，不讓它有其他成就；即使在現在，它們仍存在，並有新鮮的經驗。正如你那反省的一刻引起你認為的意識誕生——因為兩者其實是一同到來的；同樣，另一個現象和某種反省，能至少對你自己實相的廣大次元引起一些朦朧有意識的覺知。

好比說，動物通過一座森林。你以同樣方式通過心靈、心理和精神的領域。動物透過感官得到來自牠無法直接看到的遠方訊息，牠對那些訊息大半不知不覺，而你也一樣。

我是否講得太小聲了？

（「沒有。」但是我必須請賽斯重複幾個字。）

口述結束（較大聲），本節結束——

（「說得很有意思。」）

——並祝你們晚安。

（「謝謝你。晚安。」）

（十一點五十分。珍的出神狀態很深。她的步調穩定而熱切，打了幾個哈欠。她說賽斯就在那兒，準備好更多的資料，「但我累了，我希望現在就在床上……」）

第六三七節 一九七三年一月三十一日 星期三 晚上九點五分

（在賽斯開始口述寫書之前，他花了十五分鐘回答我們替別人問的問題。）

現在等我們一下，預備口述。

（在九點二十分停頓。）你認為的「你自己」永不會被消滅。你的意識不會像燭火般被熄滅，也不會在某種「涅槃」❸裡被吞沒，對自己極樂地無所知覺，你在將來也不會比現在更在涅槃裡。

我們曾討論過你的身體和它細胞的組成到某個程度（例如在第七章六三二節裡）。那現在組成你肉體形式的所有細胞顯然是同時存在的。想像你有很多個生命以同樣方式存在著，只不過在這情形下，你不是有很多個細胞，而是有很多個「自己」（selves）。我告訴過你，每個細胞都有自己的記憶。當然，「自己的記憶」（self-memory）有著更廣大的次元。

把你的大我（greater you）——如果你要的話可稱之為存有——想作好像正在形成一個和你肉體結構一樣真實的心靈結構，但它是由許多個「自己」組成的。就好像你體內每個細胞在肉身的空間和界限內有其自己的位置，因而，在「存有」內的每個「自己」，也覺察到他自己的「時間」和活動的空間。肉體是個現世的結構。然而，細胞雖是這身體的一部分，卻不覺知你意識所居的那整個次元，它們甚至不能感知三度空間經驗裡能得到的所有要素，然而你現在的意識——看似老練得多——卻是實質地寄託在細胞的知覺上。

因此，你為其一部分的那個存有或「更大的」心靈結構，覺察到的是比你還要大很多的活動次元，但是同樣的，它那更老練成熟的意識也仰賴你自己意識，彼此不可或缺。

在肉體生命裡，當訊息跳過神經末梢時，有段時間的流逝（見第五章第六二五節），以其他的說法及在其他層面上，這是相當於那「反省的一刻」，發生在人的意識從動物的意識進化產生的時候。（註：我並不是說人類是從動物進化而來的。）

就另一種說法及在另一個不同層面，這段時間發生在——這反省的片刻延伸它自己——當自己跳離了肉體形式之外（正如細胞有時捨棄了身體）。

（九點三十九分。）現在就此而言，並且只為了我們這個比喻之故，試把「自己」的一生想作是跳過一個多重次元結構——同樣也和你的身體一樣真實——的神經細胞的一個訊息，並且把它想成是對這種多面人格來說的一個較大的「反省的一刻」。

我作了這些比喻，因為它們恰當切題，但我也明白它們可能令你們自覺渺小，或為你們的本體感到害怕。你們不只是一個訊息，在通過一個超我（superself）的廣大界域。你們並沒迷失在宇宙裡。在一本書裡，我們必須用字詞，但這種比喻能夠——如果你允許——在你的想像力之內，喚起關於你和所有其他實相之間親密關係的一些感覺。到某個程度，受恩寵的感覺是在情感上對你在存在裡的地位和權利天生本有的感激，認可其必要、目的和自由。

你要休息嗎？

（「不必。」）

現在以你們的話來說，你們也要記住，在那組成你的細胞和你「自己」之間的大鴻溝。你自己目前的本體，包含了所有那些同時存在的知識和「記憶」，就如細胞也以自己的方式記得所有曾形成過的肉體結構。在意識上，由於你們的時間觀念，你們把那些同時的生命以轉世輪迴的說法來詮釋，好像它們是一前一後。

你可以休息。

（九點五十二分到十點七分。）

現在：你們有意識的意念、期望和信念指揮細胞的健康和活動。句號。

細胞沒有你們所謂的自由意志。它們天生有能力形成其他的組織，但不是當它們與你聯合在一起的時候。要離開你，它們必須改變形式。某個程度，在它們天然的架構之內，你決定它們的「健康」，它們也幫忙維護你的健康。（停頓。）就意識而言，存有或更大的你知道的事遠多過於你知道的事，就像你知道的比你的細胞知道的還多。

（幽默地，賽斯確定了我把最後一句話記得正確。）

你呢，的確有自由意志，因為雖然存有的心靈結構能與身體相比，它卻是遠為廣大次元的一部分，並居於其中。所有這些可能似乎與你的個人實相沒多少關係。但你日常的經驗卻與你的「自己」或存有連在一起（突然較大聲，短暫地），就如它與你肉體形式的細胞相連一樣。

在一個細胞和另一個細胞之間，有很顯然的親密關係。在身體本身奇蹟似的肉體結構之內，有經常的相互取予以及知覺的組合。你對實相的意念和經驗與任何細胞的意念和經驗有很大的不同，但每個都是彼此相連的。

（在十點二十分停頓。）一群細胞形成一個器官。一群「自己」形成一個靈魂。我不是說你沒有一個可稱之為你自己所有的靈魂。（再次較大聲的，並帶著微笑。）你是你靈魂的一部分。它屬於你，而你屬於它。你居於它的實相之內，正如一個細胞居於一個器官的實相之內。器官以你們的話來說是暫時性的，靈魂則否。

細胞在你們看來是物質性的，「自己」則否。那麼，那個存有或大我，是由靈魂（複數）組成的。（停頓。）因為身體存在於時間和空間內，器官有其特定的目的，它們幫助身體活著而必須安於「其位」。存有則存在於多次元裡，而它的那些個靈魂能在對你們而言彷彿是無限的範圍裡自由來去。正如在你體內最小的細胞以它的程度參與你的日常經驗，靈魂也是在一個無法度量的更大程度，分享存有的種種事件。

在你自己之內，你擁有「意識」創造性參與的所有潛能。細胞不必要有意識地覺知到你，才能完成它自己，雖然你對健康的期望大大地影響了它的存在，但你對靈魂和存有的認知，能助你將這些其他次元的能量導入你的日常生活中。

親愛的讀者，你是在擴展心靈結構的過程裡，是在變成靈魂的一個有意識參與者的過程裡，以某方式來說，是在變成你的靈魂的過程裡，就如細胞增殖、生長——在它們自己的天性和肉體架構之內——「自己」也是以價值完成❹（value fulfillment）的方式在「進化」。

靈魂也是創造性的心靈結構，一直在變化，卻永遠保持其個別的完整性（停頓），而所有都彼此依賴。以那種方式而言，靈魂組成了存有的生命，然而存有卻比靈魂「更多」。休息一下。

（十點三十七分，珍的出神狀態很深。她似乎很快從其中彈了出來，卻說：「我遠在天邊……」她的嗓音有些啞了：「我感覺我們弄過來了好一堆資料——不以時間而言，而是就內容而言……」在十一點一分繼續。）

現在：當你覺察到存有和靈魂的存在時，就可以有意識地汲取它們較大的能量、了解和力量。

它們是你天生可以取用的，但你有意識的意向在你之內引發某種改變，因而自動地觸發了這種利益。其結果將被你的身體感覺到，甚至及於最小的細胞，而影響到你日常生活裡看來似乎最世俗的事件。

你們的意識正在成長；因此用它就會擴展它的能力。意識不是一件東西，卻是一種屬性和特徵。那就是為何你的了解和欲望是如此重要的緣故。它被發動的過程是超乎你正常知覺之外的。

它們因你的意向自動地發生——如果你不因恐慌、懷疑或相反的信念而甩掉它們的話。

（停了很久。）想像你自己是個看不見宇宙的一部分，但在這宇宙裡，所有星星和行星都有意識而充滿了無法形容的能量，而你是知道這一點的。試把這宇宙想作有個像身體一樣的形狀。如果你願意，可以觀想它的輪廓在天空的襯托下燦爛地凸顯出來。太陽和行星都是你的細胞，每個都充滿了能量和力量，只等你去指揮。

然後看見這形象爆炸成你自己的、不可置信的光明意識，而覺悟到它是一個大很多的多重次元結構的一部分，在一個甚至更豐富的次元裡向外散開。感覺存有給你能量，正如你給細胞能量。讓這能量充滿你，然後把它導向你選擇的任何肉體部分。

相反的，如果你強烈渴望某個實質事件，那麼就用這能量盡可能栩栩如生地想像它實際的發生。如果你照這指示去做，並且照我所說的了解其意義，你將會發現結果極為可驚且有效。能量可被導向身體的任何部分，而如果你不以不相信來阻擋它的行動的話，那部分會被治癒。然而，要記住：如果你持有你是個病夫的信念，那可能會阻礙你。〔那麼在那情形，去〕改變那個特殊信念是你的第一要務。（停頓。）本書的目的之一就是告訴你，沒有一個人是生為病夫的，因此讀這本書在那方面就能對你有幫助。

以你們的話來說，如果你相信自己選擇了疾病來補償前世的缺陷，那麼，若你了解到，你是在現在形成你目前的實相，因而可以改變它，應該可對你有所幫助。

過後我們將討論像天生殘障這種問題。此處我們在談的是可以在身體上矯正的情況——而非，譬如說，如果你生來少一隻手臂，能不能再生一隻；或矯正在出生時身體的其他缺陷。

（在十一點二十七分停頓。）你想要休息嗎？

（「不要。」）

你的身體是創造力在實質層面上的基本產品，你一生所有其他的構築必須來自它的完整。你最偉大的藝術性努力必須由這在「肉身中的靈魂」（soul-in-flesh）裡生起。你日日在創造自己，按照各種各樣能力那數不盡的豐富去改變你的形體。（非常積極地。）因此，你帶著自由意志和欲望自靈魂的燦爛心靈富饒裡躍出，再轉而創造其他活著的生物。你也製作藝術的形式——就社會和文明而言，你並不了解的流動且具有生命力的構造——所有這些都因你與血肉的聯盟而流經你。

這創造力——在所有實相之內最強大的力量——來自我們在這本書裡還沒討論到的來源，而一直達到最小的原子和分子。你的健康是創造力的一個延伸。同樣的，你與伴侶、上司的關係，以及你個人獨特地熟悉的那種事件，也一樣是你創造力的延伸。

現在給我們片刻；如果你想要的話，可以讓你的手休息一下。

（在十一點三十四分停頓。）下章標題。我相信這章是第九章。

（「對。」）

好的。（間歇地：）「身體即你自己獨一無二的活雕像。人生即你最親密的藝術作品，以及，在你個人經驗之中的創造力本質」。

（「就這些？」）

那是全部的標題。你都弄清楚了？

（「是的。」後來補註：在此賽斯弄錯了；如在第六三九節裡會看到的。這實際上是第二部，而非第十章的標題。這錯誤在我們這邊引起了一陣混亂。）

你可以結束此節或休息，隨你的便。

（捨不得地說：「我想我們還是結束吧。」）

那麼我祝你晚安。

（「也祝你晚安。」）

——魯柏靠你幫忙走對了路。

（「好的。」此地賽斯是指珍在白天的寫作計畫。）

我最衷心的問候。

（「賽斯，謝謝，晚安。」）

（在十一點四十分結束。當珍第二天早上醒來，昨晚賽斯課的這一段猶在她心上：「一群『自己』形成一個靈魂。」見十點二十分暫停之後的段落。我們曾很方便地設想，我們每個人有自己獨自的靈魂。賽斯是否在說我們與別人共有一個靈魂呢？

（珍很確定她在傳述這資料時沒講錯。在查核時，我們發現我的筆記支持她的話。即使就所討論的這一段其餘部分而言，她也想要知道更多；好比說，她不接受一個群體靈魂（group soul）的觀念，或共有一個靈魂的觀念。我們決定要請賽斯詳加說明——我們不常作這種要求。

（重讀《靈魂永生》第六章：〈靈魂及其感知的本質〉。有助於提醒我們，靈魂真正無限屬性。）

第六三八節　一九七三年二月七日　星期三　晚上九點九分

（二月五日星期一晚上，我們受託要有一節課，是因不久前我們為了一位外州來的訪客預訂的。但時間一到我們卻不大想上課。星期一早晨珍和我都很難過，因為我們發現，前晚我們的黑貓隆尼出乎意料地死了。差不多四年前，我們收養了當時是流浪小貓的牠。我把牠埋在花園裡，就我們所知，這個社區算是牠的家園。）

（因為牠特殊的脾性，隆尼是我們另一隻較老的貓——威立——的良伴，珍和我常在猜測兩隻貓之間的特別關係。威立一直是老大。

（星期一晚上的課是有關用迷幻藥——包括ＬＳＤ——做治療的事；沒涉及本書的口述。實際上，一旦珍開始為賽斯發言，那節課就的確進行得非常順利，直到半夜才結束。我們的客人將寄給我們他製作的錄音帶副本。那天結束時，珍和我都已筋疲力竭。

（即使如此，在星期二的ESP課上，她的能量運用還是非常驚人；整晚她一會兒是賽斯，一會兒又用蘇馬利唱歌。

（賽斯已給了第十章的標題，但當現在我們坐等課的開始時，我提醒珍她對群體靈魂的問題，如在第六三七節末尾所描寫的。又是個暖得出奇的晚上；我們有個窗子沒關，聽得到交通的噪音。一開始珍的傳述比較快。）

現在：晚安。

（「賽斯晚安。」）

等一下我們馬上口述。（還是講第九章。）

我看得出我的那個比喻——把靈魂比作在存有多重次元心靈結構裡的一個器官——使你們搞不清了。我們若把「靈魂」換成「超靈」（oversoul）而比較其同樣的性質，就會把問題澄清了。

如早先提及的（在第六三七節的十點二十分時），簡單地再追隨那個比喻，每個「自己」在「超靈」之內有其自己的靈魂，而「超靈」本身是為「存有」的多重次元結構之一部分。

早先的聲明對我而言一點都沒問題，因為每個「自己」將把在整個單位之內其較大實相的那個部分，稱為它自己的靈魂。現在，這解釋替你澄清了問題嗎？

（「是的，我想是吧……」）

如果對你是如此，那麼對讀者也會一樣。

（雖然我回答是的，但在第一次休息時，我查了查字典裡對「超靈」的定義，以防萬一那定義會使我要請賽斯再講明白一點。字典論及「超靈」，為注入於所有生靈之內的靈性，其結果是一個理想天性之完美體現。這是在十九世紀裡愛默生❺和其他人的超越派哲學（transcendentalist philosophy）觀念。）

我明白這一整份資料很複雜，也很難解釋。然而，在你們生活中的許多例子裡，它變得非常切實，而且影響到你日常的存在及經驗。我故意在那個時候給你們這（一章的）資料，因為我知道那位由心理治療診所來的訪客會在此。

在這整本書裡，我時常想要詳細地並以不同方式討論受恩寵的狀態。（停頓。）到這兒來的那年輕人，詳細地描述在治療病人時用到LSD的方式。心理學家希望能找到治好各種情緒問題的方法，真的引介了一種「恩寵之境」。

我剛才給你們的資料，對了解重劑量的LSD對個人的影響是必須的。此處我們是與一種人為的、勉強的方法打交道，他們希望這方法能帶來身體、心靈和靈性的明覺（illumination）。這種開悟是被假定會導致更好的健康、自覺，並提供一種內心平靜的境界。透過這種治療，想要一勞永逸地觸及並征服良心（conscience）。

（「你是指『良心』或『意識』？」）

良心。我講得夠清晰嗎？

（「是的。」我答，雖然偶爾我必須請他重複一個字或一個短句。）

他們相信「自己」（self）必須棄其「自我」（ego），而象徵性地死去，以使那「內我」（inner self）可獲自由。

（九點二十九分。）一個對ＬＳＤ、良心及「自己的死與生」、精神健康和靈性明覺的討論，對你們那些不吃迷藥的人似乎不適用。但你們全都的確多少希望獲得明覺、更多的活力與了解，而在猜想那種方法能幫助你們達到這目的。這本書大部分將談到各種能助你把你的實相變得更好的技巧。

實際上，下一章將對這章提及的一些問題作更進一步的討論：作為一個個人，你能覺察自己更大的實相到什麼程度？你能利用這種知識來改善日常生活嗎？如果你的問題很嚴重，ＬＳＤ加上治療能否對你有幫助？一種化學藥品能打開靈魂的門嗎？

現在：本章結束。

（在九點三十五分停頓。）那天晚上，你們的時間沒被移作他用。那不屬於書的口述。

（「好的。」在回想時，珍和我確曾奇怪不知星期一的課是否該算在書的口述裡——賽斯今晚卻把資料拿來用了……）

註釋

❶後來加的一個註：更多關於《對話》、意識改變狀態、創造過程等等的資料，見第三章第六一八節的附註，以及第十章第六三九節的附註。

❷在《靈魂永生》第三章裡，賽斯作了部分的說明：「基本假設是我所說的那些對實相的預設觀念——你們在那些協議上建立生存的概念。空間與時間就是基本假設。舉例來說，每一個實相系統有其自己的這樣一套協議。當我在你們的系統內通訊的時候，我必須應用和了解這系統依據的基本假設。

❸在佛教裡，涅槃——一種無上圓滿之境——是由個人生命的消滅以及靈魂的被吸收併入於那至高無上的靈而達成的。然而，在最近一次ESP班的課裡，賽斯說：「沒有比涅槃更死氣沉沉的事。至少，你們基督教的觀念給了你們一些對一個窒悶無聊的樂園些微希望，在那樂園裡，你的個人性至少能表達它自己，而涅槃卻不給你這種安慰。相反的，在一種毀滅你存在完整性的極樂裡，它提供你個人性的消滅，趕快逃開這種極樂！」

❹我一直認為賽斯的「價值完成」是個特別發人深省的名詞。他在這些課開始後不久就用到這個詞。在一九六四年四月十五日的第四十四節，我發現有一部分他這樣說：「在你們偽裝的〔實質〕宇宙裡，生長涉及占據更多的空間。實際上在我們的內在宇宙裡……生長是以價值或我曾說過的品質擴張（quality

如同在你們expansion）的說法存在，而並不——我重複——並不暗示任何一種的空間擴張。它也不暗示——偽裝宇宙裡的生長所暗示的——一種在時間裡的投射。

「我以盡可能簡單的說法，把它〔這資料〕給你。如果生長是你們偽裝宇宙最必要的法則之一，價值完成則在「內在—實相」宇宙裡與之相當。」

❺一個題外話：這真是意想不到地有趣。照賽斯所說，愛默生是「說法者」——世世代代在有肉身及無肉身的狀態下，都向世人說法的那些人，他們提醒人內在的知識，以使人們永不至於真的遺忘了它。看一下珍為本書寫的序言，第五章第六二三節，及（後加）第十三章第六五三節的註。也看一下《靈魂永生》第二十章。

第2部

身體即你自己獨一無二的活雕像。
人生即你最親密的藝術作品，
以及，
在你個人經驗之中的創造力本質

Chapter

10

自發明覺的本質與強制明覺的本質，披上化學外衣的靈魂

下一章。

（作為賽斯，珍一動不動的坐在搖椅中超過了一分鐘以上。她閉著眼睛，她以前常告訴我，當她在出神狀態中，她對這麼長的停頓並沒有知覺。）

〈自發明覺的本質與強制明覺的本質，披上化學外衣的靈魂〉。

現在你可以休息一下，然後我們再開始。

（九點四十分。直到這節結束之後，我才發覺這是賽斯給第十章的第二個標題。也許我的失誤是由於週一我們跳過了書的口述。〔見第六三七節，近結尾處的資料。〕在九點五十二分重新開始。）

好，這個年輕人是位名醫的助手，寫信來要求為他舉行一課（在一九七二年十一月十三日）。他幾天前的晚上來了（二月五日星期一），然後在次晚參加了魯柏的ESP班。我在兩個場合中都對他說了話。

他曾有一段時間研究藥物的治療功能。在此之前，他曾在印度流浪過，最後追隨一位上師。後來離開了上師，去追隨這醫生。就像世代以來的許多年輕人，他正在個人的人生旅程上尋覓真理，將所有的石頭逐一翻起，努力找尋能幫助他發現「道」的那些方法。

冥想曾帶給他一些覺悟，但是〔在印度的〕上師卻告訴他，他必須盲目地服從。醫生給他較多自由，並且給了他一個希望，就是至少在他自己靈魂內的真理之門，也許可以藉由化學性的方法打開，因此我們的尋覓者回到美國，變成一個大組織的一分子。

他看見病人、不快樂及神經質的人被帶到這真理的新廟堂，在其中，化學藥品取代了所謂的聖餐。他覺得是有些好處，卻也害怕造成了一些不必要且危險的干預。

在一種受控制的條件下，他自己也服過幾次藥物，先是小劑量而後較大劑量。他碰到了一些特別嚇人的情況。醫生建議他再服用一次的重劑量來面對他自己，雖然他不願意，卻勉強同意了。那次經驗是如此令人震撼，以致他當即請求醫生給他一副反制劑；在他如此做時，他心知這是違反一切規定的，不管如何，他們沒給他反制劑。他說他很高興被迫貫徹始終，可是，深深的疑惑把他帶來這兒，而終將把他帶離這種治療法，進入另外的領域。

很多人在經歷恐怖的幻覺（bad trip）之後曾到我這兒或寫信來，尤其是那些一直在追尋真理的年輕人，很容易被引誘而從化學藥品的方向找尋，現在是ＬＳＤ❶，作為找到真理最時興的途徑。我完全不是在說大麻，那是完全不同的東西，土地的一種自然產物。我說的是一種化學藥品，那是你們技術知識的產品。

當你在日常生活中相當的快樂和滿足時，可謂是在一種「恩寵的狀態」。當你覺得和宇宙合一，或碰到一種特殊經驗，你在其中似乎覺得已超越了自己，在那種場合下，你可說是在一種明覺的境界中，而這有很多不同的程度及層次。一般而言，在任何像這樣的狀態下，你的健康受益了——雖然，你可能仍有一些信念方面的阻礙。

（十點十四分。）這些自然的狀態，在你的細胞內發動了對過去快樂經驗的記憶，那記憶是由你一生中某些特殊事件引發的反應，不管你對它們知覺與否。

這個個人性的細胞記憶，接著觸發細胞內的其他層次到不同的程度。再次的，每個原子和分子含有它「先前」經驗的「記憶」。按照明覺或恩寵狀態的不同，那些並不必然涉及你個人經驗的細胞內大量記憶被啟動——雖然你自己的參與，和你生活中的事件，可能以一個與你所熟悉截然不同的樣子在細胞記憶內出現。

舉例而言，其實你一生中的任何事件都被寫入宇宙的記憶中。因此在一種明覺的狀態下，個人的細胞記憶能被賦予活力，除此之外，還有一種更深層的了解，在其中，你自己的生死可能得到解釋，也可能得不到。

你要休息嗎？

（「不要。」）

無人干擾時，你自然在不同的時候，會自發地經驗到這種恩寵或明覺的狀態——雖然你可能不用這些術語，你會感覺內心平靜、與世無爭，或是超越了自己，突然感受到、你成為一種通常並不認為是你自己事件和現象的一部分。但這種經驗自然地是你天賦的一部分。

你的意識是你「內我」的一部分，它是一直在變化的。以物種的意識而言，這是一個非常重要的發展，意識由活力與再生力的源頭汲取力量。心理學家通常只看已有問題的人，而快樂的人不需去造訪他們。很少有人做研究發現快樂的人為何快樂，而答案卻將是極具重要性的。

在用到重劑量LSD的治療裡，發生了一種化學性的不自然瘋狂狀態。說到瘋狂，我是指意識被迫進入一種無力的狀態。不只對心靈有一種真正的攻擊，並且也攻擊到使你可以理性地存在於你所知世界內的那個架構。當然自我在肉身生活中不能被毀滅。殺掉一個，則另一個將會──也必然會由內我中浮出，內我是他們的來源。

你休息一下。

（十點三十四分到十點三十九分。）

現在：在這種不自然的情況下，你真正地使自我意識面對了它自己的死亡，在一個本不必發生的遭遇下──同時身體在為自己的生命和活力奮鬥，你帶來了一個極為嚴重的兩難之局。

的確是把心靈景觀顯露了出來，給心理分析家帶來很好的資料。但病人所經歷的經驗──這些全是適用於重劑量的用藥──是透過可怖的遭遇，代表了人類誕生入意識的那個過程，以及其意識的死亡，是退到被毀滅之境；接著，在一個病人奮力從不是屬於那些狀況的次元中再度浮現之際，意識便重生了。

最深層的生物的和心靈結構已被改變。我沒說它們有受損，雖然在有些情況下可能會。意識在其根本處受到攻擊，當在這種情況下，病人的確有一段「超越」的感受，它們代表在心靈上，一個新人格由老本源中誕生，而且是從老的人格在心靈上的死亡中誕生。所以有的時候，遺傳上的訊號已經被改變了。（強而有力地：）這是在人為方式下的一種心靈屠殺，在ＬＳＤ的作用下，一個人極容易受外界的影響，如果有人告訴你自我必須死掉，那你就會殺了它。即使在最好的情況下，你也會無意識的被輔導員的念頭所轉。（停了好一會兒。）這種心靈的「重生」，會帶來一大堆全新的問題，而這些全新的問題則是由老的問題中升起來的，且尚不能被了解。

新的自我對它出生的情況相當了解，它知道自己是由前一個自我死亡中誕生的，雖然在它出生時，自然會感受到一股很大的喜悅，卻對自己由之生出的那個毀滅感到恐懼。

那個自然的生命完整性是不一樣了，它永遠不能以同樣的方式去信賴外在的世界，因為它與外在世界的關係已經不是那麼穩定了。（仍然非常確定地：）那個先前誕生在肉體裡並且和肉體一起成長的「自己」，已經走了，而由那先前的組織裡升起另一個「自己」來代替。

現在：在生命的旅途上，這樣的自我改變是自然的，在任一時候當自己在調整的過程中，它就和以前有所不同了。這種「自發」性的改變，是一種心靈創造的天賦，按照其自己的節奏發生——以未為人知的方式，是和心、血液、意識及細胞的季節相連的。但這整個結構和附帶的關係已完全改變了，而意識心能消化吸收所發生的事。

事實上，我們一直在這種生滅當中生活成長，卻毫不知覺（珍為了強調而向前傾：）這麼重劑量的ＬＳＤ，化學性地啟動了細胞記憶的所有層面，以至於細胞意識不再能自己作主，於是當身心受到壓力時，這些記憶就會突如其來的冒出。生物和心理的密切關連已被削弱。

休息一會兒。

（十一點一分到十一點二十四分。）

現在：只因為你相信自我是自己的非親生子，所以才花這麼多精神去把內在的知識帶出來。因為一個人不明白自己意識的彈性，才會同意服用ＬＳＤ做為治療。因此病人和治療者有一個共同的信念，即意識心無法搆得到所需的知識。

他們也共有其他的信念，好比說：內我是所有被壓抑的恐懼和野性的一個總庫，必須被迫把這些東西丟掉，然後才可能以一種積極創造的方式表達力量和能力；因此他們認為，自己必須先處理掉過去的那些恐怖壓抑，才能夠擺脫掉現在的恐懼。

其實，這只是病人和療癒者在其中運作的另一個信念罷了，這種療癒過程的自發性的確給了心理分析師和心理學家一張心靈的地圖。在統計上來說，個人經驗雖然不同，卻自然遵循了一個模式——人們有意識的承認這種信念模式之後，隨之在無意識的狀態下對之反應。

在這之下，能以象徵的方式看到一眼雖被扭曲但明確的心靈景觀。而這些象徵的心靈景觀是意識想要描繪細胞記憶的一種企圖。心靈的活動總是令細胞分子興奮不已。分子潛在的、自在流動的天賦「知識」，建立起了細胞的「知識」（微笑），彼此合作無間。重劑量ＬＳＤ引發的這種對心靈的不自然攻擊之下，分子的理解力本身試圖爆裂開，這並非你肉體所能感知的。細胞的完整性會受到威脅，魯柏認為這比任何的電擊治療更糟，是非常正確的。

最糟的是根本沒那個必要。所有這些治療是建立在一個觀念上，即意識心的無能，即它不知道深層的問題，只會分析，而無法處理那些相當直覺性的資料。然而，這只是你的信念使得它如此無能。

（十一點三十八分。）以這種方式攻擊你們的意識，使人類意識的穩定性受到挑戰，污蔑了你們身為人類的身分。你可以說這種化學藥品是自然的，因為它們存在於你們的世界，但身體天生是可以處理來自土地的成分。這種重劑量「人工的」藥品則不容易被身體吸收同化，而引起生理上的混亂。

有些美國的印地安人，以其自己的方式使用烏羽玉（peyote，一種迷幻仙人掌）——但是卻不過量到致使意識心受到震驚與毀滅。他們接受它為土地結構的一種天然成分。並不想將自己毀滅，是用它來增加自己本有的天賦感知力。

他們本來的自己並沒有死亡，而變成一切萬有的一部分——如他們本應如此的。他們能夠消化由此獲得的知識，有目的地將此知識應用於個人的生活和社會的結構當中。當然他們也是在其信念系統下使用烏羽玉，在其中，他們了解自己的生物本能，並且視之為理所當然。意識心被認為是對人類生物屬性的一種補足而非減損。

如前面談到（在第四章第六二一節），簡而言之，當今流行的有兩種思想派別。

其一相信意識心和理性擁有一切答案，但對這學派而言，這是指意識心主要是分析作用，而他們僅透過理性就找到了所有答案。另一派相信答案是在情感和情緒中。但是兩者皆錯。理性和情感一同造成你的存在。他們最大的錯誤就是相信知覺最重要的作用必須是分析性的，而非對「直覺的心靈知識」了解和消化。

兩派都不了解意識心之內天賦的彈性和可能性，而人類幾乎才剛開始用到它的潛能。

好，我將結束口述，你有沒有問題？

（「沒有。」）

關於你們的貓的資料，隨時都可以要得到。

（「好的，謝謝你。」現在太晚了；我們倆都睡眼朦朧，賽斯在上週一略掉的課裡，也提到可以得到關於隆尼生與死的資料。）

我對我們的合約感到很高興——

（「我們也是。」譚・摩斯曼，珍在Prentice-Hall的主編，用電話通知她，在幾天內她將收到這本書的出版合約。）

——但是（微笑）你知道嗎，我早知此事❷。

（「是的，賽斯晚安。」）

（較大聲而快活的：）不要擔心時間問題，如果你們願意，我們一週可以上三次課。

（「好的。」這稿子暫定以十月為期。）

除了打字以外我可以做每樣事。

（在十一點五十五分結束。珍很快的回過神來，然後開玩笑說：「現在我有這麼多剩餘的精力，我感到它流過我。我可以做一個很長的散步或打手球——或者甚至再上一課。」）

（雖然珍的確累了，可是她仍有很多精力，這樣說並不互相矛盾。在子夜，她用蘇馬利為我唱了首短歌，那首歌非常清晰、抒情而令人覺得安詳；今天我情緒低落，現在她試著令我開心一點。當她坐在搖椅上頭向後微仰，閉著眼睛唱出這麼美的歌聲，我一向覺得她彷彿心曠神怡到了另一個天地。在唱蘇馬利時，她有時唱得強而有力，然後以很細膩的片段與之對比，而呼吸控制得非常好。她並沒有受過音樂的訓練。）

（珍在此書的序言中討論到蘇馬利。）

第六三九節　一九七三年二月十二日　星期一　晚上九點五分

（上一節之後，我告訴珍我對賽斯給了第十章兩個題目感到十分好奇，但這事並不嚴重。）

好，晚安。

（「賽斯晚安。」）

本書的第一部叫做〈你與世界的交會處〉。你所問及的是本書第二部的標題（第九章六三七節給的〈身體即你個人獨一無二的活雕像〉等等）。關於披上化學外衣的靈魂是第十章的標題，那是第二部的第一章。

（「行了。」）

現在：那是給你的指示。（停頓。）口述：你的身體即在肉體中的你。如我曾在別的書裡提到的，在任何特定的「時間」，靈魂無法完全的透過身體經驗來肯定它自己，因此永遠有部分的你未表現。

當然，所有你實際的經驗必須以肉體為中心，而帶動你肉體的能量則來自靈魂。透過自己的思想，你指揮身體的表現，而其表現可以是健康或是有病的。出於對自己意識心內容的了解，你就肯定能治癒身體大部分的疾病——在以後會給你們的條件之下。

你們的意念本身遵循某種創造力的法則，有其節奏。心智的聯想過程透過腦子來運作，是和你細胞內微細的行為有關的。當你在學著用你的思想，或當思想自然改變時，在你的細胞內就發生了因之而來的改變。有一個井然有序的過程和密切的關係。

當你用了重劑量的ＬＳＤ時，便是人為地創造了一個災區，希望由其中救出一個有效率、有用的自己，不錯，在一個「聯想性思考模式」和它的「慣性行動」之間，舊的相互作用可能被破壞了，但同時那有內在規律的結構也真正受到心靈和生理上的震驚。

（在九點二十一分停了一分鐘。）

日常生活中，有相當多的自然治療常在夢境發生，甚至是當夢魘可怕到會讓人從夢中驚醒，那個人的意識心於是被迫面對那種亢奮的情況——但在事後的回想中，夢魘本身可比喻為自己的一部分對另外一部分做的「電擊」治療，在其中觸發了細胞的記憶，很像在ＬＳＤ實驗中可能發生的情形。

但是，自己是它本身最好的治療師。「自己」知道心靈能承受多少「電擊」（夢魘）而得蒙其利，它知道透過這樣強烈的經驗和影像，要活化哪種聯想而不去觸動其他的。

一連串夢魘常常是一種本身會自我調節的電擊治療，可能使意識本身嚇一大跳，但無論如何，人們在正常的世界裡醒過來，也許心有餘悸，卻安全地活在那一天當中。

其他的夢中事件雖被遺忘，可也是這種夢魘治療法的幫襯，而助其達到效果。就如有些ＬＳＤ的治療，終於使病人有種重生的感覺（但常常只是暫時性），同樣一段時期的這種夢魘，常相當自然地導致一種夢，在其中，自己和它存在的本源建立了新而較大的連繫。

（九點三十二分。）如果科學家研究身體和心智的自然治癒能力，他們可以學會如何鼓勵這些能力，因為這種過程——而我才只提到其中之一——在你們一生中是持續不斷的。

當用了大劑量的化學藥物時，意識心被迫與極具震撼威力的經驗正面遭遇，而那不是它本應處理的。這樣的經驗迫使它自覺無力。（停頓。）當面對外在有關戰爭和自然災害的夢魘時，意識心仍被導向外在世界，它知道自己的形成乃是為了應付這個情況。在受到很大實質上的壓力時，意識心汲取身體和內我的力量去做出相當可佩的英雄事蹟——那使得它在事後對自己在危急中的力量和精力感到驚奇。

它自己的穩定性和覺察力可以大大地加深加強。當一個人在面對大自然似乎危機四伏的情形時，他可能會發現，他與別人相處的能力讓他自己感到驚訝，但在重劑量的ＬＳＤ治療中，人工引發的心靈災區裡的情況恰恰相反。意識發現它自己在一個危機的狀態，而那危機不是由外在世界來的。意識被迫在一個戰場上作戰，而它根本不是為了那種戰事設計的，也無法了解它；在那兒，被意識視為盟友的聯想、記憶和組織，以及內我的所有力量，全都突然變成了敵人。

意識心本來是被設計來領導這些力量的，現在卻無法招架，同時又被剝奪了它天生的邏輯能力——的確，它被剝奪了本體感。（確定地：）沒有外在的東西可供它去抵抗，沒有它可在其中獲得平衡的架構。

魯柏一直在寫一本詩集，叫做《對話》，他最近在其中談到雙重世界（double worlds）。有個晚上，他站在廚房的窗邊，在絲毫沒有吃藥的狀況下，看見下面一個雨水坑突然變成了一個活生生、美麗的液態生物，牠站了起來走路，而雨水由牠液態的邊緣滑落。

當他靜觀這個實相時，心中充滿了喜悅。他知道在物質世界裡，水坑是平的，但他在感知另一個同樣具體的實相，事實上，那個實相是更大的一個，而雨靈則生活其中。

有一陣子他以肉眼看到了雙重世界，若是他的意識心沒有清楚的了解，那個經驗雖然令人興奮，也可能變成一個夢魇——例如他若走到外面，而發現碰到活生生的生物自每個雨坑裡升起；而萬一他盡了全力，也沒辦法把那些生物變回去。如現在這樣則是個有益的經驗。

但當意識心被迫去面對遠沒如此令人可喜的遭遇，同時又被奪去了他的推理能力時，那麼你的確侮辱了它存在的根基。

你可以休息一會兒。

（九點五十一分。珍的出神狀態相當深，今晚她的步調是賽斯開始此書以來最快的。現在她一再地打哈欠。

（當她有了關於水坑的經驗——以及另一個以下馬上會描寫的經驗時，我叫她寫下這兩件事的報告，以備萬一賽斯提及時用得到。她的報告在下一次休息時的註中，會連同由《對話》裡選出的適當詩句一起出現。在十點二十分以慢許多的速度繼續。）

口述：（幽默地耳語：「好的。」）

（我也耳語回去：「好的。」）

在魯柏「雨靈」的經驗之後不久，又有了另一個經驗，那就是他站在那個特別小的廚房裡，在很清醒的狀況，這時候，一個圓形的柔和黃光突然出現在他眼前。

他很清楚且具體的看到它，卻找不到它的來源，這情形持續幾秒後消失了。魯柏一看到那黃光就向後一跳。他在晚餐前剛寫完的詩的最後一行，說到一個能照明兩個世界——靈魂和肉身的世界——的光。在意識上，他認為那光必然是由閃電所引起，即使同時他的另一部分明知不然。過了一會兒他記起了他的詩句，而在兩者之間做了恰當的聯繫。意識心一度受到光的來源困擾，但它消化了那資料，那個光的意義將透過魯柏的夢❸而更清楚，因為那些夢是那首詩和實際例子的直覺性延伸。

那光所代表的意義，在他準備好去完全地感知時，便會正常地展現出來。因此，這事雖已發生，但就像任何事件一樣，並沒有完成。在前面提及吃迷藥的經驗裡（上一節），嚇人而不自然的象徵和事件突然地強加於意識心上；更有甚者，那是發生在一個對意識心而言已不具意義的時間內。意識心無法主觀的思考那些現象，只因為那些現象發生得太快了。

在那些發生的現象中，可能有一個扭曲而怪異的時段，而在此時段內，行動似乎不可能發生，因為在自己和經驗之間不容許有一種清楚的分別。即使是一個令人快活的經驗，如果是強加於意識的話也能變成對意識的攻擊。就整個人格而言，付出的代價太高了。

在後來接下去的實驗裡，常會有的一些感覺——比如說重生，實際的確就是那樣。「自己」的老組織已經脫落，新的心靈結構的確因他們的統一性和活力而感到快樂。

這裡常為自殺提供了一個強而有力的基礎，顯然他認識到「老傢伙」並沒能活下來——那麼所謂新的自己又有什麼保證呢？（停頓。）再說一次，身體是一個活生生的雕像，你在它之內形成它，事實上當你具有肉身時，它就是你。你必須與你的肉體認同，不然就會對你的生物身分感到疏離。

這個生物身分就是肉身的你，現在就你們而言，所有的表達都必須透過肉體，但是你不只是活在這個塵世而已。你作為一個生物的身分必須依靠著肉體，而當你的肉體死了，你仍會存在，但是實際上，你永遠必須透過一個形象來運作。

（十點四十二分。）如果你只與肉體認同，那麼你可能覺得死後的生命是不可能的。然而，如果你自認只是一個精神體，你在肉體中不會覺得有生命力，卻是與它分開的。現在把你自己想成一個實質的生物，要知道，後來你仍會透過另外一個形式來運作，但身體和物質世界即是你目前的表達方式。

這種心態是非常重要的。在一個強烈的服藥經驗裡，你把身體上的表現從它自然的背景中取出來，以致它通常的反應失去了意義。舉個例子，好比一個世界崩塌在你身上，而你卻不可能有適當的防禦和報復。

心理分析師也許會說：「順著這種經驗走，如果有必要的話，你就被毀掉好了。」這樣說就與你的生物本能和意識心的常識正面衝突了。

（微笑：）我十分覺知在此作了個扭曲的宗教關連，就是：死於自己而你將獲重生；你不會殺死自己的。你所認為的自己，經常在死而復生當中，就和體內的細胞一樣。就生理和精神而言，新的生命力依賴著這些無數的改變和變形，在地球的季節與心靈的季節裡，生生滅滅都自然地發生。

（在十點五十四分緩慢地。）所有生靈優雅的舞步都反映在身和心的宇宙裡，而你們也應隨之起舞。但是這並不包括把自我釘死在十字架上。

永遠是因為你不信任自然的自己，你才求助於這樣的嗑藥治療。那些尋求治療的人害怕他們自己本體的天性，因而就非常願意將它犧牲掉，（停頓，然後微笑：）你的思考和信念形成你的實相。正如約瑟（賽斯給我的名字）在我們休息時所說的，並沒有神奇的治療法——只有了解你自己偉大的創造力和了解你造成你自己的世界。

在實際生活裡，靈魂是披著化學外衣的，你用吃進身體的那些成分來造成一個適合你信念的形象，這些信念中，有一些無疑是從你的文化而來，另一些則是對在肉身中的自己的一種私人詮釋。你對任何化學成分的信念，會影響它對你造成的影響。在做ＬＳＤ治療時，你期待一個劇烈的反應，而被告知要做好準備。你的經驗將隨著治療師講出來和沒講出來的信念而變。

然而，如果你相信在某種食物中的化學成分，會對你有很大的壞處，且會帶來慘重的後果，那麼，即使是小小的劑量也會傷害到你。

你可以休息。

（十一點五分，珍對上次休息之後賽斯所說的話完全沒有記憶。）

（以下就是她為我寫下在二月二日晚上，她對雨坑生物和光的經驗的一個報告，珍的敘述和詩補充了賽斯所說的話，而顯示出，她如何變得有意識地覺察到，她原本詩意的意念轉成「視覺實相」的這個獨特轉變，又顯出她如何藉著將新感知轉變成更多的詩句，把這個創造過程更向前推進一步。我們認為在「生命」的任何領域，這種在實相之間的「滲漏」是很常見的——雖然在大多數的情況下，這種情形是自動的。在藝術上它們通常被稱為靈感。

（「一九七三年二月二日星期五」

（珍寫道，「我一整天都在寫詩，這詩集叫做《靈魂與必朽的自己在時間當中的對話》，在一種靈感泉湧的狀態下，我振筆疾書。剛在晚飯之前，我寫了有關自己與靈魂的單一卻又雙重的宇宙，最後一行是寫必朽的自己說：

『讓我們用雙重的視野
同時在兩個世界裡穿梭而形成
一支單一又雙重的歌
這歌濺出思想與
血的漣漪
它迴旋、皺縮而甦醒
橫過我們單一宇宙的

雙重天空，碎成
彩虹的母音，在唱著
輕柔的安眠曲，
在我們的兩個世界裡
墜落如光。』

（「在晚飯後，羅出門去買雜貨。我不知道時間，但天已黑了，雨下得很大，無聲的電光閃過天際，就二月的天氣來說，現在是相當的暖和。我考慮要不要出去散步，但後來打消了念頭……如賽斯在這一課描寫的關於雨靈和光的兩個經驗之後，我立刻給《對話》加上這一段：

稍後
必朽的自己說
『那光，閃掠而過，
它觸到了什麼？
它是否真實？
此刻我站在

廚房敞開的窗邊，
再度下望那雨溼的街
只是現在天色已暗。
我已寫了一整天
也做完了該做的工作，
客人就快來了，
因此我的腦子一片空白

我卻被吸引，怔住了——
雨珠落下
為成千分離的發亮光點
在下方遠處聚成水坑，
就在我的凝視下
水坑緩緩的升起，變厚
成為帶刺的薄膜，像充滿了氣的肺
或一團刺蝟狀的光，

而在它的內外都生出雨珠。
它飲入過往車前燈的反光
而燈光盲目的衝進它的身體
直到它滿溢得悸動起來——
一個閃亮流動的生物。
雨水自它平滑液狀的皮膚滑落
而那兒站著一個如此流變不已的生物
每一部分都活生生在動、在滑、在閃爍，
我閉上了眼睛

我幾乎立刻睜開了眼
那生物已又平攤下來了
但正開始要升起
當我所見的每一件東西
走過我的靈魂。
我們的世界匯合，而我叫了出來；

當我正喊叫時，一個輕柔的
光圈突然出現，
就正在我面前
輪廓分明的，在冰箱與
爐子之間。
我大吃一驚
往後跳開——
一圈輕柔發亮的光
懸在空中，從我腰際以上
高過我的頭，
不是一團火球，卻是一團靜靜的
圓的，不動的光
沒有光從它的邊緣散出，
因此房間的其他地方
仍是黑的
那當然是閃電

但由冰箱或爐子
都沒有閃光跳出，
室內或室外
也找不到此光的來源。
它懸在空中
像一個突然出現的平的向日葵，
超現實的大，
沒有種子或枝幹。
一個兆頭？你說到的
那將結合我們雙重的
單一世界的光，
由你的宇宙出現
到我的宇宙？
不論它的原因或出處
我覺得它必有其出現的理由，
而我很想知道

那理由是什麼。

我知道那水坑是自然的，
在這世界它是平面的，
同時以另一種視覺
我看見它的另一種面目
閃閃發光的升起
幾乎舉步而行了，
但若那光來自
我所知的世界
我必須承認
我不知道它是怎麼來的

但，親愛的靈魂，
恐怕我現在
不能等你的回答了。

我聽見客人來了，
我很高興就只閒坐聊天
在這暴風雨的夜晚
當風挾著雨吹過。』

（「在這個水坑的生物上，我同時見到兩個實相——實際的水坑及超現實的生物——而且我想我可以在兩個實相間隨意穿梭，但那個光並沒有一個實質可與之相應的東西，我想它是直接來自我心中，因為我讓我的『心窗』打開。」

（在十一點二十五分重新開始。）

在細胞正常的死亡與重生的循環裡，以及自我經常改變的這種情形中，有一種平順的過程而且沒有失去方向感。先前的細胞記憶很輕易的由上一代細胞傳到下一代。

如前面所提的（在第一章的第六一〇節），你所謂的自我是自內在本體中升起來，以面對實際的世界的那個部分。在正常情況下，它會變成另外一個自我，雖則失去自己的「主宰」地位，它並沒有死掉，但將改變自己組織而成為活生生心靈的一部分。

在一種不自然的毀滅下（ＬＳＤ的作用），有一個狂亂試想重組的企圖，即是內我試著「派出」替代的自我來處理這種情況——你殺死的自我愈多，愈多的自我就會再冒出來。

在所有這種過程裡，身體在一種非常激動的狀態，而整個肉體被迫盡其所能對一連串的災難反應──然而它明白，它並不能實質的去體驗那經驗。它知道一個「假想戰」正在進行，卻不能阻止自己不放出為了應付相似的實際情況所需的化學成分和荷爾蒙。身體受到很大的損耗，對它天然的精力也有一種毫無道理的消耗。

意念形成實相，因此身體習慣於對一些「假想的」情況反應，在其中，心智造出其實並不存在的可怕環境；但這些仍迫使肉體做出了一個過度反應，以致造成一種緊張的狀態，在重劑量的藥品治療下，身體感受到最大的威脅，雖然自己的信號告訴它，它所得到的訊息和實際的情況並沒有關連──然而那些訊息卻是最緊急的，因此它被迫用盡所有的資源。

（十一點四十分。）這種情形到某個程度，對簡單的生物本質也是一個攻擊。這種用藥引起的意象與經驗，很少被忘掉，而那個新的自我一生下來就帶著這些經驗的記憶。有些心理學家喜歡說，你無意識的哭叫，是對你出生的自然方法的一種反抗❹。但在這兒的情況，則是一個「自己」面對了他自己的毀滅，同時，另外一個「自己」，在有意識參與了前一個「自己」的死之後升起。

（停了好一會兒。）我知道很多心理學家和心理分析師的感覺是，他們是用這些方法來繪製心靈航海圖。去解剖一隻青蛙來看看到底是什麼讓牠活著已經夠糟了，而去解剖一個心靈還希望能把它恢復原狀要再危險三倍。

口述到此結束。除非你要問問題，否則就到此為止。

（「你說過要給我們一些關於隆尼的資料。」

（如我在第六三八節一開始提到的，我們的貓隆尼在一週前死了，我把這個資料包括在這兒，因為很多人寫信問我們，寵物在家庭裡和他們的信念中所扮演的角色。沒想到賽斯的資料非常深入並且涉及了個人的隱私——因此以下這些是被我編輯過了的。然而剩下的已足夠顯示這種關係的確是很複雜的。）

那隻貓本來在那個冬天就會死了。對你們而言，那是一個可能的死亡。在牠一部分的實相裡，牠的確在那個冬天死了，而在你們的實相裡，你們讓牠活了更久一些。牠曾被關在那邊的房子裡，嚇得快瘋了。

（賽斯提到的那個房子就在我們斜對面的街角，是個十九世紀末維多利亞式的老舊房子。珍常常從我們客廳的窗子對它作素描。

（四年以前的冬天，那房子被火燒了。住在裡面的人搬走了，房子的外殼被木板釘了起來——隆尼那時是隻小貓，被陷在裡面了。幾天後，一個過路人聽見牠的叫聲而把牠救了出來。不久，房子就被拆掉了。）

魯柏多少有點怕那隻貓，認為牠很野而且本來是被關過的，就好像魯柏心目中的媽媽一樣。魯柏覺得他有義務要幫助隆尼，雖然他並不愛牠——正如在他的早年，他覺得有義務要幫助他的母親。

而隆尼自己也知道這一點，所以牠變得像魯柏的媽媽一樣胖，但不再具威脅性——你們終於把牠結紮了。如果魯柏的母親不能生孩子，而魯柏的確出生了，那麼魯柏就會有不同的母親和不同的背景。

這是一隻公貓，然而當牠還是一隻小貓，你們還未能成功的把牠引誘進你們家之前，你和魯柏原先叫牠凱瑟琳。那時隆尼常常介入貓之間的巷戰，就如魯柏的父親在美國各地不同的酒吧中所作所為一樣。隆尼自己知道這樣一種身分的認同，但是牠願以這種身分來換取多幾年的生命，在其中，牠也第一次學會如何接納溫和的態度。

隆尼甚至學會如何和你們的另外一隻老貓威立相處，威立則成為牠的良師。

魯柏的母親非常怕貓，尤其是黑貓，偶爾隆尼和魯柏會把這些心病彼此傳來傳去，然而牠卻不是一個消極的接受者，而牠也還從與你們樓下鄰居（他也有一隻貓）的往返中學習。魯柏對他母親的許多情感與隆尼一起埋葬了。但是隆尼擺脫了這一次牠所帶來的一種不信任的態度——而這和在對街房子中的那次經驗有關，因此牠很感激你們多給了牠這些年。

牠也是魯柏艱辛童年的一個象徵，而且某種程度只經由事件自然而然過去才得以克服。

去年隨著魯柏的母親之死，隆尼對魯柏的那種象徵意義也完成了。隆尼甚至做了一個最後的服務，透過牠自己的死亡，使魯柏面對了生物和痛苦的本質，這也就是他母親的一生讓他覺得這麼害怕的緣故。

夠了。

（「謝謝你。」）

我最衷心的祝福。

（「我們也祝福你，賽斯。晚安。」

（十二點八分，珍對這個資料一點也不記得。當我在瀏覽這些記錄時，我才發現賽斯在談隆尼的時候，提到了可能性並且暗示了轉世，但是在我能問與此有關的問題之前，賽斯又回來給了珍一頁資料，是談不同的題目。當珍再自出神狀態回來時，她說：「賽斯對威立也有一些話要說。」但她累了而沒有繼續下去。此節在凌晨十二點二十一分結束。）

第六四〇節　一九七三年二月十四日　星期三　晚上九點二十七分

（晚餐後開始下雪。在課開始的時候，這場雪看起來可能是今年最大的一場。左右街坊都悄然無聲；甚至經過我們公寓前的車輛也好像慢得在爬。）

晚安。

（「賽斯晚安。」）

在身和心之內都有自然的回饋系統，它們運作以建立最好的平衡架構，你得以在其中生長發展。在你們和動物，以及創造你們實相的特定方式之間，有所不同，如前面提到的（在第九章的第六三六節）……

（停頓。）我現在正在試著找到一個適合你做記錄的節奏……

（「我沒事。」從這節開始，賽斯—珍講話的節奏就不穩，我正在考慮是不是要打斷他，問一問發生了什麼事。但在這個對話後，珍的傳遞又回到她往常從容不迫的節奏。）

對人類來說，有意識的思想是相當重要的，這是無意識活動的指揮者。以一種特殊的方式，你們對實質的結果必須負更多的責任，而相對來說，那些在動物則是本能上的一種反應。這提供給你一種有意識及無意識兩者之間的回饋系統，以便測試你的經驗，並且改變經驗的性質。

治療系統是這個相互關係的一個重要部分，而它們經常在運作。在一方面來說，當意識心和身心的其他層面有一個最大、最安穩的平衡時，一種恩寵或明覺的狀態就發生了——而這種平衡是對個人自己內在，以及個人與整個宇宙關係的完整性，有一種生理與精神上的認知。

這種狀態導向一個精神與身心都健康而有效率的情況。一個覺知的心智透過理性的偉大彈性空間，以及它與感官的連繫，使得任何微不足道的事就有可能觸發這種明覺的經驗。意識心的特徵就是強烈的集中焦點，你也可以稱它狹窄，因為它只包括了物質層面；在這個肉體的範圍裡，它有很大的自由以任何它所選擇的方式去詮釋這個次元。

舉例來說，意識心可以把每一朵玫瑰看做生命或死亡、喜悅或悲傷的一個象徵，而且在某些情況下，它對一朵普通的花的詮釋就能觸發深層的經驗，而這個經驗就從存在的內在泉源喚起力量。既然自我意識的本質已經被如此的誤解了，你通常就只想到它的分析作用。自我意識把較大的感知範圍區分為較小的範圍以便於了解，所以這個作用是很重要的，但是意識心也是一個偉大的綜合者，它由你的經驗中把不同成分組合在一起而統合成新的模式。

於是這些新模式對自己的內在部分產生喚醒或刺激的作用，而永遠供給新鮮的經驗。內我透過它自己心靈的豐富本質來反應，而不斷送出常新的特殊能力來面對外界環境。

（九點四十五分。）當你的身心一同工作時，那麼兩者之間的關係就變得非常平順，而它們自然的治療系統就把你放在一個健康與喜悅的狀態。我先前說過（好比說在第二章的第六一四節裡），你的情感隨著信念而流動，如果你覺得這好像不是真的，那是因為你對意識心的內涵沒有覺知。你能閉上肉眼，也可以閉上意識心之眼而假裝看不見，只因為你不信任自己天生的療癒本能，或沒有真正了解意識和無意識心的本質，所以你跑去求助於外來的治療法。

看起來似乎技術和發明造成了很多的害處，事實上也是如此。但從另一方面來看，技術也把偉大的音樂治療法帶給你們，這種音樂治療法激活了你身體內在的細胞，激發了內我的能量，並且有助於統合意識心與存有的其他部分。

音樂是賦予生命內在聲音的一種最佳外在表現，內在聲音在身體內不斷地產生治療作用（見章）。音樂有意識地提醒了你那更深的內在節奏——包括聲音和動作二者。聽你喜歡的音樂把一些影像帶入腦海中，以不同形式對你顯示個人有意識的信念。

當你在聽雨聲的時候，聲音的自然治療也能發生。不需要藥物催眠、或者冥想，你只要容許意識心自由，意識心就會自動流過思想和影像而給予自己一種治療。

然而，你常常藉著逃離嚇人的有意識思想，而避免這種自然的治療，事實上，那些嚇人的有意識思想會接著把你領到「負面」信念的源頭，使你可面對它們；然後你能穿越過那些負面信念而進入喜悅和勝利的感覺。相反的，你們許多人接受了服藥的方式，這些藥直接把這種喜悅的情感和思想強加於你，或者從你內在強逼出來，也因此同時，你沒能得到意識心有穩定效果的安慰。

你可以休息。

（十點一分到十點十六分。）

夢是你們最好的自然療法之一，也是內在與外在宇宙的連接物，及你們最有用的資產。

通常你沒按照自己目前的信念分析你的夢，而被教以一種非常制式的方法詮釋夢，比如說，你被告之，在夢中出現的東西或影像有一個特定意義——而此意義不見得是你自己的，卻遵循著你現在剛好有興趣的，不論是心理學、神祕學或宗教學派的角度去詮釋夢。

這些學派的確觸及了實相真實面目的一部分，但它們全都忽略了你的夢有一種偉大的個人和高度私密的本質，以及你創造自己實相這個事實。

火有一種意義——如果你怕它的話；但是如果你視火為一種溫暖的來源，它則具另一種意義了；以上兩種意義不管何者，都還會被任何一個人碰到火的時候種種個人事件的變化影響。你是如此地不了解夢的象徵符號，及它們代表的個人意義，只因為你不習於用自己的意識心去檢視它們。你被告以夢是不能被了解的。於是，在夢中和醒時經驗之間的關連性就被忽略了，而逃過了你們的注意力，因此就不明白夢為你們解決了不少實質的問題。

當你清楚地把自己的問題有意識地想出來，然後再緩緩進入睡眠，這時夢就常常會幫你解答一些問題。然而，即使你並未有意識地這樣要求，夢仍然會幫忙。夢會給你各式各樣的資料，關於你身體的狀態、世界的概況，以及你目前的信念將帶來的可能外在情況。

夢境供給你一個嘗試的架構，在其中探尋可能的行動，而決定要把哪些付諸實行。不止是上一節提到的夢魘，其他的夢也遵循著一種治療節奏，那比任何藥物都還有效。安眠藥常常會干擾夢的治療作用。

在本書，我將會談到很多夢具有的創造作用與治療作用，並且提供一些方法幫助你更有效地運用它。此處我只想指出某一些能達到自我明覺和恩寵狀態的天然門徑。這對那些相信「除了擊敗自我以外沒有別的方法」的人，提供了另一條路。我說的擊敗自我，就是藉著化學藥品或暫時剝奪自我力量的方法，而不去教自我它擁有偉大的吸收了解能力。

你的本質不但擁有自然的療癒能力，還能從自己的經驗裡產生獨特而特定的私人誘因，你可以學著去認識並且利用那些自然的誘因。

在這個領域之中，有一些事件相當重要，某一個情況，也許對別人不具多大的意義，卻可用來打開你的能量和內在力量之庫。這情況可以在醒時或夢中發生。如果你曾記得某一種夢，在醒來時會讓你感到精力充沛，那麼在睡前就有意的去想那些夢，並且告訴你自己它們會再回來。

任何一個看起來也許很蠢或很怪的活動，若能帶給你一種滿足感，就去做無妨。任何一種自然治癒法甚至可以把你帶到超越身心健康、充滿活力的感覺，而到達一種明覺和恩寵的昇華經驗。

（十點四十二分。）浸淫在藝術裡也是非常具治療功能的，因為藝術品的創造是躍自意識心和無意識心的一種精緻結合。稍後我會慢慢解釋存在於夢、創造性以及個人經驗之間的深切關連。

最具有更新力量的意念，以及達到真正明覺的最大的一步，就是覺悟到，你不可見的實相世界，是藉著透過你自己有意識的思想和信念而躍入外在生活的，因為那時，你就體悟了你之為你的力量，而立刻被給予了選擇的機會。你再也不能將自己當成客觀環境下的犧牲品。然而意識也正是為了使自己有更多選擇而升起的，使你不致只有一條路可走，而讓你用自己的創造力形成一個變化多端的內涵。

讓我們在此有一個更清楚的認識：你個人有意識的信念指揮無意識之流，而無意識之流把你的意念帶入物質世界中，因此雖然你們的思想形成了你的經驗，你並不知道這過程是如何發生的（有力地）。

舉例來說，你不能狠狠的告訴自己：「我要得到明覺。」而期待它發生——如果你所有的信念實際上卻朝著相反的方向走。

比如說，你也許覺得不配或者相信你不可能達到明覺的狀態，在這種情形下，你就是在發出矛盾的訊息。那麼，你也就不會對你有意識的目的被無意識地造成的方式變得關心，因為內在的運作過程是一個非你所能知覺的現象。

如果你沒有以相反信念來妨礙「性」的話，「性」也是另外一個自然的治療系統。沒有穿上教條外衣、自然的「神祕」經驗，是原本的宗教治療，這種治療是如此地常被教會組織扭曲，但它代表了人天生認知到「他與自己存在與經驗的根源一體性」。

你要休息嗎？

（十點五十六分，「不要。」）

靈魂不止是披著化學的外衣，並且這件衣服是從土地的所有元素編織出來的。當你具有肉體時，任何變成你身體一部分的化學物，或元素、食物、藥物都會造成你的一些改變，但是這些影響仍會遵循著你個人的信念。

你的夢和生活中的實質事件，不斷在改變你體內的化學平衡。你的夢可以提供你日常生活中沒有的一個發洩管道，而這個夢會動員你的資源並釋出你所需的荷爾蒙，而造出一個緊張的夢境，將有機體的療癒能力帶入戰鬥，使得身體的某些症狀消失。

而另外一個夢也許提供一個「夢幻般」寧靜的插曲，在其中，所有的緊張都被減到最低，使得某些過量排出的荷爾蒙和化學質降低。

這種夢是極為有效的，但為時很短，除非意識心肯面對造成這種不平衡的那個信念。然而外來重劑量的化學藥品，給你帶來一個全然不同的狀況，增加了新的壓力。這個兩難之局使得意識相信它的地位比以前更加不穩定，而對自己的能力大失信心。

在這種治療之後，意識也許有很高亢的經驗，但它覺得，它的任何探險都是建立在它不了解的問題上，應對物質實相的能力比以前更加不如了。而在個人生活中進行的自然內在治療就不一樣了，這些才是心理學應該了解和鼓勵的。

你休息一下。

（十一點十三分。珍的出神狀態很好，大部分時間的傳述都是平穩而熱切的。現在雪下得很大，在十一點二十八分以同樣方式繼續。）

現在：你的身體是你自己活生生的雕像——不止是它的形狀、結構及性質，還包括它奇蹟般的感官知識以及對別人獨特的影響，而且你自己也賦予了這個雕像創造力。

（停了很久。）當你繼續創造這個形象時，身體那些天生的能力也幫助你維持生命。（停頓。）所有這些創造性的泉源是由你內在本體湧出的，而你的內在本體永遠不會在肉身裡完全具體化，因此你永遠有一些沒用到的創造力可供你使用。雖然你形成你的身體，可是又隨即對它反應。在這個創造者和受造物之間有一個經常的互動，而在三度空間的世界裡，創造者如此地成了受造物的一部分，以致很難清楚的區分兩者。

一個畫家把他的一部分放進畫裡，你把對自己所知的一切放進你的身體裡，因此身體變成了一個具體似的你。一個藝術家愛他的作品。實際上說來，當他放下畫筆的時候，那幅畫就完成了——至少對他自己而言。那幅畫的影響仍在繼續。但是在你有生之年，你還在創造你的物質形象，並且把自己展現在其中。

一個畫家並不會由他所造物的眼睛向外望出，而看到了掛畫的這個房間，可是你卻由自己的眼睛窺視這個宇宙。（停頓。）那麼你不止創造了你的身體，而且也創造了它的整個經驗及經驗發生的環境。你賦予自己一個三度空間的存在，作為經驗發生的背景，就如藝術家給他的作品一個次元。

一幅風景畫中的樹，不會被吹過三度空間房間的風所搖動；一幅人像畫中的人物，如果眼睛是張開的就無法閉上，但是，你卻在自己所造的世界中活動。

（十一點四十四分。）在一幅畫中的景物是畫在帆布或木板上，但你的靈魂並非畫在你的身體上，它進入你的身體而變成了身體的一部分。你的肉體不能涵括你所有的本體，而那些未被涵括的部分無意識地創造你的肉體。再次的，你透過信念指揮肉體的形象，可是你的那個無意識部分創造了肉體的存在。

這節結束。

（「謝謝你。」

（實際上還沒完事。賽斯又回來講了一頁資料，在其中，他短短地討論了珍自己對「信念」的探討，她的詩，以及最近她對自己通靈能力的想法；從那兒他轉而談到我倆彼此的關係及與我們父母的關係。

（他把所有這些元素集合成一個心理上的整體，而宣告說：「這些課，是由你們自己作為生物的經驗以及你們渴望尋找個人答案而產生的——但更基本的是找出你們整個族類問題的答案。」在十一點五十分結束。）

第六四一節　一九七三年二月十九日　星期一　晚上九點四十二分

（從今晚八點半開始，珍接到兩個外州來的電話——因此課開始得晚了。）

晚安。

（「賽斯晚安。」）

（玩笑地：）你準備好上課了嗎？

（「大概吧。」我只是半開玩笑地回答。不知為什麼我有點心不在焉。）

一個藝術家用他的意識心、創造能力、肉體以及內在資源來造一座雕像。當他慎重決定要創造一座雕像時，就會自動地把能量貫注在那個方向上。而當你形成自己身體活生生的雕像時，那對你來說，比任何一個藝術品重要得多，你當然應該遵循同樣的路子。換句話說，就是把你的能量指向創造一個健康運作的身體。你不斷形成你的形象；就如許多藝術的過程是隱而不顯的，同樣的，你用以創造物質自己的內在機制，也是隱於意識心的表層之下。儘管如此，那些機制卻是非常有效的。

正如任何藝術的創造都與夢境密切相關，因而你活生生肉體雕像的創造也是如此地與夢有關。因為夢對肉體有很大的治療作用，如果身體上有任何化學的不平衡，常常自動會在夢中被改善，也就是你會造出一種情境而導致荷爾蒙的製造，就如在一個相似的清醒情況中你會做的一樣。（見第四章第六二一節有關荷爾蒙的附註。）

在夢的戲劇裡，你扮演了一個角色，創造性地解決了引起這種不平衡的問題。從這個角度看來，一個非常具攻擊性的夢可能對某個人相當有益，因為讓他把往常壓抑的情感釋放出來，而解除了身體的緊張。藉著這種經常性的夢境治療，身心兩方面都得到了很大的調整，因此你的肉體是受夢境影響的。

在夢裡面，一件東西可能是個象徵符號，可是沒有一個放諸四海皆準的夢的象徵符號，在個人經驗中有太多的變化。的確有時候在夢裡，你會觸及存在的一些最深源頭，但甚至在那兒，那個存在的表達是太個人化了，而不能以一個「無意識的」意義加諸在所有相同的象徵符號上。

（九點五十四分。）在藝術的範圍裡有一個有用的比喻。雖然藝術家全用同樣的材料——人類的經驗，但一件藝術品的「偉大」與否，取決於作者個人精采的獨特性，而這個獨特性指出了人類共同的演出並寄於其上。事後藝評家可能指出其模式，將這件藝術品歸類於某一個派別，把這幅畫和別的畫中形象或者符號連起來——而得到一個錯誤結論，相信這些符號是通用的，永遠適當的，且不論在什麼地方看到這些符號，必然具有同樣的意義。但是這樣的意義，也許和藝術家對他自己符號的詮釋或與他的個人經驗毫無關係，因此藝術家可能會感到奇怪，那些藝評者怎麼能夠無中生有呢？

（太對了！因為我自己也是一個畫家，所以對這種「藝評」的弊病有深深的體會，它們有時令人啼笑皆非，但更常令人心生厭煩。我也曾經因為那些並不存在我的畫裡面的成分而被讚賞或批評，同時我有意的意圖卻被忽略，有時甚至無法理解：「他們真的是在談我的畫嗎？」）

就夢而言也是一樣的，除了你以外，沒有一個人真正知道它的意義。如果你看了那些告訴你某一個夢中物體永遠代表某一種涵義的書，那麼你就像是一個接受了藝評家對你的畫中符號立論的藝術家。你會對自己的夢感到陌生，其原因在於你試圖使它們遵循一個非你自己的模式。

無論如何，當你試著有意的去估量一個夢的意義時，詮釋只涉及了這夢的功用的一部分，因為做作夢的當時，夢的真正功用──在深的心理與生理層面上，已經發生了。

夢中事件影響你整個身體的狀態，因而有持續不斷的治療效果，這是來自任何夢的戲劇裡設定的心靈情境（停頓），在那個情境中，你自己的問題或挑戰獲得了解決，採用了許多可能的行動；然後這些被投射進可能的將來。

當你逐漸了解自己信念的本質時，你可以為了自己有意識的目的，而學著更有效的運用夢境，這是最有效的自然療法之一，並且是你肉體的形成大半發生於其中的內在架構。

你可以休息一會兒。

（十點十四分。珍的步調一直很穩，在這兒所提到的可能性提醒了我，在《靈魂永生》第十六章裡，賽斯講了一句我特別喜歡的話，「每一件精神性的行為都打開了一個確實的新次元，就某一種方式來說，你最微不足道的念頭都孕生了新的世界。」在十點三十三分重新開始。）

在此我想指出一點，那就是有一些給精神病患服用的藥物，或多或少阻擋了夢的治療其自然之流。

關於醫藥還必須考慮一點，就如我先前提到的（在第五章六二四節），如果你接受西方的醫學信念，我並不建議你一下子就把所有的醫生丟掉。但如果不去理會身體裡面任何的化學不平衡，當我們藉著任何一種天然療癒法，把造成化學不平衡的內在問題解決了之後，它就會自然地糾正自己。

這個新的平衡告訴肉體說，一個內在的問題已經被解決了。然後身體、心智與心靈之間就多少有一種和諧運作。而當心靈的挑戰重新升起時，另外一輪的自然治療就有節奏地發生了。然而，當身體上的不平衡藉藥物的作用而獲得解決時，身體的信號會說，內在的難局一定也已被照應好了——雖然可能根本沒有解決（非常有力的）。

整個有機體在這種情況下自己沒有獲得統一，當問題以某一種方式展現，而後藥物阻塞了心靈疾病的正常表達，然後心靈就會去尋求其他的表達方式。

如果這些其他的表達也以同樣的方式被阻塞了，那麼整個身心關係就變得和它自己疏離了起來。內在的機制被擾亂了，因為那個基本的挑戰不但沒有被面對，並且一再被拒絕給予實質的表達，如果不去管它的話，這種實質的表達就會帶來自然的解決。

顯然在這兒有許多的細節，比如說在你們的社會裡，你們自己的信念系統也必須納入考慮。如果你不相信自然的療法，你自然就會阻塞它的發生，如果你又不去看醫生，心中的恐懼便會引起更多的傷害。另一方面來說，如果你對醫藥的幫助有信心，這個信念就會為你帶來治療的力量。

如果內在的問題沒有處理，以上這情形就只管用到某一個程度。通常那些病會自動被解決，不論你做了什麼或者相信什麼，只因為你內在擁有巨大的創造能量，以及在你出生時給自己身體的一個自動調節系統。

（十點四十九分。）這同樣也適用於精神的狀況，有時候沒有專業治療反而比有專業治療更能夠解決問題——不管你採用什麼好意的療法，精神也常常會自己痊癒。最近的一種觀念是，某些精神狀況是由身體內化學不平衡引起的，給予一些藥的確會部分改善。事實上，這種化學不平衡並不會引起任何疾病，而是你對自己實相本質的信念才會引起疾病。那類的藥物會改進眼前的情況，而信念的內在問題仍需解決。不然的話，另外的疾病會取而代之。

當你處處被這種信念——某一種藥或食物或醫生將為你提供答案——所圍繞的話，那你就很難以自然的方式為自己解決問題。因此，在大眾都有一個相反概念的情形下，那些試圖容許自己受益於天生治癒能力的人，必須經常「面對自己是不是對的」這個疑問的壓力。

不幸的是，當你愈依賴外在的方法，就似乎愈必須依賴它們，而你就愈不信賴自己天生的能力。你常常變得對一種藥「敏感」，只因為身體明白如果接受了那個藥，對於那特定問題所有的解決方法就會被切斷，或者另一個更嚴重的病會因為對這個難局的「遮掩」而發生。

因此在你們的社會中，自然的治療很難達到完全的效果，因為自你出生以後，它就經常被干擾。雖然你在干擾它，自然的治療卻仍在運作，而你永遠可以指揮它為現在的肉體帶來健康與活力。

休息一會兒。

（十一點二分，在休息期間，從別的公寓傳出很大的噪音，好像有幾個人把家具拖來拖去。噪音這麼大又這麼久，因此，當珍又回到了出神狀態，我都覺得很訝異。在十一點十四分以較慢的速度重新開始。）

精神「疾病」常常指出你信念的本質，以及與別人信念相合或是矛盾的地方。那些精神病人的信念系統與社會的那些信念有如此顯著的不同，以致在行為上表現出與一般人明顯的差異情況，就與許多身體疾病一樣，精神疾病有一些危機點，如果不去管它的話，一個人也可能有辦法獲得其自己的解決。

即使就所謂的精神疾病而言，了解身體也很重要，就如個人對自己身體、其與別人的關係及與時空關係的信念，也很重要。（停頓。）在這樣的情形下，常常會有化學的不平衡，被這個人無意識的製造出來，有時候是為了使他能造出一連串的「幻覺」。要維持這種「客觀的夢」（即幻覺），需要一個與正常清醒意識不同的化學變化。重要的是，不管他採取的是精神或身體的疾病，他的選擇有其理由並且是一個自然的方法，同時這個人知道他在身體或精神上是有辦法加以處理的。

（十一點二十八分，現在一切都很安靜……）

人格的差異對於一個人採取哪一種病，或者在自己這個活生生的雕像上所造成的損傷，都有很大的關係。

且說，你遭遇的內在問題永遠是建設性的——把你導向更大成就的挑戰。

例如，由罪惡感引起的一個問題，在肉體上被具體表現成一種疾病，其用意在於引你去面對並且克服罪惡的意念——那個在你意識心裡對罪惡感持有的信念。身體本身永遠在一種變動的狀態，你認為它好像到達某個高峰而後開始衰退或是變得比較差，那是因為你並不了解它是你的存透過在肉體的一種表現。

這個表現反映出大地和肉體的季節，然而身體以一個非常忠實的情況來反映你所認為的自己。在老年時，它也是做同樣的事，而顯示在當時肉體中的你，這包括你進入身體和離開身體的時候，在此你可以看到很大的差異性。當然，為了許多不同的理由，很多人停止創造他們的身體、年紀輕輕就死了，但是有一些人早死是因為相信老年是可恥的，而只有年輕的身體才是美的。

因此，你對於年齡的信念將影響身體和它所有的能力。如在此書先前提及的（在第六章第六二七節），你可能變得重聽，因為你堅決的相信這必隨著年紀而來。經過你一生各個不同的時期，你相信身體的活動力必隨著年齡的增加而降低，依據這個信念，你就會因此改變身體的化學組成。

元素、化學物、細胞、原子與分子，這些部分地組成了你自己活生生的雕像，但卻是你透過有意識的信念去指揮它們活動，而這些活動就啟動了給予你身體「生命」的所有偉大創造力，並且保證身體經常地反映出你所認為的自己。

（在一個很熱切的傳述後帶著微笑，較大聲的：）此節結束，非常接近這一章的結尾了，除非你有問題。

（「我想沒有。」）

那麼就祝你晚安——

（「謝謝你，賽斯。」）

——並且對你們倆衷心的問候。

（「晚安。」十一點四十分。）

第六四二節　一九七二年十二月二十一日　星期三　晚上九點十一分

晚安。

（「賽斯晚安。」）

口述：如你們將在下一章看到的，你們可以非常有效地喚起身體自然的治療。我們將討論如何加以鼓勵的方法，以及意識心作為「披著化學外衣的靈魂」的指揮者所扮演的角色，本章結束。

註釋

❶ＬＳＤ—25的一次「旅行」可長達五到八小時，甚至更久。並不是每個人的經驗都相同，不論是就時間長短或內容而言——這整件事有太強烈的個人性。但要注意，賽斯此時的聲明只涉及ＬＳＤ在某種條件下的使用。舉例而言，還有其他沒談到的化學迷幻藥。

❷這讓我想到，早在《靈魂永生》的合約簽訂之前，賽斯就跟譚說它會出版。

❸不過，後來的幾個月，珍倒是不記得任何和光有關的夢……

❹珍和我完全不贊同這個看法。

Chapter

11

意識心是信念的載體。與健康和滿足有關的信念

（九點十二分。）

現在進行下一章，題目是：〈意識心是信念的載體。與健康和滿足有關的信念〉。

（停頓。）你個人信念的本質與你在任何時候會有哪種情緒有很大的關係。你之所以會感覺自己富攻擊性、快樂、絕望或意志堅定，是按照那些發生在你身上的事，和你相信它們與你的關係，以及你自認為是誰或是什麼而造成的。除非你知道自己的信念，否則不會了解你的情緒。而你似乎毫無道理地覺得自己有攻擊性或不愉快，或如果你沒有學會傾聽自己意識心內的信念，你的情緒，也似會毫無原因沒頭沒腦地爆發出來，因為信念會發動其自己的情緒。

例如，沮喪最通常及最大的原因就是，不論是面對硬推在你身上的外在環境，或者是面對從內而來的壓倒性強烈情緒，你都相信意識心是無能的。

心理學、宗教、科學——所有這些藉由剝奪意識心指揮的能力，並將意識心視為自己的繼子，也全都多多少少增加了你的困惑。（停頓。）「正面思考」的學派試著彌補這情形，但帶來的卻是更多的壞處而非好處，因為他們企圖將一些信念強加於你身上，而那些是你希望擁有的、但在你目前的困擾情況下卻沒有的信念。

許多這種哲學使你怯於去想那些負面思想或情緒。在所有這些情況裡，你情感的經驗及行為的線索就在你的信念系統中：在其中有一些較另一些顯明，但你都可以有意識地得到。如果你相信自己沒什麼優點，充滿了自卑和罪惡感，那你可能按照個人背景及接受這些信念的心理背景，而以幾種不同方式去反應。比如說，你也許非常害怕攻擊性的情緒，因為別人好像強得令你不敢有報復的念頭。或如果你相信這種想法全部都是錯的，就會去壓抑它們，而更加重了罪惡感——那將引起你內在更多的攻擊性，而更加深你個人的無價值感。

（九點三十四分。）在此狀態下，如果你看到一本書教你去深思「善」，且要把思想立即轉向為愛和光，那你就是在自找麻煩。因為這種作法只會使你對自己的自然情緒更為害怕。你不會比以前更了解自己為什麼會有這樣的情緒，只是把它們隱藏得更好一些罷了。而如果你沒有準備好的話，在這種情形下，或許就會生病。

在這種情形下，你愈想做個「善」人，在自己心裡，你就變得愈自卑。你可以問自己以下問題：你對你自己、你的日常生活、你的身體以及你與別人的關係認為如何？把答案寫下來或錄在錄音機裡，不論你怎麼做，總之以某種方式把它們客觀化。

當你感覺有一種不愉快情緒時，花一點時間去弄清楚它們的來源。其答案要比你原先認為的容易得到得多。暫且接受這種情緒為你自己的，不要把它們掃到看不見的角落而忽略它們，或試圖以你認為好的念頭來取代之。

首先要覺察你情緒的真面目，經過一段時間，當你變得對自己的信念更明白[illegible]它們是如何自動地帶來某種情緒。一個對自己有把握的人，不會被別人的每個藐視[illegible]記恨。然而一個對自己價值沒有信心的人，在上述的情況下，就會暴怒起來。你的[illegible]

動，如果沒有受到阻礙，永遠會帶你回到引起你情緒的那個有意識信念。

你的情緒總是會改變身體的化學平衡及體內荷爾蒙的量，但只有當你拒絕去面對意識心時，才有危險。了解自己的意圖，和面對自己經驗的真面目，對你都大有裨益，因為這會讓你產生一些有力的情緒和繼續探尋的動力。

（停頓。）沒有人能為你做這件事。也許你相信精神的健康意指永遠開心、有決心且為人著想、從不哭泣或表現出失望的樣子。單單以上那個信念，就可以令你否定十分自然的人類經驗層面，而阻塞了本可滌清你身心兩者的情感之流。但是，如果你確信情緒是危險的，那麼那個信念本身就會使你對所有情緒產生恐懼，而如果你又表現出任何不是最「合理的」鎮定行為，你就會變得幾乎是驚惶失措了。

於是，你就會以為自己的情緒或情感是非常不可預料、極為有力的，而必須不計一切去壓抑。這種扼殺自然情緒的企圖一定會產生副作用。如果你要怪的話，就要怪信念本身而非那個情緒，上面所說的任何一種情形，都會使你與自己內在的平衡感失去聯繫，而你本有的自在就受到了干擾。

休息一會兒再繼續。

（九點五十四分。珍的出神狀態極佳，就我記錄的速度而言，她傳述的速度是有點快。賽斯所說的資料，特別是在九點三十四分前後的，與在課前不久發生的一件趣事有些關聯：珍好像懶懶地從書架上取下一本書，而那本書是位著名醫生所寫有關「自助」的論文。珍隨便翻了一下，對書中所談的差勁建議非常不以為然，而生氣地把它丟得遠遠的。

（在休息的時候，我大聲的猜測說，不知珍選擇那本書是否因為她直覺地知道，賽斯今晚將談到這類題目——或者是賽斯在這事發生之後，就利用來以一個鮮活的方式表明他的論點？但是珍自己也不知道，說她四、五年來都沒有看過那本書，而我也沒有，但我卻記得在買那本書的時候，我們對它深信不疑……

（在十點五分以同樣的速度重新開始。）

意識心的功用，是要把我們的能力和意識心對實相本質的信念調整到同一方向，而我們的能力是相當可觀的，因為它包括了你的創造力最深層面，以及你只略有所感、深藏於意識之下的力量。

你不能相信自己沒有權利快樂、不配得到快樂，同時卻以意志強迫自己快樂。你不能告訴自己把攻擊的念頭釋放出來，又同時相信放它們自由是錯的。在所有情形下，你都必須對自己的信念知道得一清二楚。

再次強調，如果人家告訴你「心靈」是好的、完美的，而你自己也必須在所有方面都是完美的，但是同時你卻相信自己的身體是不完美的，那你就永遠會處於矛盾中。

如果你認為，靈魂因為和肉體結合而喪失其高貴，那麼你就無法享受自己受恩寵的感覺，因為你相信那是一件不可能的事。你的信念主宰你對各種情緒的詮釋。例如許多人相信發怒永遠是不好的。但在某些情況下，發怒可以是最令人亢奮和最有治療作用的情緒；於是你就能了解，多年來，你都是在相反信念下使自己的情緒龜縮了，那麼在怒氣中，你就會起而反抗那些信念，真正開始一個自由的新生活。正常的攻擊性基本上是一種自然的溝通方法，尤其在社會生活中，是一個讓另外一個人知道他已經越了界的方法，因此也是一個阻止暴力——而非引起暴力——的方法。

動物的自然攻擊性是以最大的生物本能去運用的，在一方面已經制式化了，另一方面卻又是一種全然的自發，而在動物之間是了解這種信號的。動物自然的攻擊性有各種不同的程度、姿態和意義，那些全都是一連串的溝通，在這種溝通下，彼此的意圖就非常清楚了。

大致上，在任何一個戰鬥發生之前，動物已經有一連串非常複雜的象徵性行動。然而攻擊行為的展示大半會阻止實際戰鬥的發生。人類對於攻擊性則有非常情緒化的矛盾態度，而他對攻擊的信念，也引發了許多群體和個人的問題。

（珍停下來，仍然在出神狀態裡，她取了一支煙，卻發現火柴用完了，我說：「等一下我去給妳弄個火……」我很高興有機會走動一下，因為珍的步調一直很快。）

他和我都謝謝你。

在這本書中，我們將觸及這些問題，在你們的社會中——其實在別的社會也有一點，對攻擊性自然的溝通已經被破壞。你們混淆了暴力和攻擊性，而不了解攻擊性的創造活動或它可以被作為阻止暴力的一種溝通方法。

事實上，你們處心積慮抑制攻擊性的溝通成分，而忽略它的許多正面價值，直到它自然的力量愈積愈多，終於爆發成暴力。暴力是攻擊性的一個扭曲。

（在十點二十八分停頓。）等我們一下……

出生也是一種攻擊行為——一個「自己」以極大的推動力，從母親身體內向外衝刺而進入一個新環境，任何創造的概念都具攻擊性。暴力並非攻擊，相反的，暴力是對情緒的一個消極投降，而我們並沒了解或估量這個情緒，只是懼怕它，同時又去追求它。

暴力基本上是一種對全面情緒的投降，在所有的暴力裡，都有很大成分的自殺情緒——是創造性的反面。（停頓。）例如在戰爭裡，殺人者和被殺者都被捲入同樣的激情裡，但這種激情並不是攻擊，而是其反面——一種想毀滅的欲望。

要知道，那種想毀滅的欲望，是由一種無力感引起的絕望感覺造成的，攻擊性導致行動、創造力與生命，而不導致破壞、暴力或全面毀滅。讓我們舉個很簡單的例子，假設在你們社會裡的一個相當平凡環境中有個好人（停頓），他被教以男子漢大丈夫就要有攻擊性，但他相信這是指打架，而身為一個成人，他不喜歡打架——因為他不能打他的上司，雖然他也許想這麼做。同時他的教會也許告訴他，當他不高興時，必須再讓一步，做個溫和體貼的好人。

他的社會教他這種溫和性情是女性化的，他一生都在試著隱藏他以為是攻擊的——暴力的——行為，而試著去做一個善體人意的和善人。這種樣板當然是不真實的，和男性與女性被扭曲了的觀念有關，因為他試著如此善體人意，以致壓抑了正常憤怒的許多表達方式，而那本可用來做為來他和上司或家人之間的一個自然溝通方式。

這些被抑制的反應全部都在尋求釋放，因為攻擊性情感的表現在身體內建立了自然的平衡，同時也作為和別人的一個溝通系統。當他的身心受不了時，就很可能以暴力的行為反應，可能突然發現自己在和別人打架，而最微不足道的事也可能變成一個觸機，可能嚴重傷害了自己或別人。

通常動物在這方面是比較自然的。因此你的身心本來相當可以處理攻擊性，只有當攻擊性自然的表現被切斷時，暴力才會發生。在這種暴力裡，你感覺自己非常的強而有力，就是因為被壓抑的能量突然釋放的結果，但是那樣的話，這個人就永遠為這個能量所左右了——沉沒在其中，而消極的被它帶著走。

對你自己情緒的恐懼，比它們的表達能造成大得多的傷害，因為這個恐懼的強度會愈累積愈多，而接著強化了恐懼背後的能量。

現在你可以休息。

（十點五十二分，珍曾說：「跑出去好遠……我想我們將有更多有關動物和攻擊性的資料……老天啊！賽斯還在這兒，我剛剛得到了下一句。」她笑了起來，但我的手很痛，所以叫她等一下，珍繼續說：「我感覺怪怪的，因為我的一部分已經在課裡面了，同時我其他的部分仍在這兒休息……」十一點五分以同樣的方式繼續。）

因為你有意識心，所以在表達攻擊性的方式上，你有很大的空間，但是動物的遺傳仍舊維持它們的本然面貌。皺一下眉是一個自然的溝通方法，意思是：「你把我惹火了。」或者是：「我生氣了。」如果你想皺眉頭時，卻告訴自己要面露微笑，你就是在干擾自己自然的表達，而拒絕了和對方的一個適當溝通，告訴對方你真正的感覺。

當一個人總是對你微笑，那個微笑可以像是個面具，因為你不知道自己到底跟他有沒有溝通，同時，說話的聲音有它們自己的模式，而自然的攻擊性應該會改變聲音的音調。

身體常常表現出許多身體語言，全都是一種創造性與人溝通的方法——作為各種不同程度的示警。每一個身體語言都是自動的，卻又是儀式性的，隨著其自身意義所產生的肌肉動作，這些動作在生物層面上就可以被了解，而且全是建設性的——意在喚起別人的反應以達到一個更新的了解、一個權利的平衡。當你有意識的思想干擾了這種過程，你的麻煩就大了。

動物的行為模式比你們的行為更受限制，在某方面卻更自由且更自動的表達——但也更狹窄，原因在於動物遭遇的事情沒有你們寬廣，（停頓。）除非你欣賞你的生物屬性，否則無法欣賞你的靈性；這不是說你要超越自己的生物屬性，而是說要由對它全面了解而向前演進，這兩者是有所不同的。

你不能藉著否定肉體的智慧與經驗，而獲得靈性或快樂的生活。由觀察動物，你們可學到的，比由一個上師或牧師——或由我的書——那兒更多，但你首先必須擺脫掉「我的生物屬性是可疑的」這個觀念。你的人性並不是由你拒絕動物的傳承而升起來，而是建立在它的延伸上。

（十一點二十五分。）當你藉著切斷自己的生物性而顯出你的靈性時，你就變得不再是一個喜悅滿足的自然生物，而離了解真正的靈性還遠得很。許多說他們相信思想力量的人，卻對思想這麼害怕而加以抑制，避免任何看來負面或是有害的想法，因此連最微細的「攻擊性」表現都被遏阻了，這些人認為思想能夠殺人——就好像被這樣一種衝動所指的對象，沒有強而有力保護自己的能量，也沒有天然的防衛力。

此處，常常為了不同的理由，你發現一個隱藏而扭曲的有力感，它說：「我是如此有力，我可以用我的念頭殺死你，但我拒絕這樣做。」沒有一個人，也沒有一個念頭是那麼有力的。如果光是念頭就可以殺人，你們就不會有人口過剩的問題！

每個人都有自己天生的能量和保護力，你只接受那些符合自己信念系統的意念和想法，不但如此，你還有其他的天然保險。除非他想死，否則沒有人會死。如果他想死的話，顯然他自己的理由比你要他死的理由要好得多。

（停頓。）有時候你以為自殺是不名譽的、消極的，而戰爭是具攻擊性且有力的，其實兩者皆為消極和扭曲的攻擊性，以及自然溝通途徑沒有被用到或了解的結果。你認為花朵溫柔美麗又「善良」，但每次一個新的花苞開放時，有一種喜悅的攻擊性迸發，那幾乎不能說是消極，而是積極地向外伸展和一種無畏的勇氣。若沒有攻擊性，你的身體就不能生長了，因為體內的細胞會陷在惰性中，攻擊性是創造力炫麗迸發的基礎。

現在：這是口述的結束，也是我們這一節的結束。如果你想要一些關於可能性的資料，我將在另外一個時候給你，而這些資料將會與轉世資料一起談到。

（近來我曾問珍，她是否認為賽斯在此書裡至少會短短的論及可能性，自從我們第六三九節裡收到他說關於我們的貓——隆尼之死的資料，我就對這一點非常的好奇。〔隨後附註：賽斯果然沒有食言，見第十四及十五章。〕）

（現在賽斯作了一些關於ＥＳＰ班成員能如何按照這一課的資料，寫下他們個人信念而再加以討論的建議。）

那麼，稍後我會給一個進度報告。

（「好的。」）

祝你們晚安，並且叫魯柏給你看他最近的報告。

（「好的！謝謝你，賽斯晚安。」）

（十一點四十分，珍一再的打哈欠，她說：「我覺得累死了，同時卻又能量充沛。」賽斯提到的報告是珍對她自己信念的一些探討，我的手都寫痛了。）

第六四三節　一九七三年二月十六日　星期一　晚上九點二十分

（自從上一課之後，我們兩個都忙得不得了，我只打了一頁的字，而現在我倆都記不得其餘賽斯講的部分了，珍笑道：「既然當賽斯傳過來時，我是在出神狀態，我可以說我沒有聽到，那麼那就是我的藉口，你的又是什麼？」我什麼藉口都沒有。當我們等課開始之前，我讀了幾頁筆記給珍聽。

（「賽斯晚安。」）

今天魯柏接到一個年輕女人的電話，姑且稱她為安琪亞。她是一個可愛的年輕金髮女郎，我想用她作為一個極佳的例子，來談有意識的信念如何影響你的情緒和行為。

安琪亞年約三十出頭，離了婚，有三個小孩，她打電話告訴魯柏，今早她失去了工作，但還不止如此，在一個禮拜之內，她捲入非常負面的情境及牽動情緒的遭遇中。一個她曾交往的年輕人開始躲避她，一個推銷員當著一大群人面前使她下不了台，最近她其他遭遇也似乎都是同一個模式。最後她病了，而且情緒上過度緊張，也沒去上班，這個情形終於導致她失去了工作。

她告訴魯柏說，她覺得自己是個很差勁的人，無法應付同事或這個世界。

當然在那段時間，她都抱持這種信念，那些信念都無意識地透過她的身體表達了出來——透過手勢、表情和聲調，她整個身體都在預期挫折，而在那些時日，不管發生了哪些事，她都會以那種心態詮釋（熱切的）。

所有進入她身心的資料，都經過了篩選、估量，精選出那些會符合並加強她信念的資料，與之相反的資料或事件，就大半被忽略或被扭曲成剛好適合她的想法。

有意識的信念把你的注意力集中起來導向一個方向，繼而指揮你的能量，因此你能很快地把意念帶入實質經驗。而那些信念也是一種屏障，把有些你不能接受的資料丟到一邊，同時維持你原本信念的整體性，因此安琪亞沒有看見——或忽略——衝著她而來的微笑，或鼓勵。在某些情況，她甚至把一些可能是有益的事情看成「負面的」，於是這些又被用來加強她覺得自己很差勁的那個信念。

在電話裡，魯柏提醒安琪亞她自己基本的獨特性，以及她正在透過信念創造自己實相這個事實，魯柏加強安琪亞暫時忘記的一些意念——在其中特別提到她自己真正的價值這個事實；因為魯柏相信安琪亞的價值，安琪亞也知道這點，所以這個正面信念升了起來而把別的推到一邊去。

在今天白天的時候，安琪亞已經可以看到兩種信念，而明白這是她對自己抱持的兩種相反意念。她相信自己是獨特而且是好的——同時她也是差勁和壞的，在不同的時候，其中一個信念會渲染她的經驗而把另一個完全排除了。就在這一節以前，安琪亞又打了一通電話給魯柏——她了悟到，由於沒有誠實處理她自己有意識的意念，而造成了那些情況。

她曾想離開原先的工作另找一個，卻不敢付諸行動，因此她創造了一些情況，使得離開工作這個決定似乎已非她所能作主；看起來，似乎她是那些善妒、不解人意且沒有感情的同事的受害者，以及一個不肯支持她的上司的受害者。

（在九點四十二分停頓。）現在她了解到，她並非受害者，而是那些情況的發動者。在那段時間裡，她的感受忠實反映了她有意識的信念，她陷入自憐與自責中，而這些引起了身體的虛弱。魯柏在和她第二次談話的時候——給了她一些非常好的勸告，並把她能使這種感受變得有益的方法解釋給她聽。每個讀者，也能以他們自己的方式利用這個方法。

魯柏勸安琪亞如實接受這些感覺為「感覺」——不去抑制它們，卻是懷著「它們是對實相的一種感覺而已」的了解去隨順它們。那些感受本身是真實的，表達了對信念的情緒反應。例如下一次當安琪亞感覺自己差勁的時候，她應該積極去體驗那個感覺，明白即使她感覺自己很差並不表示她真的很差，她應該說：「我覺得很自卑。」同時了解這個感覺並非一個對事實的聲明，而是對情緒的一個聲明，這樣子顯然對她比較有效。

這樣去體驗你的情緒，與接受它們當作對你自己存在的一個事實聲明是不同的。安琪亞應該問她自己：「我為什麼覺得自己這麼差勁？」如果你否認情緒本身的效果，假裝它不存在，你就永遠不會被引導去質問其後的信念。

（在九點五十六分停了很久。）我只不過給你一點時間讓你的手休息一下……可是你沒讓它休息——

（我開玩笑說，我有啦！我把這些寫完就把筆放下來，而珍以賽斯的身分嚴肅地看著我。）

在這一刻，安琪亞相信她的生活必然很困難，人家曾經對她說，一個沒有男人的女人是處在一種非常困難的情形，特別是帶著孩子的女人。她相信一個新的伴侶幾乎是不可能找到的，人家告訴她，孩子需要一個父親，而她同時又覺得，沒有男人想與帶著孩子的女人有所牽扯。

三十出頭的她覺得似乎青春易逝，而依照這種想法，她無法想像，如果再過幾年還有誰肯娶她。因此，她的信念把她置於一種危機的狀況。只要改變那些信念，危機就不存在了，身體也會停止對這種壓力起反應，而幾乎是立刻，外在的情況就會隨之改變。

同時，所有的信念都會為對方知悉，不只是透過相當無意識的身體語言，而且是心電感應式的。你永遠會試圖把自己的意念和外在經驗連起來。（停頓。）你內在自己擁有的能力都會被用來將信念的形象具體化，不管它們應該是什麼。因而，「適當的」情緒將會被發動，把存在於你意識心內的身體狀況帶出來。

（較大聲的：）現在你們可以休息。

（「謝謝你。」）

（十點三分。珍說她今天的出神狀態很深，所以什麼都不知道——但當我對是否要在書中用這些資料表示懷疑時，賽斯就趕快回來了。）

這些資料是幫助那個年輕女人的方法，對其他人也有幫助。給安琪亞看這一課，沒有問題的。許多年輕女人都碰到過這種情形，而這個資料可以幫助解決她們先前沒有覺察到的難局。她們不認識魯柏，但可以藉著這本書學到東西。休息一會兒。

（「好吧！」）

（十點六分，當我說我正希望賽斯以這種方式對我的評論反應，珍笑了起來。在十點三十三分以較慢的速度重新開始。）

我用安琪亞這個例子，是因為這麼多典型的西方信念都在她的經驗中出現——那些信念如：變老是很恐怖的事情！沒有一個男人在身邊，女人就相當地無力；理想上生活應該是很簡單的，實際上卻極為艱辛。這些意念都來自一個基本的信念，那就是，有意識的自己無力去形成及支配它的經驗。

很幸運的，安琪亞正努力調整自己的信念。目前雖然她告訴自己年齡不重要，卻仍然相信她作為一個女人的吸引力與日俱減。因此她這麼覺得並且表現出比較不具吸引力的樣子——當那個信念仍在當家的時候。她夠幸運能夠把她的實質經驗和信念核對，且夠聰明可以看到她大有進步的地方。但是，且讓我們來檢視這些信念當中的一部分，並且將它們應用在一般人身上看看。

那些最試著去做「好」的人，是因為對自己基本的價值沒把握，而那些談到他們具有年輕身心的人，這樣做是因為很怕年老。同樣的，許多叫嚷著要獨立的人，是害怕他們基本上是無助的。在大多數的例子裡，這些相反的信念是相當有意識地被持有，彼此卻被分得很開，因此它們就沒有辦法得到協調。

（十點四十五分。）既然你的情緒跟著信念而來，不同的信念引起不同的一群情緒。有時候，某一情緒群看來似乎沒什麼道理——如果你沒容許它們與你心目中可能持有的一些相反意念自由地連接起來時。

一個人可以看起來非常開放且敏感，例如在讀這本書時，任何一個讀者也許會說：「我的問題是我太情緒化了。」但在做了一些自我分析後，幾乎所有人還是會發現一些區塊，在其中，他們只表達了某程度的情緒，情緒沒有徹底表達。

（停頓。）沒有任何情緒會將你帶到一個死胡同，情緒永遠在動，且永遠會導入另一種情緒，當它流動時，將改變你整個身體的情況，而那個情緒互換是應該要被有意識接受的。如果沒有加以阻礙的話，你的情緒永遠把你導向對信念的一種了解。情緒的種種狀態永遠是行動的原動力，應該要實際表達出來，而每一種都建基於自然的攻擊性上。

你們的社會沒有了解創造力和攻擊性之間的聯繫，對於「真正的攻擊性」的誤解，能夠引起對所有情緒的恐懼，而使你把自己和大自然的一個最佳療法切斷。

自然的攻擊性提供電源給所有的創造力，許多讀者讀到這兒會嚇了一跳，因為他們相信愛才是原動力，而愛是與攻擊相反的。愛與攻擊是沒有這種人工分界的。自然的攻擊性是創造性的愛向前衝刺，它是愛在其中被發動的方法，它是愛藉以推進自己的燃料。（強調地：）攻擊性的精義與你們認為的暴力毫不相關，卻是一種力量，「愛」藉之以不朽，並且被創造更新。

（十一點一分。）當你以別的方式去思考攻擊性，那你就落入扭曲的觀點，把力量給了負面的成分——而被視為具威脅性、錯誤，或甚至被給予像邪魔般的含意。相反的，「善」被視為軟弱、無力、消極且非常需要保衛的。

因此你會害怕任何強而有力的情感，對自己真實的一面感到害怕。到一個很大的程度，它導致你無法接受自己存在的力量和能量，將被迫稀釋自己的經驗。這種信念有一種很強烈的壓制特性，會引得你藉著立刻視它們為負面並關掉強而有力的情緒。

你會自動地開始壓抑任何可能帶來有力情緒的刺激，因此拒絕給自己需要的回饋。只有當你害怕情緒時，才會被它們所控制，它們是你存在的運轉，與你的理性攜手而行。但當你沒有覺察自己意識心的內容，且對你的情感不公平，你就有麻煩了。

你可以休息一下。

（十一點十一分。珍很快脫離出神狀態，她說：「我多少有一點心不在焉。」但我告訴她，資料還是如往常般的令人振奮。如有時候會發生的，珍在傳述時被公寓裡發出的一陣噪音擾亂，我也一樣。在休息時，我們仍有點不高興。

（我們一直坐到十一點二十六分，直到珍決定不值得再試著恢復上課，她說：「吵死人了，今晚就到此為止吧！」）

第六四四節 一九七三年二月二十八日 星期三 晚上九點五分

（我們換個花樣在珍的書房上課。

（在過去幾天，珍覺得她由賽斯那兒收到一些這本書「將來」的資料，她對它們作了一些筆記，其中有一個我們感到很好奇的名詞是「橋梁信念」。

（在課快開始以前，如平常一樣，珍告訴我賽斯就在附近。但她接著說：「我感覺到在我頭上有一股能量之源——不是一個圓錐，不是那麼確定的東西，只是它就在那兒，在我的身體之外。我感覺到一種非比尋常的自由滑動，就好像我喝了三杯酒……我想我知道賽斯要講什麼。我的手也覺得很輕，非常的平滑，好像它們旋轉過如絲般的水。我並沒有「出體」（out-of-body），但……」

（坐在搖椅裡，珍把她的眼鏡拿下來，閉上她的眼睛，然後……）

晚安。

（「賽斯晚安。」）

魯柏的確由我收到了一些資料，藉著另外一個方法，我給了他一些將來的資料，可以說是為了讓他事先運用。

對他而言，那些資料似乎「就這麼來了」，但還沒有準備成字句，相反的，他收到意念而將它們詮釋後轉為字句再寫下來，那些材料和我們談的題目有關，我現在要以自己的方式把它給你們。

我常常說，身心關係是一個系統，思想對這整個系統而言就與身體細胞一樣的必要。魯柏正確詮釋了我給他的一個比喻，在其中，我將思想比擬為個別的細胞，而將信念系統比擬為身體的器官，那是由細胞所組成。器官顯然在身體內是固定不動的，雖然在它們之內的細胞死而復生。

信念系統就與身體器官一樣的自然而必要。事實上，信念系統的目的是幫助你指揮「生物性存在」的機能。你對器官內細胞的生滅沒有意識上的覺察——你不去管它的話，你的思想也同樣自然地在你的信念系統內生生滅滅；而理想的說，思想自己會平衡，維持自己的健康並指揮身體，因此療癒的發生是本自具有的。

你的信念系統當然會吸引某一類思想，而這些思想後面，就帶著一串情感的經驗。一大串穩定釋出、充滿恨與報復性的思想，應該引你去找那些使它們獲得力量的信念。

然而你不能夠藉忽略「思想是有效的引起你的經驗」這個事實，或藉著把思想掃入一個表面樂觀主義的地毯下（非常確定地），而找到那些信念。這種習慣性的不愉快思想會帶來同類的實質經驗，但你要檢查的卻是自己的信念系統。

（九點二十二分，珍閉眼坐著不動，過了不只一分鐘。）

你碰到的「負面」主觀與客觀事件，就是為了促使你去檢查意識心的內涵。以其自己的方式，那些充滿了恨和報復性的思想也是自然的療癒工具；如果你跟隨它們，接受它們是自然情緒的一部分，它們將自動領著你超越它們自己而變成其他情緒，把你從恨帶入那看起來好像是恐懼的流沙裡——那是永遠躲在恨的背後的。

藉著跟著你的感覺走，你把情緒、精神和身體狀況統一了起來。當你試圖反抗或否定感受，你就是把自己與你的真實存在分開了。像剛才教你那樣子的去處理你的思想和情感，至少把你穩穩地紮根於當下經驗的完整性，而容許經驗天生的流動和自然的創造力推向一個治療性的解答。

當你排斥這種情緒，或者對它們感到恐懼，你就阻止了情感持續不斷的流動——因為你建立了水壩。任何情感，如果你誠實地體驗它，就會變成另外一個。不然的話，你就阻塞了你整個系統的自然流動。

當你面對恐懼，並且感受到它在身體上引起的感受以及與它同行的思想時，恐懼便自動解除了。在這障礙背後，有意識的信念系統將被照亮，而你將覺悟到，你之所以有某種感覺，是因為你相信一個概念，而這個概念會導致此種反應，並使之合理化。

（九點三十四分。）如果你習慣否定任何情感的表達，到那個程度，你就變得不只與你的身體——而且也與你有意識的意念疏離了。你會把某些思想掩埋起來，而穿上生物性的胄甲來阻止自己實際地感覺到它對身體的影響。每一個例子中，答案總在你個人的信念系統內，在那些你心底深處持有的概念內，一開始的壓抑也就是從這些強烈的概念而來。

如果你發現自己在一種精神的狂亂中，沒頭沒腦地亂竄，試圖去壓抑每一個進入你腦海的負面念頭，那麼問一問自己，為什麼如此相信你最微細的「負面」想法有巨大破壞力。

身和心在一起的確顯示了一個統一、自我調整、療癒、自我進化的系統。在其內，每一個問題如果被誠實面對，都會含有自己的解答。每一個症狀——精神或肉體的——都是對在其後衝突的解答線索，而在當中含有它自己療癒的種子。

你可以休息一下。

（九點四十四分。珍說在傳述時，她並沒覺察賽斯在說什麼，卻「知道」賽斯在談這週早先她自己收到的資料。在十點一分以較慢的步調重新開始。）

的確不錯，愛、樂觀與自我接納的習慣性想法比相反的思想對你要好些；但同樣的，你對自己的信念會自動吸引與你的意念一致的思想，在愛裡有與在恨裡一樣多的自然攻擊性，而恨是這樣一個正常力量的扭曲，是你信念的結果。

如魯柏事先自己收到的資料裡所說，自然的攻擊性能淨化並非常有創造性——且是所有情感背後的推動力。

有兩種方法可以助你了解自己有意識的信念。最直接的方法就是與你自己有一系列的談話，把你在各個不同領域的信念寫下來。而你將發現，你在不同的時候相信不同的事情，常常會有顯而易見的矛盾。這些代表的是調節你的情緒、身體狀況和實質經驗的那些對立信念。檢查這些矛盾，那些看不見的信念就會顯出來，它們把那些似乎不同的心態統一了起來，看不見的信念只不過是那些你完全覺知卻寧願去忽略的信念，因為它們代表某一些你到現在為止還不想去處理的爭執領域。一旦你決定去檢查意識心的全盤內容，它們就相當可以被觸及得到。

如果對你而言，這個方法好像太理性了，那麼也可以由你的情緒回溯去找到信念。不管怎麼樣，不論選那一個方法，其一就會把你導向另一個，這兩種方法都需要你對自己的誠實，和跟你自己目前在現實精神、心靈和情感上的一個很實在的接觸。

（十點十二分。）就如安琪亞那樣（請看上一節），必須如實接受你自己的情感，而同時了悟情感是與某種問題或情況有關，而不必然是對現實中一個事實的聲明。「我覺得自己是一個差勁的母親」，或「我覺得我是一個失敗者」，這些是情緒化的聲明，應該如是去接受，但不要當它是一個事實。然而你要了解，雖然情感作為情緒有其存在的價值，卻不一定是關於事實的聲明。你也許是一個非常好的母親，同時卻覺自己做得不夠好；你也許在達成自己的目標上非常成功，同時仍認為自己是個失敗者。

藉著認識這些區別，並誠實地從頭到尾跟著你的感覺走——換句話說，藉著順應這些情緒——你會被領到在它們背後的信念。這不可避免會導致一連串的自我發現，而其中每個都會把你導向更進一步的創造性心理活動。每一個階段，你都會前所未有地更接近經驗的實相，當意識心變得愈來愈覺知自己對事件發展的影響時，會得到很大的益處，它就不再害怕情感或身體、把它們當作具威脅性或不可預料了，而感覺到自己捲入一個更大的統一裡。

情感不會再覺得自己像繼子女一樣，只有打扮最得體的那個才會被人接納。它們不需要爭取表達的權利，因為它們將會完全被接納為「自己」這個家庭的一分子。現在，同樣的，你們有些人會說你的問題是你個人太情緒化、太敏感，你可能相信你太容易被動搖，其實，在這種情況下，你是在害怕你的情感，你認為它們的力量是如此之強，以致可以淹沒所有的理性。

（十點二十七分。）不管你好像有多開放，總會接受那些你認為安全的情緒，而忽視其他的，或者在某一點把它們止住，因為你不敢再跟著那些情緒走。（停頓。）當然，這種行為將遵循著你的信念。（停了很久。）例如，如果你已經四十多歲，你可能告訴自己，年齡是無意義的，你喜歡與年輕人相處，你的思想很年輕，你只接受那些看起來符合你對年輕這個意念的情緒，你變得關心年輕人的問題，而接受你認為是樂觀的、賦予你健康的想法。也許你認為自己相當的情緒化。

然而在剛剛那些想法底下，你非常明白——你也的確應該——自己生理的實際狀況，然而你堅決忽略外表——好比說從你三十歲以來——的任何改變。而如此做時，就看不清你身處時空中的價值了。

你會壓抑任何有關死亡或者老年的思想，便把十分自然的感覺擋掉了，而那些感覺本來是要帶領你跨越早年的歲月。你在否定身體的物質存在，及它在季節時間中的焦點，而欺騙你自己，沒有去體會那些生理、心靈和精神的自然流動過程，那些流動是要把你帶著越過它們自己。

你可以休息。

（十點三十七分到十點五十四分。）就以上討論而言，由我們賦予「老」或者「更老」這些字眼，所暗示的內涵就引發了一個問題。在你們的文化裡，你相信年輕就是有彈性、機警和警醒的，而「老」通常被認為是一種恥辱；僵化的、跟不上時代的、凋殘的。如果你拚命想維持年輕，這通常是為了要隱藏自己對老年的信念，以及與之相連的情緒。（停頓。）不論何時，當你拒絕接受生理上的實際狀況，你也等同拒絕了心靈層面。身體存在於時空的世界裡，在你六十歲時可能遭遇的經驗，與你二十多歲時遇到的同樣必要，你在改變中的形象本來就是要告訴你某些事，當你假裝「改變」沒有發生時，就是阻塞了生理和靈性的訊息。

老年時，有機體在為一個新的出生做準備。發生在身心靈總和起來的事件，涉及的不只是一個季節的逝去，還涉及為了另外一個季節的開始做準備。這個情形包含了所有助你度難關過所需的支持，不只是用接納的態度，還有一股奔向新體驗的攻擊動力。

因此，排斥你在時間中的實相，結果是使你卡在時間裡，而對它執迷。接受你在每一個時間裡完整的自己，容許身體一直運作到它自然的結束，在良好的狀況下，不會被那些關於年齡的扭曲而看不見的觀念所局限。如果你相信青春是你的理想，拚命想保住它，同時卻相信老年必然帶來某種衰弱，那麼你就引起了一個不必要的難局，而按照心中消極的想法，你會更快老化。

每個人都必須檢查自己個人的信念，或者從不可避免會導向這些信念的情感開始。和其他方面一樣，在這方面，你們之中那些精通文字的人，不妨用寫作的方式寫下自己發現的那些信念，或者把理性或情感的假設列出來，也許會發現它們相當不同。

如果你有身體的症狀，不要逃避它，感覺它在身體內的真實，然後讓那些情緒自由地跟著來。如果你讓它們流動，它們就會帶你到造成問題的信念，帶你越過你必須面對與探索的實相的許多面向。這些方法把你本來抑制的自然攻擊性釋放了出來。你也許覺得被情感淹沒了，但是信任它——再次的，它是你存在的自然之流，會喚起你自己的創造力。跟隨它，它就會找到問題的答案。

魯柏在他的《對話》那本書中，有一個極佳的例子，在其中，他容許他的情感升起——雖然一開始他有點害怕。不是人人都能寫詩，但每個人自己的方式都是有創造力的，可以像魯柏一樣跟著情感走——不管他是不是會寫出一首詩。

魯柏會知道我講的是那一首，等一下把它寫出來。

你必須了悟，你的意識是有能力的、它的概念是中肯的，而你自己的信念影響並形成你的身體和經驗。

你可以休息一下。

(十一點十七分。珍覺得非常驚訝，她已經在出神狀態裡有半小時之久，卻以為只過了幾分鐘。這裡是賽斯提到的詩集中的一段，珍在五天前寫下的。在這個摘錄中，必朽的自己告訴靈魂：

「但現在
我的身體顫抖，呼吸沉重。
古老的怒氣
由我的腳趾隆隆上升。
一個陰沉凝重的黑洞
自我的腹部升至咽喉
將它的重荷卸在我的舌頭上
我的舌頭變得沉重如鉛
帶著未曾說出、未曾哭訴的事情，
早已為我的心所遺忘

卻在我的血裡凝聚。
未曾說出的母音與音節的
慘淡塑像，
我應已拋棄的形象，
都由我的唇際傾瀉而出。

細節融合在一起
冰冷、沉重的一大塊
出生時活了起來
而悲鳴著，
急奔
進宇宙。
各種形狀與顏色，
黑色和紫色
與天際景色的
偉大活動畫面相混

在其中迷失
又被拯救。
而現在我感覺到你，即使在我的怒氣裡，
壯麗而可怕的，
由我的肉體中浮現
以暴風狂雲般的
正義，
蹂躪了風景
卻帶來了清新，
使殘骸全力飛揚
而釋出新的球根
它們曾深埋潛藏
於下
而我的怒氣正好
把球莖及你我
一起舉起

穿過壓抑的霜原，
在巨大的自由漩渦裡洶湧
爆發如夏日雷電，掠閃
急奔過原野，
歡欣地發怒。」

（然而休息後沒有再寫書，賽斯回來為珍傳述一頁資料，此節在十一點三十四分結束。）

第六四五節　一九七三年三月五日　星期一　晚上九點四十分

（晚餐後，珍顯出一些要進入意識改變狀態的樣子，她開始談她「絲般」的皮膚，以及她的毛衣貼在背上的一種舒服感覺。在上一節之前她也有相似的感覺，只是程度稍差一點。現在她敏銳的聽覺已經把聲音擴大了——當她打開一盒香煙時，玻璃紙的沙沙聲，當我和我們的貓——威立——講話時，我聲音的特質，還有我在翻報紙的聲音，她不只一次的說：「文字幾乎不足以表達我的感覺，因為太平庸了……」

（她的情形使我想起去年她達到的幾個超越的狀態，因此我建議她順著感覺走。珍說她情願上課。她走到客廳去看書，發現她拿起來的雜誌變得「重些」。一般而言，她在日常事物裡看到的美提升了不少。她本來計畫把沙發轉過來，以便可以看到街燈，相反的，她發現自己在欣賞沙發本來面對的書架。到現在，她的聲音有了一種難以形容的更醇厚特質，愉快而低緩。

（有一會兒她只是坐在那兒，讚歎她周圍的東西。我們的貓威立跳進她懷裡。珍告訴我，牠變得特別的美；當她摸牠時，牠的皮毛是如此令人驚奇的平滑而活生生的。珍靈感一動，用她另外一隻手同時摸威立旁邊的空氣——而發現那個觸感幾乎同樣豐富。

（我們吃了一些點心，然後珍移到她的搖椅裡，當我們在等賽斯來的時候，她滿懷驚奇環視室內，她的眼睛比平常深很多，珍說：「每件事看起來都好棒：你，這個房間，威立，但我想我可以有一課，我想要……」在課的後半段，賽斯對她這種擴大的覺察狀態有一些評論。）

晚安。

（「賽斯晚安。」）

當你檢查意識心的內容時，也許好像你在不同時候持有那麼多不同信念，以致無法把它們融合在一起。然而它們會形成清楚的模式，你會發現一組核心信念，別的信念都圍繞著它們。如果你把這些核心信念當作行星，那麼其他意念就繞著行星運行。可能有一些「看不見的信念」，也可能有一、二個看不見的核心信念。順著這個比喻說，這些看不見的核心信念會躲在更亮更明顯的「行星」之後，卻可以藉著它們對你和你的「行星系統」內其他可見的核心信念的影響而顯現出來。

舉例來說，當你研究自己的意念時，你似乎無法回答的問題，就會使你懷疑是否其後有這種隱形的核心信念存在。讓我強調，它們能有意識地被發現，你可以用先前（在上一節）提及的辦法找到它們，由自己的情感開始，或由那些變得最容易觸及到的信念開始。

（九點五十分。）這個題目導向我將稱之為「橋梁信念」的東西。而再一次，魯柏為他自己利益在事先收到了關於這題目的一些資料。（見上一節前的筆記。）當你檢查意念時，你會發現，就算它們顯然互相矛盾，也有相似之處，而這些相似點可以用來連接信念之間的空隙——即使是那些看起來最相反的信念。因為你是持有信念的人，可以說，你會把你將認出的某種特性蓋上戳記，這些特性便會露出來作為橋梁信念，它們包含了很大的動力和能量。當你發現它們是什麼時，就能在你自己之內找到一個統一點，從那兒，你可以較客觀地檢視自己其他的信念系統。

（停了很久。）與這些橋梁信念相連的情感，可能真的令你吃驚，但站在這些有統一作用的橋梁上，你可以自由地讓這些情感很快流過去，並感覺它。但也許這是你頭一次覺察到信念中的那些情感來源，而不再怕被它們席捲而去。

要告訴你這樣一個經驗的情感真相是不可能的，你必須自己去發現。這種橋梁信念常讓你感知到今晚提到的「看不見」的信念，而這些對你顯現出來又會像是一個啟示。然而，再想一下，你就能了解，其實是另一個信念把它遮住了，但你永遠對它有所覺察；以一種奇怪的方式而言，它不為你所見，也是因為你視它為當然。你不把它當作對實相的一個信念，卻當作實相的本身，而從不質疑它。

安琪亞從未懷疑「生活對一個女人比對一個男人而言更為艱難」的這個「事實」，（見第六四三節。）當她檢查她的信念時，這個逃過了她。然而，這看不見的信念影響了她的行為和經驗，現在她了解它了，可以把它當作一個信念去處理，而不把它當作一個她無法控制的事實。

（在十點五分有一分鐘的停頓。）在夢境，你也許會獲知你的橋梁信念。若是如此，雖然夢本身未被有意識地記住，但這個有意識的知識可能在白天突然冒出來，隨著有覺知的了解，你自己內在將會感覺到一種和解。在夢裡可以用到不同的象徵符號，每個人在這方面都會不同。然而當這種夢被記起時，常常會涉及個人的象徵符號——比如說安全的過了河或海洋，或以橋連接一個山澗。

（停頓。）在這種時候，也可能有很強烈的情感內容，比如說，終於戰勝了心理的混亂，甚至從死亡中復活。你可以暗示自己，讓這種橋梁信念露出來，有意識的意念本身代表一個對意圖的聲明，彼此融會得不太好的各種核心信念，會給你互相矛盾的自我形象。現在，以下二者之間有所不同：一種是自由地實驗並且享受不同樣式的衣服、態度和行為，另一種是發現自己「迷失」在想改變你的外表、態度與行為的強迫狀態之中。後者通常涉及相反的核心信念，它們把你交互拉往不同的方向。

常常被誇大的相反情感也會很明顯。一旦了解這點，就不難檢視你的信念，把這些指認出來，而找出一個橋梁來統一似乎的矛盾的地方。

你可以休息。

（十點十七分。珍的出神狀態非常深，她沒有聽見樓下偶爾冒出修理地板的聲音。

（她那非常舒服的改變狀態在休息時仍繼續，「感官的資料真豐富，每件東西都有這樣一個奇妙的統一……」珍解釋說，當我寫字的時候，我手的動作與經過這房子的汽車聲是相關的；她的搖椅發出有節奏的噪音，與她手掌下長褲的觸感有感官的連接；當她用一個手指沿著褲子的褶皺向下滑時，就產生了「放大了的長音」。當她站起來時，上半身特別鬆弛。

（在休息時，我們聽見樓下一位老鄰居瑪格麗特，在叫她的貓，蘇西。珍說這讓她想起了一條魚；她有一個滑稽的意象，瑪格麗特的大嘴將她的呼聲像水波一樣地傳過空氣，把蘇西裹住並拉牠回家。

（珍想她是正在經驗自己對橋梁信念的實驗結果，既然她事先收到那資料，因此我問她賽斯是否會對她的個人反應有所說明——她說：「好了！我在這兒等著。」她閉上了眼睛。在十點四十三分繼續。）

自從這本書開始以後，魯柏就在實驗他的信念，而以他自己的方式用那些方法，如每一個讀者也必須做的。

當我們開始時，他很難相信在意識心裡可以得到麼多的答案，當他接下去發現這正是如此時，不禁大吃一驚。在此我要用他作為一個例子來顯示，一個橋梁信念如何出現以融合似乎完全相反的意念。不管持有的是那一個信念，這同樣的過程都會發生。

（停頓。）魯柏是有決心的、堅持的、固執的，有極大的能量；也是創造性的、直覺的，他的意識天賦就有極佳的彈性，並且把生活建立在自己是個作者這個核心信念上。

他透過這個信念看所有的經驗，把它們連在一起；他鼓勵那些可以加強這信念的衝動，而阻止那些不加強它的。現在因為這特殊的氣質，可以說，他把自己所有的蛋都放在一個籃子裡。你們那些做同樣事情的人，也以一個特定方式去看你們自己，不管那是什麼。你們會主要地把經驗沿著一條特定的線去組織，它可以是你的性別角色或職業角色。你也許首先把自己當一個媽媽、爸爸、老師、編輯，或一個男人中的男人，然後，你會把某一個特質凸顯出來——你的運動天分、靈性傾向，或不論什麼。

且說，如果原先的觀念隨著你的經驗繼續擴大，而它本身又沒有給你很大的限制，這種集中是非常好的。你也許主要把自己看作母親，最初那可能只涉及在家照顧孩子，但如果你對自己的概念一直如此局限的話，那麼它也許會排除掉作為你先生的太太的身分，否定你其他的許多興趣，而阻止你的人格在其他方面擴展。

同樣的方式，如果你的核心信念強調你的靈性到這種程度，以致切斷了必要的肉體感官表達，那麼它就變得有限制性，最後甚至扼殺了它本來想要表達的那個靈性經驗。

當魯柏在實驗他的信念時，發現自己和兩個矛盾的核心信念面對面，他那「寫作的自己」追隨一個信念，寫某一類文字是被容許而且是好的。他訓練自己排斥任何相反的衝動，從小就把他的生活順著這些方向建立起來。

在通靈經驗開始之後，他發現自己想寫那些發生在他身上的事，並且創造性地用那些資料。然而，他先前對自己是個作家的信念，與這些新的渴望相衝突，因為除了小說以外，他不把任何事物當成是作家的工作，而詩是唯一的例外。

他接著在生活中造出兩個區塊，一個是「通靈者」，另一個是「寫作的自己」。寫作的自己斜眼看待不由他早先熟悉的那種靈感而來的任何創作性資料——而堅持那些創作性資料必須來自魯柏每天五小時的寫作時間之外。當然，這些信念產生了它們自己的情緒，因此當魯柏被別人認作一個通靈者時，他就會生氣。

無論什麼時候，當兩個強烈衝突的核心信念相遇時，同樣的難局也可以發生在任何讀者的經驗裡。要知道魯柏也相信他的通靈工作，並且對它有完全的承諾。他發展了一些身體的症狀，而為了貫徹信念，他正在想辦法解決這些症狀，他自己看見了它們是如何完美地反映出他對自己的內在形象。

（十一點十二分。）我給他有用的資料，但這些只有他自己可以感覺到，並且要周遊過他自己的信念系統才能為他所用。當你了解實相的本質，以及你在形成它時所扮演的角色，那麼你不能再期待別人為你解決你的問題，而了悟你的信念是你自己必須加以混合、配製的豐富創造成分。如果你認為某種食物對你有幫助，它們就會因你的信念使然而有效；如果你相信醫生，那他們就會幫助你。

如果你相信治療者，那他們就能幫你，但所有這些助力最後只是暫時的。魯柏已經了解這一點，他接受他形成自己的實相這個事實，而這個事實有些表現在肉體層面，使他深感不安；他也了解，（停了很久）他不能把我當作拐杖。

《對話》（見第十章第六三九節）已經完成了，這本書透過問答形式而代表「自己」的一個變動，魯柏藉著它認識且面對了許多不同信念。每個讀者，不論有沒有涉及藝術方面的成就，都可以利用同樣方法把個人信念客觀化成對話形式。當你給自己自然的創造力很多的自由，這在夢境也經常發生。常常在一種夢裡，你是兩個分開的人，彼此或陌生或熟悉，一個問另一個問題。

魯柏「事先」收到橋梁信念的那天，他忽然覺得真相大白了。寫作的自己發現他愈來愈被阻礙，因為他信念被局限而無法利用絕佳的資料。他如此防衛地集中在自己的資料上，以致阻塞了創造之流，同時魯柏那些「不可被接受的」層面，卻快樂地繼續創造其他的書，甚至不包括我自己的在內。

魯柏發現自己在與先前寫作的自己討價還價，而突然說：「我在幹什麼？」

他看見他把自己視為作家的核心信念真是非常有限制性，他以前並不明白這點。因為以前他已經有意識地知道它，卻讓它維持著隱而不顯的樣子。他了悟到，不論寫作面和通靈面，每一個都想寫作，而這就是那個橋梁信念。

運用這個橋梁信念，他現在才開始融合新的可用能量。他明白自己就是抱持那些信念的人，而他不再只完全認同於一個核心信念，那個認同就是先前阻止他自由移動和擴展的原因。

（停頓。）原先的信念意思是，他從精神的角度看待世界，大致是認作家和意念是同一件事，把身體當成一個載體，而不認為它是活生生的有機體，但是生物屬性的經驗必須透過肉體而來，因此今晚感官被容許了自由，但這個經驗是被他的心靈敏感度放大的。

如果你主要認為自己等同於實質生物，那麼順著你的信念，可能阻塞了心靈或情感的層面。在此情形下，研究你的信念，將引你在精神與心靈道路上有更多體驗；但都是互相牽連，你不能忽略任何一個而不損及其他。

現在你可以休息。

（十一點三十七分。珍說她出去得很遠，但她知道賽斯談到她，在休息時她的「狂喜感覺」——除此之外她不知道如何形容——繼續著，像波浪一樣的流過她，她對衣服貼著皮膚的感覺極度敏感。「我的身體是如此的敏感，有時候幾乎無法忍受——」

（一個路過的汽車聲從她的腿往上跳，經過她的身體直到她的指尖；在屋子某處的水流聲，使她充滿興奮。珍想繼續上課，非常努力減低她的反應，她點了一支煙坐在搖椅裡，閉上了眼睛。在十一點五十五分繼續。）

魯柏也看到「他相信必須以寫作將自己的存在合理化」這個信念，這是因為他不信任自己本體在時空中存在的基本權利，這些老的信念還沒有追上他較新的信念。

在我的讀者之中，許多人也有同樣「去為存在辯護」的不自然需要，而各種不同的核心信念被建立起來，以隱藏這內在不安感。你可能藉著生育把「你的生命合理化」，然後拴住孩子，永遠不願讓他們走。或者你也許用職業來取代。但在這些情況，你必須逮住這種不必要的意念，面對生物屬性的實相，而明白你當然在宇宙裡跟一隻松鼠、一隻螞蟻或一片樹葉有同樣多的地位。你對它們生存的權利沒有疑問，為什麼要懷疑你自己的？

（較大聲，帶著笑：）那就是我們激情的一課的結尾，你可以刪去那個字。

（「謝謝你，賽斯晚安。」

（十二點二分。珍說：「即使當賽斯在講話時，那種感覺也發生了好幾次。」她的豐富感官反應還在繼續。在課結束後約一小時，床單摩擦她身體的感覺「幾乎讓她受不了」，這個經驗一直到第二天還有些許的痕跡。

（後來加的一個註：與珍的知覺彈性有關的資料，見第十三章六五三節的長註，以及已經說過的六三九節。）

第六四六節 一九七三年三月七日 星期三 晚上十點二十八分

（就在昨天，珍收到一個女人的信，描寫她在幾年前開始感覺對全人類有一種特殊超越的「愛」，她的極深情感仍在繼續，雖然控制得很好，但她並沒有告訴任何人這件事，而想知道我們是否可以問賽斯這件事的意義。此外，她最近收到一個醫學上的判決，說她一、二年之內必然會死。

（珍除了感覺同情以外，還發現這封信喚起她自己的一些通靈經驗，而叫我把這信放在我們的賽斯筆記本裡，請賽斯回答——我們感覺賽斯的回答，很多人都會有興趣。為了同樣的理由，第十二章的課後，我們也納入一個本地居民對某一套信念的經驗。）

（晚飯後，珍覺得疲倦，因此我沒有叫她上課，然後在差不多九點，一個鄰居無法打開他的門，而叫我們幫忙。當這件事解決了之後，珍的精神又來了，且令我驚奇地說，她想要上課，她開始非常安靜地為賽斯說話。）

晚安。

（「賽斯晚安。」）

當你容許情感自發地流動，它們永遠不會吞沒你，而總是讓你神清氣爽地回到「邏輯性」的意識心思想。

只有當你攔住情感，它們才顯得與理性相沖，或把你整個人壓倒。極為重要的是，你要了解意識心的指揮力量，不然的話，你就會相信你永遠被無法控制的條件和情況主宰。

再次的，雖然意識心本來就應該藉著你的信念指揮你的經驗之流，而將之具體化。但實際的機制是被自己的其他部分自動做好。你必須確實信任，你的新信念就與舊信念一樣，是完全有效的。

（停了很久。）你可能覺得，你的宗教信仰與你的健康或日常經驗沒什麼關係，你們那些離開了有組織宗教的人，也許覺得相當不受那些你認為不好的信念影響，比如說原罪的負面暗示等等。然而，沒有一個人在那方面是沒有任何一種信念的，的確，無神論的信念也是一種信念。

在下一章裡，讓我們更深入探討你們對善惡及自己的道德觀抱持的意念，並檢查你的意念反映在生活中的方式。

此章結束。

（「好的。」在十點三十八分暫停。）

現在：給那個女人一封短信，她的信在你那兒，等我們一下⋯⋯

沒有一個男人或女人有意識地確知，哪一天是他／她在大家稱為此生中的最後一天。有生有死就是現在靈魂於肉體中表達的架構。在生與死之間含著俗世的經驗，你看它是發生在一個既定時段內，經過了不同的季節，並涉及在空間範圍內獨特的感知——與其他人類的相遇，全都或多或少與你分享這由自己與時空交會形成的世界。

那麼生與死有其作用，加強並且集中你的注意力。以肉體的角度來看，因為死亡的存在，生命彷彿更可貴。也許正因為你不知道，死亡可能在哪一年或什麼時間發生，對你來講似乎更好過一些。當然無意識地每一個人都知道，卻隱藏那個知識。

通常，人為了許多理由隱藏這個知識，但個人死亡的事實是從沒有被忘記的。似乎明顯可見的是，在這個架構裡，現在，若沒有對死亡的知識，那麼，人是不能在地球實相裡，充分享受生命的。

在這一次的存在裡，你被給予一個從所未有更完全的機會去研究人生並體驗它。它的強度與燦爛、它的對比與相似、它的喜悅與悲傷，都在這兒為你所感知。你的眼睛已經被醫生的宣告打開了。

現在我告訴你：那個強化，為你所了解並欣賞，而人生和生活的經驗被無條件接受，就能在這一生給你帶來另一個誕生。在其中，醫生的宣告沒有了意義。就心靈而言，對你判下的死刑宣告，是對人生的另一個機會。如果你能自由的接受生命，帶著它所有的條件去感受一切層面，單就那個，可以使心靈的和肉體的自己恢復生機。

你信裡所寫的經驗，在好幾個層面都有其重要性，因為你知道會發生那些的事件，所以當然那個經驗本來是要先安你的心。那個經驗是要在情感與心靈上告訴你，每一個個人的偉大意義，顯示每一個人類內在的可愛燦爛，而讓你知道自己和靈魂的完整性，超越徹底毀滅的可能性而存在，就如你自己將繼續存在一樣，不論你選擇那一條路——在兩年內死亡，或再繼續活很多年。換句話說，你將繼續存在，並且在你感覺到的那個愛之內得到成全。

你以前無意識地感覺到你在飄蕩，而人生乏味。在事件的表面下，你感覺不滿足，感覺你有很大的勇氣，卻從來沒有機會用到。沒有「英雄式」的插曲，激勵你到達一個更完全的了解狀態，沒有一個真正的動力把你舉起來，或者把刺激帶入你的日子裡。因此無意識的你選擇一個情況，突然產生了一個危機，激勵起心與靈魂所有最偉大的成分，使得它們必須努力去了解、去感知、去獲勝。因此你會以對你最重要的任何方式去做到那些，你將學會更多，而且更滿足，比起若那些情況沒有被發動還要更好。

這並不意味你以前沒有其他可選擇的路，你選擇了今天這種情況，是因為在過去的生活裡，你是這麼怕死，而試著不去想它。而這一次，你把它擺在注意力的最前方。

在你存在的整個結構裡，這一生是一個燦爛、永遠獨特且可貴的部分，但只是一部分，從中，你帶著喜悅和了解浮露出來，不論明天死或者幾年以後再死，生和死的選擇永遠是你的。

然而，生與死只是你永恆的、變化無窮存在的兩面。感覺並且欣賞自己存在的喜悅吧。許多人活到九十多歲，卻從未欣賞他們的存在美到何種程度。你曾經活過，你將會再活，以你們的角度來說，你的新生命，是由舊生命之中跳出來，並在其中生長，且包含在它裡面，就如花中已經含著種子。

不管我們在那裡，我們都是一個旅行者。而作為一個旅行者，對另一個旅行者，我向你致敬。

回答完畢。你可以休息。

（十一點十一分。但結果這個並非一次休息。相反的，賽斯決定在開始進行第十二章之前，給珍和我一頁資料。這次休息是由十一點二十二分到十一點四十分。）

Chapter

12

恩寵、良心和你的日常經驗

現在：給我們一會兒做書的口述，我們要開始下一章，題目是：〈恩寵、良心和你的日常經驗〉。到現在為止，我曾相當頻繁地提及恩寵的狀態（譬如在第九章六三六節裡），雖然它有許多層面，但實際說來，它是你們感覺幸福感與成就感的原因，也是你們存在的一個條件。每一個人可以用你們自己的話來說以下這事，但常常好像是良心告訴你，你已經「失去了恩寵」，有一些內在的、神祕的、喜悅的支持感，不再護持你了。不幸的是，如你所認為的良心，是一個不值得信賴的嚮導，透過父母、老師與神職人員的口對你說話——也許都是很久以前說的，而每一個人對你或對全人類所謂的是與非，都有他們自己的意念。

（十一點四十五分。）當然那些人是相當容易犯錯的。而當你是個小孩子時，大人好像是個神一樣，他們所說的話這麼有分量，因為你是如此的需要他們支持。作一個小孩，在意識心尚未形成自己的信念以前，你十分有必要接受別人的信念。

你為自己的理由接受那些觀念。那些既定的信念代表意念之心靈與精神的布料——這些就是你可以拿來運用的原料。在青春期有一些信念將被輕易而即刻的放棄，或被改變，以適合擴張中的經驗模式。然而，有些其他信念仍會維持下來，也許某些成分改變了，例如這個信念也許被修正來適合你的新形象，同時主要的模式仍維持不變。

讓我們來想一想「原罪」這個意念，在你們全體的觀念裡，它所採取的一切多采多姿的形式，以及對你們行為與經驗產生的種種影響。

（十一點五十五分。）這個觀念本身遠在基督教開始之前就已存在，而在世世代代的文明裡，以不同的方式傳述。從意識這方面來說，它是一個故事，原罪象徵性地代表你們這整個族類裡意識心的誕生，以及「自我負責」的出現。它也代表了自己與對象的分離——「批評與估量的自己」與「被批評被估量的對象」之分離。它代表了意識心以及定位堅定的個人，由那所有意識來自的「存在基礎」浮現出來。

原罪觀念描繪的是，新的意識自覺獨特而且與眾不同，從由生命之樹進化而來，因而能檢查生命之樹的果實，能首次看見自己與別的生物——好比說那在地面爬行的蛇——不同。人類以一種與眾不同的生物姿態出現，現在，以你們的話來說，當他這樣做時，便十分有意地以一種新的方式，把自己與地球的身體分開了。他的一部分非常自然地渴望那必須被放棄的原始（較大聲）「知曉的未知狀態」（knowing unknowingness），在那個狀態裡，所有東西都是既定的——不需要批判或區分，而一切責任在生物層面上都是注定的。

他看見自己升到了蛇上方，而蛇是無意識知識的一個象徵。然而，蛇永遠讓人覺得迷惑，並且吸引人，即使，就象徵意義來說，人必須站在蛇的頭上，藉著蛇的知識升起也一樣。

隨著這個意識的誕生，人對地球的種種產物也得有意識地負起責任，人變成了看管者。

現在口述結束。要不要把下文當作書的一部分，隨你的便。

（十二點七分。兩個月以前一個好友有了牙痛和下巴的毛病——因此瘦了幾磅——為了以下的理由。）

當你的朋友開始閱讀關於健康食品的書時，他就給了自己關於信念是如何作用的一個極佳例子。如果他現在明白了這點，這個經驗可以是無價的。

如果某些食物是好的，那麼其他食物必然是壞的。如果他在吃了某樣東西之後有了一個症狀，那麼他就避免吃那些東西。在看那本書之前，他不會有那樣子的意念。

因此，拒吃某些食物就變成躲避某種信念的一個象徵，因此有這麼一會兒，當他沒有吃這食物的時候，信念也沒有被面對。人們一直持續不斷以很多這類的方法在這樣做。在你們朋友的情形，當他了悟他可以吃那些食物，意謂著他了解他能面對自己內在的那些信念，如他現在正開始去做的。

他有這麼長的時間拒絕那些食物，就是仍然沒有面對他的信念的一個象徵。隨著現在每一次的勝利——有好幾次在你與魯柏的幫助下——他讓自己看到，信念而非食物才是重要的，並加強了他的獨立與自由。

他看過一本書，討論以腳部反射區的按摩來影響身體的健康。現在，這種「治療法」當中，給予身體自然的體恤是非常有益的，因為身體的權利被納入考慮，而沒有健康食品帶來的對錯價值判斷。

在這本書裡，我將會談到更多關於健康食品的事。例如，你的食物愈少被污染，你就愈健康，但如果你相信身體自己的智慧不能處理平常所吃的食物時，情況就不一樣了。自然的按摩是很有價值的，尤其是由一個懷有療癒意圖的人來做更是如此。它不會解決內在的問題，本身並非答案，但能暫時促進放鬆。

書中所提到的反射區的確存在。如果維持適當的內在態度，這種按摩可以是很有效的。那時它只是用來使身體熟悉那些深深的放鬆感，那是心智不讓身體有的，而這可以是一個非常好的學習過程。

現在你可以結束這節或休息，隨你的便。

（「那麼，恐怕我們必須結束了。」——）

那麼我祝你晚安——

（「我也祝你晚安。」——）

給你我所有的祝福。

（謝謝你，賽斯晚安。

（十二點二十五分，珍說如果我們同意，賽斯是完全準備好要繼續的——這章的其餘部分「就在那兒」。也有更多關於我們自己的資料在那兒等著我們去問，但……）

第六四七節　一九七三年三月十二日　星期一　晚上九點三十七分

（上一節我打字只打了一半，因此，我把其餘的部分從我的筆記唸給珍聽。在今晚的課開始以前，珍帶著無心的幽默說：「我開始從賽斯那邊得到東西，但那是關於我們的，我不要那個，我要有關書的資料——」但賽斯的確帶來了一、兩頁與我們今天的一個討論有關的資料，在九點五十分的一次停頓之後，他繼續第十二章的口述。）

現在等我們一下……口述：蛇是蘊藏在生物屬性之中最深知識的象徵；蛇也包含了在某些方面超越它自己的原動力。例如，夏娃，而非亞當，先吃了蘋果，因為是人類「直覺的成分」——在那個故事中以女性來表現——將帶出這個起步（initiation）；只有在事後，自我——由亞當來象徵——才能得到他的新生及他必需的疏離。那麼知識之樹的確提供了果實——以及「善與惡」——因為這是第一次有任何可以去做的選擇，以及自由意志。

也有其他的故事，一些沒有傳下來的故事，在其中亞當和夏娃一起被創造，他們是在一個夢中分裂成男性和女性的。在你們那個特定的傳說裡，亞當先出現，而女人由他的肋骨被創造出來，象徵著即使由這新的動物中，直覺的力量也必須露出，這個直覺的力量將永遠必須走到前面來——因為若沒有那個發展，以你們的話來說，人類就不會獲致自我意識（self consciousness）。

那麼，善與惡只是代表了選擇的誕生，一開始的選擇只是就存活而言，在早些時候，光是本能就可以供給為了存活所需的一切。更進一步的說，還有另一個意義，反映出所有那些明顯的區分，那些區分發生在一切萬有彷彿把自己的一部分抽出來，把祂的全能分散成為存在的新模式，那些新模式記得他們的來源而渴望地往回看祂，同時仍然在他們自己獨特的個人性裡感到光榮。

（十點六分。珍在傳述時非常的熱切。）「墮落」、反叛的天使，以及變成魔鬼的領袖、撒旦，所有這些故事都是在一個不同層面談到同一個現象。撒旦代表——就那個故事而言——一切萬有或者神的一部分，可以這樣說，走出祂自己之外，而降到人間，與神的造物——人——在一起，提供人們自由意志與選擇，那在「先前」還是沒有的。

（停頓。）因此，你把威嚴的元素及力量給了撒旦，塵世的特質常常出現，比如他被描述成動物的形象，因為他當然也與直覺的俗世屬性連結，新的人類意識就從那些屬性當中冒出來。

就簡單的生物作用來說，你們現在是一種不再完全依賴本能的族類，卻仍舊帶著所有自然的求生欲望，並且在人類種族之內，出現了一個能做決定和分辨差異的心智。

你可以休息一會兒。

（十點十六分到十點三十分。）好，這種新的意識，帶著一面沒有遮蓋的記憶之鏡，在鏡子中，過去的喜悅和苦痛可以被憶起，因此，對於死亡的了解變得比動物所感受的更為切身。

在這個迷惑的新心智裡，一個聯想可以觸動對一個過去極大苦痛的清楚記憶。起初，那個心智把一個記起來的形象與現在這一刻分開是有困難的，人的心智於是奮力要包含很多的形象——過去、現在與想像中的未來形象——並且被迫在任何一刻把這些串連起來。一個極大的加速發生了。

很自然的，某些經驗似乎比另一些更好，但是人類的新能力使他必須做出鮮明的區分。在幫助形成這種分別的基礎上，「善」與「惡」、「比較想要的」或「比較不想要的」，是一種無價的助力。

想像力的誕生創始了最大的可能性，而在同時把極大壓力放在這個生物種族上，其整個肉體結構現在不只要對目前的客觀情況反應，而且也要對想像中的情況反應。同時這個種族成員必須像其他動物一樣，去應付自然環境。想像力對人類有所幫助，因為一個人能預期其他動物的行為。

（十點四十一分。）以另外一種方式，動物也擁有一種「無意識」的預期，但牠們不必覺察到這個預期。再一次，善與惡以及選擇的自由，給了人類幫助，例如惡的動物就是自然的掠食者，如果讀者記得本書先前對自然罪惡感所說的話，就會有所幫助，它有助於了解由這個自然罪惡感發展出來的後續神話及其變奏。（見第八章第六三四節及其他部分。）

當這個心智在發展時，人類這個種族可以將前輩的智慧和律法傳給後代。當然這在現代社會仍在進行，當每一個孩子承繼了他的父母對於實相本質的信念。除了所有其他的考慮之外，這也是動物的一個特性，只是動物用的方法不同罷了。

然而，加速依然繼續。是非的概念，永遠是一個指導原則，而後被個人化的詮釋。因為如先前提及（在上一節裡）與存活的關連，其背面有很大的情感負荷。例如，一開始必須給予小孩子掠食動物是「惡的」印象，因為牠可能殺人。今天一個母親可能不經意地對小孩子說，汽車也是「惡的」。

因此，早期對信念勉強的默認，在生物層上上有其重要性，但是當意識心達到成熟時，意識很自然會去質疑那些信念，並且就那些信念與自己環境的關係而重新加以估量。許多我的讀者也許對善與惡有某種概念，那是非常有阻礙性的，因為它們可能是穿上新衣的舊信念。你也許以為自己相當自由，卻發現其實自己抱持著舊概念，只是給了它們新的說法，或集中注意力在其他面而不自覺。

你的日常經驗與你對個人價值的概念密切相關。

你可以休息一會兒。

（「謝謝你。」）

唸我早先所說的筆記給魯柏聽。

（「好的。」）

（十點五十五分，賽斯講的是他在書的口述前給我們的個人資料，因此我現在唸給珍聽。那是關於我們能增加自由感的方法，可以日起有功，我覺得這個方法很棒。在十一點二十三分繼續。）

你也許很能看透傳統基督教義的扭曲。你也許已經改變概念到這樣一個程度，而覺得現在的想法和以前的想法少有相似之處。例如，現在你也許相信佛教或其他東方哲學的理論。

在那些思想系統與基督教義之間的不同是如此明顯，以致其相同處大半被你忽略了。你也許追隨佛教的一派，在其中非常強調否定身體、克制肉體及禁欲。當然這些成分也是十足基督教形式的特性，但它們也許看起來較容易接受、有異國風味或更合理，因為它們來自一個異於你們童年教育的地方，因此你可能由這一個跳到另一個，高呼著解放，覺得自己相當程度地脫離了舊的限制性意念。

教人去否定肉體的哲學最終必然歸結於宣揚對自己的否定，而建立起對自己的輕蔑。因為雖然靈魂是隱藏在肌肉與骨頭裡，其目的卻是要體驗這個世界，而非去否定。

所有這種教條用到了人工的罪惡感，而自然的罪惡感被扭曲來達到那個目的。不管怎麼說，那些虔誠的信徒被告知，世俗的經驗是有偏差的。因此，做為一個在肉體內的自己，你存在的本身就被認為是惡的。

這一點就足以造成不好的經驗，使你排斥自己經驗架構的基礎本身。你會把身體當作一件東西、一個很好的工具，卻非你的存在透過物質形式的一個自然、活生生的表現。很多這種東方的學派也強調——很多心靈學派也一樣——「自己無意識層面」的重要性，而教你不去信任意識心。

涅槃的觀念（見第九章第六三七節）以及天堂的概念是同一張畫面的兩個版本，在前者中，個體性失落在無區別的意識的極樂裡，而在後者中，仍有意識的個人則一直在作盲目的崇拜。兩者都不了解意識心的作用，或者意識的進化——或者更大的物理學某些層面。能量永遠不會減損，宇宙擴張理論❶對心智與對宇宙同樣的適用。

（十一點四十三分。）然而，這些哲學能導致你對自己身心有一種深深的不信任，人家告訴你，心靈是完美的，因此你就試圖達到那個相當不可能達到的完美標準，而失敗更徒增你的罪惡感。

然後，你試圖更進一步放逐自己身為動物所有的獨特享受，而否定肉體那多慾的靈性，以及靈魂強烈的世俗傾向。你試著擺脫非常自然的情感，因此看不到它們偉大靈性與實質的流動。（停頓。）在一方面來說，有些讀者可能對這種問題不太在意，卻仍然非常確信人類情況的悲慘，而專注在所有「較黑暗的」元素上，眼看這個世界的毀滅愈來愈迫在眉睫，而沒有真正去檢查是那種信念喚起了這些感覺。

他們也許發現自己很容易去責備那些明顯的狂熱者，那些狂熱者大聲呼求上帝的懲罰，而希望世界在硫磺與灰燼中毀滅。然而他們自己也許同樣確信人類基本的無價值，因此，當然也確信自身的無價值。在日常生活裡，這種人會集中注意力在負面的事情上，把那些事積存起來，而不幸地，造成的個人經驗的確也是如此，那似乎相當地加強了他們原先的想法。

雖然用不同的方式，他們卻仍然對地球經驗的價值和完整予以否定。在有些這種例子裡，人把所有人性中的優美加以放大，而向外投射成為一個神或「超級意識」，同時較不可愛的特點都被留給了人。

因此，個人剝奪了自己許多的能力，因為他不認為那些能力是自己的。而當別人表現出那種更高超的能力時，他就大為吃驚。

你可以休息或繼續，隨你的便。

（「那就休息好了。」）

（十一點五十七分。我告訴珍，如果她想結束此節，我也沒意見，她選擇等等看。在十二點十二分繼續。）

到某個程度，這些信念在文明與時間裡，都順著某一個節奏互為消長。

心智是一種制衡系統，就如身體一樣。因此，那些看來極為負面的一套信念也有其益處，可以用來對抗其他的信念。例如，有一段時間，西方文明強調一種理性思考的扭曲面，因此目前對於自己其他部分的強調有其用處。

活在這個世界上的人類，帶著他們自己的問題和挑戰而來，而這個與那些被大家發動並已成主宰的國家信念和世界信念很有關係。當然那些信念是一個背景，各種不同的經驗在其中被測試。這也同樣適用於宗教以及政治與社會的情況。在個人與他選擇作為自己環境的整體信念系統之間，永遠有一個交互作用。

有一種信念，相信生病是由於一個道德上的錯誤而產生的，而另一個相反的信念，則是疾病可以使人高貴、提升，而且在靈性上是有助益的。這種價值判斷極為重要，因為它們將反映在你與任何疾病的經驗上。

現在：那是口述的結束，以及這一節的結束。衷心的祝你倆晚安。

（「謝謝你，賽斯晚安。」十二點二十二分。）

第六四八節　一九七三年三月十四日　星期三　晚上九點五十一分

（在一九七二年九月二十五日上第六一七節的那天，我寫了一個註，描寫珍和我如何看見並且聽見野雁南飛的景象，非常的不可思議且令人感動。在六個月之後的昨晚，一個自然的節奏性週期完成了：在我們上床時，我想我聽見了向北遷移的野雁叫聲，雖然珍沒有聽見。然而我在差不多四點的時候醒來，在那個安靜的時刻裡，清楚的聽到牠們飛翔。然後今天清晨，當我在畫室裡作畫時，同樣的節奏透過了一重細雨，飄然而下。

（在今天晚上的黃昏之前，我第一次實際的看到了野雁。當我正在忙這本書時，聽見了另一次飛翔的聲音與交通的噪音相混，我打開了畫室的一扇窗，外頭仍在下著小雨，一株巨型的桃樹長得這麼近窗，幾乎伸手可及，而透過枝幹，我看到不很平衡的人字隊形，在雲層之下向北飛去，而且一路發出叫聲……

（昨夜珍上了一次非常長的ＥＳＰ課，還有蘇馬利。我以為她今晚也許不想上賽斯課，但到了九點半時，她說她準備好了。我們換個方式，在珍的書房上課，她說：「我先前覺得很興奮，但現在已經過去了，而我只是很放鬆。」

（昨晚的課對於有關動物的夢有了一些新資料，我們在下週的課裡會得到一個副本，那些課是錄了音的；然後在那週之內，一個熱心的同學做了所有工作，把錄音帶謄寫成文字，然後再複印。

（珍今晚的步調很輕鬆。）

現在：晚安。

（「賽斯晚安。」）

就你們所認為的健康和疾病而言，有太多的層面，甚至在一本以個人實相為主題的書中也討論不完，因為身體在個人實相裡扮演著如此重要的角色。

健康與疾病都是身體試圖維持穩定的證據。人與動物的整體健康模式有所不同，因為動物和人的實質經驗差異很大，以後對這個題目還會說得更多。但就整體而言，在動物裡，疾病扮演一個「給予生命」的角色，並且在物種之間維持平衡，因此保證所有相關的生物未來的存活。

以自己的方式，動物對這個事實相當明白。牠們之中有些甚至透過你們稱之為「集體自殺」

的方式，帶來自己的毀滅。在那個層面，動物了解且永遠明白自己和深層的生物連結永遠沒有切斷，牠們知道在自然之鏈內自己的延續。

人給了他自己這個種族豐富的心理活動，卻否認其他的動物也有。然而，有多少不同的物種，就有多少華美與獨特的心理活動。健康與疾病的週期循環，被各種不同的動物感覺為身體的節奏，甚至對牠們而言，疾病在另外一個層面也有救命的特質。

本能是相當精確的，比方說它引導野獸到那些可以找到合適生存條件的疆土；甚至，身體健康就代表了「在適當時間活在適當地方」的一個實質證據，並加強了動物的受寵感，這是就以前提到的方式（見第九章第六三六節）。

（熱切的。）動物了解疾病有益的教育性質，而循著自己本能的方式去處理。在一個自然的情況，這種處理方式可能涉及由一個疆界到另一個疆界的大規模遷徙。在這種情形下，少數同伴的疾病可以使整群動物遷到安全的處所，以及新的食物供應處。

人是非常依賴語文的，因此很難了解其他族類。因為其他族類使用一種不同的意念叢（idea-complex），當然你們以為的那種思想並沒有在其中。但有一個同等的東西存在；打個比喻，就好像「意念」不是由內在視覺意象所加強的句子結構組成，而是由透過觸覺與氣味構成的相似精神模式組成——換言之，那是一種思想，但是在一個與你們完全不同而陌生的架構裡。

（十點十五分。賽斯重複最後的兩句，以確定我正確地寫下來。）

用這個比喻來說，這種「思考」存在於本能的架構內，而你們自己以言辭表達的思想，是可以闖出那個架構之外。此處涉及了你們與動物之間的一個主要差異。就自由意志來說，有其重要的意義。

那麼，動物了解疾病「有益的」指導成分。牠們也理解壓力的本質，那是肉體活動必需的刺激。甚至在觀察一隻貓的時候，你會注意到牠奇妙的完全放鬆，然而牠也會對刺激有即刻的全然反應。因此被人類關起來的動物就會打架，以提供牠們自己必須的、促進健康的壓力因素。

（因為今夜相當的暖，所以我們開了一扇窗，現在我把頭偏向窗子傾聽，很微弱的，在雨聲之上，我又一次聽到了野雁聲。）

你要不要休息一下，去聽你的野雁？

（「不要……牠們反正一分鐘就過去了。」）

牠們的聲音比我悅耳多了。

（「牠們的確迷人，但，」我開玩笑的加了一句，「你也是的。」）

（頗嚴肅地：）謝謝你的讚美。

那麼，動物不從善、惡的角度來想疾病。疾病本身在那個層面上是生命存活過程的一部分，也是一個制衡的系統。當人這個特殊的意識出現時，就涉及了其他的問題，人類對自己有限的生命比動物的感受要更深。

（停頓很久。）隨著這一種自我意識的成長而來的是，潛藏在別的動物之中的種種明確成分的外在化、放大及強化，例如，強烈情緒活動的「個體化」達到一個新的程度。前面提到（例如第八章六三五節）「反省的一刻」的出現，以及隨著情緒強化而來的記憶開始綻放，導致一個情況，這個新族類的成員在現在想起死者，及那些致他們於死的疾病。他們變得害怕疾病，尤其是瘟疫。

人忘記了其中教導與治癒的成分，反而專注於那令人厭惡的經驗本身。到某個程度，這是相當自然的，因為這個新物種的發展就是要改變意識本質而去追隨一個實相，本能不再被「盲目地」追隨。並且以強烈的個人焦點，將肉體的經驗個人化。而那些經驗先前是採取一種不同的模式。

你可以休息。

（十點三十六分，在休息時，珍說她覺得：「非常的放鬆，昏昏欲睡，可是不累。」她在出神狀態時，聽到了野雁的叫聲。

（珍有意識的覺察，她可由賽斯那裡同時收到好幾個頻道的資料，這種情形以前也發生過。我們只需要決定，在休息之後要那一個題目的資料：

（其一是：與人類相比，動物的意念結構是如何作用的。

（其二是：在把藥物實際用在人身上之前，或在涉及注射的實驗裡利用動物——好比說老

各種反應。〕

鼠。〔珍現在加上一句，人的心理實相與動物的有如此大的差異，不可避免會表現出非常不同的

（其三：關於珍自己的資料，是有關她放鬆的狀態。

（我們選擇了第一個，因為它延續了這一章的主題，關於珍與賽斯這種多重頻道的第一次經驗描寫，見第二章六一六節的註。在十點五十八分，以同樣不慌不忙的態度繼續。）

人有更多的空間，來按照有意識的信念形成自己的實相——即使當這些信念的基礎深藏在生物界「無意識的本質」裡。人的「我是」（I am）〔似乎〕是與自然分開的——為了發展他這類的意識必要的特性，把他導入了價值判斷，因而也與其他物種「深深的內在確定性」有點分離了。這個分離是必要的。

因此，疾病被體驗為「惡」。一個人病了，就可以置整個部落於險地。同時，於人類心智發展，狡猾與記憶變成了非常有用的存活工具。在某些社會或部落裡，老弱的人會被殺掉，使那些身體好的人不致因為花太多心思去照料他們，而使整個團體有了危險。

然而，在其他的社會或部落，老人因他們隨著年齡而累積的智慧受到了尊重，這在那些死亡率高的部落裡變得非常實際，歷史就靠著這些老人對過去事件的記憶，而這個團體的延續感也是在它最老的成員手中，靠他把記憶傳給其他人。

一個患過很多疾病卻未死亡的人被認為是個哲人，因為這種人常常觀察動物以及觀察自然本

身的治療法。

在某些時代，物種之間的界限還沒有完全畫清，有很長的時間，人和動物混在一起，而彼此學習。人的想像力使他成為一個偉大的神話（myth）創造者。你們所知的神話，象徵心理活動的橋梁，而且相當清楚地指出感知和行為的模式，經過它們，人類旅行到他現在的狀態。神話連接起「本能知識」與「意念的個別化」之間的空隙。

一隻動物病了，牠立刻開始彌補這個情況，而無意識地，牠知道怎麼做。牠不用花腦筋思考你們所謂的善或惡，不去懷疑牠做了什麼才落到這步田地，也不認為自己比人家差。牠會自動開始對自己的治療。

然而，一個人則需要處理另外一個層面，一個創造性的新領域，及各種信念不同的組合。他必須檢查對自己的意念，因為那些意念正在肉體中具體化。同樣的，這個情況極其複雜，仍然是身體想要維持平衡並朝向健康的努力。全面而言，還必須考慮到世界的情況——即人類在這個行星上的地位，好比說，人口過剩的問題將帶來死亡，以保證新的成長。

（十一點二十一分。）然而，在那種時候，活著的人也會在這種決定中插上了一手。同樣的，因為你是一個有自我意識的生物，你的信念控管你的實相，而一個動物無意識地知道牠是獨特的，在存在的藍圖中有其地位，牠的恩寵感是天生的。你的自由意志則容許你有任何信念的自由，包括那個說你「沒有價值」、「沒有存在權利」的信念。

如果你誤解了神話，那麼你也許會相信人失去了恩寵，而他存在的本身就受了詛咒。在這種情形下，你不會信任自己的身體，或容許身體「自然的」自我治療模式。

以你們的話來說，為了讓意識可以發展，必須要有自由讓人個別或整體地去探索所有意念。你們每一個都是活生生的存有，向著你們自己的發展成長，因此你們的每一個信念都有它自己獨特的來源和情感模式。為了你自己，你必須回溯，旅行過你的信念和自己的情感，直到在理性與情感上，你了悟到自己的完整及在時空中完全原創的存在。

這個覺悟會給你帶來有意識的知識，那是和動物無意識的理解相對等的東西。

你可以休息一下。

（十一點三十分。珍說：「我有一種奇怪的、混合著疲倦與興奮的感覺，就好像我喝了不少酒，我知道喝一點在這些課裡會有幫助，但如果喝多就不管用了。」今晚她啜飲了一些酒。

（珍說還有很多講到在動物裡的自然治癒意念，她開始自己去對這些資料對準頻率，而不是透過賽斯的一個頻道去得到它。久遠以前，人類不只是觀察動物，而且去找牠們幫忙。這跟驚嚇治療（shock treatment）有關，她很驚奇的說。例如：在一次戰鬥之後，若有人在一種驚呆的狀態，那個「動物巫醫」（animal medicine man）就故意去嚇那個人，使他產生情緒上的反應，而把他帶出那個驚呆的狀態。

（珍說：「我想這些動物巫醫是猿類祖先的一支，不是我們所想像的那種猿，卻是在動物和人之間的一個橋梁，身高和我們差不多，而不是四尺高。我看見直立行走的動物——多毛的，有著發亮和充滿同情心的眼神……」

（珍告訴我，她可以更深入那些資料的細節，但因那會完全偏離這一章，所以我們勉強決定不再去追那些資料。這使我想到了種族的記憶以及我們對半人半獸、鳥或爬蟲的神明的那些古老傳承。在十一點五十分繼續。）

好，不管怎麼說，一個動物不需要良心。

然而，由於你們本質上的偉大彈性，人類需要一個架構，在其中，我以前曾提到所謂「正常、健康的罪惡感」的分支才能夠被考慮。

你們所認為的良心，常常是由外而來的是非感，那是在你們年輕的時候灌輸給你們的。一般而言，這些意念代表了你們父母用他們自己的信念，把「自然的罪惡感」加以扭曲後的觀念。（見第四章第六一九節，以及這一章的第一課。）無論是個人或集體的，你們為了自己的理由而接受那些意念。因為在任何一個特定的「時代」，人類對於他創造的那種特定世界經驗，會有很強烈的概念。

因為你們有自由意志，所以就有了處理信念及按照欲望選擇個人實相的責任與禮物、喜悅與必要。我先前（在第九章六三六節）告訴你，你們不可能失去恩寵的狀態。然而，每個人必須在理性與情感上接受這個事實。

雖然這也許像是一個極端樂觀的說法，但是不管怎麼說，基本上，沒有「惡」的存在。這並不表示你不會碰到一些看起來是「惡」的現象，但是當你們每個人單獨旅遊過自己意識的各個層面時，你會了解，所有似乎相反的事物，其實是一個朝向創造的極大「驅策力」之不同面貌而已。

口述結束。在我們下課前，有一個私人的小註。

（頗為出乎意料的，賽斯在這裡離了題，對於我們今天收到的一封信和一些照片，給了半頁的資料。然後帶笑的：）

現在我可以再繼續一會兒。

（「那麼就談一談野雁吧！」）

我也想這麼做呢！現在給我們一會兒。

（停頓。）因為牠們本能的知識，吸引了你，同時牠們代表了內在的自由，人正處在有意識地把內在自由客觀化的過程中。野雁也提醒了你，你們自己很深且明確的生物屬性，而藉著牠們的飛翔，從你內在喚起了那個知識，那就是你正從生物屬性躍入了稍稍覺察的現實層面裡。

牠們那種既單純又複雜的遷徙是完美的，然而，身為動物之一，你們的旅程是遠為不可預知的，打開了可能性的大道。在其中，你的意識與自由意志，容許你在自己創始而後居住的世界裡，變成有意識的創造者。

（好玩地，更大聲地：）這樣可以嗎？

（「是的，很不錯。」）

那麼我祝你們晚安，並且給你倆最衷心的祝福。

（「非常謝謝你，賽斯晚安。」）

（十二點十三分。珍仍然覺得興奮又疲倦。註：近來她在寫她的小說《超靈七號系列：漫遊前世今生》續集〔見珍的序言及第一章〕，非常貼切地，那本新書叫做《超靈七號系列：穿梭幻相實相》。）

第六四九節 一九七三年三月十九日 星期一 晚上點三十七分

晚安。

（「賽斯晚安。」）

好，現在是「作家時間」。

（「好的。」）

（停了很久。）在任何一個特定時代，會有不同的「信念氣候」瀰漫於全世界。例如，有些會像低氣壓一樣聚集在某個地區。有些通常是地方性的，其他的則像偉大的季節性風暴，掃過各大洲。

記住，概念是與氣候一樣的自然，而它們也是遵循著些模式，並且服從著某一些定律，就好像那些實質的氣候一樣。不幸地，沒有一個人以這樣的角度去檢視精神實相的本質。你誕生在某些「群體信念」的中間，那些群體信念按照你出生的國度而有所不同。就如當你進入身體時，便進入了身體所處的實質環境中，因此出生時，你也進入了一個豐富的心理環境。在那個環境中，信念與概念也都同樣的真實。

當你更能熟悉地運用意識心時，自然會檢視那些環繞著你的信念，即使當你在質疑並常常遷出自己本地環境之外時也是如此。你可能移居另一個地方，在那裡的流行概念和當地天氣一樣，都更加適合你。

不管怎麼樣，對於你自己、你的身體和生活，你總是會有某些傾向和看法。這當中有很多將會直接或間接與古老的神話及你祖先的信念相連。例如，你的善惡概念應用在健康與疾病上是非常重要的。（停頓。）很少人能夠避免在這種地方作價值判斷。如果你把疾病當作一種道德上的恥辱，那麼，你只是把一個不必要的特性加在任何健康不佳的狀況上。

這種判斷是非常簡化的，而忽略了人類動機與經驗的偉大範圍。如果你很固執地認為「上帝」只創造了善，那麼任何身體上的缺陷、疾病或殘缺，就變成對你那個信念的一種污辱，或威脅，而使得你生氣且憤恨。如果你生病了，就會恨自己不是你應該是的樣子——不是按照完美上帝的肖像所創造的一個完美的身體形象。

另一方面來說，如果你認為生病也可以是一種學習的過程，那麼就會落入另外一個極端，而去推崇疾病，當它是必要的、令人高貴的經驗，因為你認為身體被整肅之後才能拯救靈魂。

隨著這樣一個信念，你就會把受苦和聖德、孤獨與純潔混淆起來，把對身體的否定當作靈性化的，而且是一個神聖的記號。在這種情況下，你甚至可能故意去得病來證明自己靈性的力量——也讓別人如此認為。同一類的價值判斷可以適用於人類活動的任何區域，而當然會引起社會的回應。那些回應會更加強流行的信念，轉而再影響個人。

你也許相信財富是美德的結果，是來自「上帝的」直接祝福。之後，貧窮就變成缺乏道德的一個證據。「上帝」使這麼多人貧窮，顯然沒有一個人有勇氣敢去改變這種狀況——這種理論常常被用到。那麼按照這個信念，窮人就跟病人一樣的受到鄙視。

窮人或病人到底犯了什麼罪呢？人們常常都有意無意的問起，而把你帶回對懲罰的信念，那與自然罪惡感的觀念無關，卻與對自然罪惡感的扭曲有關。這也和對聖經的誤解有關。如你們所認為的基督，只是說你們形成了自己的實相，他試著超昇出那個時代的概念系統之上，然而即使是他，也必須要用到那些概念系統，因此，罪與罰的暗示扭曲了他所給的訊息。

有些人的信念則相反，認為貧窮是一種美德，富有是一種罪，而且是靈性上的缺陷的一個證據（見第二章第六一四節）。在你們的社會裡，這個信念可以一直回溯到聖經，以及基督常常和窮人而非富人相處。然而這些情形，都是以偏蓋全的道德判斷，涉及了罪惡感，在其中，個人的經驗反而被遺忘了。

你可以休息一下。

（十點十分到十點十九分。）

這種批判性的評價也被用在顏色上，白色常常被認為純潔，黑色則被認為不純潔；白色好而黑色壞。

這當然也涉及了對種族的考量，而你必須了解，你現在的種族，就是你在這個時空裡選擇出生於其中的。每個人都曾經是不同種族的一員，因此，以歷史的角度而言，你們都曾經分享過身屬不同種族的利弊。

這時不適宜對種族的重要性作冗長的討論，然而，每個種族都是極有意義的，代表全人類整體的不同面向。因此，每個種族對於人類心靈有其象徵的意義。任何一族所經歷的外在經驗與結構可能會變，但內在的象徵仍然會維持著，而且人將以創造的方式處理這種象徵。

你的種族，你對自己和其他種族的信念，以及一般人對種族的看法，都會影響你的日常經驗。簡單地說，如果你以人的角度來看上帝，就會把祂投射成屬於你自己的那一族。如果你屬於少數民族，或是黑人，那麼你就可能陷在矛盾的信念裡。

不可能把你日常經驗的任何面向，與你的信念及置於其上的判斷分開。信念到頭來就是你的是非觀念，而它們涉及了你所有的態度，關於疾病與健康、貧與富、種族關係、宗教衝突，更重要的是，你切身的每日心理實相。

讓我們更進一步來探討，當你自己一個人或與人相處時，這些主題與你個人的關係。

（真摯地：）本章結束。

註釋

❶「大爆炸」理論假設在一百到一百五十億年前，所有的物質——或能量——是集中在一個偉大原始的「原子」裡，這個龐然巨物爆炸，而我們今天所見仍然擴張中的宇宙，就是那次爆炸的結果。這個理論另外的一個說法談到，一個悸動的宇宙是由所有物質——能量不斷的膨脹與崩潰所形成的。

Chapter

13

善與惡、個人與群體的信念，以及信念對你個人和社會經驗的影響

等我們一下。

（「好的。」在十點三十一分停頓。）

第十三章。我要用一種特定的方式來呈現這個——標題，「恩寵的狀態」，這樣寫（打出水平的手勢），然後畫一條垂直線……在線的下面寫「健康」……接著下來再寫「財富」……

（賽斯—珍在空中比劃，完成這份清單，然後告訴我，我還要再放第二組，有自己的標題，和第一組並排。我忙著會意，只有時間問一兩個問題。）

恩寵的狀態	失去恩寵的狀態
健康	疾病
財富	貧窮
白色	黑色
基督徒	非基督徒

這樣你有沒有比較清楚了？

（「有。」我說，但是當時對比清單並沒有像此處這樣排得那麼整齊。我覺得奇怪又納悶，因為我不確定賽斯要幹什麼。）

這不是本章的標題，而是對照表。好，再來一組同樣的清單：

恩寵的狀態	失去恩寵的狀態
印度或東方人	美國人
自傲的窮人	令人難堪的富豪
棕色皮膚	白皮膚
深深了解神祕事物	冷漠無情
對宇宙的了解	靈性的貧乏與瓦解

再另一組：

恩寵的狀態	失去恩寵的狀態
｜	｜
年輕	年老
直覺的了解	僵化、精神與心靈的無知
知識	無知
美麗	醜陋
理智的能力	心智能力的瓦解
體力充沛	失去活力
一個充滿希望的未來	槁木死灰

本章的標題：〈善與惡、個人與群體的信念，以及信念對你個人和社會經驗的影響〉。你弄清楚了嗎？

（「清楚了。」）

在這一章我們將討論一些目前流行的信念，涉及你最切身的行為，也涉及了社會的暗示。現在你可以休息一下。

（十點五十四分。我問珍有沒有什麼事煩她，因為今天晚上這屋子不是很安靜。她說沒有，她的出神狀態很深且沒有被干擾到。

（她現在與我一同檢查那些圖表，看有沒有排錯，在十一點三分繼續。）

我把許多人抱持的一些相反意念大綱列在這兒——全都涉及了善與惡的意念，這些意念被應用在不屬於它們的那些領域裡。

這個圖表會使某一些對比看得很清楚，我只是想在開始進入下一章之前，把這些信念清楚的表列出來。（很高興的：）所以，今晚就可以放你假了，因為我們的確做得很好。將來我們會談到尚未談過的社會信念。

那麼我就祝你們晚安。

（「謝謝你，賽斯晚安。」）

（十一點六分。在我還沒寫完以前，賽斯已經走了，在走之前，他談了一下珍和我自己正在做的一些其他工作。珍說她現在累了。）

第六五〇節　一九七三年三月二十二日　星期四　晚上九點五十分

（這節開始得晚，因為我們在試昨天買的一套高品質立體音響。珍要這個音響是為了她的「蘇馬利」。當我們在店裡時，我一時衝動就買了一支錶，那支錶不只指示時間還有日期的功能，為了某些理由，我覺得指示日期的功能很有趣。）

晚安。

（「賽斯晚安。」）

我很高興你現在一看就可以知道日期了。

（「我也是。」）

你將會常常用到那一套音響，而且是你現在沒有想到的用途上。

這些簡單的圖表，只代表了從「道德價值」觀點所見的一些普通信念。你對善惡的意念，不只影響了你和別人在一起的行為，而且也影響你在社區裡及在世界上的活動。

用第一個圖表，許多人相信作為一個基督徒、白色、富有及健康極佳是「善」的，而且是道德上的優越。現在，雖然「男性」這個字眼沒有出現在圖表裡，也可以加進這個為人偏愛屬性的單子裡。

那麼，人是透過那個信念系統來看這世界。如果你相信那些信念，會覺得那些特點是上帝所賜的。按照你執著那些意念的熱度，你會發現它們把你包住了，因為以一個很有限的方式，它們會界定你對善的觀念。抱持這種信念的人，常常是所謂很有「宗教情操」的人。強調類似信念的國家，會派傳教人員去使那些異教徒——因此也是比較差的——改信基督教。

有這種感覺的人，當他們與不同種族、信仰或膚色的人處在一起時，會非常不舒服。當他們在處理社區事務這一類事情時，雖然本該熱心友善，卻會非常頑固保守。他們把貧困當作沒有得到上帝歡心的一種表現，因此他們就產生一種傾向，對這類事採取不干預的態度，而讓上帝自己去處理。他們似乎帶著同情談及別人的困難，卻同時認為那困難是因為那些人天生低賤的關係。

這些人可能各種年齡都有，也可能來自任何一種經濟背景。現在。如果你剛好是基督徒，而且是男的、白人、美國人，富有而健康，至少在你自己的信念架構之內，可以用「無疚」的眼光來看自己。不過你的基礎的確非常不穩，但至少你暫時安棲其上。你會注意到，我把「基督徒」還有「美國人」加到了我們價值系統裡。然而如果你持有這一組信念，而你差了一點——就是說在某些方面你並沒有符合——那麼即使在這個系統裡，你也是有問題的。

（十點五分。）這裡面有些成分比另一些的背後更具情感因素。一個擁有這種信念的天主教徒或猶太人，顯然有一些格格不入，而當他把自己和那些完全符合條件的人相比時，就會有一種罪惡感。一個接受這同樣信念系統的黑人，就真的是問題大了，如果他恰好又窮，那就是處在雙重的危險中。

在那個信念圖表裡，疾病、貧窮、到某個程度「女性」、非基督徒的觀念，及一個非白人的種族傳承，全都多少被認為是錯的。

在那個系統內，若有任何其他信念侵入，就會被認為是一種威脅。種族問題與宗教爭執將會由這些信念的立足點而被合理化。我有一些讀者，可能認為他們自己非常的開通，譬如說，相信轉世是由一連串連續的生命組成，然後用那個觀念去合理化「相信別的種族是比較低劣的」信念。他們也許會說，既然一個人在這一生中選擇了他自己的難題——例如決定生為黑人或貧窮，或兩者皆有——那麼「業力」正在作用，所以這種問題不應該經由改變法律或習俗來加以調整。

（見第九章第六三六節，有些關於業力、轉世以及賽斯對「同時的」時間的概念。）

看一看第二組圖表右邊的那個，你會發現在這種情形和這種國家的人，他們的思想比較開通，但如果你了解他們是在某個方向上有成見，就如第一組的人是在另外一個方向上有偏見一樣，那麼你就會發現，他們也不是那麼開通。

在第二組系統中做個白人、美國人、富有或即使在經濟上還過得去的人，都是錯的。所有在基督教義中的扭曲在此是很明顯的，當然第一組的人會對之視而不見。然而此地富有與白皮膚不只是壞，而且顯然是道德敗壞的表徵。如果第一個信念系統把錢和財產看作上帝的祝福，那麼第二組的人就把物質的擁有當作心靈腐敗的證據。

此處，異國事物被浪漫化、被抬舉了，如畫般的東西被當了真，黑皮膚或棕皮膚變成了靈性完美的準則，而貧困不只是一種驕傲，而且常常被用來作為一個攻擊的利器。遵循這些信念系統的人認為，他們是對的。他們的生活方式、在社會上的人際關係以及政治傾向，都與「白色—富有」倫理剛好相反。

現在，如果你剛好是黑色、棕色或貧窮的人，而相信個系統，至少在裡面會覺得很安全。反之，如果你是一個富有的白種人，卻持有這種信念，就會認為自己實在很差勁，而盡所能去表現你是多麼具異國情調、開通，並且多麼像黑色或棕色的人；同時你卻仍然是白色、相當富有，並且也許偷偷執迷於你的基督教。

無疑的，你會把偶像及印度念珠非常有品味的展示出來。

我們休息一下。

（十點二十七分到十點四十五分。）

當然，第三個圖表可以橫貫前兩個信念系統。在前面兩組裡，有許多的餘地，例如可能在那兩組中，有與你意念相關的一個、兩個或三個偏愛的特性。但你對年齡的意念沒有留給你這樣自由，因為你們所有人遲早——以你們的話來說「如果你幸運的話」——將接近老年。

許多人相信現在是一個靈性與（或）物質正在走下坡的時代，也是一個所有那些好不容易才贏得的成熟屬性慢慢消失的時代，而推理的功能就像是從心智的思考性手中流失的沙粒。

如果在第三個信念系統裡，生命被看作美好的，那麼青春就被視為皇冠上至高無上的寶珠，從那個顛峰起，除了走下坡之外，就沒有更進一步的旅程。老年人不再被給予智慧的特徵，卻被人當作惡的、壞的、不為人所喜的或者是可怕的，對那些人來說，衰老似乎是生命自然而不可避免的結尾。

如在這本書中早先提到的（在第十一章六四四節），許多心中相信這種信念的人，卻試圖不去承認它，而拚命的想要年輕。年輕和年老各有其位置，而在你們人類的社會裡，兩個都扮演了重要的角色。

你們習於以遺傳的說法來思考。從肉體角度來看，而且是以一個與你想像中不同的方式，遺傳是很重要的。然而，某一些世俗經驗是依賴著時間的長度，是心智在很長的歲月裡與經驗嬉戲的結果。

有一些十分自然明確的機能被發動了，那是很少被你們科學家知覺、更談不上了解的。當身體裡面的心智清楚地看見它在地球上的時間接近尾聲時，精神與心靈的加速便發生了。這種現象在許多方面很像青春期的經驗，因為都有一個創造活動的大湧現，隨之就帶來了很多疑問，並且在為一種全新的人格和成長做準備。

（珍非常有力地強調著，並且有很多手勢。）要不是為了你們目前的信念系統強迫老年人用它來詮釋自己經驗的話，這個現象本來應該是十分明顯的。許多意識擴展及精神和心靈成長的例子，常常被你們詮釋為衰老之象。在老人的主觀經驗——尤其是在「衰老」的狀況——與那些涉入意識擴展（不論是自然的還是用藥引發的）的其他年齡的人之間，有很重要的關係，卻沒有被科學家發現。

（十一點六分。）任何這種感覺立刻被老人壓了下去，因為怕被診斷為「老耄」。然而這些經驗影響大腦的右半球，而以多少和青春期相同的方式，把能力釋放出來。

那麼，當時候到了，一個人開始越過世俗的生活，而打開覺察的層次，那是當他們仍捲入於正常成人生活強烈的以物質為導向的焦點時，所不能夠做到的。很不幸的，通常這個人沒有可以支持這樣一個擴展的信念系統，身心兩方自然的治療被否定了。藥常常被用來作為抑制劑，遮蔽了看來好像是扭曲視象的清晰性。然而，這卻是你生命中最具創造性的可貴層面之一。反之，在你們的社會裡，你們使老人自己覺得很無用。當然，他們自己常常也是這麼認為，而在這種環境下的經驗，完全沒有讓他們準備好去面對那個主觀的經驗。

沒有老師去指導他們說，老年是人生非常具創造力的部分。在老年與童年之間的關連，常常被以一種貶損的方式提出來，但這個人卻是在那麼一個同樣具創造力的狀況。當然，我現在是一般性的來說，因為你們的生活條件如此地扭曲了自然的情況。

甚至發生化學與荷爾蒙的改變，也對那個時候的心靈成長有所助益。因為你們的信念系統否定了老年人本來可以得到的喜悅肯定。

你可以休息一下。

（十一點十七分。珍在個非常深而活躍的出神狀態中，她如此的專注於這些資料，而對別的事物都渾然不覺。她說：「天啊！我覺得賽斯正在進入一些真正的好東西——一個全新的老人病學，我真的進入了那種感覺。動物在無意識中已經知道了所有這些，但進入有關老年的資料是這麼的奇怪，」她很驚奇的繼續說：「我們的社會完全沒有想到那樣的事，我覺得非常興奮。」

（珍和我對這些資料至少在情感這方面都有了準備，我的父親在一九七一年二月去世，是在他住在一個縣立「養老院」三年之後。他被診斷為老人病。在那段時間裡，他大半是在不同份量的鎮定劑之下度過的。聽了今晚的資料之後，我不免覺得他失去了他「自然傳承」的一部分——不論他有沒有自己決定這條路，或是被迫如此，或兩者皆是。我想，賽斯會說我的父親選擇了他一生中所有的環境，而這樣在老年的一個「剝奪」，具體化了一個可能的結果。但雖然我同意，我還是希望情形不是如此……

（對在十一點六分資料的一個註：腦子包含了兩個獨立的半球，彼此並排且中間有一個共同的基礎相連。通常只有一個半球是主宰。每個半球是由一些區或腦葉組成，那些都有特殊的功能。從每個半球發出的腦波模式常常不一樣，組成每一邊的不同腦葉發出的也不一樣。然而沒有兩個腦子是相同的。

（現在珍發現她只剩下了一支香煙，所以她輕鬆的說：「好吧！那麼我們的課只好短一點了。」──在十一點三十五分繼續。）

口述（停了一分鐘），就某一方面而言，在你們有限的參考架構內，「迷幻經驗」（Psychedelic experience）無法解釋──這種「若有所悟」的現象並非不能解釋，只因目前的信念系統給了你們太大的限制。

因此不論在什麼年紀，一個啟示是很難跟別人講的。然而，當你在比較老的年紀時，沒有一個人會對這個現象感到興趣，但是就如在青春期一樣，它就在那兒──那個最偉大的創造力，可能露了出來，卻沒有被認出。這段時間對個人及對人類可能比任何其他時間都要有利──如果它被認出來是怎麼一回事的話。

所發生的奇特化學變化常常導向更大的觀念與經驗，但是這些與你所想的那些實際運用無關。那麼，有一個機制被發動了，而發生一種原動力，在其中，人格把他自己由「時空取向」中釋放出來，而不必再以「成人的」方式去參與。

再次的，那時人格以最純粹的方式來看經驗的本質。一些早期文明裡，這是在自然架構裡發生的（停頓），在那些文明裡，老年人的身體被照應了，而他們所說的話被非常注意的傾聽。

對「老年智者」的意念和類似的傳說，在此一樣的適用，就如對有力量老婦的神祕觀念一樣。在自然的老化過程裡，如果不去干預的話，老年人就會相當了解自己的「幻相」，而身和心能合作得非常好。

現在（較大聲的：）此節結束。我對你倆最衷心的祝福。

（「謝謝你，賽斯晚安。」十一點四十九分。）

第六五一節　一九七三年三月二十六日　星期一　晚上九點四十六分

（我們在珍的書房裡上課，因此她可以坐在新錄音系統的雙擴音器之前。但到現在為止，我們還沒能把那些機器操作得很好。）

晚安。

（「賽斯晚安。」）

你們對年齡的信念——就像每件別的事情一樣——將形成你們的經驗，而你們的群體信念將影響文明。以你們現在社會持有的觀念來說，男人和女人從年輕的時候就開始害怕年老。如果青年期被認為是生命幸福與成功的縮影，那麼老年就被視為反面，是一個失敗與腐敗的時間。

以你們的話來說，這些與你們對有意識與無意識心智兩者的扭曲意念有關。一般而言，在西方社會，意識心被視為在青年期開始發揮本領，那個時候的「自己」，是由童年的無意識背景中升起，而達到他批判性的覺察和辨識。對於「區別」與「不同」的了解被認為是意識的最偉大特點之一，因此，它的那些層面被重視。在另一方面，與意識同等重要的消化、組合與相連的特性被忽視了。在學術性以及許多根本非學術性的圈子裡，都把理性當作批判性的作用。因此，你愈能下診斷，就會被認為愈有理性。

在西方的成人期，意識最專注於一個特定的活動領域及實質的操縱。從童年期，心智就被訓練去用它好辯、分別的特性，冷落其他的特性，而創造性也只被容許流過某些非常有限、被接受的管道。

當一個人年紀大了——好比說退休了，那一類「特定類型的專注」，其焦點就不再那麼地說有就有，心智實際上變得更是它自己，可以更自由地用它更多的能力，被容許溜出那個限制區之外，而去消化、欣賞和創造。

然而，就在這個時候，這個人被告知要小心任何這種意識的不集中，而認為那一類行為是精神衰退的一個徵兆。那些追尋群體信念的人會發現，他們對自己的意象改變了，而害怕他們的年齡本身或時光中的存在出賣了他們。他們視自己為剩餘物資，是較好自己的一個晦暗遺跡。而在他們的價值判斷系統裡，因為他們在時空中持續存在的這件事本身，而自認有罪。如果他們以前曾經信任自己身體的健全，如今也不再如此了。他們開始演出由別人寫作的戲劇——然而，那是經他們默許的。

你可能看不出那個情形與你對顏色的信念有任何關連，然而兩者是密切相關的。

我要讓你們休息一下，聽聽你們的錄音。

（十點五分，我們把錄音放來聽，然後做了一些調整，在十點二十三分繼續。）

現在：你們將白色看作與聰明的意識、善和青春相等；而把黑色當作與無意識、老年和死亡相等。

在這個價值系統中，你們懼怕黑色種族，就好像基本上懼怕老年一樣。譬如說，黑人被認為是原始的，被認為有創造性的音樂才能，但有很長的時間，這些是「地下的」活動；他們創造出可被接受的音樂作品——卻不被容許進入可敬的國家音樂廳裡。

因此，在你們的社會，黑色種族代表了你們認為的自己那個混亂、原始、自發、野蠻的無意識部分，是「高尚美國公民」的底面。

那麼在一方面，黑人是受壓迫的，可是在另一方面，作為孩童，他們又很被寵愛。人們總是對黑人有一種很大的恐懼，怕黑人這個種族會逃離他們的枷鎖——得寸進尺——只因為白人如此害怕內我的本質，並且認出了他們這麼拚命試圖在自己之內扼殺的力量。

有時候，像個人一樣，國家也會有人格分裂症。因此有一種交互作用，在其中，黑人表達了就整個國家而言的某種傾向，而白人表達了其他的特性。

兩個團體對他們的角色都有一種默許，以較大的角度來說，當然每一個在其他時地曾屬於其他種族；或更正確的說，在同時的存在裡，一個扮演另一個的角色。

就如在老年一樣，黑色指明了對那種無意識力量的一個回歸。所有這些到此為止都是從美國和西方的立場來看，這是我許多讀者涉及的實相。然而在其他「地下的」信念系統裡，黑色被視為偉大的知識、權力與力量的象徵。當這個進行到一個極端時，就產生了魔鬼崇拜，在其中，不太被了解的創造力與活力的力量，以扭曲的形式衝出；於是意識的底面被抬舉了，而其他的、白色的、「有意識與客觀的」價值被貶損了。

然而在這兩種系統裡，老年人都被否定了他們獨特的力量與智慧。因此這個文明及在其中的個人，受到了損失。

（覺得有趣的：）我的朋友魯柏啤酒喝光了，因此我讓你停一下。

（十點三十七分到十點四十八分。）

所有這些也都與你們關於清醒與做夢狀態的信念相連，白人熟悉白天，而黑人則熟悉做夢的狀態。再次的，此處有**光明之神與黑暗王子**或**撒旦**的古老連繫——全是在不同發展階段所做的分別，也與現在意識的來源有關。

同樣的，世代以來，地下的哲學曾試圖把兩個觀念統合起來，當它在打擊就歷史而言的當代觀念時，卻往往由一個極端走到另一個。譬如說，在這些哲學裡，有一些認為，相較於照亮夢境的那種真正燦爛奪目的知識，日光是蒼白的，而黑色則是祕密知識的象徵，在正常的意識當中找不到，也不能夠在日光下審視。

這裡你就會發現黑色魔法師的故事；而再一次的，年齡也加了進來。因此，有智慧的老男人或女人的傳說就進入了民間故事裡。死亡被以善惡、黑白這種價值判斷來看——意識的毀滅被視為黑的，而它的復活則被當作白的。

明覺之光被體驗為白色的，它卻常常出現去描寫靈魂的黑暗，或去照耀夜晚的黑暗。因此對你們而言，這兩個彼此依附，而被你們用自己的信念去改變其內涵。

在許多古老的文明裡，夜晚及其黑色是被尊敬的，而夜間意識的祕密也被探索，找出了彼此的關係。在其中，這種知識被有意識的用在白天。意識的兩個似乎分開的層面混合了起來，而有了藝術與文明的開花結果，那在你們現在是幾乎不可能想像的。在這種文明裡，所有的種族都歡喜的各得其所，各種年紀的人也都因他們各別的貢獻而受到尊敬。

在這種社會裡，這一章所討論的有限價值判斷並不適用。個人——或種族——並不需要採取某個特定角色來演出人類特性的不同部分，每一個人被容許做個獨特的人，還有這句話所暗示的一切。

這並不表示人類從那種恩寵的狀態落入彷彿較低的情況，而的確表示你們已經選擇了使機能與能力多樣化，可以說把它們孤立了起來，為的是學習與了解甚至去發展它們特異的本質。

有辦法去融合你的內在知識，包括了對光明與黑暗、好與壞、年輕與年老的互相矛盾價值，以及用這些準繩和最實際的方式豐富你自己的經驗。這樣做時，你不只是提昇了自己，也提昇了社會甚至整個世界。你也會認出你必然存在於其中的那個恩寵狀態。讓我們來看看那些方法。

現在，當魯柏檢查那邊的機械裝置時，你可以休息。

（十一點一分到十一點十九分。）不只在個人也是在群體的經驗裡，你們必須要嘗試在經驗的彷彿不同層面裡找出其關連，去統合光明與黑暗、意識與無意識等等。如在我早先的書《靈魂永生》裡談到的，你們在清醒與睡眠狀態之間做了很大的區分（見那本書第八章五三二節），它們被清清楚楚的分開，而沒有做什麼努力去把兩個連在一起。因為工作的關係，許多人會覺得改變睡眠時間很不實際，然而，你們有一些人能夠這樣做，而那些對這件事真有興趣的人，至少可以偶然達成某一些的變化，那可以容許你更有效的把你的睡眠和醒時活動連接起來。

能夠做到的人會發現，一個略微改變的安排，將會對你非常有利。我建議你一次睡足六個小時，不要更多，如果你覺得還需要更多一點的休息，那麼可以加上最多兩小時的小睡。

（停頓。）許多人會發現，一個五小時穩定的睡眠時間相當充足，需要的話就加上一個小覺。然而，一個四小時的睡眠是理想的，而由覺得自然的不管是什麼樣的小睡來補足。

在這種情形下，兩種意識狀況之間沒有造出很大的人工分界，而意識較能夠記憶和融合它的夢的經驗；而在夢裡，自己也可以更有效地用它的醒時經驗。

常常在老年人裡，可以發現這種現象自然的產生，但是那些在四小時後自動醒過來的人，因為信念使他們認為自己害了失眠症，因此不能適當利用他們的經驗。然而，在一個簡短了的睡眠計畫中，意識與無意識兩者會更遠為有效的運作，而對於那些涉及「創造性」工作的人，這類時間表會帶來更大的直覺和可被運用的知識。

順應這種自然行為的人，會覺得他們自己有更多的穩定性。當然，在我提到的一般性模式之內，每一個人將找到自己特定的節奏，也許你需要做一些實驗才會學到最大的平衡，但活力之流會被提高。

的確，在你生命的某些時期，這個模式會有自己的起伏。按照你自己的節奏，較長或較短的睡眠時間會自然的發生。透過這種練習，你所認為的意識將會擴大。一般而言，八小時或更長的睡眠時間是沒有益處的，在更大的方面來說，那對人而言是不自然的。

（十一點三十七分。）有一種化學反應，或不如說是反應之化學節奏的互相遷就，那在短些的睡眠期間要有效許多。許多人睡得超過了那些你們有最大創造力和警覺性的那段時間，那個時間是意識與無意識最完美集中並合而為一的時候。正當意識心可以從無意識得到它最大的益處，且可以在你所知的世界裡得到最有意義的平衡時，它常常被睡眠弄昏，在那種情形，你夢境的美和明覺可以清楚地在意識心裡顯現，用來豐富你的實質生命，並且你經驗裡的對比情況將以統一的清晰呈現給你。

現在，（友善的：）那是口述的結束，除非你有問題，否則這節也要結束了。

（「呃……我一下子也想不起來。」事實上我相當累了。）

那麼我就祝你晚安——我建議你倆至少試一試我們提供別人的這些主意，你們可能會很驚奇哦！

（「好吧！」）

我給你倆和那個機器最衷心的祝福。

（「謝謝你，賽斯晚安。」）

（在十一點四十三分結束。珍的出神狀態很好。她聽見大約十分鐘前錄音機自動關掉了，但沒聽見其他外面的聲音。

（我們通常晚上睡六小時，然後再睡個半小時的晚午覺來補充。珍也常常打斷她晚上睡覺的時間，而自發的醒來，然後起來一小時左右。）

第六五二節 一九七三年三月二十八日 星期三 晚上九點十三分

晚安。

（「賽斯晚安。」）

現在：口述開始，在你的醒睡模式這樣一個改變，會非常有效的把你看自己個人世界的方式改變了，因而也改變了你對實相的一般觀念。

到某個程度，你認為的有意識與無意識活動會有自然而自發的混合，它本身就會帶來對存在於自我與自己其他部分之間交互作用的更大了解。無意識不再被認為與黑暗或未知的可怕成分相等，它的特性轉化了，因此那個「黑暗的」品質，事實上會被看作光照著部分的有意識生命，同時還提供給正常的「自我取向」經驗更大的力量之源。

在另一方面來說，有一部分平常的行為如果本來看起來是不透明、不清楚或黑暗的——舉例來說，像那些未被了解、具個人特徵性的行為——可能因為這個改變，而突然變得相當清楚，那時，無意識的陰暗面就會變得光彩耀目。

障礙被打破了，建基其上的某些信念也被打破了。如果無意識不再為人所害怕，那麼，那個象徵它的種族也不再被害怕了。

從我建議的醒睡節奏中，也還會帶來許多其他自然與自發的理解。無意識、黑顏色與死亡，全都有很強烈的負面含意，在其中，你害怕內我，也不信任夢境，而它常常暗示了死亡或邪惡的想法。再次的，改變醒、睡的習慣，卻可帶來一個轉變，使得以下三件事都變得很明顯：夢包含了偉大的智慧與創造力、無意識的確相當的有意識，以及事實上，在夢境可以保留個人的本體感。那時人們就不再有那個「以死亡為象徵的自我毀滅」恐懼。

其結果是，其他依賴這種相反觀念而存在的個人信念，也就自動的被打破了。

（九點三十分。我看見一個很大的黑色帶翅螞蟻爬到珍的搖椅背後，靠近她的頭。下一秒牠爬到她的頸子上了。珍在口述到一半的時候跳了起來，本能的把那隻螞蟻掃掉後，又迷糊的坐回搖椅裡。她最後說：「只要一隻小蟲就夠我受了。」她休息了一會兒，點了一支煙，又回到了出神狀態。）

你有沒有聽清楚？

（「我大聲的把最後一句唸出來。珍──賽斯繼續下去。）

當你發現，你在夢境與醒時一樣的警覺、有反應，而且理性，你就不可能在舊架構中繼續運作了。這並不是指在所有的夢中，你都能達到那一種的覺察，但在我建議的醒睡模式之內，這種情形可以常常被達到。

（十分有力的：）達到了某一個有益與自然的情況，在那之內，意識和無意識的心智會合了。不論你的睡眠模式是怎麼樣，這種情形都會自發地發生，但卻是很短而很少被記得的。這種最佳狀況這麼短的原因，是因為意識長時間在昏睡狀態。

動物隨著自己自然的醒睡時間，而以牠們的方式，從這兩種狀態中得到比你更多的益處，並且以更大的效率用到那個益處──尤其是在身體天生的治療系統那方面。牠們完全知道什麼時候去改變睡眠模式為較長或較短的時間，因而調節腎上腺素的產量，管制所有身體的荷爾蒙。

在於人類，也和營養的觀念有關，就你們的習慣來說，身體在晚上真的被餓了很久，然後在白天又常常被餵得太飽。在夢裡所給的重要治療資料，本來是應該被記起來的，卻沒有被記起，是因為睡眠習慣使你掉入你所認為的無意識裡太久了。

身體在比八小時少得多的時間裡就可以得到休息與更新，而在五小時之後，肌肉本身就渴望活動。這個需要也是要醒來的一個信號，因此，無意識與夢的資料可以被有意識的融合。

休息一下。

（九點四十五分到九點五十五分。）

你們許多人對於實相本質的錯誤觀念，是直接與你放在你「睡時與醒時經驗」及「有意識與無意識活動」之間的分界有關。實際上不存在的那個相反兩方似乎發生了，神話、象徵與合理化全都變成了必要，為了去解釋在兩個看起來如此不同的世界之間那些似乎的分歧，還有似乎的矛盾。

有時候個人的心理機制被啟動了，表現為神經病或其他的精神問題，這些就把內在的挑戰或兩難之局帶到光天化日之下，那本來可以藉由有意識與無意識實相的妥協而很容易解決——

（十點一分，我們又被打斷了——這次是被電話。我接了它，然後珍脫離了出神狀態就接了過去，她和一個女人談了大約五分鐘，那個人住在兩小時車程遠的地方，想來參加ESP班。）

口述：（悄悄的。）

（「好的。」）

在自然的身心關係裡，睡眠狀態像是一個偉大的連接者、一個詮釋者，而容許有意識與無意識資料自由的流動。在所建議的那種睡眠模式裡，建立了最有益的條件。在這種條件下，神經病與精神病根本就不會發生。而在這個系統中，意識自然來回的空間裡，外在的難局和困難在夢的環境裡被解決了，而內在的困難也能透過實質經驗象徵性的解決。

有關內我的這種明覺可能會在醒時世界清楚的出現，而同樣的，關於有意識自己的無價資料也可能在夢境中收到。在兩種情形裡都有一種心靈能量自發的流動，以及適當的荷爾蒙反應。舉例來說，你不會因為壓抑而使這些能量阻積了起來，也不會害怕情感及其表達。

在你們現在的信念系統裡，你們以一種曖昧的眼光來看無意識，常常產生一種對情感的恐懼。那麼，情感不但在醒時生活中常常被阻撓，而且在夢中也盡其所能的被檢查；它們的表達變得非常的困難，產生了很大的能量阻塞，那在你們來說，可以形成神經病或甚至更厲害的精神失常行為。

對這種情感的抑制也干擾到神經系統及其治療的功能。這種被壓抑的情感，以及有關無意識的扭曲觀念之後的整個情感負荷，形成了向外對別人的投射。在你周遭會有那些人，你將會把帶著情感負荷的嚇人情感或特性投射到他們身上。而同時，你會被這些人吸引，因為那個投射代表了你的一部分。

就一個國家而言，這些特性會被向外投射到敵人身上。在一個國家之內，它們可以被導向任何一個特定的種族、信仰或膚色。

（在十點二十四分停了很久。）你們的睡眠模式並不是無緣無故發生的。它們不是你們因科技或工業養成的習慣而造成的結果。反之，它們是那些引起你們去發展一個科技、工業社會信念的一部分。它們出現在當你開始愈來愈將經驗分類，而把自己看作與自己心理實相源頭分開的時候。在自然的環境裡，動物雖然在晚上睡覺，但是仍然有部分的警覺，以防掠食者與危險。而在哺乳動物腦子天生的特性裡，有一個偉大的平衡，使得在睡眠中，身體可以完全鬆弛，而同時意識被維持在一個「部分懸著，消極卻警覺」的狀態，那個狀態讓動物得以有意識地參與和詮釋「無意識」的夢中活動。這個狀況也給了身體更新的機會，但身體在那麼長的時間當中並非一直躺著，一動也不動。

（停頓。）哺乳動物也會改變牠們的習慣，來適應你們強加於在牠們身上的那些條件。因此在實驗室裡研究的行為，不必然與這些動物在自然狀況下表現的相同。

單獨來看這句話，可能會使人誤解，當然動物這種行為的改變本身也是自然的。動物的意識與你們的不同，就你們的意識來說，必須有一個更細微的辨識力，因此無意識的資料才能夠被消化。（停了很久）然而，所有人類的發展都潛藏在動物的腦子裡，而許多你沒有覺知的屬性也潛藏在你們自己的腦子裡。這些潛能所需的生物性途徑已經存在了。

（非常積極地講出來：）再次的，在你們目前的信念裡，意識被以一種很狹窄的說法，與你們對理性行為的觀念畫上了等號：你把這個認為是精神成就的顛峰；由兒時「未區分的」知覺生長出來，而在老年時自覺可恥，又回到了那個未區分的知覺狀態。如我所建議的這種醒睡模式，會使你與心理行為的偉大創造性和富有精力的部分——那個並不是完全沒有區分的，而只是與你對意識的一般性觀念有所不同——相熟稔，而這在你的一生中都在運作著。

舉例來說，你認為的「時間的扭曲」自然經驗，在兒時與老年同樣會發生，代表你基本的「時間環境」（time-environment）十分正常的經驗——比你們這麼熟悉的鐘錶時間要正常多了。因此，我所建議的模式會把你帶得離了解自己實相近得多，而幫助你打破那些造成個人與社會分界的信念。

你可以休息。

（十點四十六分。珍笑著說：「這是一個很好的出神狀態，雖然有蟲子和電話。」而後在十點五十六分：「賽斯又差不多準備好了。……」）

長時間醒時意識的持續活動，到某個程度，與你們自然的傾向並不符合。

這把你由先前提過的「有意識與無意識資料自發的協商」切斷了。而就「清醒太久」而言，必然造成了某種改變，而使得那個拖長時間的睡眠變得必要了。（熱切地：）身體被否定了它所需要的經常休息。有意識的刺激過了頭，使得那個融合變得很困難，而在身心關係上加了一個很大的壓力。

經驗的兩面開始採取了完全不同的行為特徵，無意識變得跟意識愈來愈陌生了，而圍繞著無意識所造成的那些信念，以及涉及的符號被誇大了。未知的東西似乎具有威脅性，而且會變壞。

代表未知的黑顏色與邪惡就有了很強的連繫——被認為是應該避免的東西。在夢中或睡覺時，自我毀滅似乎是一個對你永遠存在的威脅。那麼在同時，你就變得害怕那些通常由無意識裡露出燦爛的、創造性的、自發的、情感的湧出，而把它向外投射到敵人、其他的種族或信仰上面。

性行為顯然會被那些最怕他們自己感官本性的人認為是敗壞的，把它歸之於原始的、邪惡的或無意識的來源，或甚至企圖在這方面檢查他們的夢，而不使自己回憶起。然後他們就會把最大的性放縱投射到他們選擇來代表自己被壓抑行為的那些團體身上。如果性就等於邪惡，那麼，那些團體當然也會被認為是邪惡的。

如果這樣一個僵化的團體成員相信年輕是純潔的，那他們就不會承認性經驗在兒童時期有任何地位可言，還會改變自己的記憶去適合其信念。

如果一個年輕人相信「性」是好的，但老年是不好的。那麼他就會發現不可能把活力充沛的性生活當作一個較老的人經驗的一部分。在夢境，同屬這個年輕人的小孩與老人可能同時存在，而使得這個人對於他生物性一生的全部範圍相當覺知。

（十一點十二分。）在其中，小孩與老年人的智慧兩者都是可以得到的，從「將來的經驗」而來的教訓也唾手可得。為這種交互作用，在身體裡設有十分自然的肉體機制，然而，你目前的醒睡模式建立起人工的疏離，因此否定了你自己許多本來可以得到的這種利益。再次的，你對於善與惡的意念和你的醒睡模式密切相連。

你們那些無法實際地在睡眠習慣做任何改變的人，由改變你們在我們討論範圍內的信念，也能獲得一些益處。學習去回憶你們的夢，而且當你們方便的時候稍作休息，隨後立即記下那些你可以記得的夢中印象。

你必須放棄你認為無意識活動是令人厭惡的這種意念。你必須學著去相信你的本性是「善」的，不然你不會去探索自己實相的其他狀況。

當你信任自己的時候，也會相信自己對夢的詮釋——這會導致你更大的自我了解。你對善與惡的信念會變得更清楚。而你就不再需要以誇張的方式把被壓抑的傾向投射在別人身上。

口述結束，且這節也結束了。

（「謝謝你。」）

我對你倆最衷心的祝福，叫魯柏討論一下他的筆記。

（「好的，賽斯晚安。」）

（在十一點二十四分結束，賽斯說的是珍今天為她的長期理論性作品《面向心理學》所寫的一點東西。見她對此書的序以及第三章六一八節。）

第六五三節　一九七三年四月四日　星期三　晚上九點二十三分

（這個週末，羅勃・門羅和他的太太南西來看我們，他們住在維吉尼亞中部的一個農場上。羅勃是《出體之旅》（*Journey Out of the Body*）的作者，珍和我認為這本書是這一類書中最好的。除了其他的事情以外，他要告訴珍關於The Mentronics Institute的事，那是一個他建在自己農場上的研究機構。這個機構被「一群傢伙」用來研究各種不同的通靈活動，那麼，這些「傢伙」將是醫生、超心理學家、精神醫師和其他科學家。

（賽斯在四月一日星期日晚上透過來了，與門羅夫婦有一個很長的錄了音的討論，我們預備星期一晚上再碰面。然而，從星期一早晨開始，珍開始有另一個強烈創造性靈感的爆發——歷時好幾個小時清楚的超越狀態，她在星期天下午我們的客人還沒到以前，就有了這樣的預感。此處我將描述一下這個現象，包括一些珍對這件事的記述相當長的摘錄，以顯示當這本書在寫作途中，珍自己其他的心靈活動。同時，這種知覺也給了這本書一些洞見。

（在星期一，珍對我描述她改變了的意識狀態——當她還在那當中的時候。而第二天早上，她盡可能的寫了一篇詳細的記錄。

（她寫道：「星期天下午在客人來之前，我開始讀一本愛默生〔活在一八〇三至一八八二年的詩人與哲學家〕的書。我看到了其中一篇叫〈詩人〉的文章，談到說法者是那些用他們內在能力來『說出自然的內在祕密』的人。這篇論文給了我很深的印象，似乎和我自己的寫作與通靈特性有所呼應；當然我想到賽斯在《靈魂永生》第二十章裡所描寫的『說法者』。〔按照賽斯所說，愛默生也是一個說法者！」然後，門羅夫婦就來了，我們有一個熱鬧的晚上。賽斯過來了，等等。

（「當我第二天早上坐在桌邊時，突然之間，我充滿了前所未有最強烈生動的靈感，一整天我都被它帶著走。我發燒般的寫個不停，激動卻很快樂，結果是一篇長達九頁的詩，叫做〈說法者的對話〉，這也許會繼續變成一本書。我在三月初寫完的那一本詩集《靈魂與必朽的自己在時間當中的對話》就是這樣開始的。

（「當我在午後寫完了這首長詩後，我愈來愈無法描寫自己的感覺，也沒法打字了，以下是最後的兩段：

那些「說法者」存在嗎？
他們堂堂宏偉的生命跨越了我們的，
透過他們的眼瞳
我們望到一個宇宙
但所有我們所知所見
只是如此具壓倒性威力的
一項計劃的細節

以至，現在，當我寫作時，
我變得軟弱
並哭訴
我所感覺到的
未能以我的文字表達
它們無法容納
這種內在的證據。
那留給我的鴻溝是如此碩大
以至那未曾說的成了全部——
而在那兒
我所無法掌握的
正是我之為我及你之為你。
我的思想疲弱
如我呈杯狀的手
無法抓住這些意義，
但我們的生命卻像

我指尖的影子。
因此我們是被別人
派出來的，
那些宏偉龐然的親戚
在一個如此廣大的家庭裡。
而其中
每一個成員
卻都沐於恩寵中。

（「當我掙扎著寫這些詩時，我主觀的意識擴大了很多，我又再叫羅。我開始感覺到說法者『龐然的生命』（massive lives），而我覺悟到自己已經超越了詩句而進入了實際體驗。那個靈感現在指揮著我的知覺，因此當我環顧四下時，世界已經有了改變。當這些發生在我身上時，我們所認為『主觀的生命』變成『真實而客觀的』，而就被我們以看正常實質生活的眼光一樣的去看它。

（「這永遠不是一個可以完成的過程，但內在資料的向外具體化是一個精采的——雖然有時候會令人不安——經驗。

（「從我坐的書房桌旁，我面對著我們小廚房的窗子。我可以看過樹頂——我們住在二樓——而看到下一條街的街道。那不是三度空間的，卻是更生動的，我……看見……感覺到……龐然的形象站在我所看見的街景邊緣；而且也在世界的邊緣。當然，我的眼睛是睜開的。用我的內在視覺，我感覺到那些形象之中的一個，堅實而不可思議的龐大，可能彎下身來用他巨大的臉龐看進我廚房的窗子……雖然我也明白，所有這些只是我對自己收到印象的詮釋。

（「在同時，相反的，我對房間的知覺也有了轉變，在裡面的每件東西，雖然就我的眼光來看，仍維持它們的尺寸，卻變成縮影般的小而可愛，像一個玩具般的世界模型——卻是一個真實而活生生的世界。我的房間是在無數玩具房屋中的一個。我非常的興奮卻不安，試著順著這種現象，卻仍維持某一種『彷彿』的距離，因此我不至於完全失落在那個經驗裡。

（「羅建議我小睡一會兒，因為門羅夫婦大約一小時後就會來了，當我試著睡覺的時候，從許多念頭裡，跳出了一個令我嚇一跳的念頭：『我們是在「上帝」內。我們從未外在化！』但這些話也難以解釋我對這個意念情感與主觀的參與感。因為我突然感覺在上帝內就好像在屋子內，我們想像與所知的每件事都是在其內的，根本沒有外面。

（「我覺得有一點『幽閉恐懼症』……我的視覺又再以一種奇怪而平順的方式改變了，因此，我看見的每件東西都是在它自己裡面的一個，重重相套，永無止境。我突然覺得自己渺小起來了，但幾乎即刻有一種最怪的奇妙安全感，而我了悟到，既然我們在上帝之內……真的是用

『神本身』來造成的，因此，是永恆的。

（「我下一個感覺就是這種『在內的性質』（inside quality）是如此不可思議的廣大，因而，在它裡面有所有可能的、不斷擴張的『空間』；只有一個在內的能夠擁有那些經常擴張的特性。

（「這些意念每一個都像是情感上的啟示，伴以各種身體的感覺及視覺的改變。在此，其他的經驗也開始了，我以各種不同的程度失落在其中。有一個是關於我的身體變得巨大——並非好像很巨大，而是巨大這個感覺的本身。我實際上就是很巨大的躺在那兒，我擴大了一點，升高了一些……」

（珍然後經驗一整串涉及巨大這個觀念各面向的事情。雖然對她的身體而言，這些完全是「真的」，她也知道它們是內在實相象徵性的詮釋。我們認為也涉及了賽斯描寫的細胞記憶，如以下她的描寫證實的：

（「……下一件我知道的事，就是我回到了床上，我又變得又重又大，而且一度感到害怕，我放在枕頭上的左手已經變成了一隻鷹爪。我的眼睛是閉著的，但就肉體的感覺而言，手的確變得如此。我感覺手裡奇妙的力量，它試著像鷹爪般的去抓。我感覺……最怪的一種……胄甲，那是陌生卻堅硬有勁的爪子，取代了我們所謂的肉。然後我的肩膀和整個背的上半面開始變成一隻大鷹，撲著翅；它湧出的力量與陌異的感覺令人吃驚……

（「在一個無法描寫的過程裡，又發生了另外一個改變，這次我是一隻恐龍。我的意思是，我真的是。當我站在一個大平原上，仰立起來，發出粗重而得意的吼聲。在老鷹與恐龍之間有一個相似性，在於身體的冑甲或不知何物的那種奇怪的粗糙……這些都是我經歷的階段……或者至少是我身體裡某些細胞記得的——但就我而言，這種切身感非常的栩栩如生……

（「羅叫我，然後去旅館接門羅夫婦。我覺得開心極了，卻筋疲力盡。我開始起來著裝，仍舊覺察那種『在上帝內』的感覺。外面的鳥開始叫，我整個人呆住了：那些鳥就是神在唱歌！這不是一種象徵性或藝術性的感覺——而是一個突然明白的事實！

（「即使當我發現自己笑出來時，牠們甜蜜無比的歌聲仍在我的耳際……我給『說法者』的詩打了一天的字，而新染指甲油的邊已經剝落了，我現在把它們補一下。不管在上帝裡面或否，我都很能夠以如此俗世的方式來想事情，當我走進客廳去替客人做準備時，那個房間也是一個『在內的在內』……」

（珍的這種超越經驗又持續了幾天，她也回想起一些沒有寫下來的細節——通常這些回憶是被我們日常生活的平常事件所觸發。

（星期一晚上我們沒有上課，反之，珍用她「自己的」能力去對羅勃所畫的一個機器圖對準頻率；那是他在一次出體經驗中看到的。有關物理的問題就來了——「費米空隙」〔Fermi gap，與某種電子的移動有關〕等等——而珍後來畫起了她自己的圖。她很喜歡這樣子用自己的能力。

（她給了羅勃她的筆記和圖，然後在星期二除了寫下關於她超越經驗的插曲之外，對星期一晚上的討論也作了一個描寫，並且為她自己的記錄把筆記和草圖重組了一下。

（今晚在九點二十二分時，珍說：「我覺得賽斯就在身邊，在一分鐘之內我就可以準備好了。很奇怪，但當我坐在這兒等時，我感覺到很多的顏色和很大的期待，我常常如此——幾乎像是當我寫了一些很好的詩時那種高飛的感覺，好像在星期一……」她的眼鏡拿下來了。）

晚安。

（「賽斯晚安。」）

你們對睡眠、夢或任何意識的改變態度，全都多少被你們西方社會裡有關善與惡的信念所渲染。這些是由舊式清教徒的工作倫理——「魔鬼為空閒的手找到邪惡的工作」——而來。這種想法本身帶來了一個全面性的態度，而對休息不表贊同，並且對夢也沒什麼好感。白日夢與甚至意識輕微的改變，也是一種道德上的缺失。這種意念以無數的方式，在你們的社會上以及那些善惡價值並不明顯的領域反映出來。然而積極的運動被認為是好的，卻常常被拿來與消極的直覺活動對比，而認為後者是壞的。

你們堅持一個可以實質展示的物質產品，就此而言，夢或白日夢不被視為是建設性或有生產力的。

年輕人被鼓勵攻擊性的去面對人生，但這是指競爭性的。它也暗示並且只提倡一個外在方式的個人意識方向。不只是將意識專注於外在世界，而且在那些限制之內，它還更進一步的集中於某些特定目標，而不贊同其他的傾向。

這種人被訓練去認為，意識的任何改變或似乎「消極的」活動多少是危險的。例如一個藝術家，只有當他的作品賣得很好時才能被容忍。在這種情形下，人們認為那個畫家只是比大多數人發現了一個更狡猾的賺錢方式。

作家只有當他的書獲得了名或利，才被容忍。詩人則很少被容忍，因為，通常他的天分是得不到名利的。

做夢的人，不管他的年齡、職業或家庭背景為何，是被認為最糟糕的，因為他似乎甚至沒有一樣技藝來作為道德懶惰的藉口。抱著這種信念的人們，將發現極難了解他們本身的創造力，也無法看到在夢裡完成的工作和在那兒遭遇的許多經驗。他們對做夢的人或世界上的理想家少有敬意，而會是第一個去攻擊那些在同輩中表現出這種傾向的人。

但是無論如何，每個個人的內在部分不會被那些信念影響。的確，那些意念會反映在他們的日常經驗中，且看起來似乎非常的合理。然而在其下，內我對發生在夢中的偉大衝擊性創造力卻相當明白，並且了悟到個人能量的來源與這種對善惡本質的表面觀念無關。

休息一下。因為這是本章的結束。

(「好的。」)

Chapter

14

哪一個你？哪一個世界？你的日常實相是特定可能事件的表現

（九點四十三分，珍不知道第十四章講些什麼東西。她說：「我只是在等……」在九點五十一分她說：「事實上，在我腦子裡沒有任何對賽斯或其他事的意念。」我們繼續等，外面開始飄著微雨，車子嘶嘶的穿過街道，我們聽見樓下一間公寓的電視聲，雖然並不大聲。最後在十點一分繼續。）

口述，第十四章：〈哪一個你？哪一個世界？〉。

（在出神狀態她的雙眼閉著，坐著不動大約一分鐘。）

繼續題目：〈你日常的現實是特定可能事件的表現〉，那就是全部的題目。

（在十點六分停了很久。）

可以稱頭腦為心智的實質副本。藉由頭腦，靈魂與智力的功能可以和身體相連。透過頭腦的特性，非實質根源的事件轉變成了實質有效的事件，那麼就會有一個明確過濾和集中的效果在運作。實際來說，你的確透過有意識的信念形成了實相所採取的面貌，那些信念被作為過濾與指揮的原動力，把某一些非實質的「可能事件」由其他區域帶入了三度空間來實現。

其他的可能事件也同樣可能會變成你的實質經驗。你對自己的那些信念，會形成你的自我形象，而後會對你認為什麼是可能或不可能下定義。因此，從那些非實質的可能事件裡，你只選出那些能符合你的。

因為你心理與心靈的結構，所以在你存在的豐富構造之內，真的是有無窮盡的變化，你可稱之為「可能的自己」。在一個或另一個實相裡，這些全部都會被經驗到。然而，在你目前的存在裡，你只會用那些你相信自己擁有的心理特性，因此，人格是不能下定義的。

身體的實質構造追隨著你的信念，因此，所有身體的感官資料將忠實反映出那些指揮其活動的信念。以某種說法來說，催眠只是改變信念的一個練習，而很清楚的顯示出感官經驗的確是順隨著期待。

你目前所認為的那個「自己」，只代表了你存在的可能狀態之一，它露出並進入了實質的經驗，然後指揮肉體的生活和身體，界定所有的感官資料。當你對自己的意念改變了，你的經驗也隨之改變。

甚至切身的身體經驗也會改變。你可能會說「你就是你」，但哪一個你才是你？從最個人的角度看來：每一個個人創造了他自己的世界。你們人類的生理配備主導你們的群體經驗到某個程度時，就會達成一種協議，但也只是順著某些一般的路線而已。

（在十點二十七分停頓。）你感知的整個私人經驗形成了你的世界。但你居住的是哪一個世界？如果你改變了自己的信念，因而改變你對實相的個人感受，那麼那個世界——似乎是唯一的一個——也會改變。你的確一直在經歷信念的改變，而你對世界的知覺也隨之有所不同。你似乎不再是以前的你。就是這樣——你不是以前的你，而你的世界已改變了，這不只是象徵性的。

你常常會掉入「失效」狀態裡，可以這麼說，事實上是把你的意識拉了回來，而以一種較不充分的方式來體驗生命。在這種狀態下，你似乎沒有直接體驗自己，而真的就在你認為的清醒狀態之中，以最機械化的方式來活動，隨著習慣走，對於感官的刺激變得比較不覺察。

在這種情形下，你的信念通常失掉了它們的銳利，你給身體的指示也不太清楚，而世界看起來好像模糊了。這常常是一個有很深無意識活動的時候，是當新的潛在可能特性在等待良機的時候——可以這麼說，等著出現。

你可以休息。

（十點三十七分到十點五十五分。）

以你們的話來談，可能的事件被帶入實現，是藉由身體的神經系統而透過意志或有意識信念的某種強度來達到的。

除了你熟悉的那個之外，這些信念顯然還有另外一個實相。信念吸引並且把某些事件帶入存在，但另外一些則沒有被帶入。因此，它們從無窮的各種可能事件裡決定要經驗那些事件。你似乎是在你世界的中心，對你而言，你的世界是在靈魂與肉體意識相交的那一點開始。

（在十一點四分停了很久。）給我們一點時間……

以表面的說法，你擁有的「我」的感覺，是經常露出的「可能身分」（probable identities）的結果，它在時間中有其連續性，那是經由身體裝置與天生的神經反應間隔造成的。你只記得你的本體實質實現的部分——那些被帶入肉體模式的部分。（帶著手勢，而且有力的：）這是「實質的腦」集中而有限行為的一種結果。因為在你們的世界裡，有效的存活行為必須依靠對時間的反應。因此，神經模式的活動造成一個「現在」的幻覺，在其中，你的意識顯得集中而警覺。

以某種方式而言，「將來的事件」現在就已經存在，但它們太快了。它們跳過神經末梢太快了，而你尚未能實質的感知或經驗它們。

神經脈衝擁有比醫生或生物學家所假設遠為不同的實相。當你現在在想時，「過去」仍在發生，那個「牽引」（drag）仍在躍過神經突觸（synapses），但是沒有被實質的記錄下來。過去的事件仍在繼續，你只有意識地以肉體結構經驗到事件的一部分，但這結構本身則記錄了整個事件。

以這樣一種方式，細胞維持自己的記憶，雖然你不感知它，並且身體能覺察到所謂將來的事情，雖然通常你不會有意識的感覺到這個。（突然非常熱切且快速的：）然而，在心靈活動的其他層面，你是可以得到這種知識的——但只有當你把經驗從用時間來啟動的神經結構中分開時，可以藉著各種意識的改變（這常常是十分自發的發生）做到此點。

許多這種狀況，比任何正常的有意識質疑，可以給你對「非肉身實相的本質」一個更為直接的經驗。哪一個你？哪一個世界？到某個程度，你可以為自己發現其他可能的你，那是你存在的一部分。

休息一下。

（十一點二十分。珍說當她在出神狀態時，她不知道傳述得這麼慢——當我問她時，她卻似乎憶起這些起伏。她認為賽斯是「試著把這些資料以一種讓那些不太熟悉這種事的人也能懂的說法來說，同時也要讓一個醫師感興趣——那不是件簡單的事。還有一堆關於神經突觸與神經元等之類的東西，他沒有放進去……」

（在兩個神經細胞或神經元之間的連接稱為突觸。〔見第九章六三七節。〕這些日子裡，珍從科學家那兒收到較多的信，他們很多人問很有意思的問題，那是有關在這章裡談到的東西。在十一點四十五分以較快的速度繼續。）

它們代表了你的「不在實質層面上的經驗」。我親愛的朋友魯柏（短暫地較大聲），在第一本《超靈七號系列：漫遊前世今生》的小說裡，對這個給了一個比喻。你知覺某一個事件為「現在的」，是因為你的信念透過神經突觸而讓那個事件進來，並且吸引它，然後它似乎變成了過去。然而，你只實質地對它的一部分對準了頻道，那個過去的事件繼續存在，有其自己的「將來」，而按照你把哪一個可能的行為拉進下面一個經驗裡，來決定你對它感知與否。

因此，過去的確有其自己的過去、現在與未來。從某個過去事件，你只會將它的一個特定未來具體化。但事件本身繼續著，而有其自己的次元——或者不如說是一個多重次元，那是你也擁有的。

舉例來說，你可以深究細胞的記憶，卻只用記憶回溯所記得事情的被承認順序。但是從現在的你來看（強調地），在你過去的一些成分與將來的成分同樣都是不可預料，你的過去就與你的將來一樣，都有創造性在等著你。但想要去利用這種經驗，你必須學著去改變信念，並且到某個程度逃開你習慣用的那種特定、狹隘的有意識焦點。

現在，我們可以繼續這一課——

（「請便。」）

——或者結束也可以，如果你們願意的話。但如想繼續，就休息一下好了……有一些課可以繼續較長的一段時間。

（十一點五十五分。珍困惑的說：「我們不是剛剛才休息嗎？」我把這個情形解釋給她聽，這些課不一定常常是這樣子的。在十二點五分繼續。）

給我們一會兒。肉體結構本身包含了你會稱之為「意識進化必須的先決條件」——甚至在某個限度內也包含了經驗組織的必要先決條件，那是以現在對你而言彷彿十分陌生的方式。

感官資料可以用不同的方式去組織。有某些機制與途徑，能使你有相當的可能性去看見聲音，或聽見顏色——雖然這不是你們這個時候所採用的習慣。

（停頓。）以某種方式，時間的間隔可以被躍過。就如當一個「過去的」嗅味或景象，可以突然以現在的生動狀態被覺知——雖然你會說它已經在過去發生了。在特定情況下，一個記憶也許會突然變得比目前這一刻的事件更真實，因而跑進你目前的經驗，就如它第一次發生時那樣的有效，甚至彷彿蓋過了目前的事情。

如果你的肉體結構沒有天生的機制容許它這樣做，或如果在某種情況下，神經細胞突觸之間的正常間隔不能以不同的方式被躍過，這就不能發生了。以同樣的方式，一個將來的經驗，也能在你的「現在」被實質感知到。現在，在你通常的意識之下，並不知覺實質的身體也可以對將來的事情反應，就如它也可以對過去的事情反應一樣。在這種情形下，最初非實質事件的強度，已強到足夠去打破正常的神經模式。

如果你覺察到這樣一個將來的插曲，就會被迫以一個有意識之人的身分去對它反應。無論如何，不論你對這種行為的理由知道與否，肉體的結構仍然會反應。然後，將來的事件可能照它的時間順序發生，而你會透過記憶認出它來。在這情形下，你對那個曾經是將來的「現在」反應，將因彷彿的過去記憶而被改變。

然而，以你們的話來說，那件事也許根本不會發生。因為它或許升自一個可能的過去，那一度是你的現在，可是，你卻從那兒岔了開去。這就是為什麼通靈者的預言常常似乎沒有得到證實的理由之一。因為在每一個點你都的確有自由意志，透過你的信念去改變經驗。

你的信念是形成目前經驗的樞紐。

現在，口述結束。此外我還有幾句話要說……

（十二點二十分。賽斯現在為珍和我傳述了兩頁資料，而課在十二點三十七分結束。）

（對可能性有興趣的人，還可以看《靈魂永生》第十五、十六、十七章。）

第六五四節　一九七三年四月九日　星期一　晚上九點四十五分

晚安，並且口述開始。

（「賽斯晚安。」）

以你們的話實際來說，當你把可能的事件想作潛在的將來事件，它們似乎比較合理。雖然你會這麼想，但事實仍舊是在你個人的先前經驗之內，有「仍然能夠發生」的可能過去事件。一件新的事真的仍然能在過去誕生——在「現在」。

這極少大規模地在這種你感知的方式下發生。現在的一個新信念，可以在神經層面上引起「過去」的改變。你必須了解，基本上，時間是同時的。現在的信念的確可以改變過去。在一些治癒的案例裡，例如，癌症或者任何其他疾病的自發性消失，是因為做了某一種改變，而影響了過去細胞的記憶、基因的密碼或神經的模式。我盡所能簡單的來解釋。這種例子裡，達到了一個在某時間存在的深層生物性結構；在那一點，可能性被改變了。而那個病況在你們的現在——但也在你們的過去——被抹掉了。

（在十點一分停頓。）對健康的一個突然或強烈的信念，的確能「逆轉」（reverse）你的病，但以非常實際的方式來說，它是對時間的一個「逆轉」。在這種情形下，就細胞而言，新的記憶被插入而取代了舊的那個。當人們擺脫了那些根本不知道自己有的病，這一類治癒常常以一種自發的方式發生。

學習不止是由活細胞傳給活細胞——你們的生物學家已經發現了這一點——而且也是透過目前的肉體實相傳下去。有時候，整個改變了對過去細胞的訊息，但那些細胞對你們而言已經不存在了。

以差不多同樣的方式，你對一個特定能力的強烈信念會從現在回溯到過去。而在那兒（比手勢）引起必須發生的改變，使得這個能力在現在變得很明顯。

這也是在國外做的一些實驗有那些結果的理由，在其中發生了加速的學習，當在催眠狀態下或其他情形時，一個現在的人被說服，好比說，他是一個偉大的畫家或語言學家。這目前的信念啟動了每一個人之內「潛在的」能力。❶

（停頓。）那個存在於過去的生物結構因此被影響了。以前沒有的經驗被輸入了有機體，那是一種程式的重寫。當然，你現在不可能去檢查，那些存在於現在又同時存在於過去的細胞結構（非常肯定地）。科學上，你只能探測那些出現在「你的現在」的效應。當你今天改變了自己的信念，也重寫了過去的程式。對你來講，「現在」是你的行動、聚焦與力量之點，而由那個意志之點，你形成你的將來和過去兩者。若了悟到這點，你就會了解到，你不是被一個無法控制的過去所掌握的。

休息一下。

（十點二十分，珍說：「賽斯講得很慢，所以我能把資料弄對。但生物學家不會接受的……這相當麻煩。」

（在十點三十五分以同樣的方式繼續。）

雖然你有意識的信念決定了目前的經驗，雖然在你的感覺裡，肉體只在目前這一刻實質存在；但在這兩者之下，你的身體和意識不斷改變的成分，在時間裡相當的自由。它們存在於一個多重次元中，那是理性意識還未能處理的。

這並不是想要去稀釋「推理心」的功能或自然能力。因為推理的力量容許你以一個高度明確的方式去把經驗集中起來，而且是以偉大有目的的注意力指揮能量。（停頓。）以你們的話來說，這種行動就正在自動改變「理性意識」的本質——如你所認為的處在一種演進狀態。

你的意識並非你擁有的一個東西，你的個人性也並非一個有限制的東西。如果你問：「在所有這些裡面，我的個人性是什麼呢？」或：「我是那一個『我』？」那麼，你就是自動地把自己想作一個有確定界限的「心理存在」，而那些界限必須不顧一切的加以保護。你也許說：「我以前是生在某一個城的某一條街的一座房子裡，而沒有一個跟現在相反的信念可以改變過去的那個事實。」然而，如果在當下，一個過去的事件就能夠在你的神經結構內被改變；也就是說，基本上沒有一件事情是不能改變的。

在你實際的經驗裡，桌子就是桌子——雖然物理學家相當明白，物體的外表在某些方面來說只是一個海市蜃樓。在你經驗的層面，你接受許多印象而且十分實際的應用它們，就如你那個堅固的桌子一樣。你看不見組成它們的原子或分子；因此，以同樣的方式但不同的說法，事件似乎如桌子一般的「堅固」。

然而，在另外一個層面，事件的彷彿堅固性也崩潰了。哪一個你？哪一個世界？對於疾病的一個突然、現代的信念，實際上會回溯到過去，在那個層面會影響這個人，而在細胞的過去經驗裡嵌入那些生物性事件的開端，然後那些事件似乎又會產生一種現在的疾病。

因此，在你意識心經驗目前的中心點，它不只指揮深層神經事件的現在經驗，而且也指揮它將來與過去的經驗。

（在十點五十九分停了很久。）給我們一點時間……

細胞的記憶能夠在任何一點被改變。目前的信念能夠把新的記憶——心理與身體上的——嵌入過去。將來絕對沒有在基本的層面上被預定。這並不表示有時候將來不能被預言，因為實際的說，你常常會照著可能性的某個路線繼續，那是可以「事先」被看到的。

當然，這種預言能影響可能性，而加強一個信念的目前路線。醫生們常常懷疑應不應該告訴絕症病人他們的死期將至，這是一個很大的爭論。在某些案例，這樣的一個預言可以使死亡成為一個事實——同時另一面能使病人再生「自己有活下去的能力」的信念。

然而，沒有一個人會死，只因醫生告訴他，他將會死。沒有一個人是如此的被另一個人的信念所擺佈。一般而言，每個人都知道他的挑戰與全盤的計畫，以及他死亡的時間，但即使是這種決定，也可以在你們的「現在」被改變——整個身體能以一種一般醫學說法不可能預測的方式重生。（見第五章第六二四節。）

你由目前的焦點統御你的經驗，在那個焦點裡，一方面你的信念直接與身體及物質世界相會，而在另一方面，又與你從其中汲取能量與力量的那個看不見的世界相交。這適用於個人、社會、種族與國家，以及社會性、生物性與心靈的活動。

在日常的實際經驗裡，試著對似乎是次要的能力——那些你認為是潛在的——集中精神一會兒。如果用你的想像力和意志持續這樣做，那麼，那些能力在你的目前會變得突出。當下的信念，會重新改寫而改變過去的經驗。不只是過去、被遺忘及無意識感知的事件，會以新的方式被放在一起，並在新的主題下組織起來，而且在那個過去（那是現在不可感知的），身體對似乎是過去事件的整個反應會改變。

（雖然有很多的停頓，卻非常有力的：）你的欲望或信念真的會回溯到時間裡，教會神經新的把戲。在那個過去的明確重組將發生在你們的現在，而容許你以全新的方式來行動。

（在十一點二十一分，一分鐘的停頓。）因此，學到的行為不只改變了現在與將來，也還改變了過去的行為。做為理性的意識，你的力量集中於現在，提供你創造力的一種機會，那只是你模糊地學著要去了解的。當你真的學會了，就會自動開始欣賞不只是你們族類、也是其他族類的多次元本質。那麼，你所認為的「片刻」，就會是個創造性的架構，透過它，你——非實質的自己——不斷的形成肉體實相；而經由那個進入地球存在的窗口，你形成肉體實相的將來和過去。

你可以休息一下。

（十一點三十分。「老天，」珍說，在她離開了一個極佳的出神狀態之後，她說：「我有一個感覺，我們在得到一些新的東西。我記得我在想：『太棒了！賽斯。但我希望人們都能讀它，而且照著做……』在十一點四十七分繼續。）

現在：純就身體而言，當組成肉體的原子、分子、細胞與器官的完形意識達到某種強度顛峰時，你們認為的「對自己的意識」便從中升起。

（停頓。）你所知的那個「奇怪的」實質取向的自己，在那脈絡裡有其自己的實相。但在實質的說法上，它的實相也比對它的全體做任何分析能顯示的還要多，然後它再指揮身體的活動，就那方面來說，是依賴神經的活動。

然而，組成身體完形意識的心靈結構，並不依賴身體。因此，你經驗到的你，只是這個更大本體的一部分。

在睡眠的某些階段，你會使神經的結構暫時停止作用，而感知到一個多次元的經驗，然後再試圖盡可能的來轉譯它，使它成為能夠被你實質消化的刺激——因此，你常把這些轉譯成可以被身體結構了解的象徵形象。

舉例來說，許多次這種象徵形象被用來作為「內在視覺上的模式」，在視覺上，它們常常與細胞的內在建築以及行星有相似之處。那麼，你夢的形象是以生物方式來結構的，在它們之後的經驗使你接觸到非實質實相的最深部分，而無意識再把這些替你轉譯為可被你認出的形象與形式。

以同樣的方式，你的無意識也從一個實相之本來未分化的迷宮和活化場（field of activation），替你轉譯成能在日常生活裡認出的東西和事件。

你現在是根植在你的動物性裡，被恩賜使你可以經由身體去感知獨特的生活經驗。因此，當我提及可以容許你去感知除了自己之外的其他實相領域的技術時，是要你們明白，這些應該是用來加強你對那動物性的享用，並且豐富你的感官以及心靈的表現。

在你肉體存在的燦爛光輝裡，靈與肉是交纏的。

口述結束。

（十二點五分。但這一課還沒有完全結束：賽斯繼續給了我和珍一頁關於我們工作的資料，因此十二點十五分才真正的告一段落。）

第六五五節　一九七三年四月十一日　星期一　晚上九點三十六分

（今天珍寫了兩首詩——其中一首有幾頁之長——她說可以放在將來想出的一本詩集《說法者的對話》裡面。見第十三章裡四月四日第六五三節前的註，描寫她如何在意識改變狀態下寫出原始〈說法者〉的長詩。今天她「那充滿靈感的工作環境」與那次經驗包含了類似的成分。）

晚安。

（「晚安，賽斯。」）

你的神經活動構成有意識的經驗，你的動物性整體的節奏，自動帶你到休息的時段和強烈集中精神的時段。

日與夜構成了一個你的經驗得以在其內發生的架構，提供意識心所需的刺激與鬆弛，而容許對事件適當的消化。如前所提及（在第十三章第六五一到六五二節），但即使如此，身體的構造有天生的機制可以去改變這樣的一個安排，使得它可以處理更多的資料。

通常要處理當天的事情就已經夠讓人頭大了，更別說要處理下週的事。所以在事件的順序裡，可能的行動實相往往對你隱而不顯。（停頓。）但是這個更複雜的實相，是你個人動物性的一個永遠存在的特性。除此之外，以你們的話來說，你活過不只一次，在你每一次的「轉世」存在裡，你都面對與可能性同樣的關係。在每一個案例裡，意識心的本質也都建立起它認為是自己的「身分地盤」（territory of identity）。這提供了一個清楚的焦點，可以考量「目前的」行動，然而「每一生」都是同時的。

（在九點五十分停了很久。）一次死亡只是靈魂的一夜。你身為其中一部分的那個更廣大的「存有」（entity），追隨著你的進展就如你每日追隨著自己的進展那樣容易。通常大多數的人每天在同一座城或同一間房子裡的同一張床上醒來，但顯然當你醒來時，你還是在同一個世紀裡的同一個人。以那種說法，「存有」每一日在一個不同世紀裡以一個不同人的身分醒過來，每一個人生在它的經驗層面恍若一日，它帶著那每一個「自己」的記憶與同時的經驗。

（在九點五十五分有一分鐘的停頓。）給我們一點時間……

一個形相（form）基本上是非實質的。你看到的形相只是那一個能夠在你們實相系統之內有效活動或具體化的部分。因此，存有以其自己的方式，擁有那個你可認作是未來的神經結構的東西。

你自己的形相是在那個更廣大的形相之內，是較短暫，卻沒有失落，沒有受限制，也沒有被預定。你形成宇宙的一角，而這個宇宙本身則又是另外一個宇宙的一部分。在這個之內，一個人的行動與信念會影響到全部的宇宙。

（在十點三分緩慢的：）每一部分都極為重要。無論如何，在最小的和最大的，蜘蛛網與蜘蛛，人、存有和星星之間都有經常的溝通——而每一個織著自己的可能性之網，其他的宇宙則繼續從其中躍出。

你可以休息。

（十點五分到十點十八分。）

哪一個你？哪一個世界？

所有這些似乎與你日常的個人經驗沒多大關係，然而其實是密切相連的。因為以個人與群體合作的方式，你的確能創造所有可能世界中「最好的」那一個。

一個偉大運動家的表演，對人類天賦本有卻很少用到的能力提出了證明；而偉大藝術家的作品，則顯示了潛藏在整個種族裡的那些其他屬性。然而他們仍只代表單線的設計。在你們所知的人類經驗內藏著所有的模式，而會指向某個「完全發展了」的人類。在其中，所有天賦的傾向會被充分的發揮而開花結果。

你們會有這麼一個人，他在自己之內表現了人類所知的那些偉大能力。按照其獨特的氣質——藝術家、數學家、運動家、發明家——所有人的非凡品質都在他身上得到成就。情感的實相將發揮到最大的極限，而任何一種人類的品質和特性都會被給予全部的自由。

那麼智慧與愚蠢將會被看成一事的兩面。在這樣一個人身上，宗教和科學都不會被教條所阻礙。以同樣的方式，追隨你自己的「痕跡（trace）」經驗和特性，可以發現那些屬於你「可能的能力」，而且到某個程度，也能發現「你可以將它們具體化的那些可能行為」的性質。

在你目前的經驗裡，有你「可能自己」的痕跡，就如即使在每一個個人裡，都有那些少數幾個人所顯示、且如此燦爛發展的偉大才能的記號。這些痕跡可以被帶到你的經驗裡，來豐富你的人生，但無論如何，在無意識層面裡，可能的自己已經是這樣在做了，在那兒，他們形成了你選擇目前經驗的基礎。

下一個簡短的一章將要提供一些方法，那會讓你利用到一些更大的選擇，把那些到目前為止仍然是「潛在的」事件與經驗帶入你的日常經驗。當然，在每一個個別案例裡，每個人的選擇將有所不同，你卻可以把一些與自己可能實相密切相連的知識帶入目前生活。

那麼，在一個有意識的基礎上，你可以藉著把可能性的豐富資料拉進來，而學會使你生活的領域加深。此章結束。

休息一下。

註釋

❶賽斯似乎是說蘇聯人所做的「人工的轉世」，見《在鐵幕之後的通靈發現》（*Psychic Discoveries Behind the Iron Curtain*-by Sheila Ostrander and Lynn Schroeder, Bantam Books）。

Chapter

15

哪一個你？哪一個世界？只有你能回答。如何把你自己由限制中釋放出來

（十點四十一分到十點四十七分。）

我將開始下一章，或者你們可以早點結束，隨你們的便。

（我說：「那就繼續吧！我沒什麼問題。」雖然我有一點累。）

第十五章：〈哪一個你？哪一個世界？只有你能回答。如何把你自己由限制中釋放出來〉。給我們一會兒。（停頓）既然你有意識的信念決定那些帶給你個人經驗的無意識作用，你的第一步就是去擴大那些信念。

這本書裡所給的觀念應該已經多多少少在教你那樣做了。在你自己主觀的實相之內，有全部那些「沒有被走的路」以及「沒有被用的能力」的痕跡。你也許把自己認為主要是作個父母，或主要以工作或職業的角度來看自己。現在，盡所能地忘掉你看自己的正常和熟悉眼光，而重新來考量你的身分。

寫下或列舉所有你已知的身與心的能力——不論它們有沒有被發展，和所有那些朝向特定活動的傾向——甚至只露出一點端倪的，以及那些很鮮明地出現在腦海中的傾向。

這些代表了各種可能的特性，而從它們之中，你選擇了發展成為特定主要興趣的那部分。因此，由這些屬性裡，你選擇了現在認為是最基本實相的那部分。

（十點五十九分。）如果你追隨那些方向裡的任何一個，它都能豐富你所知的存在，又轉而打開了現在你沒見到的其他可能性。你對自己所持的主要形象，到一個很大的程度，也使你的心智對這些其他可能的興趣與身分關閉了。如果你以一個多次元的自己來想，就會了悟到，你有比自己已用更多的表達與成就之途。這些可能的成就將永遠潛伏在那兒，除非你有意識的決定把它們帶入存在。

不論你感覺到自己有什麼才能，只有當你決定去發展它們的時候，它們才會被發展。下決心的這個行為接下來就啟動了無意識的機制。身為一個人，不管健康、財富或環境如何，你都有一個可以從中選擇、很豐富的可能經驗。你必須有意識的明白這點，而為你自己的人生去攫取方向。即使你說：「我願聽天由命。」你也是在做一個有意識的決定。如果你說：「我沒有能力指揮自己的人生。」你也是在做一個有意的選擇——然而這種情形是一個限制性的選擇。

（停頓。）經驗之路絕沒有定下來。沒有一條路不能通到其他的路。在任何時候，你都可以搆得到可能行動的深脈。你的想像力極有價值，容許你把自己向這種路途開放；然後可以用想像來幫助你把這些帶入存在。

如果你很窮的話，你是由許多不涉及貧困的可能實相裡選擇了那一個——而那個不涉及貧困的可能性還是在那兒的。如果你選擇了疾病，再次強調，還是有一個可以被發動的可能實相，你在其中選擇了健康。如果你很寂寞，就表示有一些你在過去拒絕結識的可能朋友，但他們仍然是在那兒等著你的。

（十一點十四分。）因此，在你的心裡觀想那些可能的能力或事件發生了。當你這樣做時，欲望的強度會把它們帶入你的經驗中。再次的，在自己的周圍沒有界限，真的有許多其他「可能的你」。你可以汲取他們的能力，就如他們以自己的方式汲取你的一樣。因為你們全是密切相連的。

你必須了悟，你的確是一個「可能的你」。你的經驗是信念的結果，而你的神經結構使得某一個焦點成為必然。因此，其他與你有意識的假設相反的經驗，就仍維持為潛在的。改變信念，而任何的可能自己——在某些限度之內——就可以實現。

現在那是口述的結束，今晚到此為止。（微笑，較大聲：）我對你倆最衷心的祝福並道晚安。

（「晚安，賽斯。非常謝謝你。」

（於是在十一點二十二分，此節突然結束。）

第六五六節　一九七三年四月十六日　星期一　晚上八點十四分

晚安。

（「賽斯晚安。」）

（帶著笑：）可能的口述：你必須要了解的是，在每一次的生命裡，每一個事件都「一度是」可能的，那麼由一個行動的既定範圍內，你選擇將被實質具體化的那部分。

在個人和集體的方式下都是這樣運作的。假設今天你家被偷了，然而在昨天，這個偷竊只是無數的可能事件之一而已。我選擇這個例子是因為涉及了不止一個人——受害者與小偷。（停頓。）為什麼你的家會被洗劫，而不是你鄰居的家呢？無論如何，透過有意識的思想，你吸引這樣一個事件，而把它由可能性帶入了事實。這件事將是一個能量的聚集——轉變成一個行動——而被自然造成的信念帶來。

你也許確信人性本惡，或者沒有一個人能免於受到別人的攻擊，或人主要是被貪婪所驅使。那麼這種信念會吸引自己的實相。如果你相信自己有任何值得失落的東西，那麼你就是自動的相信另外一個人會由你這兒把它拿走，或盡他們所能去試著那樣做。以你自己的方式，送出一個訊號給恰似這樣的一個人。在基本層面上，你們「堅決的信念」將是十分相似的，但是一個人看他自己是受害者，而另外一個人當自己是侵犯者——那即是你們會對同一套信念做不同的反應。然而，如果要犯下那種性質的罪，你們兩個都是必要的。

（九點二十五分。）你們兩個人的信念都在實質生活中得到了合理化，反而更加強了那些信念。對小偷的恐懼吸引了小偷的到來。然而，如果你認為人是邪惡的，那麼你就常常會沒有辦法把它當成一個「信念」而加以檢查，卻會當它是現實的一個狀況。

所有你現在的經驗汲取自可能的實相。在你的一生裡，任何事件的發生，必須透過你的動物性和你天生對時間的認知而來到，那大半是你神經結構的一部分；因此通常有一個延緩，一個時間的空檔，在那個時候，你的信念導致了具體的實現。當你試著去改變你堅定的信念，其目的是為了改變你的經驗，你也必須首先停止你已經建立的動力，可以這樣說，你正在改變那個訊息，同時身體卻習慣於平順、毫不起疑地對某一套的信念反應。

有一個穩定而平穩之流，在其中透過神經的結構，有意識的活動帶來了事件，而建立熟悉的反應模式。當你藉由努力去改變那些有意識的信念時，就必須有一段時間讓神經結構學著適應新的、你較喜歡的情況。如果信念是一夜就改變了，那麼就只需要比較少的時間。

以一種說法，每個信念可以被看作強而有力的電台，它只把對準頻率的那些訊號由可能的範圍裡拉過來，而把其他的擋掉。當你建立一個新電台時，可能有那麼一會兒，會由舊電台傳來一些靜電雜音或滲漏（bleed-through）。

那麼，任何你有的能力都可以被「更清楚的帶進來」，被擴大，而由「可能的」成了實際的。但在這樣一個例子裡，必須集中注意力在你想發展的屬性上，而非——譬如說集中注意力在你至今都沒能好好利用它的這個事實上。

你可以休息一會兒。

（九點四十四分到十點一分。）

一個畫家在他的一生中，完成了一大堆作品，然而每一幅畫只是各種「無窮盡可能的畫」中的一個具體化，一個聚焦了的「展現」。選擇資料所涉及的實際工作，仍然是按照在畫家有意識心智裡的信念——關於他是誰、他是多好的畫家、他是哪一類的畫家、他歸屬於哪一種學派、他對社會以及在其中角色的意念，以及美學與經濟的價值，以上我只是列舉數例而已。

（停頓很久。）在你涉及任何事件的「實現」裡，也和以上的情形相同，那就是：你創造你自己的人生。對畫家而言，內在的形象極為重要，他試著將它們投射在畫布或畫板上。再次強調，你們每個人都是自己的畫家，而你內在的畫面變成其他情況或事件的模型。一個畫家用到他所受的訓練，而調配顏色使他的畫成為一幅具有血肉的藝術品。在你心中的形象，把所有適當的情感能量與力量吸過來，然後賦予那些形象血肉而變成實質的事件。

在任何時候，你都可以改變人生的畫面，只要你悟到，它是你由無數個可能畫像裡創造出來的你的畫像之一。然而你自己「可能畫像」的獨特外貌，將仍是你的特性而非其他人的。

以你們的話來說，你也許想要實現的能力、力量等等，已經是潛在的，並可為你所用。假設你不健康而希望自己健康，如果你了解可能性的本質，就不需要假裝去忽視你目前的情況。反之，你將了悟它是你已將之具體化的一個可能實相，認清事實之後，你就可以開始那個把不同可能性帶入實質經驗所需要的過程。

（十點十九分。）藉由這個集中精神在「你要的是什麼」上，就可以做得到上面所說的。但不要感覺在你想要的和你現在所有的之間有任何衝突，因為其一並不與另一個矛盾；每一個將被視為日常生活中一個信念的反映。就如需要一些時間來建立你目前不健康的形象一樣，因此，也需要一些時間去改變它。但專注在目前不健康的情況上，只會使你病得更久。

每一個情形都與另一個同樣的真實或不真實。哪一個你？哪一個世界？在你選擇為你動物性的一部分的某些架構之內，你有相當大的選擇自由。除了你對它們的信念之外，你所認為的過去以及潛意識，與你眼前的經驗沒什麼相干。對你們每個人而言，過去包含了一些喜悅、力量、創造性與璀璨的時刻，以及不快樂、也許絕望的、慌亂與殘酷的插曲。你眼前的信念將像一塊磁石般地啟動所有這種過去的問題，不論是快樂或悲傷的。你將由以前的經驗裡選擇所有會加強你有意識信念的那些事件，而忽略那些無關的；後者可能甚至彷彿不存在似的。

如此書提及的（例如在第四章），露出的記憶會打開身體的機制，將過去與現在會合在某種和諧的圖畫裡。這是指所有那些片段的記憶會拼在一起，不論它們是愉快或不愉快的。

過去與現在這樣子的結合，使你易於有相似的將來事件。因為你把自己準備好來接受未來的那種情況。現在的「改變」，十分實際地改變了過去與將來兩者，因為神經組織的關係，對你而言，「現在」顯然是過去與將來可被改變或當行動變成有效的唯一一點。

以最貼切的說法，你的過去與將來是被你現在的反應所修改的。改變是在身體內發生，在神經系統內的電路被改變了，而你不了解的能量在比意識深得多的層面上尋找新的連繫。

你目前的信念主宰著事件的實現。每個人時時刻刻在形成創造性與經驗。休息一下。

（十點三十五分到十點五十九分。）

好，你必須了解，「現在」是你的肉身和物質與心靈相會的一點。因此，在你當前的一生裡，「現在」是你的威力之點。如果你覺得過去比現在更有力量的話，就會充滿了無力感，而否定了自己的能量。

做個練習：眼睛睜得大大的坐著，向周圍看看，而了悟這一刻代表你的「威力之點」，從那兒你可以影響過去與將來的事件。

你眼見的現在連同它切身的實質經驗，是在其他這種「現在」的行為結果。因此，不要被過去或將來所威嚇，完全沒有必要讓現在實相裡你不喜歡的那一面被投射到將來，除非你用現在的力量去那樣做。

如果你現在學會把握住這種有力的感覺，就能夠以你選擇的不論什麼方式，最有效地用來改變生活情況——再次說明，這是在那些由你的動物性設定的限制內。例如，你一生下來就是一個肢體殘缺的人，你現在的力量無法自動在這一生把殘缺的肢體重生出來，雖然在其他的實相系統裡，你的確是個健全的人（見賽斯的前言及第二章六一五節）。

如果你了解了我所說的原則，外在的情況永遠可以被改變。疾病可以被消除，甚至那些似乎不治之症的——但只有當在它們背後的信念被抹去，或改變到足以使它們在身體上特定的焦點來充分被釋放之後。你所想像的現在，並且在實際可行的說法裡，就是在那一個點，你從所有可以被具體化的事件裡選擇你的實質經驗。當你的信念改變時，你的實質環境也會自動改變。當你的知識增加了，你的經驗就使人生更豐富了。這不必然表示在任何一方面，那些經驗就已平衡下來，或者不再有起伏了。每一個心願都預設了對於一個缺憾的承認，每一個挑戰也預設了一個要征服的阻礙。比較具冒險性的人常會選擇較大的挑戰，因此，在他們的心裡，想成就與他們目前狀況的對比，看起來幾乎是不可能的。

然而，在每一個情形，威力之點是當下，而從那一刻你選擇哪一個你及哪一個世界。一個國家的經驗，是由其中每個個人選擇所累積的結果，所以當你選擇自己的境況時，你會影響在你的國家和世界之內的每個人。

（在十一點十五停頓。）在許多「土著」文化裡，一個人完全不以他的年齡來被考慮，而年紀多大是不重要的。事實上，一個人可能不知道自己的年紀有多大呢！忘記你的年紀——青年、中年與老人都一樣——對你們全都很好。因為在你們的文化裡，在那方面有很多的信念都會給人限制。青春被否定了它的智慧，而老年被否定了它的喜悅。

去假裝忽略你的年紀，或因為你害怕你的年紀而裝作年輕並不是答案。（見第十一章六四四節。）再次的，以你們的說法，你們的實相與威力之點是在你目前的經驗。對這一點的了悟，會讓你在任何年紀可汲取存在於過去或「將存在」於未來的特質與知識。你的年紀是可能的（同時的）。

雖然時間基本上並不像你「所知的」那樣存在，你的神經系統卻迫使你把人生看作一連串片刻。作為動物的一份子，你生下來而由年輕慢慢變老。動物在那方面的經驗卻不受那麼大的限制。牠們對老年沒有什麼信念，不會自動關閉牠們的能力。因此，不去管牠們的話，雖然牠們跟所有生物一樣都會死，但不會以和人同樣的方式衰退。

舉例來說，你不了解自己和寵物之間的溝通，牠們以自己的方式詮釋你的信念並對之反應。❶那麼，牠們會反映你的意念，因而變得「脆弱」，但牠們在自然環境中是不會這樣的。當然有更廣的說法，那就是牠們與你的關係是自然的，但牠們天生對於「動物的威力之點在當下」的了悟，到某個程度被牠們自己的接受性及對你們信念的接受性所瓦解。一隻小貓和一隻較老的貓待遇不同，貓會對這種制約反應。以同樣的方式，你對年齡的結論在經驗中會變成事實。就此而言，如果你能說服自己年輕或年老十歲，那麼這也會忠實反映在你個人的環境裡。

如果你是二十歲的話，你可以汲取你想像自己在三十歲時有的智慧。

如果你是六十歲，你可以用到在你想像中目前已經沒有但以前有的體力。這些同樣也會實質性與生物性地表現在你的身體內。

哪一個你？哪一個世界？如果你是寂寞的，那是因為在你承認為時間的現在這一點，你相信自己的寂寞。從所謂彷彿的過去裡，你只汲取會加強你情況的那些記憶，而把它們投射到將來。當身體對一個寂寞的情況反應時，你藉著化學與荷爾蒙的反應淹沒了你的身體。你也否認了當下時刻之內自己的行動之點。

維他命、較好的食物、醫藥的照料可以暫時使身體恢復活力，但除非你改變了自己的信念，否則身體很快的又會被沮喪感所淹沒。在這樣的情形下，必須明瞭是你造成了自己的寂寞，而下決心藉著思想與行動去改變它。行動是實質移動且可以見到的思想。

這就是口述的結束。給我一點時間，我有幾句話要對你說……

（十一點三十七分。賽斯相當突然的開始給我一頁資料。那是關於我對繪畫與年齡的一些狹隘態度，非常觀察入微，而我驚奇的發現那些意念根本一直就在那兒。此節在十一點四十五分結束。

（珍說：「自從上一次休息之後我什麼都不記得。」當課在進行的時候，她的說話和態度愈來愈有力。現在我倆都感覺既放鬆又有活力。我談起想出去喝一杯啤酒，後來想一想，覺得太晚而沒去。一會兒之後，珍就又回到出神狀態，替賽斯發表他覺得有趣的意見。）

我就叫你們去常去的酒吧（上週），可是沒人聽我的話。

（珍非常喜歡「威力之點」這句話，覺得非常發人省思。在課後她講了好幾遍，希望賽斯以此作為這章的標題，她甚至討論要加在題目上，卻並不是真的想這麼做……）

第六五七節　一九七三年四月十八日　星期三　晚上九點五分

（在近來的夜晚，珍覺察到她由賽斯那兒收到資料，而且向我口述。她說：「我醒來覺得很困惑，它常常是我們還沒有達到進度的那些資料，而我說：『嘿！發生了什麼事？』有時候只是給我的訊息。但無論如何我知道曾經有口述的進行，而你曾經在做筆記。然後我又明白那是不可能的，因為我們仍在床上……」她以前也有過這樣的經驗，例如見第四章六一九節後的註。）

晚安。

（「賽斯晚安。」）

口述：我要你把我將給你的這句話獨立成行，用較大的字體使其突出，並且畫線。

（「好的。」）

當下就是威力之點

實際來說，上面這句話是在此書裡最重要的句子之一，而且是在你所了解的時間架構之內有效。如先前提及的（在十四章六五三節），你由目前靈與肉的交接點，按照你的信念由可能性中選擇一件事而將之具體化。

那麼，所有你身體、精神與心靈的能力是集中在「當下」經驗的燦爛焦點裡，並不在過去或先前信念的掌握裡，除非你相信你是。如果充分理解你的力量就在當下，你就了悟在那一點的行動也改變了過去、過去的信念及你的反應。

換言之，我是在告訴你，目前的信念就像對整個人格所下的一個指令。按照你目前對實相的觀念，你同時還組織且重組過去的經驗。

當然，將來——可能的將來——也會以同樣的方式被改變。回頭去找那些目前問題的根源，只會使你養成從過去尋找負面插曲的習慣，而阻止你把過去當作愉悅、成就或成功的來源。（非常熱切的。）

你是透過對目前的不滿而在結構你早先的生活，因而加強了你的問題。

那就好像你正在看一本歷史書，它只講人類的失敗、殘酷與錯誤，而忽略所有人類的成就。這種作法能導致你以錯誤方式去用自己的歷史，因此它給你一個關於「你是誰」及「你是什麼」非常扭曲的畫面——這個畫面畫出你目前的狀況。

（在九點二十日分停頓。）那些習慣於這種作法的人——經常檢查「過去」以發現「現在」出了什麼毛病的人——常常錯失了問題的重點，反而經常加強了他們想逃離的負面經驗。他們最初的問題正是這同類想法引起的。許許多多令人不滿的情況，就歸因於個人在人生不同的階段開始感到害怕，懷疑他們自己，而開始集中於負面的觀點。

在某些方面，情形可能相當的不同。很大範圍的生活也許沒有被某種態度所觸及，而其他的卻有。一個人可能極為健康，完全無病，然而因為某種經驗而開始懷疑自己與人相處的能力，因此他開始看入他的過去——心裡懷著不能與人相處的信念——而後在先前的行為裡發現各種理由去支持這個意念。

相反的，如果他旅遊過自己的記憶，而試著去找另外一種證明，那麼在那同樣的過去，會發現他跟人處得很好的例子。你目前的信念將現在從你面前「遊過」的記憶組織起來——而後你所記得的將似乎使那些信念變得合理化。

當你試想改變信念時，心裡要懷著這個新觀念去看進你的過去。如果你患了病，記住你沒病的時候，在生命中去找尋你健康的證明。你的生命本身就是「健康就在你裡面」的最佳證明！

在幾乎所有關於目前缺陷的案例裡，在那個特定區域有一個重要的主題：這個人不管為了什麼理由，曾經教他自己去強調「負面的」觀點。

（在九點四十分停頓。珍對整段傳述是盡其所能的有力，而沒有用到很大的音量。）

我曾常說，信念導致實相，沒有症狀會就這樣子消失，除非「理由」被確定了——但這種理由比你們目前關於因與果的意念要深得多。它們涉及了每個個人切身的哲學價值判斷。在個人生命缺陷的明顯原因之下，還有其他影響深遠的信念。而每個人會用他個人經驗裡的那些成分去支持它們，這對任何一種嚴重到足夠成為問題的缺陷或阻礙都適用。

你被教以你是在先前事件的掌握之下，因此，你對尋找個人困難根源的意念是去檢查過去，只是去找你在那兒做錯了什麼，或在那兒發生了什麼錯誤，或在那兒做了什麼不當的詮釋！再次強調，不管你被教了什麼，威力之點是在當下：而再次強調，你目前的信念將被用來組織你的回憶。

例如，那些記憶可以被用來達到任何的結論，就如統計學可以被利用一樣。當你在檢查過去的記憶時，可能會選定一個或兩個記得的事件，而把它們當作你現在行為的理由。若是如此，那你是已經準備好要去改變目前信念與行為模式，而只是用那些事或過去習性做為一個刺激或者動機罷了（見第二章六一六節）。

現在藉著誇張「我的毛病在那裡？」這個問題而把它們投射到將來，只會引你創造更多的限制，並且加強原有的那些。

哪一個你？哪一個世界？這些問題應在你所了解的「現在」，藉著「你行動的力量是現在而非過去」的這個了悟來回答。改變你世界任何一面的唯一有效點，就在藉著神經衝擊而達到奇蹟般的心靈與自己的瞬間連接。

你需要休息嗎？

（「不要。」在九點五十六分停頓，然後熱切地：）那麼，我親愛的朋友，要去掉這些討厭的限制，你必須從現在重組你的過去。不管近況如何，你要把過去當成豐富的泉源，看進它，去找你的成功之處，然後重組它。當你探索過去而去尋找錯誤的所在，那麼你對做對的地方就變得盲目了。如果這麼做的話，過去只會反映你現在面對的困難。

對你而言，其他事件真的變成不可見的。既然基本上，過去、將來是同時存在的，那麼你同時也正危險地沿著同樣的路線去構築你的將來。

一個人可以從一個心理學家跑向另一個，從一種自我治療跑向另一種，而永遠問同樣的問題：「到底哪裡出了毛病？」這個問題本身變成了一個樣版，你會透過它去看經驗，它自己則代表了所有身體和心靈限制的一個主要理由。（見第五章六二四節。）

一個人遲早在某些個人領域會停止聚焦於什麼是對的，而開始向特定的「缺陷」聚焦並放大。然後帶著所有好的企圖去找各種解答，卻全都建立在有些事是錯了的前提上。

如果繼續這樣做，對負面的貫注會逐漸滲透到其他先前未被污染的經驗範圍。

休息一下——好好記住這一節。

（「好的。」）

（十點五分。珍的出神狀態非常深，我告訴她，除了相信這資料的確是棒透了之外，我無話可說。在十點十六分以同樣快的速度繼續。）

因此，你不是在過去信念的掌握裡。在另一方面來說，你愈快開始對新信念採取行動愈好，否則，你現在就是沒有信任它們。如果你很窮而想有更多的錢，並嘗試對富足維持一個信念——同時仍面對現在這個貧困的事實——你必須在生活裡做出一些象徵的動作，來表示願意接受這樣的一個改變。

雖然這聽起來很蠢，但你應該給出去一點錢，或者以不論什麼適合你的方式，表現出彷彿你的確有比你真正擁有更多的錢。你必須對新信念反應，因此，身體的神經都會得到這個新的訊息。

你習慣性地因信念的結果而以某種態度來表現。現在如果你有意地改變某些習慣，那麼也就把那個訊息傳達給了神經系統。然而原動力必須由你而來，並且是「現在」。以一種非常真實的說法，這表示改變你的觀點，這觀點即你用來看過去與現在並想像將來的那特定視角。

就正面經驗而言，你必須在自己之內尋找「你要的是什麼」的證據。心裡記住這個，再去檢查你的過去。從當下的威力之點來想像你的將來，在這種方式下，至少你沒有用過去來加強你的缺陷，或把它們投射到將來。把你要什麼與你有什麼做一個對比是很自然的，如此做時，很容易變得對自己失望，但在過去裡面去找錯誤對你並沒有幫助。然而，一個被正確利用的五分鐘可以大有好處。在那一小段時間裡，集中在這個事實上——威力之點是現在。確定你情感與心靈的能力是經由肉體而集中焦點的，感覺並「住」在此點，用五分鐘把你所有的注意力只導向你要什麼，你可用觀想或在心裡對自己說——看那一個對你最自然；但在那個時間不要集中在任何缺陷上，只集中在你的欲望上。

（十點三十分。）用你所有的精力與注意力，然後忘掉它。不要去檢查看它有沒有效，只要確定在那段時間，你的意圖是清楚的。然後以某個方式按照自己個人的情況，做出一個與你的信念或欲望相合的實質姿勢或行為。那麼一天至少一次，以一種實質的行為來顯示你對自己在做什麼有信心。這個行為可以是非常簡單的，如果你很寂寞而感覺大家都不需要你，它可以只是「你向另一個人笑一笑」。如果你很窮的話，它可以只是「買一件比你通常願意買的貴十元的東西」——按著信心去做，即使是一丁點也好，那麼那個十元總會再回到你的生活中；但要做出好像你有比你真有的要多。

就健康而言，它涉及了你一天一次的——不管以什麼方式——做出好像你沒病的樣子，但「那個對現在的信念」被加強了五分鐘，再加上這樣一個實質行為之後，有時候會真的帶來驚人的結果。

然而，只有當你停止看進過去尋找「毛病何在」，而停止加強你的負面經驗時，這種效果才會發生。這些同樣的原則可以被用在你生活的任何領域，在每個裡面，你都是從各種可能的事件裡選擇。

你們那些相信傳統轉世觀念的人，可能犯下利用或怪罪「前世」生命的錯誤，而把它們按照你目前的信念組織起來。相信自己被一個過去所擺佈已經夠糟了，但認為自己無助地面對其他世無數的先前錯誤時，將更使你自覺無藥可救；你剝奪了有意識意志的行動力。然而，這些「世」是同時存在的，它們是你自己的其他表達，而彼此影響，但每一個有意識的自己在他自己的現在都擁有威力之點。

（十點四十五分。）就是為了這個理由，「前世資料」才這麼常被用來加強目前個人的社會情況——因為就像在這一生的過去一樣，這種記憶也是透過現在的信念而組織起來的。

如果這種資料是由另外一個人給你，好比說一個通靈者，那麼那個人也會有揀選那些對你現在很合理「前世」的傾向，而——常是無意識地——很精確地順著你的信念去組織它們。當然，這個可能不太明顯。（強調地：）如果一個人相信他基本上是沒價值的，他會憶起或人家會給他把那概念合理化的那幾次生命。如果他認為現在必須為他的罪補償，那麼，那個信念將吸引會加強它的那些世的記憶；這將是非常有組織的回憶，而遺下所有不適合的東西。

如果一個人相信他受到欺負，而被困於一個俗世的境遇中，不被賞識，那麼他會從自己或別人那兒收到資料，而顯示在其他世裡，他得到過很大的榮耀——因此加強了他的信念及現在被視為當然或者更糟的境遇。

我這是一般性的說法，因為每個人都有其自己的方式去加強信念。如果你認為自己病了，極可能前世的資料將顯示你犯了罪，而現在正在作補贖。不論你選擇哪一種方式，你永遠會為自己的信念找到適當的強化。

對事實最好的說明是：**你現在形成你的實相**——藉著肉體和靈魂的交會，而以你們的說法，當下是你的威力之點。

你要不要休息？

(「好的。」)

(十點五十五分。珍的出神狀態極佳，傳述穩定而語氣時有加強，她熱心的說：「乖乖！這整個東西就在那兒，當資料這樣子來的時候，我很喜歡。我也知道那資料往那兒走——進入轉世的自己及『力量』這玩意兒。在那邊。」她指向她的右方，指出現在可由賽斯那兒得到比一個更多的頻道。「有些關於我們怎樣才能應用這些東西的資料，如果我們向賽斯要的話。」

(她又說：「嗯！我剛記起賽斯昨晚在〔ESP〕班上給了一些像這樣子的資料……」我也忘了，在差不多半夜一點十五分我幫她整理客廳時，她跟我提起過。但要到下禮拜二，我們才能看到那個錄音帶的謄稿。

(在十一點七分賽斯回來了。)

你們每個轉世的自己都擁有一個肉體，就像你們一樣。每個都有其「威力點」或「連續的片刻」，在其中，它也由所能得到的可能性裡，以一個直線方式將每日的生活具體化。

我會為那些對這種事情有興趣的人於另一本書裡再加以解釋，存在於你及「轉世的自己」之間所有「當下的威力點」有一種「巧合」。就細胞的「記憶」而言，甚至有生物性的連接（見十三章六五三節）。因此，在你自己的時間與空間裡，可以透過你目前的信念，吸引這些其他自己共享的對某種經驗的傾向。在這個多次元的威力點裡，有一個經常的交互作用。用你們的話說，一個化為肉身的自己可以從所有其他的自己那兒，按照它明確、局部的信念，而汲取所有它要的能力。

（停頓。）這些自己是你在動物性裡的不同副本，正在體驗身體的實相；但同時，你的身體本身把「經驗的同時性」關閉了，這並不指你在別的層面不能感知那經驗的同時性。但一般而言，事件必須好像是在一個系列裡出現。

以相當真實的個人和種族的說法，過去仍在發生中。而你按照信念，從現在創造它。一個被切掉的闌尾，不會在身體上重現，因為有某些架構是被接受的，而天生存在於你們的動物性裡。甚至在細胞的層面上，也有大得多的自由。

口述結束。

（十一點二十一分。現在賽斯的確給珍和我一頁如何把這一課資料加以利用的方法。我們計畫在週五晚上的聚會裡談談這一課。在十一點三十八分結束。

（一個註：我自己的靈感是：在賽斯所說的轉世威力點、細胞記憶及交會點（coordination point）之間確實有關連。在《靈魂永生》第五章裡，賽斯說過：「這些交會點也做為能量流過的通道，也是由一個實相到另一個實相的「曲速面」（warp）或隱形路徑。它們同時也像變壓器，供給了大部分的發動能量，以使創造得以繼續，以你們的話說……這些點侵入你們所謂的時間和空間……也見《靈魂永生》附錄的第五九三節。）

第六五八節　一九七三年四月二十三日　星期一　晚上九點四十三分

（昨天珍開始以「蘇馬利」寫一首相當長的詩，她稱之為〈銀色兄弟之歌〉（*The Song of the Silver Brothers*），她在一種「正常的」意識狀態裡開始寫，而在一個意識改變了的狀態下結束，她說「沉浸在一種高度內在集中的狀態」。在工作進行中，她發現自己實在是同時寫兩首詩，因為在「蘇馬利」的每一句之後，她寫下它英文的副本。而通常她過了一陣子之後才會譯「蘇馬利」，在它出來之前，可能已過了幾天、幾週或幾個月。

（今天下午當珍回到這首詩時，她那升高的感覺又以一種相當加強的形式回來了。最後她在三點三十分叫我，那時我正在畫室裡作畫，她唸〈銀色兄弟〉給我聽。她仍未結束，「但現在我不知道該怎麼辦，」她說了好幾次，表情頗為困惑。「『蘇馬利』來得這麼快，我簡直沒時間把它寫下來——更別說譯成英文——就已經進入下一個觀念了……

（「同時，我正在『活』這些意念。它們不再只是字句了，天啊……」她頭點了下來，變得愈來愈鬆弛了。「有時候我寫下的詩——即使當它是好詩時——也沒有辦法與我的感覺相比——它太弱了。我甚至由舊的字眼裡造出新的，譬如，由『fossil』造出『fossiling』……我還想寫更多，但我太亢奮且太累而無法繼續……」最後，她什麼都不要，只想睡覺。

（附帶的說，昨晚珍在睡眠中又忙著賽斯的書，口述我們實際上還沒有達到的資料。）

現在：晚安。

（「賽斯晚安。」）

口述：任何一次好的催眠術演出，將清楚的顯示「威力之點」是當下，以及信念主導你的經驗。

在催眠術裡並沒有魔術。你們每一個人都經常在用它。（見第四章六二〇節。）只有當給了它特定的過程，以及當它從正常生活中拿開時，催眠的暗示才似乎如此的玄祕。結構好的催眠只是讓對象充分利用集中的力量，因而啟動了無意識的機制。

然而，在組織好的過程中出現的扭曲，以及施術者的誤解，使得這個現象似乎的確表現了一個不同的面貌。對象同意接受催眠師的信念。既然心電感應存在（如在第三章中描寫的），所以這對象不止會對語言的命令反應，並且會對施術者未明言的信念反應，當然這樣就「證明了」催眠師關於他的職業是什麼的理論。

催眠術以濃縮形式清楚的顯出，你的信念在正常生活裡影響行為的方式。各種方法只是把你所有注意力集中在一個特定範圍，而排除了任何分神。

（在九點五十四分長久的停頓。）那麼，你的信念就好像是一個催眠師，只要給了你特定的指令，你的「自動」經驗就會與它符合。可以造成突破的一個暗示是：「我創造我的實相，而當下就是我的威力之點。」如果你不喜歡一個信念的效應，你就必須改變它，因為對外在情況本身的操縱無法釋放你。如果你真的了解，你的行動與決定在當下的力量，就不會被過去的事件所催眠了。

把「現在」想作有許多源頭的經驗之池，以你們的說法，被來自過去與將來的支流所注入。有無數的這種支流（可能性），而你透過信念去選擇它們，來調整它們的流量。例如，如果你經常聚焦在早年背景是有害與負面的這個信念上，那麼只有這種經驗會由過去流入你現在的生活中。你說：「但我的人生是充滿創傷的。」加強那個信念是沒有用的，你必須多少調整那個堅信，或最好完全改變它——不然你永不會逃開它的效應，這不是指對你自己「說謊」；但如果對你而言，你的背景裡沒有喜悅、成就或愉快，那麼你現在是在對自己說謊。你已對「負面」貫注到這樣一個程度，以致任何別的事似乎都不可見了（見十一章六四四節）。現在你催眠了自己，不把過去看作曾經驗的那樣，而是在你目前信念的光裡顯出來的樣子。

你已經重新構築了它，因此當我請你重新結構你的過去，不是要你做一些「你不曾做的事」。再次說明，催眠只是一種集中注意力的狀況，在其中，你聚焦於信念之上。大眾化的表演使大家相信對象必須睡著或完全的放鬆，這卻不必如此，唯一的先決條件是對特定輸入資料密切集中到排除了任何別的事。因此，下達的命令是一清二楚的，沒有收到衝突的資料，也沒有相反的訊息。

（十點十二分。）排除多餘的資料，以及焦點變窄，是兩個最重要的成分。鬆弛有幫助只因為身體的訊息也被平撫下來，而心智不必再去管它們了。

許多信念原先都在這樣一個情況下被接受，並沒有任何正式的導引，卻是在適當的環境下發生的。一段時候的恐慌會引起立即、加速的專注，所有能量都立即動員起來，通常卻少有放鬆的現象。

（停頓。）另一方面，當在休克及手術期間，意識心看起來睡著了或遲鈍的時候，這種信念也可以被接受，那時注意力的焦點變窄並且加強了。有一個問題是，在有意識與無意識的心智之間做了太明確的區分，它們應是彼此相疊的。催眠術——當我們恰當地用而沒有那些通常附於其上的亂七八糟說法——在排除舊信念而嵌入新信念上是個極佳的方法。然而，只有當你了悟在那個時候意識心的力量，以及了解自己意識動員無意識反應的能力時，這才是真的。

你可以休息。

（十點二十分到十點二十九分。）

在你嘗試我建議的方法之前，了解以下幾點是極為重要的。

首先，無意識並非一塊海綿，無區別地接受資料而不顧你有意識自己的考慮。所有信念或暗示首先由你的意識心篩濾過，而只有那些你接受的，才被允許穿透而進入自己的其他範圍。

因此，沒有負面的信念會不顧你的意志而強加在你身上，也沒有一件非你有意識接受的信念能加害於你。在正式的催眠裡，催眠師與對象在玩一個遊戲，如果催眠師命令對象忘記所發生的事，那個人會假裝這麼做。就此而言，兩者都對後來的「遺忘」持有信念，而表演出來的是信念的力量。它卻被當作意識心在這種情況下通常是無助的一個指示，但事實並非如此。

並沒有任何的導引，而你就把自己催眠到你所有的信念裡。這只是說，你已經有意識的接受它們，且專注在它們上面，排除掉相反的資料，然後對這些特別的幾點集中你的興趣，從而啟動了無意識的機制，而它們又把那些堅信具體化為實際的經驗。

（停頓。）正式的催眠只不過給一直在發生的事帶來一個加速了的版本。它是對「現在信念否定過去信念」——理想上可能，卻很少實際看到——的即刻效果完美例子。

（在十點四十二分停頓。）我們將給你一些實際的方法，那可以容許你改變自己的信念及經驗。在書中稍後我們也將給你看，你的個人信念如何將你吸引到喜悅或災難。我們也將討論群體信念是如何在大慶典期間把你們聚在一起，或一起成為災難受害者或倖存者的方法。那些場合本來似乎是和你們無關的。

讓我們首先來討論催眠——十分自然的催眠——的本質，以及你們現在用它的方式，然後你會看見在當下的威力之點，你如何能相當容易且有意的來利用它。

此章結束。我說過這將會是很短的一章。

（「是的。」）

註釋

❶第十章第六三九節談到我們的貓，隆尼，牠的生與死。賽斯也提到與隆尼有關連的種種可能性。

Chapter

16

自然的催眠：出神狀態是出神狀態是出神狀態

等我們一下。

（在十點四十六分停頓。）第……

（「十六。」我說，當賽斯—珍猶疑的時候。

（微笑而逐漸更大聲更低沉：）十六章，題目：〈自然的催眠：出神狀態是出神狀態是出神狀態〉。題目結束。（譯註：此處賽斯是仿名作家Gertrude Stein的名句「A rose is a rose is a rose」。）

實相背後的實相是什麼？實質生活是一個幻相嗎？是否有某種明確而堅實的實相，而你自己的只是其一個陰影？

你的實相是幻相的結果，如果這樣說，你的意思是指，它只是你的感官顯示出來的畫面，那的確是如此。當然，實質上你的存在是透過感官的感知。那樣說的話，肉體的生活是一種「出神」的生活，其注意力焦點，大半藉著感官對知覺到的實相信任而集中起來。但是那個經驗是實相現在所給你的影像，因此，以另一種說法，地球上的生活是實相的一個版本——卻非實相的全體，而只是它的一部分。地球生活的本身是你藉以感知實相的一個途徑。為了要探索那個經驗，你把注意力對著它，而用所有其他（非實質的）能力作為輔助物和附加物。你催眠神經和身體內的細胞，因為它們將照你的期待來反應，而你意識心的信念多少為自己的所有部分遵循，一直到最小的原子與分子。你一生中的大事件、你與其他人的交往，甚至包括你體內最微小實質事件的慣性作用——都遵循著你有意識的信念。

（十一點四分。）再次的，如果你患了病，也許會說：「我並不想生病。」如果你很窮，「我並不想窮」；或如果你不被愛，「我並不想寂寞」。但為了自己的理由，你開始相信疾病比相信健康更多，相信貧困比相信富足更多，相信寂寞而非親密。

你也許由父母那兒接受一些這種意念，它們的影響也許還包圍著你，或你也可能已改變了生命裡一個特定範圍的信念；但如果你利用在「當下」行動的力量，每一個都可以改變。我並不是說你們每個人必須或應該是健康、富有而聰明的，我只是對那些覺得生活裡有令他們不滿的地方的人說。那麼，你給自己的暗示經常像信念那樣的運作，而反映在你的經驗裡。

你們有些人只是精神怠惰，而不去有意識的檢查自己收到的資料。許多人慣於「否定」由別人那兒來的負面建議，反之，拚命去維護正面的肯定信念，實際上，這樣做是因為他們完全的信服負面信念的力量比有益的那些要強。

每一個人在自己生活裡都會找到慣性的思想模式。那個模式是被因之而來的行為所支持——制約的行為，藉由那個模式你又繼續加強負面的看法，專注其上而排除了與之矛盾的資料，因而透過自然的催眠把它們帶入經驗中。

你可以休息一下。

（十一點十四分到十一點二十九分。）

許多人認為催眠師有很大的力量，然而，不論什麼時候，當有另外一個人對你全神貫注的注可以說，你就是一個催眠師了。

不論什麼時候，當你自己全神貫注時，你就同時是催眠師和對象。你一直都在給自己「催眠後」（post-hypnotic）的暗示——尤其是當你把現在的情況投射到將來時。我要你們銘記在心：事實上，這些都只是遵循著心智的自然作用，而希望你去掉把催眠當作「魔法」的這種念頭。

那麼，一天最多用五到十分鐘自然的催眠術，作為接受想要的新信念的方法。在那段時間內，儘量生動的把注意力集中在那一句話上。一再的重複它，而同時在這個時候把心念貫注其上，試著以任何可能的方式去感覺這句話——那就是說，不要讓妄念進來，但如果你的心堅持要跑來跑去，那麼就把心的意象導到與你的聲明同一條線上。

那個重複——口唸或心想——是很重要的，因為它啟動了生物性的模式，並且反映了那個模式。不要用力。這個練習不應該與早先所給威力點的練習一起做，一個不應該與另一個相撞，卻應該在一天不同的時候來做。

（十一點四十分。）然而，在那個期間，切記你是把現在當作威力點而去看入新的信念，並且切記這些一定會被具體化。當這個練習做完了，不要「住」在上面，不要再去想它。你已經用到了一種濃縮式的自然催眠術。

你也許需要實驗一下，為你的訊息找到適當的字眼。但你起碼需要三天才能透過它的結果而知道有沒有效。如果沒有效的話，你也許需要換一換字眼。當你對那句話感覺對的時候，就繼續用它。除此以外，你的注意力應該是完全放鬆的，因為這需要時間。你也許立刻經驗到戲劇性的效果，即使是這樣，你仍要繼續的練習。

必須給內在管道一個新的模式，而你對新的模式也會有一個感覺，那可以作為你自己的個人指標。不需要練習超過十分鐘，事實上，很多人也會發現自己很難做超過十分鐘，因為花較長的時間只會加強了所涉及的困難。

這是此節的結束。

（「好的！」）

附上我對你倆最衷心的祝福。

（「謝謝，也祝福你。晚安。」在十一點五十分結束。）

第六五九節　一九七三年四月二十五日　星期三　晚上九點十八分

晚安。

（「賽斯晚安！」）

自然的催眠是無意識對有意識信念的默認。在精神貫注的期間，所有的妄念都被摒棄了，然後想要的概念被植入了（在正式的催眠裡）。然而正常的生活裡也發生了同樣的過程；主要貫注的區域接著就控制了你在生物與精神兩方面的經驗，而產生了相似的情況。

讓我們來舉一個簡單的例子，用在童年時你常被灌輸的一個正面信念。一個人被稱讚他長得很漂亮、身材比例很好，並且有一個討人喜歡的個性。這個意念生了根。而後，這個人在各方面的作為也都符合這個信念，但也有一群次要的信念環繞著這個主要的信念長了起來。

這個對個人價值的信念把對別人個人價值的信念也拉到它的身邊，因為其他人給我們那個幸運朋友看他們最好的一面，而他的人生也就經常在加強這個觀念。雖然他隱約覺察有一些人比另一些人「對人更和善」，他主要的切身經驗卻容許他看到在別人與自己身上最好的部分。這變成了他看待生活的重要角度之一。

與他概念不合的資料或刺激是一個次要的問題，他知道這的確存在，雖然對他個人並不適用，但他了悟到那個問題對別人卻是個事實。他並不需要證明他自己，因此比較容易公平接受同時代的人。

也許在一些區域他明白自己並不夠好，卻因相信自己基本的價值，所以他可以接受這些自己欠缺的部分，而不感到受威脅。他將能試著改進他的情況，而不必在同時把自己擊倒。

好，這麼說來，就容貌而言，一樣一樣來比的話，他也許和那些相信自己不迷人的人差不多而已。因為對他自己漂亮的信念是這麼重要，所以別人也將以同樣的方式對他反應。舉例來說，一個人可以有天生的美貌，但這個美卻對別人或對她自己不明顯。原因在於這個人不相信她具有美貌，而減損了實際五官的美，因此，那美貌真的變得不可見了。

那麼，你的信念就像催眠性的焦點，經由你們全都沉緬於其中的正常內在「自語」而經常的加強它們。

（九點三十八分。）這種內在「自語」就像一個催眠師的經常重複。然而，在這個例子裡，你是自己的催眠師。很少人只有一個主要的專注區域，通常都涉及了好幾個，但這些代表了你用能量的方式。一個把他自己的價值視為當然的人，不需要再懷疑這一點，他隨之而來的經驗也會是自然的。在你自己人生的許多領域裡，對那些滿意的地方，你不需要再努力了，因為你有意識的想法與專注，帶來了你喜歡的結果。只有生活中那些使你惶惑的部分，你才會突然開始懷疑發生了什麼——但此地，自然的催眠也同樣容易並且自然的在運作，而你有意識的念頭也自動產生實質的效果。因此，在這些領域你必須了悟到，你就是那個催眠師。

休息一下。

（九點四十三分到九點五十分。）

無意識接受由意識心來的那些命令。

在每一個人的經驗裡，有一些他覺得滿意的領域。然而，當你發現自己有不滿意的地方時，就自問一下：你在那個特定經驗範圍裡下達的命令是什麼？且說，那個結果似乎沒有遵循你有意識的願望。但你將發現，它們的確遵循你有意識的信念，這兩者可能相當的不同。

你也許渴望健康，但暗中相信你的健康不佳；你也許渴望心靈上的了解，卻認為自己在心靈上是沒有價值和愚鈍的。（停頓。）當你渴望一個與你現在信念相反的事，就永遠有衝突。你的信念將會產生符合它特色的適當感受及想像。如果你想要健康，卻不斷以健康不佳這個現在信念來與之抗衡的話，那麼，這個信念本身就被建立起來對抗你想要健康的渴望，而引起額外的困難。在這樣的情形下，你似乎在要求那不可能的事，因為渴望和信念沒有統一，卻是分開的。

在正式的催眠裡，你與催眠師有一個協議：有這麼一會兒，你願意接受他對實相的意念，而非你自己的意念。如果他告訴你在你面前有一隻粉紅色的象，那你就會看見並且相信它在那兒，而且按照他給的暗示去行動。如果你是一個很好的對象，而你的催眠師是個很好的從業者，那麼，如果他告訴你，你被灼傷了，那麼你的皮膚可能真的會起水泡。

（在十點三分長久的停頓。）你能夠表演你原本會認為自己不可能做到的那種身體技藝——所有這些都因為你自願把某些信念暫時放到一邊，而讓自己接受其他的信念。不幸的是，因為「暗語」被認為是必要的，大家就認為意識心被催眠了，而它的活動也暫時停止了。真實的情況卻恰恰相反，它是被貫注、被加強、被變窄到一個特定的區域，而其他的刺激都被截斷了。

這種有意識專注的強度使得阻礙減少了，讓訊息直接的達到無意識，而後被付諸實行。然而，這個催眠師是重要的，在於他扮演了「權威」的直接代表。

以你們的話來說，信念最初是由父母那兒收到的——如先前提過的，這個與哺乳類的經驗有關（見第四章六一九節）。那麼這個催眠師就成了父母的代替者。在治療的案例裡，一個受了驚嚇的人會因為在你們文明裡的信念，使他不向自己而向一個權威的人物求助。

（十點十分。）甚至在原始社會裡，巫醫和其他自然的治療者，已然了解威力之點是在當下，便利用自然的催眠來作為幫助其他人集中自己能量的方法。所有的手勢、舞蹈及其他過程都是一種「驚嚇治療」（shock treatments），把對象嚇出他習慣性的反應之外，因此，他被迫貫注於現在這一刻，所導致的「失落方向感」只是動搖了目前的信念，而把那個固定的架構移去了。然後，這個催眠師、巫師或治療師，立即把他認為對象需要的信念嵌入。

在這個範圍內，將會包括那些涉及了治療者自己概念的附帶概念團。在你們的社會裡，催眠常常會涉及「回溯」（regression）；病人會記起並且重歷過去的一個創痛經驗，這會顯得是目前難題的原因。如果催眠師與對象都接受這個原因，那麼在那個層面就會有進步。

如果這個文化的觀念包括巫毒（voodoo）或巫術，那麼，人們就會在那個範圍裡去看整個治療的情況，而發現一個詛咒；然後用當下的威力點，醫生就可以把它反轉過來。

然而，在正式催眠範圍之外，以上所說的也同樣適用。以最大的了解和同情，讓我說西方醫學本身以它自己的方式是最不文明的催眠設計。受教育程度最高的西方醫生，想到在一個原始巫醫的草棚裡，一隻雞被犧牲了，會感到全然的喪膽與恐慌，卻會認為一個女人把兩邊乳房犧牲給癌症，是十分科學而不可免的。醫生根本看不出有別的法子，而不幸的是，病人也一樣。

（停頓。）現在的西方醫生——我們承認他是以最大的困窘來告訴病人死期將至，而使病人覺得自己的情況是無望的。而當他讀到一個使用巫毒的人把一個詛咒施於某個無辜受害者身上時，卻會以責備與強烈的憎惡來反應。

在你們這個時代，醫學人士再度帶著極大的優越感來看原始文化，而嚴苛的批判那些他們認為被巫醫或巫毒術控制之下的村民；然而，透過廣告和組織，你們的醫生使得你們文化裡的每一個人都相信每六個月必須做一次健康檢查，不然你會得癌症；而你也必須有醫藥保險，因為你將會生病。

因此，在許多的例子裡，現代醫生是已經忘記了他們的技藝而能力不足的巫醫——是不再相信治癒力量的催眠師，而他們的暗示帶來了預先診斷出的其他疾病。

你被告知去找什麼（症狀）——你就與一個小村子裡的土著一樣地受到了咒詛，只是你失掉的是乳房、闌尾及身體的其他部分。當然，醫生遵循自己的概念，而在那個系統裡，他們認為自己完全有理——而且很人道。

沒有一個職業比在醫學界裡，更直接地面對你信念全面的衝擊，因為醫生不是最健康的，卻是最不健康的。他們成為他們如此衷心贊同的信念俘虜，他們的注意力是在疾病，而非健康上。

你可以休息。

（「謝謝你。」）

（幽默地：）我們下一本書將會在AMA的推薦書單上。

（「我打賭一定會！」此地賽斯講的是美國醫藥協會。

（十點三十四分，珍的出神狀態極佳。有關賽斯在十點十分以後說的話，我們希望讀者參考這些課：第二章六一六節；第五章六二四節；第十四章六五四節。在十點四十八分繼續。）

換言之，醫生也是他們自己信念系統的受害者。

他們經常用負面暗示來包圍自己。當疾病被視為一個侵入者，而毫無理由地強加在健全的自己身上時，那麼，一個人就彷彿是無能的，而意識心也會被視為一個附屬物。病人有時候被迫把他的器官一個又一個「奉獻」給他自己以及醫生的信念。

（停頓。）幸運的，你們有對「整脊術」（chiropractic）、健康食品甚至江湖郎中等「地下」信念。這些全提供了一些其他的系統，在其中，健康方面的問題可以被解決。至少在這種案例裡，沒有給有害的藥，而身體的完整性沒有被更進一步傷害。

再次說明，整脊治療者也是一種催眠師。不幸地，他們卻嘗試在醫學方面獲得尊敬，因此強調他們工作的「科學」面，而對直覺的成分和自然的治癒輕描淡寫。「江湖郎中」碰到的都是那些已經沒有希望的人，那些病人了悟其他信念系統的無效和不足而無處可去，才來找江湖郎中。有一些「江湖郎中」是不謹慎與不老實的，然而他們多半擁有一種直覺性的了解，可以藉著信念剎那的改變而使病人「痊癒」。醫學界喜歡說，這種人阻止了病人尋求適當的治療。事實上是這種病人已不再相信醫生的信念系統，而因此不能再受醫生幫助了。

對一個醫生而言，這些會像是全然的旁門左道，因為疾病將永遠被看作身體裡的一件客觀的東西，應該被客觀的診治或切除。但是一個感覺「他沒有心」的人無法為最熟練的心臟移植手術所救，除非那個信念先被改變。

在其他方面，一個認為他自己很窮的人，不論如何努力去賺錢，或者人家給了他錢，他都會把錢遺失或濫用或做錯誤投資。一個已把自己催眠到一種寂寞狀態的人，會感覺非常的孤獨，即使他被一百個朋友與讚賞者圍繞也是一樣。

（十一點二分）這些在你的日常生活中對你代表了什麼意義？你又如何能利用自然的催眠去改善經驗？

在那些不滿意的地方，你覺得自己無能為力，或者你的意志痲木，或那個情形仍在繼續——縱然你以為自己的心意不是如此。然而，如果你能注意自己相當有意識的念頭，你將發現，你正是貫注於如此令你心驚的那些負面看法。你正十分有效的催眠自己，因而加強了那個情況。你可能很驚嚇的說：「我怎麼辦呢？我正把自己催眠到我的過重（或寂寞、不健康）情形。」然而在生活的其他面，你也許把自己催眠到財富、成就、滿足——而在這些地方你並不抱怨。所涉及的問題並無兩樣，都是同樣的原則在運作。在那些正面的生活情況裡，你對你的原創力很確定，在那個地方沒有懷疑，所以你的信念變成了實相。

好，在那些不滿意的方面，你必須了解：那裡也沒有懷疑。你完全地被說服自己是有病的，或窮的，或寂寞的，或心靈愚昧的，或不快樂的。

那麼，其結果一樣也輕鬆不費力地跟著來了，以這裡說的方式而言，自然的催眠在一個情形和另外一個情形裡運作得一樣好。

那麼，你該怎麼辦呢？首先，你必須了悟自己即催眠師，在此處就與你生命中其他正面的領域一樣，必須採取主動。不論信念的表面理由為何，你必須說：

在某一段時間裡，我願暫時把我在這個區域的信念擱置，而有心地接受我要的信念。我願假裝我是在催眠之下，而我自己既是催眠者也是對象。在那段時間裡，願望和信念將是一體的，不會有衝突，因為我是有心的這樣用。在這段時間，我願完全改變舊的信念。雖然我安靜的坐著，在我心裡我願假裝，我要的信念已完全是我的了。

在你做以上的練習時，不要想到將來，而只要想現在就好。如果你過重，當你在做這個練習時，就把你認為的理想體重嵌入。如果你相信自己不健康，那麼就想像你是健康的。如果你是寂寞的，就反過來相信你被友情的溫馨所充滿。要了悟你正在使用原創力去想像這種情況，此處，不要與你正常的情況相比。用觀想或字句——不論那一個，對你最自然的就可以。再次強調，不需要超過十分鐘。

如果你老實的去做，那麼在一個月之內，你將發現新的情況會在你的經驗中實現。你的神經結構將自動反應，無意識也將被喚起，發揮它偉大的力量，而給你帶來新的結果。不要試著做得過了頭，例如，整天在擔心這個信念有沒有用。這樣只會造成你把你有的與你要的相比。當這個練習做完以後，就把它忘了，然後你將發現，你有符合這些新近被嵌入信念的衝動，然後，那就看你要不要對之反應或忽略它。

（停頓。）原動力必須來自於你，而你必須嘗試這些練習，才會知道有沒有用。現在如果你健康不佳而有個醫生，那麼你最好繼續去看他，因為你仍依賴著那個信念系統——但用這些練習作為補充來建立你自己內在健康的感覺，並且保護你不再受醫生的任何負面暗示影響。既然你有醫生，就要利用你對醫生的信念。

你可以休息。

（十一點二十六分。珍的出神狀態非常好，步調快而明確。在休息期間，她卻開始有點睡意了，因此這就成了此節的結束。）

第六六〇節　一九七三年五月二日　星期三　晚上九點二十七分

（星期一晚上沒有上課，珍和我花了幾天時間去旅行。）

（在上星期三的課之後，第二天早上珍說：「真的，我想我整晚的睡眠中一直在做書的工作，只是我聽到的是自己而非賽斯的聲音。我甚至想到，起身把那些東西寫下來，只是我不認為那個方式真的有用。我只希望當我們真的上課時，會得到所有那些好東西……」這個睡眠狀態的效應令人驚訝的持久，雖然在星期四晚上。當她再度遭遇它們的時候，它們多少變少了一些，但直到週末，它們才慢慢的完全消失。珍在事先獲得書的資料的一個先前經驗——關於橋梁信念，在第十一章六四四節裡已經描寫過了。她下一次在夜晚涉及到賽斯書的工作，於本節最末有個報告。

（我提醒她，有兩個題目我希望賽斯會討論，如他在一段日子以前曾答應的：一是在這個地區一九七二年六月的大洪水，以及我們在其中的角色；見第一章六一三節的註。二是天生殘障，如賽斯在本書過程中偶爾提及的。

（昨晚，珍在ESP班上非常的活躍，特別是當她在以「蘇馬利」說話和唱歌的時候。近來在歌裡面顯出了一個新的、更複雜的次元——現在常常歌詞和音符都是短而快的，當它們在音階上敏捷的上下飛躍時，讓我想起一種口語式的縮寫。在同時，又好像珍只以一副聲帶而試著同時傳達好幾個聲音或念頭。

（在課間賽斯評論說，這個最近的「蘇馬利」發展，將助她為前言裡提到說法者的非常古老「手稿」——大半是口說的——解碼。然而，賽斯並沒說這個轉譯將如何被達成。要找關於說法者與「蘇馬利」更多的註，請見第五章六二三節。）

晚安。

（「賽斯晚安。」）

口述：在所謂的制約與強迫行為（compulsive action）之間有一個確定的關連。此處「催眠後暗示」與經常的每日「制約」都在作用。舉個例來說，假如有一個女人，她覺得自己被迫每天洗手二十到三十次，那很容易認出這種重複行為是強迫性的事實。但當一個男人每次吃某種食物，他的胃潰瘍就會讓他不舒服時，那就很難去覺知這個行為也是強迫性與重複性的事實。

這是個自然催眠能給你們身體系統帶來反面影響的絕佳例子。以一種說法，重複的行為密切涉及了在「魔法」層面的信念，這種行為通常代表這個人感覺到迫在眉睫的「邪惡」，而努力去避開。那麼，雖然去了解有重複性的外在行為本質是容易的，而以同樣的方式產生許多身體症狀就困難多了——但這裡也涉及了一大群對某個刺激一再發生的反應，在它們之後常有同類的「強迫性」。事實上，以它們自己的方式，症狀常常就像是神經系統一再重演的「儀式」，它的意義是要保護患病者不去面對一些他更怕的東西。

（在九點四十二分停頓。）那就是為什麼在與健康和疾病打交道時，信念系統是如此重要的原因。每一個系統用些「行頭」——手勢、藥品、治療法——那是治癒者和病人共享信念的外在展現。

例如，在乾草熱的情況裡即是如此。就此而言，在大多數其他的不適（dis-eases）裡，也是一樣。

自然的催眠與有意識的信念給了無意識適當的指示，它們很負責的影響身體機制，採用與這些信念和諧的方式來反應。因此，你制約了身體用某種方式反應。當然，要處理這個並非簡單的問題，不適的最初暗示就是因為另外一個信念才產生的。在西方運用的正式催眠裡，你可以回溯而發現暗示第一次給你的地方，如果你和你的催眠師都相信轉世的話，其根源也許會在另一世被發現。

在兩種情形裡，如果這個治療是有效的，那麼你可能會放棄你的症狀——如果你和催眠師暗地裡都相信那些「堅信」的情況與架構是症狀的原因。

但在這個之後還有更多的問題；如果你不相信自己身為一個人的價值，那麼，你就會繼續得到其他的症狀，而那必須以同樣的方式——也就是用其他的「過去事件」來作為那個情況的藉口——如果你幸運的話。如果你不這麼幸運，而你的疾病恰好又涉及了內臟，那麼，你也許會犧牲了一個又一個的器官。

藉著了悟到你的威力之點在當下，如前所提及的，所有這些都是可以避免的。當然，你不只是在個人的信念內，卻也是在你多少承認的那個群體信念系統之內運作。在那個組織裡，對大多數人而言，醫藥保險變成了一個必要措施，因此，我並不建議你取消它。不論如何，讓我們再更進一步的看看這個情況。

你在對一個你確定會降到自己身上的疾病預先付款。你現在在為一個患病的未來做所有的準備。你押寶在疾病而非健康上，這是最糟的一種自然催眠。然而，在你們的系統內，保險的確是有必要的，因為對患病的信念是如此瀰漫在你們的精神大氣裡。

許多人只在保了這麼一個險之後，才開始生病——對那些人而言，這個行為本身象徵性地代表對疾病的接受。甚至更不幸的是為老年人的特別保險，它預先把對健康與年齡所有最樣版與最扭曲的概念詳細列出了。在人們選擇了保險與隨之陷入的疾病之間，有極大的關連。

（十點二分。在賽斯講這些話的時候，珍的傳述一直是最強調而快的，並且伴隨了許多的手勢。）

比這個甚至更糟的是那些建議——懷著最好的目的——關於和疾病預防有關的特殊健康區域。此地我特別想談其中兩項。

其一是防癌的文宣以及電視上「公共服務」的宣傳，在其中給了癌症的七個危險信號，再次強調，不幸地，在你們的信念架構之內，這對許多人而言幾乎變成了必要——特別是為那些多少與這個病先前打過交道的人，他們對這種病的恐懼幾乎是非理性的了。這些文宣與宣告變成了強烈的負面暗示，按照自然催眠的本質——成為一種制約的過程，你明白，你們在那兒尋找特別的症狀，並且在恐懼的原動力下檢查你們的身體。

對那些已經在這樣一個方式下被制約的人，這種過程可能引起本來不會發生的癌症。

這並不表示那些人不會因別的病而病倒，但它的確表示，這種方法把對疾病的信念模式化，並讓它的焦點集中在特定的症狀上。這麼說來，你需要健康保險一點都不奇怪！疾病並非強加於你身上的一個外來東西，但只要你相信它是，就會照那樣的去接受它。而你也會覺得無力與之對抗。

我要說的第二個健康問題是關於老年人的。退休的意念通常落入了同樣的模式，因為隱藏在它們之內是那個信念：遲早在一個明確的年紀，你的力量將開始衰退。這些意念通常被年輕和年老的人同樣的接受。年輕人相信了它們，就自動地開始對自己的身與心有了漸進的制約，而時候到了，就會收穫那個「結果」。

尤其是在你們的社會裡，一個人的整個心力都用在追求金錢上，這種信念會帶來最屈辱的情況，特別是對男人而言，因為他常常被告以要把男性雄風與賺錢本事畫上等號。那麼就很容易了解，當他失去賺錢的能力時，便感覺到被「去勢」了。休息。

（十點十五分。珍笑起來：「我有一個感覺，我們真做得不錯。」的確——但她幾乎立刻脫離了出神狀態。她的步調一直很好。在十點二十九分以同樣的方式繼續。）

一般而言，那些提倡健康食品或自然食品的人，也接受一些與你們的醫師所持的大致相同信念。

他們相信疾病是外在狀況造成的結果。很簡單的，他們的口號就是：「你吃什麼，你就是什麼。」這些團體中有些人也贊同稍微調和那些觀念的哲學概念，而承認「心」的重要性。但由於常帶有一些非常負面的強烈暗示，因此，除了某些被接受的食物外，所有其他食物都被認為對身體不好，而會導致疾病。人們變得對他們所吃的食物害怕，吃東西這件事於是成了爭執的焦點。

食物於是被附上了道德價值的判斷，有的被看作好的，有的被看作壞的。症狀出現了，並且十分直接地被認為是吃了禁食單上的食物的自然結果。但是，至少在這個系統內，身體沒有被用來治療的各種莫名其妙藥物所侵犯。然而，身體可能被剝奪了非常需要的滋養。除此之外，健康與疾病的整個問題被簡化了，每樣食物也都要被仔細的審查。「你是你想的，而不是你吃的」——到一個很大的程度，你對你吃的東西怎麼想，要來得重要多了。

你對身體、健康與疾病怎麼想，將決定你的食物如何被利用，以及體內的化學作用如何處理食物——譬如說，脂肪或醣類。而且，你準備食物的態度也極為重要。

就身體上而言它是真的。但同樣地，一般而言你的身體需要某種養分。但在那個模式之內，仍有很大的餘裕，身體本身有令人吃驚的能力去利用代替品。如果你相信疾病的話，那麼世界上最好的飲食計畫——就任何人的標準而言——也不會使你健康。

對健康的信心，可以幫助你利用一個「貧乏」的飲食到可驚的程度。如果你確信特定的食物會帶給你特定的病，那麼它就真的會如此。看起來好像某種維他命會預防某些疾病，當然，你在那個架構之內運作時，這個信念本身的確有效。一個西方的醫生可能給其他文化裡一個當地小孩維他命針劑或藥片，這個小孩不需要知道給了他哪一種維他命或患病的名稱，但如果他相信那醫生與西方醫學，他的病情的確會改進，而從此以後，他就需要那種維他命了。其他所有的小孩也是一樣。

再次說明，我不是說：「不要給小孩維他命。」因為在你們的架構裡，這已經變成了「必須的」。你們將發現更多維他命去治更多的病，只要這個用維他命來治病的系統有用，它便會被接受——但問題就在於它的作用不是很好。

如果你自覺委靡，而恰好讀到關於維他命的廣告或書本，而被它所影響，那麼你的確會受益——至少有那麼一陣子。你的信念會讓維他命對你生效，但如果你堅持健康不好的狀況會持續的話，那麼維他命所代表的相反暗示也不會長期有效的。

（十點五十三分。）有關香煙與迷藥的「公益宣告」也是一樣。吸煙會致癌的暗示比吸煙實際產生的效果要危險多了，而能使得那些本來不會被如此影響的人得癌症（非常熱切的）。

有關海洛英、大麻與ＬＳＤ那些用意很好的公益宣告，也可以是能傷人的，因為它們把嗑藥的人們能有的經驗預先結構好了。在一方面，你們文化公開的指出服藥可能發生的那些常被誇大的危險，而認為這是很普通的；另一方面，又把藥當作治療的方法。此處，這個危險變得有點像一種「成年禮」（initiation rites），在完全被社群接納之前，一定要面對喪失生命的可能性。但那些涉及土著的成年禮的人，對他們在做什麼要比你們明白多了，他們了解到一個信念的架構，而對那個信念架構內的結果——成功——是相當的有把握。

所有這些都涉及了自然的催眠。

讓我們回到那個有潰瘍男人的例子裡，他暗中相信某些食物會讓他的胃以某種特定的樣子反應。然而，有一種藥可以讓他止疼。只要這個藥有效，它就更說服了他，而最後他腸胃的問題就只能夠以這種方式得到紓解。

那麼，藥變成了一個相反的暗示，卻全是這同樣催眠過程的一部分，建立在他對原本那個病的信念上。雖然藥給了暫時性的治療，但他需要藥的這個事實加強了他對它的依賴性。如果他對自己健康不佳的信念沒有被阻止，這樣繼續下去，這個藥就不再能成為一個適當的治療辦法了。那麼，似乎唯一合理的辦法就是不去吃那些會帶來胃潰瘍的食物。然而，每次這樣做的時候，這個人就愈來愈對這個催眠的暗示認命了。

他完全相信，如果他吃了禁食的食物之後就會生病，而事實上也是如此。但是他從來沒有想到放棄那個信念——去了解正是這個信念本身，透過自我催眠的作用而建立了制約過程。

威力之點是在當下。你必須徹底的了解這一點，然後才能把握人生，而開始在所有生活區域裡為你的益處用到自然催眠法。它現在已經在你生活中覺得滿意的部分使你獲益了。

你休息一下。

（十一點十三分到十一點二十五分。）

在這些情形裡，不要把主要注意力集中在你最不滿意的那個經驗範圍裡，是非常重要的。這樣只會變成一種催眠暗示的加深。只提醒你自己其他的成就，這本身就會以一種建設性的方式來作用，即使你沒有做其他任何事，這種把注意力集中在正面的作法，自然會把你的能量由問題拉開。它也建立起你自己的價值感與力量——當你提醒自己在經驗的其他層面有不錯表現時。

任何時候，當你試著為自己擺脫一個難局時，要確定你別反而把注意力集中在那上面。這個舉動切斷了其他資料的到來，更加強你對困難的貫注。當你把那個貫注打破時，問題就解決了。

（停頓，然後又快速傳述。）讓我們再來舉一個非常簡單的例子。你的體重過重是個身體上的事實，它讓你傷心，但你完全的相信它。你開始了一系列節食計畫，全都建立在因為你吃太多所以過重的概念上。反之，你認為自己吃得太多是因為你相信自己是過重的。你實際所見的畫面完全符合你的信念，因為對自己過重的信念制約了你的身體，而恰恰使身體以這樣一種方式去表現。

於是，以最奇怪的方式，你的節食只加強了那個情況——既然你節食是因為如此深信你過重的情況。

你將繼續以同樣方式利用你的食物——並且吃得太多，直到改變了你的信念為止。暫時的體重增加並不會持久，你整個的行為模式會按照所給的強烈催眠暗示而作用，那麼，你的外表和經驗當然永遠會加強你的信念。

（十一點三十九分。）因此，你必須心甘情願擱置那個信念。用在這章所給的練習，你必須有意的努力去嵌入一個不同的信念；以這個新方式來利用自然的催眠。看過此書之後，如果你了悟自己的價值，那麼，目前的那個了悟，就能否定掉也許曾把你吸引到那個情況的任何過去關於你沒有價值的意念。

當然，如果你體重不足，這也一樣的適用。你可以有一陣子吃一大堆東西而只增加了幾磅，或為你的不吃東西找各種藉口。人家可以給你吃最補的食物，你卻仍胖不起來。你並不是因為吃得不夠或沒有好好吸收而體重不足。相反的，因為相信你體重不足你才吃得不夠。多少的食物都不會夠，直到你改變了信念。

應該用如剛才給那些過重的人的同樣方法。在每一個案例裡，身體的制約是透過自然的催眠而建立的，每日的行為與體內的化學作用平順的追隨著你的信念。

此處也涉及了價值的意念以及先前提及的威力之點。在任何區域，只藉著對你一天中所有的有意識念頭付出更多的注意力，你就可以得到偉大的線索；因為每一個念頭都是一個微細的暗示，會變更你的行為模式而影響了身體。

給我們一會兒。（在十一點四十七分停了很久。）下一章。

Chapter

17

自然的催眠、療癒以及身體症狀進入其他活動層面的移轉

（在十一點四十九分又一個長久的停頓。珍的步調戲劇性地突然緩慢下來。不可解地，她現在花了六分多鐘來傳述第十七章的標題。）

〈自然的催眠、療癒以及身體症狀進入其他活動層面的移轉〉。那就是題目。

（十一點五十五分。現在她的步調開始加快。）有些人病了幾年，卻突然好了，然後投入某種偉大、有益社會的努力裡，在其中，他們的問題消失了，而維持一個新的穩定。這個常常代表症狀由身體向外進入社會結構的一個象徵性「移轉」（transference）。

我將結束此節，我只想把題目以及方向給你們。

（十一點五十七分。「好的！」）

我對魯柏有一個小小卻重要的私人建議……

（這個佔了半頁左右，而這一課在十二點三分結束。珍對於她傳述第十七章標題所花的時間感到非常驚訝，她無法解釋。在出神狀態中，她只覺得「一個短短的等待感」。

（關於在這一課前的註，有關上週珍對賽斯書的夜間作業：當她在這一節後去睡覺時，同類的效應又回來了——但這次她決定做個實驗。她第二天早上寫道：「當我醒過來時，我感覺我『有』整個的四或五章『全在那兒』——只要我能想個辦法立即把它們謄錄下來。我在三點十五分起來，想要寫下每件事——而發現它們大半就這樣消失了。

（「等我到了書桌時，所有那些細微之點以及修飾平滑的文句都已經不見了，只剩下幾個意念。顯然這資料必須透過上課的形式——然後那個形式再自動的轉譯它……？」

（只留給了珍一頁左右片段的筆記及兩個可能的標題。雖然她並不知道賽斯會不會在他的書裡用到這些，但這仍是發人深省的資料：「有一個『力量之章』：每一個人都有他自己不可侵犯的『力量的心靈領土』，」她寫道：「……沒有疾病或其他情況被容許侵犯它……以力量的角度來想比以缺陷的角度來想要好得多——生命、行動、言辭的力量等等。人們把這個與他們施展在環境或他人之上的力量相混淆，然後奇怪為什麼施展力量沒有用……

（「然而每個人最終必須了悟：你不能在一個領域放棄力量而沒有……在最後到某個程度威脅內在核心或力量的心靈領土。在任何區域你相信自己『無力』的這個信念，會在其他地區建立起其自己的可能性——它就像負面暗示那樣的運作。」

（以及：「有一章談到『有效的個人實相』——關於一個人一生的個人目的，以及由你的身體所設的天生限制；就健康、疾病、窮或富、能力等等而言，你生下來是選擇了哪一些。」

（以及：「如人們所說，信心和信念可能移山——但也能引起自然災害。」

（珍和我在課後第二天的早餐時，討論上面的資料，這引得我唸賽斯在十一點二十五分講的東西給她聽，那是關於信念和體重的關係。在午餐之後，珍自發的寫下由下一段開始的資料：她把這資料當作賽斯談體重資料的補充。她後來說：「當我在做這件事時，我沒有聽見任何聲音。我感覺這些概念是被嵌入的，卻是由我執筆。」這個作品很接近賽斯表達的方法：我們想它可能是由她昨晚的努力而延伸出來的，來看看她靠自己能做些什麼「書的工作」：

（「一九七三年五月三日，星期四下午在書桌旁，有關賽斯的書：

（「節食的確可以暫時作為你在作主並且抓住那個原動力的外在記號；作為這種記號，節食因此就變得重要了。然而，常常一個不成功的節食模式發生了，那麼，就會變成一系列的負面暗示。這個抗拒力是來自信念衝突的結果，你認為自己過重，而接受它為一個事實。所以在那個信念面前去減輕重量的步驟變得不合理了，而且是『不實際』或甚至不可能的。

（「同樣的情況也適用於體重不足的狀況。在每個案例裡，經常的注意磅秤變成了另一個負面刺激，反而加強了原先的情形。吃得更多的努力將被長期體重不足的人所抗拒，就如壓制自己不去吃的努力被肥胖的人抗拒是一樣的。不但這些反應會發生，而且相反的傾向也會產生。對不吃的專注以及由它所產生的緊張，反而會引起食量的增加。而體重不足的人愈想吃得多，可能實際上吃得更少——相信自己體重不足這個佔了上風的信念，使得前者被詮釋為不可能的。

（「最好的方法就是：停止所有這種努力，卻立即開始如這章指示的，去改變你的信念。

（「那些減肥團體的治療法會成功——至少暫時地——的理由，是在於對自己價值的信念被強調了。不幸地，體重被攻擊為『壞的』或『惡的』；象徵性的道德判斷參與了進來。所以這個治療很少有長期的效果，因為從那以後，任何增加的體重就更充滿了負面意義。」）

第六六一節 一九七三年五月七日 星期一 晚上九點四十分

（明天是珍的生日……）

晚安。

（「賽斯晚安！」）

口述：我並沒暗指所有社會工作者都是被個人問題所驅策。在另一方面而言，說真的，許多這種問題是因著心意的改變而變成了挑戰，然後被用作造成社會改革的原動力。

在這種情形下，難局被投射到自己之外，而後被看作一個可以被操縱的外在情況。這的確涉及了「魔術般的」改變，然而，這不可被解釋為所有創造行為都來自個人問題或神經質，事實上恰恰相反。就這個人而言，這種投射到外面的問題永遠不能真的被解決，因為它們的根源沒有被了解。

（九點四十五分。電話響了，珍作為賽斯向電話作手勢。）

沒關係，你可以去接。

（可是只響了一下。我們等了一會兒，然後繼續這一課。）

既然根源沒被了解，在社會結構裡的任何外在操縱都不會很有效，那麼，這個人就會在每個問題裡看到那困難被個人化了。因此，甚至在社會架構裡的改進，對這個人的感知都會是「不可見的」——而沒被注意到。與那困難相較，這些改進將看起來如此的微不足道。

如果你貫注於個人的疾病，同類的反應也會發生，而後發現任何的進步都不重要，因為你注意力的偉大焦點是放在負面上。

一個突然的皈依，可能使一個人完全擺脫身體上的病癥——任何一種皈依。在那個一般性名詞之下，我包括了喚起強烈的情感以及捲入新的情感，加入一個組織或者一種歸屬感。這可以涉及宗教、政治、藝術，或只是掉進愛河裡。

（停頓。）在這些區域裡，不管問題的性質或原因為何，它多少被「魔術般的」轉移到另外一個活動面，而這是由自己投射出去的。巨大的能量阻塞被移走了。一個相信自己邪惡的人，現在也許反過來把世界或有其他信仰或加入政黨的人看成是邪惡的。他於是感覺自己擺脫了問題本身，卻完全準備好去攻擊別人內在的問題，並且懷著偉大的自以為是而理直氣壯。

（九點五十五分。）此地，我在這種皈依經驗與真正神祕的了解❶——它也可能在一剎那間來到——之間作一個區分。然而，神祕的開悟並沒看見一個敵人，並且沒有傲慢、攻擊或自我合理化的需要。

（停頓。）愛情——如它常常被經驗到的——允許一個人有一段時間從另外一個人身上得到自我價值感，而至少暫時讓另外一個人認為他是善的這個信念，勝過了他認為自己缺乏價值的信念。再次的，我在這個及一個更大的愛之間作了區分，在後者裡，兩個人明白他們自己的價值，而能夠給予及接受。

（十點一分。）當我把魯柏留在出神狀態時，你可以休息或者給他拿一點啤酒來。隨你的便。

（我說：「我去拿啤酒，」因為珍進行得不錯，而我想繼續下去。身為賽斯，珍安靜的等著我，直到我從廚房回來。）

再次重複，你造成你自己的實相。當你看這個世界、社會團禮、政治團禮、你的朋友，你的個人經驗——全由你的信念而被吸入活動領域裡。自然的催眠——如在上一章解釋的——引你去找出會認可你的信念的那些情況，而避免會威脅它們的那些情況。

你會常試將一個問題向外投射，來使你自己自由。如果你這樣做，那麼那個待解決的問題將彷彿永遠在你之外，無法解決卻更形放大。讓我們看看有關一個我將稱之為蒂寧的女人的情況，她今天由西邊的一個州打電話給魯柏。我們藉她來看看一個可能發生的困境。

（停頓。）蒂寧是一個受過高等教育的中年女性，她有幾個已經長大的孩子，而且經濟情況也不錯，擁有所有金錢能夠買到的東西。她幾乎是在一種狂亂的狀態下打電話給魯柏——說她極渴望能得到幫助。因為她已給魯柏寫過好幾封信，魯柏對她的情況也是知道的。蒂寧堅信她受到了咒詛，被催眠了，而且落入另外一個人的控制之下。

她曾經找過一個又一個的通靈者，也試過「自動書寫」。她很少看到丈夫，因為她的丈夫整天忙著自己的事業。不同的「通靈者」曾告訴她，她將成為一個通靈導師，而給了她各種祕語及技巧來避開「邪惡的」影響。

（十點十三分。）魯柏正確的感覺出在這個女人生命裡有對熱情、刺激與原創力的需要。很明顯的，蒂寧成天坐在她可愛的家裡，無事可做；她沒有做任何努力去真正面對她的情況，卻找別人代她去面對，因而，加強了她的無力感，使她感覺在這一刻沒有力量。

這是涉及了心靈與生物本質兩者最嚴重的一種放棄；比一個陷入可怕情況的動物更感覺到自己是掉在陷阱裡，而否定了自己行動的能力。那麼，那個被壓抑的力量本身轉移了，在蒂寧的情形裡，它被放在別人身上了。如果她不能自己做決定，那麼這另外一個人能藉著長距離的催眠強迫她行動——不論她想不想這麼做。

且說，這另外一個人具有的並不是蒂寧自己沒有的力量。（停頓。）蒂寧衷心的相信善與惡；因此，當她確信自己是在惡魔力量的掌握裡時，她就開始祈禱。然而，就如魯柏指出的，祈禱的本身只是對「邪惡是如此有力的意念」一個軟弱的投降。祈禱並不是建立在任何對善的力量的真正信念上，而只是建立在迷信的希望上，即——惡的力量存在，那麼善的力量也一定存在。

在聽到關於自動通訊的事之後，魯柏解釋說，這些只是下意識被壓抑的成分找尋必須的出口罷了。他建議蒂寧找個工作，不要再去看通靈者，而去肯定她的個人性並負起自己行動的責任。蒂寧相信其他人對待她的樣子很不尋常，因為他們都被催眠去這樣做了。如果有人對她皺眉，她就認為這是催眠暗示的結果。所有這些，你們有些人聽起來會覺得匪夷所思，但是對某些人而言卻再真實不過了。但不論任何時候，當你把自己經驗的成分派給了外在的來源，你真的就在做與蒂寧所做同樣的事。

她感覺某種儀式或食物會擋掉這個邪惡的催眠暗示。然而，你們許多人吃維他命不也是確信這能把你救離各種疾病嗎？在蒂寧的信念系統內，她十分理性的做事——而在你的信念系統裡，你不也認為自己很「理性」嗎？

你對疾病的真實堅信不疑，疾病也許不像蒂寧相信「邪惡就是要來威脅她」那樣惡毒的來「追殺」你。但問題卻是一樣的。

（十點二十九分。）如果你相信每次站在罅縫風裡，你就會得傷風的話，你就是在用自然的催眠。如果你認為自己必須被每個人「呼之即來，揮之即去」的話，那麼就會像蒂寧——她相信自己必須做「催眠師」告訴她去做的事。在她的情形裡，蒂寧放棄了行動與原創力的責任，卻因為一個人必須要行動，而把其理由派給了別人。魯柏也把這點指了出來。蒂寧向我要求忠告，而再次的，魯柏相當正確地說：「你必須學著不去依賴別人，去用你自己的常識。你必須停止試著用一個象徵與另外一個對抗，而看看你自己的人生和信念。」

那麼，你能把你的難局或能力向外投射而進入其他的活動途徑。但你不能解決你的困難或正確利用你的力量，直到你了悟到，是你形成自己的實相以及你的力量是「住」在這一刻的。

你可以休息。

好，蒂寧小心地選擇將在其中發生這些冒險的領域。當她的小孩長大了，她感覺到孤單，不再被需要了，被否定了她先前照顧家庭充滿活力的生活方式。因此，她這個人的偉大精力——先前被小孩所耗費——沒有了出口。

現在她的生活雖然困難，卻很刺激。她是一個女英雄，與善和惡的宇宙力量戰鬥，她是這麼重要，以致另外一個人甚至想要控制她。甚至動物也在尋求刺激，而對存在感到一種熱情。所以，藉一種誤導的方式，蒂寧仍在給予她存在的一個必然需要表達的機會。

魯柏也提議她去找心理輔導員。直到她準備好把已有的信念去和那些可以容許她完成自己能力的信念交換時，她才不會再有困難。

然而，蒂寧的身體非常健康，而且是個非常有吸引力的女人。她沒有選擇一種會危及她健康或美貌的情況，也不涉及任何的外遇。反之，她選擇了通靈這個挑戰場，因為她感覺，首先，這個挑戰場是與眾不同的，並且充滿了各種神祕。在那兒遭遇的任何困難，會自動地有一種幻惑的魅力與不凡。她愈被有同樣信念的其他人鼓勵，就涉入得愈深。

（十點五十九分。現在注意賽斯如何開始發展珍在上一課之後在睡眠狀態所收到的一些資料。請參看珍在那兒的筆記。）

每個人都有一個我稱之為「力量的心靈領土」的東西。這代表了一個不可侵犯的領域，在那兒，一個人堅持維持他的主權，覺察他自己的獨特性和能力。這個心靈的區域將不計代價的被保護，而在那裡的確對於所有疾病或缺陷都有免疫力。心靈的其他部分也許會成為難題的戰場，但只要這個主要領土沒有被波及，那麼這個人就不會真正在關鍵性的方面感受到威脅。

那麼，雖然蒂寧談了半天的絕望，然而她卻選擇好衝突的場所了，將避免任何一種對她美貌的毀損或嚴重的健康問題——這對她而言要危險得多。因為不同的個人特性，另外一個人將維護——好比說，心智品質的不可侵犯，而藉身體的疾病來解決挑戰。另一個可能選擇極度的貧困，而把自己未解決的衝突投射進入那個情況當中。另外一個人可能選擇酗酒。

在這些情形裡，如果一位精神分析師或朋友試圖轉換他衝突的區域，他就可能會有一些驚惶的感覺。例如——酗酒者對他選擇的戰場很熟悉。一個生病的人如果突然好了，他就必須去面對那個先前被忽略或以疾病加以個人化的難局。

當蒂寧被否定那個她曾選擇來支持自己的架構，她就必須面對曾投射到那兒的問題。但所有的內在困難藉著了解「是你形成自己的實相」以及「你的威力之點在當下」（帶著強調）就可以被解決。

（十一點九分。）不去面對困難——它們實際上是挑戰——的習慣，可以變成一種「癮」。在某個地帶的無力感可以被轉移到其他地方。當經由自然催眠而發生了此事時，甚至力量的心靈領土也會受到攻擊。此處，一個人會變得徹底的被激怒、被威脅，而也許第一次了悟到信念的本質以及他的困難。此地，你有一個以創造性方式而言的「生死掙扎」。結果，有些人就會在中年發生了一些奇蹟式的痊癒或改變。

這些都與你生物的結構密切相連，那個生物結構的本意就是要遵循意識心對實相的詮釋。給我們一會兒……

（從十一點十四分開始，珍坐著一動也不動，也不講話，這樣子超過了一分鐘。）

如我以前說過的，你的思想即實相，思想直接影響你的身體。你們彷彿是非常文明的，因為你們把生病的人送到醫院裡，而使病人在那兒能受到照顧。當然，你們所做的是把一群對疾病充滿負面信念的人孤立在一起，信念的傳染性散布了開來。顯然，病人在醫院裡是因為他們病了，而病人與他們的醫生都在這個「前提」下努力。

（見上一章六五九節，它也包含了對這類資料的其他參考。）

（非常熱切的：）生孩子的女人也被放在這同樣的環境裡（指醫院）。你們也許認為這樣很人道，然而，整個醫院的系統卻被安排成好像生產不是健康而是疾病的結果。

與健康有關的刺激在這種組織裡被有效地阻塞了。病人被聚在一起，而被否定了他們正常和自然的生活條件，包含了那補償性的動機，即——有時候如果給他時間「獨處」的話，他就可以自己恢復健康。

在醫院的這種孤立已經是很不幸了，如果再加上想要幫助他、卻常沒有了解病情就給了他藥的情形，就是更不幸了。心愛的人只被容許在某些場合探訪病人，因此那些最希望他們復原、最接近他們、最愛他們的人，被有效的阻止做出任何自然的建設行為。

（十一點二十三分。）實際上，病人等於是被關進了監獄，被強迫去貫注於他們的病情。所有這些更是加諸其他抹煞人性的措施之上——例如，過分擁擠的狀況，以及對人類隱私及尊嚴的否定。

這樣會使病人自覺無力，被那些常常沒有時間或精力來表示親切，或以他能了解的說法來解釋病情的醫生與護士所擺佈。因此，病人被迫把自己的有力感轉移到醫生或護士身上，而又加深了他的悲慘情況；這又再加強那引發他病情的無力感。

更有進者，病人也得不到陽光、空氣與土地的自然要素，而「熟悉感」的穩定力也被收回了。在你們那一套信念之下，情況嚴重時，你的確多少必須要到醫院去才行。此處，我不是說許多醫生與護士沒有盡其所能去幫助病人療癒，的確療癒也會發生——但不是因為這個醫療系統，而是即使在這個醫療系統下，病人也「居然」會復原。在許多案例裡，一個病人對醫生的信心使他振作了起來，重新喚起了他對自己的信心。病人對醫生的信心然後又加強了整個醫療的過程，而後病人對自己的恢復就充滿了信心。但就如動物裡有自然的療癒過程，你們人類也有。

（十一點三十二分。）以你們的說法，疾病常代表了一些沒有被面對的問題，而這些難局包含了想要把你們導向更大成就的挑戰。因為身與心在一起運作得這麼好，其中一個會試圖治癒另一個，如果不去干涉的話，就常常會成功。身體對健康有它自己的信心，而對你們來說，那是屬於無意識的。

你是環境的一部分。你形成環境，然而藉著與物質世界的交會，使那個形成你及環境的能量，在你們每個人之內「活」了起來。太陽令你微笑，而微笑本身發動了愉快的記憶、神經的連繫與荷爾蒙的作用。微笑提醒了你的動物性。

老巫醫在自然的環境下工作，而利用其偉大療癒能力，以創造的方式來運用大自然實際與象徵的特性。

（停頓。）然而，在你們的醫院裡，把病人從他們的自然環境裡「提」了出來，而常常否定了他們動物性的安適，在醫院裡也很少涉及情感。（長久的停頓。）老年人在想逃離老人院像壁櫥一樣的小房間的努力中，常常以他們的方式顯得比那些囚禁他們的親人或社會更為神智清楚。因為他們直覺的認出「自由的需要」，感覺到缺乏與土地神祕的一體感，而這個感覺是他們被否定去擁有的。（見第十三章六五〇節。）

設於廣大土地上的小醫院，在那兒除了那種臥床不起的病人外，其餘的人都有自由，這將遠超過你們現有的醫院。但在你們建立的那種系統裡，除了那些最有錢的人之外，這樣的一個環境是不可能的。

你要休息嗎？

（「我想我要。」）

（十一點四十四分。此次中斷就是為了要讓我休息。在傳述時，珍已了悟到賽斯是在詳談一些她「自己的」資料，那是在上一節末尾所描寫的。今晚又是那種狀況：當珍在一個極佳的出神狀態內時，她的精力與這個資料兩者都似乎是無窮無盡的。而大半的時間，她的傳述比平常要快，非常的熱切而生動。

（我唸了一些資料給她聽。我們有許多問題，但決定不要干擾課的進行。在十一點五十五分繼續。）

在許多的動物團體裡，生病的動物把自己孤立起來休息一段時間。在那段時間內，牠也可以自由地去找出對牠的健康最有利的自然環境。牠跑來跑去找某一些藥草，或者躺在河邊的濕泥裡。牠常常會受到同類的幫助，卻分文不花。

如果，牠被牠的兄弟所殺，這並不是一種殘忍的舉動，卻是對這個生物已不能沒有痛苦地活下去的一種天生了解；這涉及了一個十分自然的「安樂死」，在其中，「病人」也予以默許了。

在你們的社會裡，這樣的一種自然死亡是非常困難的，因為你們的權力結構使得這種事幾乎無法提倡。然而，沒有一個決定要死的人能被醫學界救回來。以你們的話來說，在更深的層面，想要存活的十分正常的渴望，使得一個人遲早必須離開他的身體。當那個時候來到時，這個人就會知道，心靈的偉大活力也不再想被一個受苦的身體囚禁了。

然而，此地的醫學界常常小心地去用每個技術上的進步，來強迫「自己」留在他的肉身之內——當靈魂與肉身會自然分開時。有正常的連環機制讓「自己」來準備死亡，甚至化學的相互作用也會使死亡在肉體上更容易發生——以你們的說法，爆發出來的一種加速會把這個人輕易的推出身體之外。而藥物常常會阻礙了這種事的發生。

某些類的藥品的確會有幫助，但是在你們的醫院裡所給的那些藥，只會把意識「麻醉」得失去它自己的了解，並且抑制那些為了要有一個容易「過渡」的身體機制。當然，你們的監獄在做同樣的事，把有相同信念的一群人孤立起來——否定了他們所有自然的刺激，因此，相似的信念就有了更大的傳染性。你們把這些人從與他們心愛之人的正常接觸裡，以及成長或發展的所有一般環境裡分開。

現在是我們課的結束。告訴魯柏在他的班上繼續用這本書，如他一直在做的。我對你倆最衷心的祝福，並祝你晚安。

（「非常謝謝你，賽斯晚安。」十二點七分。）

第六六二節　一九七三年五月九日　星期三　晚上九點四十分

晚安。

(「賽斯晚安。」)

現在口述：大半的罪犯不管是在監獄裡或監獄外，都會有一種無力感，並且會因之而產生一種怨恨，因此，他們藉由反社會行為——常常是暴力行為——向自己證實自己的確是很有力量的。那麼，他們渴望自己強而有力，同時卻相信自己缺乏個人的力量。他們已被制約了，而更進一步的自己制約了自己，去相信他們必須為任何的利益戰鬥，而攻擊就變成了一個求生方法。既然他們如此相信別人的力量，以及自己相比之下的無力，就會感覺到被迫採取攻擊行為，而用幾乎像是防衛性的手段來對付那將要施於他們的更大暴力。

他們感覺孤立又孤單、不被賞識，而且充滿了憤怒。在許多的情形裡——雖然並非所有的——這種憤怒經常透過穩定的一連串小型社會罪行表達出來。不論他們有沒有犯重大罪行，以上所說的都適用；因此，那些沒有被了解的攻擊性表達，對他們而言並沒有幫助。

就罪犯的例子與他們的信念系統而言，攻擊性有一個正面價值，它變成了他們求生存的一個條件。許多其他可能緩和這種行為的特性被減低到最少，而可能被他們看作危險的。他們相信——

(九點五十二分，電話響了起來。)

你可以去接，我無所謂。

(我接了電話，同時珍脫離了出神狀態。那是一個住在紐約市的女性朋友打給珍的，也涉及了職業的事情。因此，她們的對話一直延續到十點四十七分，而我們也沒有再回去上課。這使它成為記錄上最短的一課，雖然〔未經查核〕我記得有一個更短、自發的課，那是在幾年以前的一個聖誕節……

（這是一個好機會去描寫最近珍所謂的「精神恍惚事件」，或者是意識轉變狀態的經驗。時間：五月十一日，星期五，大約凌晨十二點三十分。地點：在華特街上，我們偏愛的一個跳舞場所外面，離我們公寓有幾條街之遠。

（一等我們走出了門，珍就開始談到這溫暖的夜晚是超乎想像的美麗。我們走向我們的車。小雨初停，每樣東西看起來都是洗過而清新的，因此，我花了幾分鐘才明白她的知覺的確已越過了那清新的表象之外。她走走停停，又重新讚歎那些我們十分熟悉的景物：疾駛而過的汽車、街燈與霓虹招牌、房子，以及那個我們剛離開的商場後邊、在河壩之後安靜緩流的雀門河。

（第二天早上，珍寫道：「我突然被一種剎那的喜悅捕捉住了，夜晚的色彩幾乎震懾了我——它們是如此燦爛的發光，而且是壯觀的。這是第一次當我在外面走路時有這樣子的經驗；我發現我的身體移動得更快、更容易，而且更自由。這種現象是剎時發生的，它是如此的快樂，有好一會兒我睡不著。後來，我希望我曾叫羅開車兜兜再回家，因此，我就可以延長它，但我們兩個在那時都沒有想到這樣做……」

（欲知珍其他的意識轉變狀況經驗，請看第十一章六四五節，以及十三章六五三節。）

第六六三節 一九七三年五月十四日 星期一 晚上九點九分

晚安。

（「賽斯晚安。」）

（停頓。）我把魯柏的鬈髮撥到後面去……

（身為賽斯，珍把她的頭髮弄到耳朵後面。每回她低下頭的時候，頭髮就掉到前面來。）

因此，你們把罪犯孤立在一個環境裡，在其中拒絕給他任何的補償。監獄的整個架構——連帶著它的鐵窗——是對受刑人關於他的狀況一個經常的提醒，而且加強了他最先的困難。

他被否定了任何正常的家庭生活；整個精神集中在手邊的問題上，所有其他的刺激也被有意的減到最低。以其自己的方式，典獄官和守衛與他們的犯人一樣，都持有同一套信念——兩邊都強調力量與權力的意念，而每一方都相信另外一方是敵人。

守衛確信被監禁的人是地球上的糟粕，必須不計一切的被壓制。兩方面都接受人類的攻擊性與暴力是求生存的方法這個觀念。雖然在許多監獄裡，已經試圖提供一些職業訓練了；但是受刑人的精力通常是被用在令人厭倦、無害的工作上。

然而，受刑人與官員都認定在鐵窗之後的人大半會一再地回來。被關的人把他們個人的問題向外投射到社會上，而社會也還給他們這個「禮物」。以同樣的方式，人們常常認為某些特性是犯罪或邪惡的，而試圖把那些部分從他們自己活動的其他區域隔離出來。這常常涉及了「力量」及「缺乏力量」，以及圍繞著以上任何一個模式的態度。

記得在這本書裡早先提到奧古斯都的例子（見第六章以及第八章六三三節），奧古斯都感覺無力，而以攻擊與暴力的說法來看力量，因此，他把自己的那一部分孤立出來，投射到「第二個自己」。只有當這個「第二個自己」發揮作用時，他才能夠展示力量。然而，因為他的基本觀念是把攻擊與力量視為一體，於是行動的力量自動變成了攻擊的力量。而此處，攻擊也被視為與暴力相等。

（九點二十四分。）現在，那是以相當獨特方式的一個對問題的「轉移」。行動以及對行動控制的需要，對有意識的人而言是最重要的，因此，奧古斯都實際上由他自己創造了一個有力量的角色，從那兒他至少暫時可以運作。他必須假裝得了健忘症，才能把這種設計瞞過自己。只要你把力量與暴力劃了等號，那麼就會覺得必須管制你行為中正常的攻擊性，而把力量視為暴力。你到某個程度會害怕去行動，於是會認為善與無力多少為同義詞，把力量視為邪惡。你不想去面對自己內在的這種「邪惡」，於是把它導向外而轉移到其他區域。

作為一個社會，你們也許把它投射在罪犯身上。作為一個國家，則投射在別的國家身上。作為一個人，你也許把這個力量放在一位雇主、工會或社會的其他任何階層上。然而，不論你選擇那一個區域，與你已向外投射的力量相比，相對的，你會感覺到軟弱。不論何時，當你發現自己在一種情況，在那兒，與另外一個人或令你害怕的情況相比，而感覺軟弱時，你必須明白這是遇到了被你否認的自己力量。

（九點三十三分。再次的，賽斯開始將五月三日清晨珍寫的在睡眠狀態時收到的資料加以擴充，見在此章六六〇節末尾珍寫的筆記。）

基本上，力量並不暗示優越於別人之上。例如，有愛的力量，以及去愛的力量。兩者都暗示了偉大的行動與活力，以及與暴力了無關係的一種攻擊動力。然而，許多人因為害怕用他們自己的行動力，而且把力量看作等同攻擊性——意指暴力，所以他們有身體上的症狀或者碰到不愉快的情況。（見第八章的六三四節。）

這種感覺喚起了人工的罪惡感。（作手勢：）那些最公開主張死刑的人，感覺到他自己才真的該被處死，以補償他內在不敢表示的巨大攻擊性（暴力）。

那麼，那些被處決的罪犯或殺人犯，是為他社會裡每一個成員的「惡」而死，而一個魔術性的轉移發生了。

（停頓。）「愛」是被自然攻擊性的所有成分推進，是充滿了力量的；卻因你們在善與惡之間作出了這樣子的分別，使得愛顯得軟弱，而暴力卻強壯。這反映在你們活動的許多層面上，例如，「魔鬼」變成一個有力的邪惡人物。（強調地：）恨被視為比愛要有效率得多。在你們社會裡，男性被教導把平常不敢表示的反社會態度以攻擊性加以個人化，而罪犯的心為他表達了上面所說的這些。因而，以社會來說，就有了這種曖昧的態度，在其中，背叛者常常被浪漫化了。

偵探與他的罪犯是帶著同樣面具的不同版本。跟隨著這種意念，結果形成了隔離，在其中，無力的病人被孤立了；罪犯被關在一起；而老人被放在老人院裡，或在某個種族的文化聚集區與他們的同類在一起。在此全涉及了個人問題的轉移及信念叢。

（在九點四十六分停了很久。）罪犯代表了個人自己害怕與沒有面對的攻擊性。就個人而言，這些恐懼被隱藏了起來，而公然表達它們的那些人就被關了起來。對狂暴之人強制監禁常常導致暴亂，而私人對正常攻擊性的隱藏，常常帶來心理上的暴亂及身體症狀的爆發。

在所有這些例子裡，很少人對在其下的基本問題作一個了解。而社會的隔離可以說只累積了壓力，因此，有相同信念的人被放在那些只會永遠延續基本原因的情況裡。

不知不覺地，病人常常把他們以健康方式來行動的力量送給了醫生，而醫生也接受了這種委任——既然他們分享了同樣的信念架構。因此，顯然的，醫生需要病人就與病人需要醫院一樣的迫切。如你們所知的社會，並不了解正常攻擊的本質，而把它當作暴力。監獄及執行法律的機構需要罪犯就如罪犯需要它們一樣，因為他們在同樣的信念系統內運作，每一個都接受暴力為一種行為方式與求生方法。（停頓。）如果你不了解你創造了自己的實相，那麼你可能把所有的善歸之於個人化的神，而需要魔鬼的存在以解釋那些惹厭的實相。因此，如現在西方社會裡存在的教會需要魔鬼，就與需要神一樣。

自然的攻擊性只是去行動的力量。

你可以休息。

（十點到十點二十一分。）

你自己對這些問題的態度，會讓你對自己了解很多，而影響到你自己個人的實相。

如果你把力量與年輕視為相等，那麼，你將孤立老人，而把自己排斥的無力感轉移到他們身上，而他們似乎也會成為你幸福的威脅。如果你同意暴力即力量，那麼，就會以很大的報復心去懲罰罪犯，因為你將把人生視為權力鬥爭，而將精神貫注在暴力行為上。這可能會把這種事情帶入你的個人生活，因此，你會碰到暴力——因而更加深了你的堅信。（停頓。）如果你接受惡比善更有力量這個基本意念，那麼，你的善舉就因自己的架構而沒有多少成效；因為你分配給善舉如此少的行動力量。

還有許多從屬的信念與這些堅信相連。它們可以全都以這樣一種方式作用，以致你否定自己去用你的能力——這又轉而導致你把它們向外投射到別人身上。

例如，如果你接受「知識是壞的」這種想法，那麼，隨著此信念的結果，所有你去學習的努力將會徒勞無益，或帶給你很大的不適。你將不會信任一切得來容易的知識，因為你感覺必須付出代價，而為任何智慧的獲得來補贖。基督教基本教義派對聖經的詮釋常常導致這種結論，因此，對知識的追求本身——它有個天生的生物性原動力——變成了一個禁忌活動。

於是，你必須把智慧投射到別人身上，而在自身則排斥了它，或者在個人價值上得面對一個難局。

（在十點三十六分停了很久。）長久以來，和尚、神父及宗教組織已變得與其餘人類隔離開來。他們曾交替地被尊崇與被害怕、被愛與被恨，他們的知識受到嫉妒，卻又被人們以迷信的敬畏來看。

巫毒術士以及療癒者，巫醫及神父都被人尊崇，但因為所涉及的權力與知識，而也被人以某種恐怖眼光來看待。療癒別人或咒詛別人，對許多人而言，都暗示了一種知識的力量。對那些被基督教基本教義抓住的虔誠人士來說，宗教的力量是一件嚇人的事。正常的攻擊性被視為邪惡，因此，在自己之內被隔離了起來——而且也在外面隨處可見。

（停頓。）有些人在他們自己的生活之內造出了人工的區分，在其中某個地區行動是安全的，但在別的地方卻是危險的。舉個例子，如果你相信財富是邪惡的，就會自動地把可以帶給你財富的任何能力扼殺了。在它們本身被接受為好的那些才能，只因它們的成就可能會導致財務上的成功而被壓抑了。

（十點四十六分。）那麼，你的信念在你如何處理個人行動力量的方式上，是極為重要的。

你私人精力的使用，會把你與自己的力量之源帶入一種密切的關係。療癒涉及了能量偉大自然而富攻擊性的衝刺、成長，以及對活力的焦點集中。你愈感覺到無力，愈無法利用你自己的治癒能力。然後你被迫把這些向外投射到一個醫生、一個療癒者，或任何外在的力量上面。如果你自己對醫生的信心「有用」，而你的症狀治好了，在身體上也得到了寬適，然而，你對自己的信心卻受到了更進一步的侵害。如果你沒有作出有效的努力來處理自己的問題，那些症狀將只會以一種新的方式出現，同樣的過程又將會重新開始。你也許對醫生失去了信心，同時仍對整個醫界維持信心，而由一個醫生跑到另一個那裡。

但身體有自己的完整性，而疾病常常只是一個不平衡的自然信號、一個身體的訊息，而你應該去傾聽它，隨之做些內在的調節。

當這種重新調整永遠是從外面來做的時候，身體天生的一貫性就瀕於險境，而它與心智的密切關係也被混淆了。更有進者，它自然的療癒力量變鈍了。本來應該跟隨內在刺激的天生令反應開始的觸機，反而被「外在的」方式激發了。

個人的信心愈來愈被轉移到一個外在力量上。這通常表示，沒有給必要的內在自我質疑對話所需的時間；本來可以發生的自我療癒，卻由對另一個人的信心帶來，然而，它的效力並不能維持很久。

（十點五十九分。）此處，我主要講的是西方文化。在一些其他文明裡，尤其在你們認為的過去，巫醫在被所有人接受的一個自然範圍裡運作。巫醫雖然替病人——他似乎暫時無法如此做——發動了自然的力量，然後卻把病人還給他自己的來源，而且重新喚起他被埋葬了的力量感，那就是肉體生命的來源，也就是力量與行動的感覺。當一個人感覺無力時，他會死。

再次強調，威力之點是當下，當你非實質的自己與肉體的實相相會時。光是對那個事實的認識就能重振你的生命。

你可以休息，或結束此節，隨你的便。

（「那休息好了！」）

（十一點五分到十一點十九分。）以你們的說法，身為一個族類，你們是在一種進化的狀態。這個經驗的一部分包括了對外在事件的自然著迷。你們正在發展意識的特質，那以它們自己的方式而言，是你們獨有的，就如你們的環境也是一樣。一個很強的焦點是必要的，既然你涉入一個學習的過程裡，所有在這情況裡天生的成分都會被探索。

然而這整個過程，在夢境裡，你永遠與實質經驗從中躍出的實相保持連繫。如你對時間的了解，終能把你內在的理解與肉身的自己融合在一起，而在有意識的基礎上形成你自己的世界。像我的書這樣的東西，就正是要幫助你去那樣做。

你愈變得涉及了複雜的實質有機體，就把愈多的能量向外投射，而變得愈被「外在的」展現所迷。在其自身，這是自然的學習方式，你的內在生命被轉譯成肉體實相，當你感知它並與它發生關連時，首先開始質疑它的來源，而後質疑它的意義。

（停頓。）這會把你帶回到自己，以及對你自己能力的一個認識。你現在無意識創造的東西，有天你們的族類將有意識的創造。意識的無限能力變成個人化了，貫注於一個特定實相上，然後再被擴張。你們自己俗世的創造物，增益了你們用之造成它們的能力。你經由你的創造來學習。被導向物質的心智，利用最偉大的力量與能量來源，連同創造力的無限面貌，因此，每一個實質日子的確是絕對的獨特。所以，你不能期待環境的任何部分維持不動，你身體的狀況也經常是在一種流變的狀態。

（十一點三十五分。）你們的社會結構裡，由最大的大都會到最小的農場、從最富裕的地區到最窮困的貧民窟、從修道院到監獄，都反映了個人自己的內在情況，以及你們每個人持有的個人信念。

如果你正確的應用威力之點（如在第十五章六五七節裡所描述的），將感覺到藉由你與肉身的交會，非實質的能量被轉譯成有效的個人力量。你可以有意識、有目的的去用那力量，來改變你的個人經驗，因而至少部分改變了社會的結構。這種練習可以幫助你意識的演進，也會以你意想不到的方式來幫助你。對你自己力量的默認，將自動地使它流過你的經驗，也會啟動夢境生活，並且對清醒的實相提供額外有幫助的推動力。你不再需要把威力感轉移給其他人。然而，早先在本書中給的所有練習是先決條件——它們是必要的，因此你才會了解如何用威力之點。對個人情感的認識及對信念的逐一了解——都會擴大你對自己的認識。

（十一點四十四分。）例如，如果你恨你的父母，沒有辦法用威力之點來告訴自己你是愛他們的，而先前的練習將會幫助你了解那個憎恨的理由。

你不能用威力之點來控制別人，因為你自己的信念會自動套住你。無論如何，你必須覺察自己的力量，而相信你配得到它。在本書前面許多章就正是為著說服你自己的價值而寫的，你被告以去體驗情感而非否定它們，因此，在任何時間不要用威力之點去做否定你情感實相的企圖。

當你了解自然催眠的本質之後，將不再感覺需要去產生新的負面情感，而你的「壓抑」擔子將減輕了。當你更信任自己時，將自然的表達你的情感，而它們的壓抑不會再帶來爆發性的反應，它們將來來去去。對力量的管道也將更清楚的打開。對你自己意識之流的注意是極為重要的，光是這個將助你看到，在哪個區域你在否定衝動或給自己導致無力感的指令。

威力之點的練習是要使你熟悉自己的能量以及指揮它的能力。自然催眠的練習（在上一章談到）。容許你在指揮與集中力量上有更大的效率。

每一個人必須由你們自己的實相之點來做。沒有其他的辦法。如果你覺得充滿了憤怒，那麼，不要說：「我充滿了平靜。」而期待好的結果發生，如此做的話，只會掩蓋了你的感覺，而抑制了你的能量與力量。如果你非常生氣——那就打一個枕頭而體驗那個怒氣，但不要對他人施暴。把怒氣釋放出來直到你筋疲力竭，如果你老實的這樣做，你將明白暴怒的理由，那理由常是相當明顯的，你只不過不想面對它們罷了。

在幾乎所有（這類）的例子裡，你的情緒代表了本身的一種無力感，你把力量授權給一個情況或個人，而對比之下，感覺到自己的努力無效。那麼，就用威力之點以感受到自己的能量是藉由你的經驗湧出。對自己力量的認識會把你從所有的恐懼裡釋放，因而也從所有的怒氣裡釋放。

（更大聲的：）此節結束。

（「好的——」）

（衷心地：）那麼對你倆祝晚安——在你們的威力之點也在我們的威力之點裡。

（「謝謝你，賽斯晚安。」）

（十一點五十九分。珍在整個課中的出神狀態都很深，她的傳述有力、穩定而且有條不紊。

（她告訴我，賽斯很快就要談到我們的信念對環境的影響，而解釋人類的精神氣候是如何的為外在「天氣」負責。賽斯計畫用一九七二年六月在我們這兒發生的大水，作為資料的焦點，因為我們在艾爾麥拉市親身體驗到那個災難〔見第一章六三一節的筆記〕。珍又說，賽斯將說到，作為一個族類，我們已習於把自己想作在自然之外——到這樣一個程度，以致我們已忘懷了我們真的是其一部分。）

第六六四節 一九七三年五月二十一日 星期一 晚上九點三十分

（上星期三沒有上課，以便珍可以休息。賽斯把今晚的第一部分用在給珍的資料上，然後當休息時間在十點七分結束時，才開始寫書。）

口述開始：在每個人與他的社會之間有一個經常的取和予；任何特定文明的區分與特性將是在其內的人民——如他們與彼此的關係以及他們怎麼看自己——之整體特性的一個完美的外在代表。

外在世界是內在個人世界的複製品。成就、戰爭、難題與公共設施全是「在事件之後」——即它們是個存於內在的外在行動。在某種條件下，水可以變成冰，以同樣的方式，內在事件可以相當不同於原來的形式而出現在物質實相裡。

作為動物，你是自然的一部分。思想、情感與信念，變成實質的、被客觀感知的現象。譬如說，就如水變成冰或一隻毛蟲變成蝴蝶那樣的自然。你不只是透過信念、思想與情感的轉移，而形成你們文明的結構與社會的設施；但在這個自然的交換裡，你也在相當密切的層面上幫助實質環境本身的「心靈製造」（psychic manufacture），連同它所有偉大、猛不可當的變化，卻又有季節性的穩定。

巫醫可能跳一個求雨之舞，因為他們了解存在於自然所有部分之內的天生關係。你被教以去相信信心可以移山，然而，你們許多人卻發現，極難接受自己與環境的關係。你的信念（常常與你的渴望相反）引起了戰爭。你的情感代表了在你認為是純粹的自然現象——好比氣候——背後的內在實相。

（十點二十五分，珍在五月三日曾在她的筆記裡觸及這個資料，它們被附在六六〇節裡；而同樣的，在上一節之後也有。）

天然災害，像地震或水災，並非因為自然的某些元素與它的其他部分為敵，而永存不滅。你的情感與潮水有同樣多自然的有效性，而它們有其自己那種吸引力——心的確可以移物。在一個降神會上，於受控制的條件下，操縱一個戒指，只是心與物偉大的交互作用能力的一個最簡單示範。你們每一個人都參與了每一場暴風雨、每一股新泉，以及每一次洪水、地震與夏雨的創造。

一場戰爭是當情感和信念在一個層面上相互作用帶來的自然事件。一場自然災害代表在一個和戰爭不同層面上的同類現象。你在這些情感與信念裡的角色，將把你放在這些事件之內屬於你自己的「自然」地位。

此章結束。

註釋

❶這裡有一個明顯的例子是，使徒保羅在紀元後三十六年，耶穌死後幾年，在去大馬士革的路上的皈依。

Chapter

18

內在與外在的風暴。創造性的「破壞」。日子的長短和生物基礎意識自然的觸及範圍

（在十點三十二分停頓。）下一章〔十八〕：〈內在與外在的風暴。創造性的「破壞」。日子的長短和生物基礎意識自然的觸及範圍〉。

（「那些全是在標題裡嗎？」）

第一句：你的實相獨立存在於你肉體取向的意識之外。但當你是一個動物時，必須經過你的神經結構與肉體活動來詮釋你的知覺。的確有形形色色的記憶，因此，當你需要它的時候，正確的資料便唾手可得。而其他資料則很少有意識的被需要，但是對自己的無意識部分而言，它必須永遠能被得到。生物性的說，你的肉體取向意識所及的範圍和能力，是直接與你們日與夜的長短相連，當然，也與季節相連。就身體而言，當思想發生的時候，身體內有化學的反應產生，而記憶就騎在那個化學反應的平順流動上。以這種說法來說，你們的行星以它擁有的精確日夜時間表，而生出一個恰好適應它的動物意識。換句話說，夜與日代表了你們的意識藉著自然現象而實質具體化的內在節奏，因為你們還沒準備好去感知更長的日子。例如，你們的神經系統在一個拉長了三或四倍的日子節奏裡，會產生極大的困難。

（十點四十四分。）你身體和意識的節奏遵循著你們行星的模式。然而，這行星本身是由原子與分子組成的，每一個原子與分子都有其自己那類的意識，實質結構就由它們的「完形」與累積的合作組織——由意識——形成。

以你們的說法，當這個形成發生的時候，在內外的實相之間有經常的協調。情感、感官知覺、「我是」感（I am-ness）、觀念和信念的生長，與所導致動物族類的外在顯現及礦植物的出現同時發展——隨之又有輔助性神經結構的生長，以及維護所有這些需要的精確實質形成物，好比山、谷、海等等。

廣義的說，這些事件是同時發生的，然而，為了要使它易於了解，我是以你們所謂的時間來談的。

你們的情感就和樹木一樣，都自然是環境的一部分。情感對天氣有很大的影響，舉例來說，在癲癇和地震之間有很大的關連性，在那兒，偉大的能量與不穩定碰了頭，而影響了地球實質的特性。

休息一下。

（十點五十五分。早在第一章的六一三節裡，賽斯就在作這樣的一個聲明：「你所有的感受全都有一種電磁實相，它向外流出影響了大氣本身」。但在那個時候，我們對在這種概念之後的暗示沒有很注意。在十一點六分繼續。）

「信念」是「具自我意識的心智」的形成物，就好像在另外一個層面，建築物也是如此。信念指揮、產生、集中並且駕馭情感。那麼，在這個範圍裡，情感就被拿來和山、湖與河相比。概念與信念帶來了那些顯然是人造的結構，暗示了具自我意識的心智以及大量彼此相關的社會事件。

(緩慢地：)情感仍然依賴著你們的神經結構，以及神經結構對物質世界的衝擊。一隻動物會感覺，但牠不會相信。除了它們對你有主觀的真實性之外，你們的情感連帶著它們化學的相互作用具有電磁的性質，就如你的思想的確也有。但你的身體必須排除化學的多餘物，就好像土地必須清掉多餘的水一樣。有我在此將稱之為「鬼影」(ghost)的化學物——那是你們到現在為止還未能知覺的正常化學物某些面向，在那兒，達到某種「臨界值」(threshold)之後，化學質就被改變成純粹的電磁性質，而釋出了直接影響實質大氣的能量。

(十一點二十分。)正如你的身體是在一種經常的變動與化學的交互作用狀態中，大氣也是一樣。在另外一個層面，大氣反映存在於身體之內所有心靈、化學與電磁的特性。

流過你血管的血之流，與流過大地的風之流之間，少有不同——除了對你而言，彷彿一個在內而另一個在外。然而，兩者都是同樣的相互關係與運動的展現。你們的行星就跟你們一樣，也有一個身體。就如你們的血流遵循著某種預設模式，而風也一樣。那樣說的話，你們是在地球的身體內。就如在你們體內的細胞影響身體，同樣的，你們的身體也影響到地球這個較大的身體。在任何一個當地範圍裡，天氣忠實地反映了個人的情感，而整體天氣模式則遵循著情感更深的內在節奏。

(十一點二十八分。)那些住在地震帶的人，被吸引到這樣的一個地點，是因為他們對外在環境，與他們自己十分私密的精神和情感模式之間的驚人關係，有個天生的了解。

在那邊，你可以找到那些精力旺盛、不穩定且「過分的」急躁、而有極強創造和發明能力的人。然而，那些人需要把他們自己與實相的強烈刺激或衝擊相對抗，且常常對社會現況有極大的不耐及不尋常的活力。這種人過著一種高張力的生活，而集體性的排出大量非比尋常的所謂「鬼影化學物」。

這種情感的非實質特質是不穩定的，而影響到地球結構深層電磁性的健全。顯然地，也有地震發生在無人居住的區域，但在所有情形裡，根源是要在精神屬性而非外在屬性裡找到。（停頓。）地震常常與很大的社會變遷或不安的那段時間相連，而且斷層也是由這種地點開始，而向外延伸的。然後它們可能影響在另外一個洲上一般說來無人居住的地區，或者一個島嶼，或引起地球另外一面的海嘯；正如一次中風，也許影響到離最初傷害很遠的那一部分身體。

（在十一點三十八分停頓。）你不需要一個有自我意識的心智才能「感受」，而在過去，地震以同樣的方式代表了物種的情感模式——意識的不穩狀況發動了自然現象，更進而改變了意識以及物種的狀況。

以你們來說，意識是與物質結合的，它的任何經驗是藉著相互作用而實質具體化。例如，在暴風雨與心靈風暴之間有很大的相關性，而在情感與思想兩者不穩的電磁特性、大腦處理它們的能力，以及大腦排除多餘東西的需要之間，也有很大的相關性。你不只是對天氣反應，而且是你協助來形成它——甚至當你吸進空氣而後再吐出時。大腦是你所不了解的一個電磁關係之

「巢」。以某種說法，大腦是個控制下的風暴。

（十一點四十五分。）從大腦湧出意念就與閃電一樣的自然。當閃電擊中大地時，它改變了大地，而藉由你的思想對大氣的衝擊，也改變了大氣。你們與生俱來偉大的整體內在信任，形成了實質地球整體的可靠基礎。你的身體住在地球裡，就如你住在你的身體裡一樣。你天生對自己的存在有一個信心，它自動指揮你個人的肉體適當作用，這提供了必要的穩定特質，而使得你的意識可以嬉遊其上。透過它，意識能有效而有創造力的運作。最小的原子有自己那種天生的健全，所有它的組織與改變都是建基其上。因此，一般而言，在地球的身體之內有一種完形式的永恆。

（在十一點五十四分停了很久。）然而，在所有這些裡面永遠有變化，就像以線性的方式去體驗時間，則任何一個事件必然會「打掉」另外一個。以你們的焦點來說，一件事的發生「需要時間」。只因你採信別人的話，才知道許多你並未親身感知的事發生了。因此，以你們的說法，「改變」是明顯的。身體被改變了。

我告訴過你，一個不適（dis-ease）可以有一個創造性的基礎（見第四章六二〇節），因此，一個地震或自然災害也一樣。

現在你們可以休息或結束此節，隨你的便。

（「那休息好了。」）

（十二點一分。休息時，我們在猜，由一個電腦化的全球研究——好比說，一直往回延伸到有記載的歷史之初——我們可以學到些什麼。看看在地震與世界各地偉大的「情感與社會的劇變」時期之間，可以發現什麼關係……在十二點十分繼續。）

好，在有意識的層面之外，僅只是身為動物，我們對將要來臨的風暴、洪水、旋風與地震等等，都有相當的覺知。

身體本身感受到許多的暗示和信號——氣壓的改變、地磁定向平衡的不同，還有皮膚能覺察到的細微電性變異。在那個層面，自然災難還沒發生以前，身體就常常準備好了，而防禦力也被建立起來了。

然而，有許多與個人特定反應有關的其他因素也在作用，此處有些其他的心理條件也參加了進來。住在受地震威脅地區的人，都明白他們那兒常會發生地震。不管怎麼說，他們需要並且享受那經常的刺激與興奮；環境本身的不可預料性能夠喚起他們去行動。在這裡面有許多不同的態度與特性都適用，因此，很難一概而論，但為什麼一個人被捲入可怖的自然災害裡，永遠是有理由的。

（停頓。）許多例子裡，有些人在事先發生了一個對境況近乎有意識的了解。在其他的情形中，身體事先的預知在夢裡反映了出來，因而改變了日常生活，使得這個人逃過了一劫。有些人改變了他們的計畫，而在災難發生的前一天離開了城市，其他的人則留了下來。

這些都不是「意外」。按照一個人對他自己、他的實相及他在其內扮演的角色信念，無意識的資料因而被容許進入意識之中。沒有一個人是未經選擇而死於災難中的。但永遠有一些有意識的認知——雖然那個人也許騙自己而假裝它不在那兒。甚至動物也在事先感覺到牠們自己的死亡，而在那個層面上，人類也是如此。

（十二點二十三分。）那些想要利用對這樣一個事件的無意識預感的人，將會利用那預感——救他們自己而選擇不去涉入。而不相信這種事先的警告，否定有意識的認知，卻仍相信自己整體安全性的人，將會採取一個無意識的行動避開那災難，卻不知道為了什麼理由。還有一些其他的人，會為了他們自己的理由，選擇去經歷那個災難。

無論在心靈、精神或身體上，他們是如此地成為這事件的一部分，就如在洪水裡掃過一個城市的水。他們將利用那個實際發生的災難，就像一個人為了挑戰、成長或了解而「用」一個症狀——但他們將選擇他們的災難，就如他們將選擇他們的症狀。因此，他們會對這個架構有所知覺，而災難是不會無緣無故被扔在他們身上的。

他們也許不會有意識的去接受這種資訊，但如果他們知道如何檢視自己，即會發現，自己的信念正表示了這樣的一種情況。（停頓。）一個嚴重的病，可能被一個人所用，而使自己和生死的力量作最親密的接觸，去創造一個危機，以便動員被埋葬了的求生本能，去生動的表現出偉大的對比之處，而喚起他所有的力量。

因此，一個災難可以有意識或無意識的被利用——按照每個人的個別情形。

（友善地：）此節結束。

（「謝謝你。」）

對你倆最衷心的祝福；而我將會談到你們遭遇到的那次洪水。

（「好，賽斯晚安。」）

（十二點三十六分。今晚珍的出神狀態和傳述都很深而且穩定，「賽斯只是為了我們而停下來。」她說，當她戴上眼鏡的時候，「我可以感覺到更多的資料就在那兒。我打賭我可以睡一個小時而重新再開始另一節——但我知道，我們不會這麼做的。」當我在想要試一試的時候她笑了，「但當我感覺資料來到的時候，我很恨去停下來……」

（關於賽斯對「你們的洪水」的參考，請見珍上一節末尾的評論。）

第六六五節　一九七三年五月二十三日　星期三　晚上九點四十一分

晚安。

（「賽斯晚安。」）

現在口述：再次的，沒有意外，沒有一個人沒準備好去死而在任何狀況下死去。這個對自然災害及其他任何情況都一樣適用。

你的選擇將決定自己死亡的方式，以及死亡的時間。我們現在講的，是在此生你所知道的信念，而把任何可能由其他的存在裡滲漏過來的信念留到以後再談。但不論你接受了什麼樣的信念，也不論為了什麼理由，你的「威力點」是在當下。

了解這一點，要比你變得過分關切如迷宮似的「過去的理由」重要得多了，因為在一個負面的探討裡，你會變得這麼的迷失，以致忘了這些信念當下就可以改變。為了各種不同的理由，你持有一些可以在任何時候加以改變的信念。例如，許多人年紀輕輕就死了，因為他們強烈的相信老年代表了心靈的衰退，而且是對身體的一種侮辱，他們不想活在他們相信自己將存活的那種狀況下。有一些人真的是情願死在另外一些人會認為最可怕的環境下——被海洋的怒潮捲走，或在地震裡被壓扁，或被颱風打得血肉模糊。

在醫院裡慢慢的死去，或是去體驗一個疾病，對上面所說的那些人將是不可想像的。這有些是和每個人的氣質有關，以及和十分正常的個人差異和偏好有關。比一般所以為要多的人，對他們自己將至的死亡都有覺察，他們知道卻假裝不知。但那些死於災難的人選擇了這個經驗——這個戲劇，甚至當它發生時的恐怖。他們情願在熾烈的知覺裡離開此生，為他們的生命戰鬥，在這個挑戰來臨的時候，去「打仗」而非默從。

（九點五十四分。）天然災害擁有的那個被釋出的力量，即是逃過人類紀律的大自然之偉大奮發能量，它們這種特性也提醒了人們自己的心靈；因為以其方式，這種深奧的事件永遠涉及了創造力的誕生，甚至是由大地的腹中升起，而改變了土地的面貌以及人的生活。

個人的反應遵循著這個內在的知識，雖然人害怕大自然「脫韁」的力量，而試著來保護自己，同時卻又沉迷在其中並與之認同。（停頓。）人變得愈「文明」，他的社會結構與作為把他和自然的密切關係分得愈開——就會有更多的天然災害，因為，私底下，他感覺到與自然認同的偉大需要；他自己將施法術而把自然弄到地震、旋風與洪水裡，因而他可以再次不只去感受它們的能量，而且也感受到自己的能量。

（停頓。）與任何自然力量之全部能量的一個偉大遭遇，會使人去面對他自其中躍出的不可思議「潛力」，這是任何其他的事都無法辦到的。

對許多人而言，一個自然災害提供他們對自己的動物性與這個行星相連的第一次個人經驗。在這種情形之下，那些感覺自己不屬任何事、不是任何組織或家庭或國家一部分的人們，能在一剎那間了解到他們與大地的「袍澤之誼（comradeship）」，他們在其上的地位及地球的能量——藉著對這個關係的突然認知，就可以感覺到自己行動的力量。

（十點九分。）在一個相當不同的層面上，暴亂也可以達到同樣的目的。在那兒，不論為了什麼理由，能量的釋放使得一群人對非常集中的活力之存在，首次有了切身的認知。在他們先前的生活中，也許沒有找到那活力。

這種認知可以使得他們——常常的確如此——去抓住自己的力量，而以一個強力的創造方式去用它。一個自然的災害，或一個動亂都是能量之「浴」，以它們的方式而言，都是有力且極為積極的——縱使它們有明顯的破壞內涵。以你們的說法，譬如說，剛才那些理由絕不是要用來寬免那些開始暴動的人，因為那些人將在自己有意識的信念系統內運作，在其中，暴力就會引起暴力。然而，即使在此仍然有個人差異存在。暴亂的煽動者常常在尋找能量的展現，那是他們不相信自己擁有的。他們點燃而開始了一個「心理之火」，而就與任何縱火者一樣，都被其後果嚇呆了。如果他們在自身內了解並能體驗力量與能量的話，就不需要這種「戰略」了。

（在十點十九分停頓。）就如種族問題可以在許多層面上獲得解決——藉由動亂或天然災害，或兩者的綜合，按照在心理層面上情況的強度而定；就如身體症狀可能是對助力或承認的一個懇求，因此，自然的不幸事件被一國的部分成員或世界的一部分人利用，而去從其他部分獲得援助。

顯然地，許多暴動是十分有意識被煽動起來的。然而，無疑的，上千甚至數百萬的人，不會有意識的決定使一個颶風或洪水或地震發生。首先，在意識層面上，他們不會相信這樣一件事是可能的。在這種情形下，雖然有意識的信念扮演了一個角色，但是，在一個個人的基礎上，「內在工作」仍然是無意識地被完成，就如身體產生病癥一樣。症狀常常好像是外來的，而讓身體受苦，就如自然災害似乎是外加於地球的身體上。突發的病痛被認為是嚇人且不可預料的，而把受罪的人看作是個受害者——也許是被一種病毒所害。突來的旋風或地震也被同樣的看待，被當作氣流和溫度或斷層的作用，而非病毒的結果。其實，兩者的基本原因是一樣的。

（十點二十七分。）那麼，「地球的疾病」有許多理由，就與身體疾病是一樣的。到某個程度，對戰爭也可以這麼說，如果你把一場戰爭當作一個小小的發炎；那麼一場世界大戰就將是一場大病。戰爭終將教會你們去尊重生命，而天然災害也將提醒你不可忽視你們的行星或生物性。同時，這種經驗本身——即使是被「破壞性」的應用時——也提供了與你的存在最深能量的接觸。

休息一下。

（十點三十一分。珍由一個極佳的出神狀態很快的回來，她的傳述是以一種活潑的步調來進行的。今晚屋子裡特別安靜，所以我們可以聽見微雨聲。在十點五十六分以慢得多的速度繼續。）

好，天災的發生，來自情感層面的因素要多於來自信念層面的因素，雖然如此，信念仍扮演了一個重要的角色，因為一開頭是信念引發了情感。

一群人的「整體情緒的調子」或者「情感—層次」，經由他們身體和環境的關連，引起了外在的物理條件，而發動了自然能量的猛襲。（在第一章六一三節裡，賽斯描寫了感覺基調。）按照群體的情緒狀況，各種多餘的東西被實質累積了起來；然後以不同的形式，它們被扔進了大氣裡。先前提及的「鬼影化學物」，在此扮演了一個角色，而情感的電磁特質也一樣。在溪水中的岩石將把水分開，因此水必須繞過這個阻礙物而流。你們的情感就和岩石一樣的「真實」，集體情感影響了能量之流，而它們的力量——就自然現象而言——可以在一個暴風雨裡十分清楚的被看到。暴風雨是經歷暴風雨的人們，內在情感狀況的局部外在具體化。

就如你有意識的信念決定了你身體的狀況，而且就如你的身體是在一個無意識層面上（雖然隨著你的信念）被維護一樣，因此，天災也是信念的結果，這些信念產生了情感，而後自動被轉成外在大氣的狀況。

（十一點九分。）那麼，按照你個人的信念，你就它們以那種方式表現出來的樣子處理實質的難局（天災）。心裡懷著自己的目的，你們將個別地對那個天災反應。你們自己獨特而極為私密的信念，協助帶來整體的情感狀況。你的情感流入的那個「情感能量之池」，仍是由不同的電荷所組成的。但一般而言，參與者的個人貢獻將落入一個有條理的模式當中，而給那個風暴推動力和方向，也提供了在其後的「電荷」與力量。

（停頓。）如在這本書裡先前提及的，魯柏和約瑟兩個人都捲入一個大洪水的情況中（一九七二年六月），因此，我將用那個例子，特別是以這個區域來講——雖然洪水本身侵害的範圍要大得多。

就本地來說，有一些大家共同的信念：艾爾麥拉區域在經濟上是蕭條的，被認為是紐約州的一個窮鄉僻壤地帶，然而，情況卻還沒有糟到可以得到危機補助的地步。工業已經遷走，而人們也失業了；維持生計的老路被連根拔起了。當地也沒有令人振奮的領導人物，而各種各類的人都感覺不安、沮喪而無路可去。

都市更新計畫拆掉了窮人的房子，毀掉了老的、已經建立好的鄰里單位，而這常常涉及了社會的分隔，因為，這些窮人是黑人與「較低階層」白人的混合。然而，無家可歸的窮人沒辦法住得起新的房子，較有錢的人則坐在市議會裡，透過各種的操縱——全都在地下——不讓窮人進到「較好的」社區之內。

富人與小康的人感覺受到威脅的原因，是由於他們堅持現代化與進步，改變了以前的社會狀況，因而，釋出了窮人的能量。中產階級從市區移到郊區，帶來了稅收平衡的一個改變，而城裡的商人就開始受害了。當地的人對於這個區域並沒有很大的團結感，或者作為一個文化或自然的整體身分，而對自己有整體的優越感。

（十一點二十九分。）有過一些種族的緊張情況，也有一些對於將發生而並未發生的暴亂暗示。一個做了一段時間非常能幹的市長被對手擊敗了。為了許多不必在此討論的理由，政治因素也加了進來。關心政治的人感覺他們的實力並不強，因此無法期待與聯邦政府有效的溝通以改進他們的現況。因此在這種情形下，生出一種無力感。

就文化而言，這個區沒有它自己的身分感。雖然它一直努力去找某種特色的展現，但是，它看見政府的經費擦身而過，到經濟更蕭條的地區去了。這些人有個人的夢與希望，而群體方面，這些代表了在許多層面上對於區域進步的遠見。同時，挫折感卻也一再的增加。年輕人和老年人、傳統與非傳統的人之間有些小小的衝突。有些城裡長一輩的人反對市公園裡的長髮青年——相當瑣碎的事，然而卻點出了輩份之間價值感的分裂及誤解。

你可以休息。

（十一點四十分到十一點四十七分。）多少到某個程度，這些同樣的問題存在於直接捲入那個特定洪水裡的所有（東岸的）地區。

就本地而言，你們雖然是一個蕭條的區域，卻還沒有在那種可以吸收大批聯邦基金的危機狀況裡，而非常不穩的社會和經濟狀況與一種無力感結合了起來。

（停頓。）若非發生了洪水，也可能發生災難性的社會動亂。然而，因為涉及獨特與特殊的「感覺基調」，其所引致的情感緊張被釋放，自動的變形進入大氣裡。一個天災提供了許多答案。例如，〔祈夢〕河就在附近，而直接流過〔艾爾麥拉〕商業區的心臟地帶。

再次說明，這些都涉及了被洪水影響的其他地區。正如某些土人跳求雨之舞，而有意識的把雨帶來，這是有意的指揮無意識的力量。因此，這些不同地方的人們相當自動地在做同樣的事，只是沒覺察到所涉及的過程罷了。

因此，他們透過無意識的意圖及生物性方式運作的情感狀態的自發釋放——因此，多餘的荷爾蒙與化學反應直接影響了大氣——來給雲「下種」（seeded）。

不久以前，本地的宗教組織為了一個大規模的復興做了計畫，而追隨那個孚眾望的宗教團體之人，都簽名加入了計畫，而對這件事做了相當多的宣傳。再次的，這並不是個意外，這是基督教基本教派在另外一個層面想解決問題的嘗試——藉著宗教上的認同、皈依與熱忱的注入。

然而，這些計畫建立於其上的信念，與民眾的群體信念並不相合，因此嘗試失敗了。那個計畫是建立在對洪水事件的預知上。為復興派組織而舉辦的遊行被洪水嚇跑了，而根本沒有舉行。

（十二點二分。）在那個層面上，許多宗教團體的人都說這個洪水是上帝的旨意，或者人們是因為他們的「踰越」而受到了懲罰。以它自己的方式，洪水是一個宗教的事件，因為它團結了不同團體的人們——他們並不永遠有最人道的意圖——和社區。以一種奇特的方式，洪水也被用來孤立某一部分的人，並且突顯出他們的難題——以暴亂無法辦到的方式。

它也使得一些人謙遜了不少，至少暫時否定了他們社會地位的安適及財產，而把他們帶到與其他不同背景的人面對面相處，不然的話，他們是不會認識那些不同背景的人的。

像這樣子的危機，提供了對實相一個清楚的「注目」，在其中，曾經隱藏的東西突然變得太過顯明了。在許多情形裡，窮人得救了，因為大半的老房子與公寓倖存了下來，而較新的牧場式平房則不能承受水的猛襲。然而，大學（艾爾麥拉大學）仍然發現許多空無所有的人聚集在它的門口。那些除了打打橋牌之外沒有更高目的的婦人們，結果與比她們更赤貧的姊妹一同併肩為生存而掙扎。許多失去住處的窮人，在自己之內發現了令他們吃驚的領導能力。

（十二點十一分。）城中心區看見它的內在問題——那是一直知道卻隱藏的——被實質具體化了。城中心區是在一個近乎毀壞的情況，需要徹底的幫助。市政府突然面對了一個與會議室不太有關的實際情況。危機將人民團結了起來，而無望感也攤了開來給大家看，因此，就可以採取行動了。

有些老人背負了對年齡的負面信念，而他們在求生的刺激之下，發現了自己偉大的活力及更進一步的目的。還有一些曾因「財物是極端的重要」這個信念而盲目迷失的人，發現他們自己一無所有。他們悟到私有財物的相對不重要，而在自己內心感覺到自少年以來未曾經驗的「自由的蠢動」。

你要休息嗎？

（十一點十七分，「不要。」然而，珍的步調一直很快。

（停頓。）一個地區所隱藏的「病」，是每一個人輕易可見的。人們從各地趕來幫忙，「袍澤之誼」終於勝過了社會結構。被視為當然的生存模式，在一天的時間之內就被十分有效的扯垮了。而每一個涉入的人，多少會看到他自己與到此為止的生活性質──個清楚的個人關係，並且感覺到他與社區的親屬關係。然而，還不止於此，每一個人感覺到大自然持久的能量，甚至在洪水彷彿的不可預測性裡，被提醒了自然偉大的永恆穩定性，正常生活即是建基其上的。

水的力量使得每個人對自然的依賴性有個切身的認識，而使他對那個認定了這麼久的價值開始質疑。這樣一個危機自動強迫每一個人去質疑「價值」，而去做即時的選擇，那將提供他先前看不見的認知。

休息一下。

（十二點二十六分到十二點四十分。）

因此，那個洪水實質具體化了這一區的內在問題，同時釋出了陷在無望感裡的能量。這個地區變成了注意力的一個心靈與實質的焦點，從而吸引了其他的能量。每一個涉及的人都有他自己參與的理由，而透過群體創造的架構來解決私人目的與難局。

許多過去的信念在當下這一刻都自動被打破了。久已被埋葬的創始與行動能力，在無數的個人裡被釋放出來。聯邦基金也立即被導向這個地帶，可以說，聚光燈對著這個部分打開了。（停頓。）許多寂寞的人被迫，或毋寧是強迫自己進入一種情況裡，在其中，與人建立關係是必要的。既然這不是本書的主要論題，我對一些相關的問題就不再加以深入了。

然而，目前要談的就是魯柏與約瑟在洪水裡的經驗，因為他們的參與將對許多其他人都有用處。

現在（帶笑而較大聲：）此節結束。我對你倆最衷心的祝福，並祝晚安。

（「賽斯，謝謝你。很好——我們將期待那個資料。」在十二點四十八分結束。

（在我由我的筆記打出這節資料以前，珍和我討論該不該以涉及艾爾麥拉與祈夢郡的明確名字、日期與事件，來補充賽斯相當蓋括性的本地資料；這個資料至少將涵蓋在一九七二年六月二十三日大洪水前後的幾個月時間。最後，我們決定無此必要——因為賽斯在這本書裡已經把他的論點講得很清楚了。

（然而，我們認為，對情感的狀況與我們郡裡天氣之間的關係做一個透徹的研究，將是非常有趣的。當然，關於地理的限制與時間的問題也必須考慮，但如果這個研究有任何啟發性的話，它可以擴大而包括如紐約州然後賓州——最後則到美國整個的東部濱海區。因為導致這場水患的熱帶性暴風「艾格妮絲」的確巨大無朋。

（關於這一章以及下一章的水患資料，我們再一次介紹讀者參考第一章六一三節。）

第六六六節　一九七三年五月二十八日　星期一　晚上九點三十一分

晚安。

（「賽斯晚安。」）

（微笑地：）現在你們想知道，在洪水時你們為什麼留下來嗎？

（「是的，非常想。」）

——而這些對你們都不應該有任何神祕可言，其理由及習慣全都十分有意識的可為你們所得。

現在口述：魯柏與約瑟（賽斯這樣叫珍和我）一直視他們自己為與自然及宇宙的一對一關係裡，他們做事的動機都是個人性的。以某一種話來說，就是獨行俠。他們躲開大的團體。

無論如何，許多人都覺得驚奇，在洪水期間這兩個人竟然留在這兒。對一些人而言，這種舉動似乎十分的有勇無謀，然而，以另一種說法，魯柏和約瑟是相當的有準備。自從豬玀灣之役以後，他們存了一小間的儲存食品，包括了裝在老酒甕裡的清水、蠟燭及一個乾電池收音機。但是，他們並不是在「期待」一個災難。❶

在魯柏接觸到通靈工作之前，他寫了一篇（短篇）小說——〈荒野〉（*Bundu*）描寫了核子毀滅的發生❷。為了參考，他讀了一些有關求生方面的資料。後來在豬玀灣之役發生的時候，就買了必要的補給品。居家習慣是這樣子的，就是說那些程序幾乎是自動的被維持著，那是一件當然的事。一直都存有蠟燭、食物與飲水，對這些補給品並沒有特別的強調，然而，當洪水來的時候，至少在那方面，魯柏與約瑟發現自己如果需要的話，已準備好可以不需來自外在世界的幫助而活下去。

這些都與過去有意識的決定有關，以及對在洪水的時候已不再存在的過去情況反應。然而，反應的模式很清楚，他們已經決定在自己的「領土」裡，一起去面對任何大危機。

（在九點四十三分停頓。）那個導致他們留下來的信念，在那方面來說，並無改變。此處與大自然的一對一投入感非常的強。那麼，他們是要在一個個人的基礎上去碰碰運氣。且說，他們也習慣於獨自工作，甚至在一起的時候也是如此。在他們藝術與心靈的工作裡，已經習慣去信任他們自己。而他們過去曾經在外面露營，並且至少有一次是在非常原始的環境裡。（在下加利福尼亞半島。）

這個經驗更加深了他們與自然親密的關係感，而鼓勵他們順著自然走的傾向，在它的範圍之內求生，而非與它戰鬥。有著這樣一套信念、態度與背景，他們留下來的決定是非常可以預料到的。

他們知道在他們住的房子裡，還有一個三樓可以用。因此計畫把我們的稿子、魯柏的稿件及約瑟的畫搬上樓——如果有此必要的話。也涉及了其他的因素，當然，其中之一，他們是住在二樓。這危機把他們許多心態帶入決定性的知覺裡，而情況的確變得如此嚴重，以至於有一陣子，他們的確為自己的生存感到恐懼。

（九點五十一分。）在那短短的時間裡，他們清楚而燦爛地在象徵性的焦點裡看見生命的情況；因為他們是孤立的，而差不多十尺高的水正在迅速上升，帶著煙霧的臭氣，而且那些煙還可能是可燃的。他們沒有告訴任何官方的人要留下來的決定，反而關上所有的窗簾，因此，別人將不會覺察到他們的存在。在他們害怕的時候，從外面來的幫助就變得不可能了。

直昇機無法降落，他們發現自己孤單的與賽斯資料、他們的畫和魯柏的其他手稿在一起。他們曾用一種溫和的自我催眠來產生鎮定而減低任何慌亂，但卻是約瑟建議魯柏「調準頻率」去發現對他們個人的處境，他們能知道什麼。

好，因著他們的知識與性情，他們就開始玩紙牌——去分散有意識的注意力——並且喝酒來減少緊張。然後魯柏進入了一種意識轉變的狀態，而十分正確的預見了他們的情況。只離半條街遠的橋將會塌掉，但只要他們不慌張、不要想試圖離開的話，就會是安全的。

這危機在五點就會過去，雖然新聞界並不知道這點。一旦他倆得到了這個資訊，就覺得更輕鬆了，而那個至少曾威脅到他們的慌張就消失了。

（十點。）除了觀察這實際的現象之外，他們沒有別的事可做，仍然看著水的上漲，心裡卻知道他們是安全的。魯柏需要這個經驗，為的是對他自己的能力再增信心。他們兩個人都需要得到一個保證，就是那些能力是自然的，而且可以被用在個人和自然的交流上。魯柏也發現他曾把自己放在一個層面，在其中，他低估了肉體實質操縱的重要性。但魯柏和約瑟倆都是非常用腦的人，因此，他們尋求這個身體與物質現象的相會，而按照信念去解決困難。

現在，那些對團體有很大信心的人，他們主要是和別人一起做事。那些人立刻離開了家，去找與鄰人相伴的安慰。魯柏與約瑟發現自己在危機中的態度，清楚描寫出他們心靈的態度，而被引導去問，為什麼選擇獨自面對這洪水。

換句話講，洪水的「水」變成了代表時間的「水」，也是代表現象世界變遷的「水」。不顧所有個人的困難，他們仍然站穩了自己的立場，而最後如魯柏預言的，水退下了。他們也被迫面對了事後的餘波。當其他房客回到他們的公寓時，魯柏親自去幫忙。他做一些相當勞力的工作。魯柏和約瑟兩人開放了他們的兩間公寓，讓一對夫婦在其中一間暫住下來，同時，他們自己則擠在另一間裡面。此處，他們發現自己在一種他們所不習慣與別人每日的親密接觸當中。這種特殊的情況，給了他們一些清楚而重要的洞見，那是無價的。這也使得他們明白，透過自己的關係，仍然可以與別人交互影響。休息一下。

（十點十七分。「我也在得到一大堆其他的東西，但並不屬於這本書的內容，因此，賽斯就沒有講了，」珍告訴我，「那是關於我們在洪水時所碰到的人的資料。」因為她在傳述時，一直是十分穩定的，我開始臆測一些有趣的問題：她是否可能「同時」由賽斯那兒得到兩條管道？如果是的話，相關的過程又是如何呢？或甚至如果她的知覺是在兩者之間交替，為什麼這沒有干擾到她說的話？

（她說：「我不知道我是怎麼得到它的，我猜是在兩者之間吧！但那也沒有說明什麼。」實際上，到底涉及了多少的管道呢？因為珍又說她還有關於自己的資料可以得到——再次的，「在中間……」她沒辦法說得更清楚。在十點四十分繼續。）

在洪水退了之後，有一小段時間有急切的電台廣播：診療所設好了，叫大家一定要去打破傷風針。

再次的，魯柏「對準頻率」改變了他的意識狀態，而被告以不要去打針，約瑟也不要去，這給了他們無意識的知識以及個人自己的身體狀況。只要不去打針的話，兩個人都是安全的。在這種情形下，雖然身邊其他人都跑到醫藥中心去，只有魯柏與約瑟直接與權威的電台聲明作對，而保持了他們的立場，等於把自己的生命拿來下注。只在一小時後，電台的宣告突然完全改變了；人們被告以他們不需要打針，而的確那個注射可能會引起嚴重的反應。

再一次，魯柏與約瑟獲得了必要的信心，而將可把這用在其他的方面。在太多而且太個人化的無法數計方面，生活情況對他們變得清楚起來了。他們並不喜歡好幾個星期住在一個寒冷且濕透的環境裡，也不渴望所有相關的不方便之處，可是卻為了自己的理由選擇成為這洪水的一部分。

就在洪水發生的前幾天，有人提供魯柏一個在巴爾的摩的電視訪問，卻被魯柏拒絕了❸。他們的汽車浸在水裡，由魯柏的課而來的收入也沒了，但這些副作用是跟魯柏與約瑟有意識的信念、習慣與作法相當一致的選擇。

（十點五十分。）這同樣也適用於其他相關的每一個人。在一個象徵性的層面上，當然，洪水代表了把舊的東西洗去，和無意識力量猛不可當的能量，以及之後導致的新生命出現。事實是，社會常把你們捲入一些瑣碎的煩惱和問題，那是不能把你全部的力量帶出來的；災害常常被用來使人與大自然相遇，在其中你被推到了極限，而使你能體驗到自己本體的偉大力量和範圍。

在極度物質化的社會，失去了一個價值不斐的家及其他財物，是一件非常實際並具象徵性的事。因此，許多人會去追求那種經驗，（停頓很久。）也發現以一種他們不知道自己擁有的英雄氣概來反應。社區的團結感誕生了，還有一種先前不存在、很深的相依為命感覺也出現了。

戰爭也常被用來作為一種情感上的刺激。對那些自覺孤單、無力與孤立的人，戰爭以一種戲劇化、興奮、有所歸屬的感覺，為他們提供了逃避機會。

一個社區的大火除了有別的意義之外，還以其自己的方式有同樣的作用，而一個局部或區域性的災害也一樣。你們意識心本質要求改變與戲劇性的意義，加上一種威力感和熱望，而以這些為背景來評判個人的方向。一個「完美」的社會，理想化地說，會提供以上所說的那些特色，藉著鼓勵每一個人把他的潛能用到極致，去沉溺在他的挑戰裡，而當他試著以自己獨特的方式伸展創造潛能的力量時，會被他極大的自然的興奮帶領前進。

（在十一點六分。緩慢地：）那麼，當這種機會被否定了，就會有暴亂、戰爭與天災。一種有力量的感覺是任何動物的權利。在此，我所說的力量是去創造牠行動的能力，而且應要有些效果。一隻被拴住太久的狗常常會變得很兇惡。而一個相信他的行為沒有價值的人，就會去找一些能用到他行動力量的情況，卻常常不去擔心這個行動是否有建設性或負面的影響。

如果你根本不能行動，你沒有辦法正面的行動。

（停頓。）那麼，你不了解自己能量的本質，或你指揮它的能力。好比說，暴風或旋風正如戰爭一樣，是被憤怒的人們帶來的，而它們只是同樣現象的不同版本。

洪水代表了一個群體心靈的症狀投射到地球之上。以一種十分自然的方式，所有參與的人不但選擇了那個情況，並且幫助了那個仍在繼續（在十一個月之後）的「療癒」過程。但你不能把自己與地球的身體及其狀況，分得比你與你自己的身體更開。

雖然，也許你看來似乎並非如此，但這些全是創造性的程序，並且是矯正性的。（停頓很久。）你們直覺的感覺到，在個人主觀情緒和天氣之間有個偉大的關連。你卻把它的意義歸之為，你在對十分獨立於自己之外的外在實質事件反應，其實才不是呢！

當你由這國家的一個地區遷到另一個地區，那是因為你已改變了，因此，你會被有同類信念與需要的人吸引，也被全然不同的自然情況吸引。而後，你將協助貫徹你旅行到的地方「具特性的」氣候。

（有力地，並帶著微笑：）休息一下，此章結束。

（十一點二十三分。）

註釋

❶在一九六一年四月，一群古巴流放者在古巴的豬玀灣登陸，想要推翻卡斯楚政權，最後卻失敗了。接著在一九六二年十月美國與蘇聯之間的對壘，是因為蘇聯設在古巴的飛彈而引起的。再一次的，手邊儲存一些補給品似乎是個好主意。

❷刊登在一九五八年三月份的《奇幻與科幻小說雜誌》（*The Magazine of Fantasy and Science Fiction*）。

❸珍對打電話給她的節目製作人說：「我很抱歉，無法上你的節目。我有個這幾天必須要留在艾爾麥拉的非常強烈的感覺。」而當她聽到自己這樣說時，覺得十分不解……

Chapter

19

能量的集中、信念，以及當下的威力點

（十一點三十六分。）下一章〔十九〕：〈能量的集中、信念，以及當下的威力點〉。

能量的集中是追隨著你的信念，而許多本身並非負面的信念，經過強調之後，會導致那些確實看起來是負面的結果。

對你們那些發現自己在不喜歡情況裡的許多人，這資料是極為重要的。為了幾個理由，我會以魯柏來作例子。你們許多人都有一個傾向，相信任何像魯柏這種能力的人，就應該沒有問題或挑戰了。魯柏常常說：「我有些讀者期待我完全的健康、富有且聰明，而真的不再有任何屬於人類的感情。」他講得很對。

你們有些人在尋找一種「平安」之境，那兒有一種穩定的至樂，所有問題都已解答，所有困難都已解決。你們有些人以為這多少會奇蹟般的替你達成。如果你承認自己存在的力量，就知道它一直是在尋找更大的創造與經驗領域，在其中，新的挑戰是天生固有的——因為所有的問題都是挑戰。

在魯柏的例子中，他以一組概念與信念開始，當達到極端時，那些概念和信念卻只變成了一種限制。（見第十一章的六四五節。）在你們自己的經驗裡，許多人也許發現自己以如此的能量集中在活動的某個範圍內，以致忽略了其他方面，而把它們當成一種限制。

（在十一點四十六分，緩慢地：）魯柏的情形涉及了這一生的情況。你們有的人也許發現自己集中於存在的實質面上，它們本身是十分合法的，卻排除了其他重要的成分。廣義而言，這種對特定區域的貫注可以涉及整個人生境況。以轉世來說，你在事先選擇——好比說，集中注意力在某個區域，而不是另一個區域；你也許為自己選擇一個不能正常行動的身體，或一個趕不上一般標準的心智。

因此，生下來的情況就是，不管你選擇了什麼方式的殘障，在那方面就不能適當的操縱。如果你已經決定了一種情況，其中涉及了一個重要器官的缺陷或失效，好比說，因而帶著一種嚴重的疾病出生，那麼，就在那個範圍裡，你將在這個肉身實相內經驗這個特殊焦點。然而，這件事將有一個理由，將藏在那些你留著讓自己自由開放去追求的能力裡。

所有的存在都是同時的。在生物屬性的界限裡，有些事是可能的，有些事則不可能。你不能再長出一隻手或一隻腳，也不能生出全新的手或腳。如果你了悟威力之點就在當下，那你就能夠治癒你自己身上那「治不好」的病。

（停頓。）不管你的情況如何，都是為了一個理由而選擇它的。如果它涉及一個在肉體上不能被改變的情況，那麼，你就是選擇了它來作為一個架構，以便用集中的方式加強利用其他方面的能力。要點並不在於集中在你的缺點上面，卻是在你已有的能力上，因為你人格的巨大能量將會被導入那些途徑。

現在：那是口述的結束。一個個人的小註……

（賽斯為珍講了幾行，然後描寫了一個我可以幫她改善信念的方法。）

你聽清楚了嗎？

（「是的——如果我做得到的話。」）

（較大聲，語帶幽默：）你能的。那麼，我對你倆最衷心的祝福，並祝晚安。

（「賽斯晚安。」在十二點五分結束。）

第六六七節　一九七三年五月三十日　星期三　晚上九點二十六分

（在上一節之後，五月二十九日的凌晨，珍在睡眠狀態有了涉及書的工作的最生動經驗，雖然這個包含與早先經歷裡面描寫的相似成分，但是新的意念與問題也產生了。

（「事情已經開始溜走，」珍在第二天早上寫道，「我在為賽斯說話，在講一本書的序或很早的一章。它是這麼真實，而且彷彿很清醒，當我最後開始了悟到『我』剛才是在睡時，嚇了一大跳，幾乎難以置信，我在床上翻來覆去而把羅吵醒了。

（「然後我想：當我在睡的時候，我不想給真正的書的課——因為誰會把它們記下來呢？除非羅也同時在睡眠中做筆記。我知道我們現在是講賽斯書的第十九章，而這個讓我弄不清了，我怎麼可能會在講較早一章呢——或者這是否為一本不同的書的工作呢？」

（當珍正在醒轉的時候，問了我幾次，她是否真的睡著過。我輕易地回答「是」，因為是我先醒了過來。在今晚的課以前，珍說她希望賽斯能解釋這件事，但令人驚奇的——雖然的確收到相當份量的個人資料——卻沒提到這件事。

（我從我的筆記裡唸六六六節最後一頁給珍聽，因為我還沒有打好字。）

口述：今天下午魯柏在練習意識的轉變。同時，她讓收音機輕柔的開著。搖滾樂節目被一個與印地安那波里斯快車大賽有關的插播打斷，一個駕駛已經受到嚴重的傷害（在星期一）；而因那件事以及惡劣的天氣（在星期二），被延期的比賽終於在今天開始。

在他進行的時候，電台繼續插播，魯柏聽到已發生另外一件非常嚴重的意外。除此之外，一個男人——非駕駛員被一輛快速趕到現場的救護車撞死了。然而，那個受害人也是與賽車有關的。（那是一個賽車隊的工作人員。一個後加的註：在這個意外裡涉及的駕駛員，在一個多月以後也死了。

（九點三十二分。）當他恢復了「正常的」意識時，魯柏發現自己對所涉及的極大暴力以及這種人將自己置身其中的整個情況驚訝不已。（當他在作意識替換狀態的練習時，常常讓收音機開著，以供他作為一個參考點。）

在上一章的一些資料中，應有助於解釋那種可說天生有暴力傾向的人生架構的理由，而暴力的確變成了一個挑戰的主題，人透過它來感知實相。這個情形是很危險的，卻是被那些涉及的人所選擇，而並非強加於他們身上的。以多少同樣的方式，人選擇了整個生命的主題，而這對一個旁觀者而言，可能看起來是不可理解、愚蠢甚至瘋狂的。

（九點三十八分。）這些終其一生的結構，也許涉及了一生下來就有的嚴重殘障。從外面看來，彷彿不可能有任何人會選擇這樣一個背景，這樣極為受限或甚至是痛苦的情況，而活在其中。從那個觀點來看，天生殘障或任何一種終生疾患都是沒有道理的。

你也許會說，沒有人是願意在人生中帶著殘障起跑的，事實顯然並非如此。個人常常會選擇這種情形，就為的是把它當作一種激勵，而許多偉人也曾這樣做。但並不表示這種殘缺是必要的。在任何一個時候，當一個人了悟到他當下的威力之點時，就不需要用障礙來考驗自己，或聚焦在他認為的正確方向上。

你同時活在許多人生中。你常常把這些想作轉世的存在，一個接著一個。如果你病得很嚴重，而相信你的症狀原因存在於前世，而必須「忍受它」，那麼你就不會了解威力之點是在當下，也不會相信自己有恢復的可能性。

再次的，即使所謂不可治癒的疾病也能被治癒，只要它不涉及在動物性範圍內不可能的重生。以你們的說法，不論哪一種的天生殘障，都是在這一生以前就選擇好了。而這樣做有許多不同的理由（正如人們在這一生選擇生病是一樣的，不管時間的長短）。那就是某個心靈的架構被建立了，而經過它，一個人「事先」決定去經驗整個一生的情況。在我其他的作品裡，對這個曾給了一些資料❶。

一個曾有好幾世強調「知性成就」的人，也許故意的決定了一個人生，在其中他失去了所有的思考能力，而他「先前」曾否定的情感則被容許有一種完全的表現。

（九點五十四分。）既然所有的存在都是同時的，這只意味它在此生中強調了某個方向——你可以說犧牲掉別的——而設立了一個似乎限制性的參考架構。另一方面而言，所涉及的這個人也許把它看作一個最具獎勵和擴張性質的經驗。在其中，情感被容許了通常遭到否定的自由。按照每一個人的特性，有些人格較喜歡遵循平穩路子的「成就」與「發展」的人生經驗；而其他人則要求一個極大的對比。後者之中也許有人在一生中貧無立錐之地，而在另一生中窮奢極侈，又在另一生是一位知性的巨人、偉大的運動家，之後一生完全的殘廢。那麼，個人的不同就決定了他選擇哪種人生境況。

許多情形裡，不是那個無能的人而是他的家人在發出疑問，並且不能了解——譬如就像嚴重智障兒的情形。但在所有的例子裡，兒童當然事先選擇了他們的父母，而且父母也選擇了他們的小孩。

在這樣的一個情形，從雙親的立足點也可以獲得一些成就。在那種情形下，所有涉及的人永遠都有成長的機會，以及有不尋常創造性的可能，那就是為什麼他們選擇了這個架構。對彷彿的悲劇——比如在任何時候發生的意外或嚴重的疾病，同樣也適用。

（在十點三分，非常強調地：）例如在一個個人的基礎上，一次嚴重的病代表他採取了一個特別的高強度焦點，在其中，某一方面的尋常經驗被有意的切除或否定了；於是生命內容本身就必然沿著其他方向被放大。以多少相同的方式，這也適用於那些誕生在極度窮困或彷彿最不幸的家庭情況裡的人。這一生的挑戰就天生的在問題本身或是從中躍出。常常地——雖然並不永遠如此——一個奇特的個人成就，就正是因為這種固有困難而導致的（熱切地）。

現在，這個成就不必一定涉及——好比說，某些偉大的藝術品或發明，或政治的領導地位——雖然它也可能會。通常，這個導致成功的活動代表了對人格的一個挑戰，而他是就心理的創造性及經驗的整體充實性而建立這個挑戰。那些涉入的人，好比說家人，也必須「事先」對這個情況有一種默許。一般來說，特別是在精神或身體天生殘障的例子裡，這個無能的人將接受那個角色；不止是為了個人的理由，他也將是為了整個家庭的理由而選擇那個角色。

因此，非常聰明的父母也許發現他們生了一個智障兒。如果他們把很大的價值放在知性上，而犧牲了情感，那麼這個小孩也許會為他們演出自己最怕的情感自發性。

你可以休息一下。

（十點十五分。很奇怪的，雖然珍在那麼深的出神狀態，而且記了那麼多的話，她卻還記得一句——賽斯說當她在處理意識的狀態時，她用收音機來作為一個參考點。這是一件很明顯的事，但我倆以前都沒有想到過。

（珍在寫作的時候也常聽收音機，她現在開玩笑地說，她必然是用它來作為「在實相之間的一條救生索」，在十點四十七分以同樣熱切的方式繼續。）

一個天生的殘疾是明顯的，而建立了某種不容忽視的情況。許多一般疾病也到某個程度涉及了家庭這個團體。然而，病人的主宰性信念總是最重要的。團體的情況將包括了家庭其他成員的默許。

現在要了解，在不尋常成就的案例裡，同樣的事也可以適用。在那些例子裡，這個成就者的信念主導一切，除此之外，他或許也在演出他的家庭成員，或與他密切相關的團體未實現的熱望。這種相互的關係永遠有其理由。

（停頓。）很多社會性的極大對比，有著同類的內在意義；此處，一整群人選擇特定的生活情況，好比說在其中，貧困與疾病占優勢，而同時，世界的其他地區（或任何一個國家）則享受最高科技上的進步、財富與繁榮。分別而言，每個人對選擇這樣的聯盟都有其私人的理由。但在另外層面上，透過貧與富、科學成就或落伍的對比焦點，相反的兩面就昭然若揭了。科技的進步被追隨為一個主要焦點，而自動地顯露出它的利弊。

追求這條道路的國家就像是這麼一個人，而他主要是追隨一個嚴格「客觀、男性的」外在取向途徑，這是就你們西方的情形而言。在你們的國家，某種價值被加以強調，特別是在最近，這些屬性是為了個人與集體的理由而被追求，卻也犧牲了其他的。然而，世界上其他的地方也同意這種行為，而且世界上的其他部分選擇完全不同的方向，因此，在你們的經驗裡，全球社會會顯現千變萬化的不同焦點及結果。

（在十一點五分停頓。）在一個小得多的範圍裡，並且以不同的程度，任何的部落、城鎮、家庭或團體也會顯示同樣的傾向，而從這共享的經驗裡，每一個人都可以學習和成長。

反之，一個人可能會選擇一種偉大的才能，而透過它來感知實相，並且以它來集中所有的經驗。這個將被當作一個驚人的焦點，但因其天性，它常會排除掉許多人覺得相當正常的其他經驗。有一些極有才氣的藝術家也許拒絕了知性上的成熟，把天生的情感特質以這樣的強度用到一定程度，而推理的能力大半被擱在一邊了。（停頓。）沒有理性的光照，情感的成分可能會如此濃得化不開，以致這個藝術家雖然在藝術上有完全自發性的表達，卻不能與人產生任何恆久性的親密來往，因為理性與情感本應是天生的一對。

另外一個人也許選擇把焦點集中在知性的成就上，到這樣一個程度，以致他排除了所有與人之間真正的親密關係，雖然他可以接受一個恆久的關係，卻不能體驗其他人也許能由一個短得多的邂逅裡體驗到的情感豐富性。因此，你們每一個人選擇——以你們的說法，在事先——那種架構，而透過它與這次的人生境遇搏鬥。這適用於個人也適用於團體。

那些相信轉世的人會問：「前世的信念又如何呢？即使我忘掉罪的意念，是不是仍必須遵循因果律呢？」（見第二章六一四節。）

既然所有一切都是同時的，你現在的信念當然可以改變過去的信念，不論它們是來自這一世或「先前的」一世。「存在」是開放性的。現在因為你們進行式的時間意念及所導致的因果信念，我明白這對你們而言是很難了解的。但在你們動物性的能力之內，當前的信念能夠改變經驗——你們可以用同樣的方式重組「轉世的過去」，就如你可以在此生重組過去一樣。（如在第十五章六五七到六五八兩節裡解釋的。）

（帶著手勢：）在這頁的中央。

威力之點就在當下

你體驗到的「現在」，也代表了你與所有其他存在的心靈試金石。你對某些事件具備有意識的覺察，卻無意識的覺察更多的事情，而你多少正學著把它們帶入有意識的焦點。

這同樣也適用於所有你其他的「轉世的自己」，他們是無意識地覺察你有意識的經驗，正如你是無意識地覺察他們的經驗一樣。

然而，相互的作用是經常在所有你轉世自己的「當下」進行的，並且是創造性的。你汲取「他們」的知識，就如「他們」汲取你的一樣，這當然也適用於你會認作是將來的「自己」。你有一個巨大的「資訊和經驗之池」可供汲取，但必須按照目前有意識的信念去利用它。如果了解威力之點就在當下，那麼，你就會有一個聽你指揮的無窮盡能力與能量的領域。

你可以休息一下。

（十一點二十七分。珍在十一點四十一分回到出神狀態，而為我們自己及別人傳述了幾頁資料。我們今晚的工作在十二點十七分結束。

（我也許可以加一句：賽斯在第七章六三一節裡討論到與可能性有關的轉世；在第八章六三六節討論到「反省的一刻」與轉世的關係；以及在第十五章六五七節談到當下的信念與轉世的關係。）

第六六八節　一九七三年六月六日　星期三　晚上九點十二分

（六月四日星期一的課裡沒有涉及書的口述，那一課是為一位由西岸來訪的科學家而舉行的。他的問題中有一些是關於地震預測，那是他在電腦協助下正在研究的。有意思的是，剛好在我們客人到達的一星期之前，賽斯完成了第十八章關於我們對環境的心靈創造〔當然也包括了地震〕。然而，這個約會自五月九日就定好了。）

晚安。

（「賽斯晚安。」）

口述。（緩慢地：）你必須記住，只有在你們自己的三度空間生活系統裡，開始與結束才是真實的。

然而，以你們的說法，你存有的能量是存在於你的系統之外，而侵入其上，在時空的某一點變得實質「活了起來」。你自己的能量在你所了解的「時空連續」（Space-time continuum）裡躍入躍出，當這樣做的時候，它的經驗變成實質的了。於是，在那個系統之內，它留下一個生命痕跡（life-trace）。當你以轉世的觀念去想時，彷彿一個痕跡存在於另外一個痕跡之前，但事實上整個的「圖表」（chart）——由所有個別的生命痕跡組成——是同時存在的。

（停了很久。）既然這些分支或生命痕跡，每一個都來自你的「存有」，所以它們在心理及電磁能量模式上都是相連的。想一想這個比喻：首先，先認定你的確是多重次元的，就實質動物性的特質而言，在一個時間內，你只能感知到這麼多自己的經驗；三度空間系統自動專長於「時間前後」的效應。

好比說，你同時存在於七個不同的世紀裡，然而，你肉體存在的正常經驗模式，阻止了你以動物的方式對其他人生有任何整體視野。

（九點二十六分。）再次的，真正發生的是：你存有的能量在七個「片刻點」❷（moment points）侵入三度空間系統內。而在每一個點之中，你就會經驗到看起來彷彿是孤立的一生。然而，就在這些交會點之外，還有對於「凌駕」其上的整體或多或少全面而統一的認識，這個整體就代表了那個多次元的存有，而這存有是與各個分別的生命痕跡分開，卻又是它的一部分。譬如說，你在十七世紀有一個「存在」。對你而言，會顯得那個人生已經過去而結束了。你也許相信，目前的「存在」連帶它所有能力與挑戰，是那過去一生的結果，但事實上兩者是同時存在的。十七世紀並未死去。你追隨著一個單線的歷史模式，而且也追隨某一種行動為實相，如此完全地與這些認同，以致它們成為你感知的一切。然而，其他的可能行動永遠在發生中，並且也與你恰好選擇而因之體驗的那個一樣有效。

你「轉世的自己」就與你有一樣多「可能的自己」。你在當下的信念與行動改變了「它們的」經驗，就如它們每一個在當下裡也改變了你的經驗一樣，如果你把這些「轉世的自己」看作一個「存有」，那麼，這種彼此的影響就變成十分的自然，全我被所有它自己的「理解」改變了。

現在你可以休息一下。

（九點四十九分到九點五十五分。）

「存有」的每一部分都是獨特而獨立的，透過它（指每一部分）自己的信念決定在切身的生活境況中，它要接受哪一些影響。事實上，偉大的奇蹟是，每一個意識——不論它的層次為何——是它自己，而非其他，即使當它在沒完沒了的交互作用關係中，可能是另外一個的一部分時——就如一個城市是一州的一部分，或一個人是家庭的一部分——也是如此。

就你了解的人格而言，每一個人選擇了他自己的能力以及人生的挑戰，那麼在當下，每一個人有無限的機會可以去汲取存有的能量，以及存有其他部分的了解與力量。（停了很久。）那麼，不用說，任何人就都有一個偉大的藝術家，或運動家，或政治家，或哲學家所擁有的潛在能力。在動物界裡，有一個很大範圍的能力；這些也許很少被用到，但它們是在那兒，作為可以在那個系統裡表達的實際理想。同樣的方式，每一個人也以潛在的方式擁有他「存有」的能力。這些被用作實際的理想，不過是和動物在一個不同的脈絡內，因為你不只有一個人生，而是有其他世紀及許多存在可以「玩」的。

你常常在一些情況裡表現得很卓越，而那是在肉身層面的你完全不知覺的。雖然如此，這些成就仍然會透過你目前的焦點來運作，既然肉身的你只覺察到可能事件的一條線，因此，許多夢的事件的意義就逃過了你的注意力。但你在夢裡做的事，常常與你在白天做的一樣有效，而且在夢境你與「轉世的自己」也可以相遇，並相互的影響。

（十點十一分。）實際上，我寧願你把它們想作「同時的自己」。在夢中，你與自己其他部分之間有一個偉大的資訊交換。大腦自動地把這種資料轉成現世的你能夠接受的方式，因此，許多你重要並記得的夢經驗，當你記起它們的時候，是已經轉譯好了，不然的話，你是完全不會懂得它們的。

在很多例子裡，做夢時你神遊於三度空間之外，但你的經驗而後必須以實質的方式被憶起，否則，你對它們不會有記憶。你明白，連你的夢都必須經過當下那一點——心靈與肉體交會的那一點——而來。做夢的確代表了一個開放的管道，透過這個管道，你超越了物質的環境。在某些夢境裡，在腦子中有一些尚未被發現的奇異改變，那是一種加速，這種加速十分真實的把意識推出了通常的時空連續，而進入它所來自的其他實相。

這些即被用為「統合之點」（point of unity），在那兒，各個不同的「同時的自己」相會；而實質的說，在此涉及了某種季節性的節奏。

（十點二十分。）現在你要不要休息一下？

（「不，我想不要。」可是，今晚我不太敏銳。）

就如你們的太空船在出發到月球以前，必須等待最有效的整體條件是一樣的，因此，換言之，也有與能量有關的節奏。實際地說，這是指在夢境的溝通，某些時間比其他時間更為有效。個人而言，它們常涉及了明覺與突然的有利決定；集體而言，它們暗示了偉大的歷史性改變。

你可以休息一下。

（十點二十四分到十點三十五分。）

這種資訊的交換代表了一段時間，靈魂與肉體在其中最有利的情況下相會。有個人的變化，卻也有整體的模式。個人自己的能量經常由存有而來，因此，靈魂與肉體就不只有一個交會點，卻至少有經常的一系列交會點，就如你們會這樣想像的。當能量侵入三度空間系統上時，因為它的特性，就會有起伏不定的波動——但永遠涉及你的現在。

這些循環在幾個點交會，因此，每兩千年這樣一段時間裡，在所有的區域，你們的確有主要的變動。為了其他的理由，而且在一個較小的範圍裡，每二十五年的一段時間裡，八月這個月又是非常重要的。在這之內，對個人而言，每七年的一段時間是很重要的，這些只是描寫靈魂與肉體和時間交會時的最大衝擊節奏。

以實質的說法，涉及了潮水及地理方面，但這些是與意識由之組成的「能量」曲線有關的「效果」。這些節奏以其他方式被完美且具體而微的反映出來。任何一個晚上的第七個夢是最重要的——並非（較大聲，微笑）有人在數。告訴讀者我幽默地說這句話。

不過，由於某種並沒被了解的節奏，一個人最偉大的能力可能常常被帶入實質的表達。以某種說法，你可以說，一個存有的能量被分散，以某種角度擊中時空連續，而永遠會再彈回來。但這個能量即使當它侵入成為實質的存在時，也永遠與它自己保持接觸。

（十點四十七分。）以你們的說法，能量在夢境裡彈回來，但是，它永遠必須經過你們所認為的「現在」這個窗戶。

（停頓。）這個能量的跳回「它自己」裡去，就是夢境的意義，在其中，從事了基本上是「非肉體的」經驗，然後透過大腦被詮釋為一個夢，然而，你最深的夢涉及了非物質的理解。你的夢雖然被記得很清楚，卻已然是大腦的一個轉譯。那資料隨即進入了你的「現在」，而在身心兩方面渲染了你的生活。

那資料也自動按照你的信念而被改變，以使你至少能夠了解它到某個程度。以能量的說法，把你們自己想作「粒子」，而把你們的經驗想作「波」，這波流過粒子時，會給每一個粒子帶來感受。當你具有肉體的時候，你是一個粒子。當波瀰漫了粒子時，這個粒子形式就決定了你的經驗。但你更大的實相以如此有限的方式來表達則遠遠不夠。

休息一下。

（十點五十五分。再一次的，珍為賽斯的傳述穩定而有力，她告訴我：「我不真的記得我說了些什麼，然而，我的確感到在這個資料裡，我們已經超過了以前達到的深度。如果物理學家能了解的話，這將會引起科學上的革命，即使像我們人這樣子的有限，我想我們已經透過賽斯而抓住了一些極為重要的意念……」

（雨剛停，濕度很高，為了要鬆一口氣，珍在休息時離開家散步了一會兒。在十一點二十四分繼續。）

現在：就如在你們的活動範圍裡，把火箭或太空船送到月球，有些時間是更有利的一樣。因此，也有顛峰的期間，那是當自己與靈魂（或者存有）重合時——當溝通在其最佳時刻。

這些都是經由你「現在」的這個窗口而發生。再次說明，就能量而言，你存有的活力侵入三度空間的實相裡，而形成一個粒子，那即是你現在的「這個人」。但這個粒子也以有節奏的模式從地球折射開。這也對著你自己的其他部分在時空連續的其他點發生，但每隔一段時間，你們就會相遇，可以這樣說。你們的每一個「現在」在相遇時會被充了電，而充滿了潛能；你的存有——它本身是有意識的能量——也被你的各種經驗及它自己「過去」組合與放大的力量所豐富。

因此，在每一個「自己」之內形成了最高點。而這些被作為吸引力的「最高點」，現在被打了開來，而透過它，這個「存有」被放大了的潛能可以流過。然而這些可能看起來像是反覆無常的能量，可以用「太陽黑子」來做比喻。心理上來說，發生了偉大的發酵，而常常所涉及的個別人格會順著新方向去組織他們自己。

就個人而言，這時人類會發現他們覺察到更大的「明覺」，這時他們也會做出突然的決定，而體驗到新的力量。現在，就社會而言，這樣一個時間已經不遠了。然而這也許會反映在一段似乎不安的時期，在其中，隱約可以見到新的創造性逐漸呈現。那麼，就你們的社會組織而言，就會有極大的全球性改變，但這些將把你那個實質具體化的私人內在的明覺反映出來。（更有力地：）你對內在自己信任得不夠，也沒有了悟到那個醞釀中創造性的發酵。反之如果你信任又了悟了，就可以省掉自己很多麻煩。

下面這句話，是我對你個人也是為本書讀者而說的：你們現在的任何一點，都是具有潛在的偉大「創造性改變」的一點，但因為我說過的那個「節奏」，會使得改變較容易以某種循環發生。

（突然地：）口述結束，此節也結束。我對你倆最衷心的祝福。

（「賽斯晚安，非常謝謝你。」十一點四十分。）

第六六九節 一九七三年六月十一日 星期一 晚上九點四十分

（今晚非常的熱，而且潮溼得令人很不舒服，但珍不想錯過這一課。我們換了一下口味，改在珍的書房上課，而把所有門窗都打開了。

（在課前，我們再次地說，希望賽斯至少對珍最近在夢裡做書的工作有所評論。這件事是在五月二十九日凌晨發生的，而且非常的生動，見此章六六七節的附註。然而，同樣的，為了不論什麼理由，賽斯又沒有提到它，而我也忘記提醒賽斯這件事了。在課當中，很容易忘記問特定的問題——甚至當我事先列了一張單子，也會忘記。

（然而，好像為了要加深我們的困惑，賽斯的確有談到珍昨晚才獲得的夢的資料，結果這是和第二十章有關的……

（今晚珍的步調相當慢，她的聲音很小。）

現在，晚安。

（「賽斯晚安。」）

口述：因為力量與行動之點是在你們所了解的這個「現在」，因此，每一天就好像那種透過它不同窗格而你可以看到許多景色的窗。

每一天的窗都可以被開關，但它是被你目前的心理經驗框起來的，甚至當它是關著的時候，光線仍然可以照透它，而照亮你每日的生活。每一天以自己具體而微的方式，包含所有你「同時存在」的線索。現在的自己並非存在於孤立中。

那麼，在任何二十四小時的期間內，所有你其他的經驗痕跡與面向，會以它們自己的方式出現。你們每一個人在目前的自己之內，都包含了其他「身分」的各面向——有些可能非常明顯，而其他的只看得到一點點，例如，在另外一生當中，你專注的能力可能被此生的你認作現在也擁有的，卻沒有好好的利用。

對某種成就的模糊渴望也許是一種線索，而其所需的特性在你所知的自己裡，也是天生就有而未被訓練的。以它自己的方式，二十四小時的期間代表了兩者：整個一生及許多世的合而為一。象徵地說，在二十四小時內，當你與肉身調準的意識，達到了它沒有休息而能舒適地處理刺激的極限時，你就「死了」。因此，就時間而言，當你達到了那一點，即你對著地球調準的意識，若沒有「更長的休息」已不能夠處理更多的資料，而且也不能把它們組織成一個創造性的有意義整體時，你正常的肉體就會死亡。

（九點五十六分。）因此，可以說，每一天都是一次的「投胎」，但不只是象徵性的——因為透過靈魂與肉身的交會，每一個自己每日都會反映它「轉世的」或「同時的」自己。

在一個你可能認為更實際的層面上，這也適用，也就是說，每一日在其自己之內都持有對目前問題的答案。因此，如果你覺察到某個特定的問題（挑戰），就可以確定它的解答與問題本身一樣，都是在那兒並且可以為你所得（熱切地：），解答只是問題的另一面，而也許是你沒有貫注於其上的那一面。甚至在那兒還會有你該採取正確方向的清楚線索——這些將「已在」你的經驗之內，卻因你這麼貫注於問題上，而沒有認出它來。

這個對任何一種難局都可以適用。

（停頓。）雖然你是一個個人，而且有自由意志，你卻也是另外的你的一部分。你只是現在不與你更大的自己認同罷了。你有自己獨特的特性，你更大的「存有」也擁有自己的「原創性」，然而，會有一個你可把它想作是「家庭成員間的相似性」這樣的東西存在，因此整體而言，你與其他的自己常常選擇同類的挑戰——即使是以不同的方式。

以其自己的方式，那麼，你多次元存有的其他部分，也是涉及在與你自己多少相似的經驗裡，雖然，外表看起來情況也許完全不同，他們的經歷是潛藏在片刻點的窗戶裡——片刻點只是你與所知實相目前的交會點。

再次的，你「同時的自己」的探險，在你的意識裡會出現為「痕跡」、意念、白日夢或不連貫的意象，有時候甚至為突然的直覺。它們可以被汲取、被拉出來以幫助你了解目前的問題。

你可以休息。

（十點十分。珍說：「這是所有這些課裡少數的幾次之一，當我甚至在出神狀態時也覺得熱。」她一直在椅子裡動來動去，但她的傳述已經加快到平常的穩定步調了。想知道更多片刻點的資料，見上一節九點二十六分的資料。在十點二十八分繼續。）

好，這並不指你必然會有一大堆的轉世資訊，和對「前」世的即刻認知，或經驗到任何這種入侵的資料。但的確是指在你自己的生活中，這種資料會自動地以親密的方式出現，卻藏在你自己的理解架構裡，甚至無阻地經過你有意識的念頭，而你並沒有注意到。

許多畫家不知不覺地畫出他們「同時的自己」的畫像❸。而許多母親發現自己有時候感覺比自己的子女還要年輕，或差點要用不同的名字叫他們的孩子。想去嘗試你以前沒試過的活動的衝動，也許的確是從你存有的其他部分來的訊息。

根本就沒有如你所想的「時間」，只有一個所有事情都在其中發生的「現在」。在細胞本身之內，有奇蹟式的濃縮資訊，而那是科學家無法感知的，因為它們存在於實質儀器的範圍之外。以它們自己的方式，細胞的理解力包含了對你們所謂可能性的一個廣大認知，而以閃電般的操縱來作用，在其中，這些可能性被斟酌與反應——因而被改變了。

（十點四十二分。）在你們的「現在」，對肉身調準的意識心不能處理那些龐大的可能性，同時還能維持一種身分感。然而，在你們日常的念頭裡，就有有意識的痕跡，那就是這種知識在心理上的代表。

你常常不信任自己的想像力，而認為它是在處理一種不能被稱為事實的現象。因此，你人工的來形成一個情況，在其中，你必須畫出整個圖形。例如，如果你太有想像力，也許不能適當的處理實質生活。然而，這只適用於你目前運作的文化媒介裡。以你們的時間來講，最初正是那個想像力以自己的方式把你們與其他動物分開，而使你們能在自己心中形成「後來」可將之外在化的實相。

因為你現在如此不信任自己的想像力，所以你不了解它在「解決問題」與「創造性的表達」兩方面給你的偉大線索。許多十分正當的轉世回憶會以想像的方式來到，但你並不信任它們。

你有很大一部分的問題，都可以頗為輕易地藉助你的想像力來解決。

（在十點五十分停頓。）常常當你想到所有你可能做錯的事時，你就無意地用它去延長了「負面的」境況。然而，你可以非常建設性的運用它來改變過去、現在與將來。你現在就可以這麼做，去自由的想像一個你在裡面感到快樂的情況。一開始你的想像力也許好像很愚蠢，比如說，如果你又老又窮又孤單，卻把自己想作才二十歲，既富有又被朋友與愛慕者圍繞，這可能彷彿非常的可笑。

的確，如果在這樣一個很愉快的練習之後，你看看四周，而把你已經想像的與你所有的相比，那麼，你可能比先前感覺更糟。然而，你必須了解這個想像的世界真的存在——但不在你所知的實際世界裡。然而到某個程度，按照你在它之內的自由，這樣的一個練習將自動更新你的身體、精神和心靈，而開始把在你所知的實際世界裡任何可能的同等物拉到你身上來（強調地）。

現在，用年齡來作一個例子，對你而言，可能彷彿正處於某一個年齡，在你的主觀經驗內，它必然是至高無上的，而不管你的年齡為何，到某個程度是不能體驗任何其他年齡經驗的。不過，在某些同時的存在裡，你非常的年輕，而在其他裡面，你卻非常的老。可以說，你身體的細胞有些是全新的——新鮮的生命在你身體裡再生，以你們的話來說，這是真的；不只是直到你死，甚至是到死後。那時，你的頭髮和指甲仍會生長。那麼，就與活在你存有的這個現在之內那經常不斷的新能量認同吧！（非常熱切地）而且了悟在所有層面上，你與自己的更大本體在心理和生理上都是相連的。

你可以休息。

（十一點四分到十一點二十四分。）

現在：不論你目前的情形如何，答案都是在你自己的渴望與能力之內的。常常你會壓抑或壓制經驗的某些層面，以便利用其他的層面——利用那些可用的經驗層面，你就能夠解除其他領域的壓抑。

也許有些實際的情況涉及了無法改變的天生殘障，在那兒，經驗必須沿著非尋常的途徑而集中，即使如此，那些可用的才能與特性將會打開經驗與成就的遠景。

當你以我曾建議的方式來運用想像力時，你要故意以一種遊戲的態度去這樣做，而明白只有在所謂實際的說法裡，想像與事實之間才能有極大的不一致。在你們的實相裡，把那個不一致視為當然，然而，常常你似乎天馬行空「傻乎乎的」想像，會為你的問題帶來相當實際的解答；如果你把這個練習做得很好，將會自動把自己從你曾視為理所當然的限制裡釋放出來。

即使如果一個直接的答案沒有出現，「更新」的本身仍然會開始指引你正確的方向。舉例來說，如果妳是一個婚姻不幸福的女人，可以開始想像妳有一個很好的追求者。現在，也許一個氣宇軒昂的人不會出現，但如果妳正確地做這個練習，妳將自動的開始感覺被愛，因而值得被愛，並且「可愛」；而在以前，妳卻覺得被拒絕、無價值，而且自卑。這種被愛的感覺將改變妳的實相，而把愛吸向妳。妳會表現出被愛的樣子。而後，妳的配偶可能會發現妳展示出那種最令人歡喜的特性，而他自己可能也會跟著改變。

在另一方面，妳可能把另一個男人吸向妳，因而找到了改變的動力與理由，而結束了一個名存實亡的婚姻。因為妳的想像力是超越時間的，它是達到妳自己本體的最偉大點金石之一。

當然，你必須能區別想像世界與實際世界的不同，才能夠有效的操縱。但是，物質實相是由想像躍出的，而想像是追隨著你信念的路徑。

在剛才給你的練習裡，你用信念在任何一個領域造成改變，然後讓想像力自由的沿著那些已定路線發揮。這樣一種練習會自動達到更多效果，打開感知的窗戶，而讓自己其他部分的知識與經驗進來。當這個光與能量流過時，它會被你自己心理的實相染色，就如透過彩色玻璃的陽光一樣。這只意謂，其他次元的資料將常以普通的裝扮出現——透過一個直覺的預感、一個突然的念頭，或某些你已然想到而尚未付諸實行的解決方法。

你要休息一下嗎？

（十一點四十五分。「不用了。」雖然當珍仍在出神狀態而舉起她的空杯時，我的確給了她一杯酒。）

你細胞的多次元知識，通常不是可以為你有意識地得到，它們也不能把那知識變成心理學的術語而為你知悉。然而，這種想像力的練習，就好像一個扳機一樣，可以把你更大實相的其他層面資訊吸來給你，而把那資訊集中在手邊的特定問題上。然後那資訊就會以你自己經驗能了解的方式出現。

這樣一個練習本身就會創造性的改變可能性，因為，你不再把這個問題當作一個不變的具體事實，這是一個心理與心靈的動力，可以改變你習慣性地對身體及其細胞構造送出的訊息、那麼，你就能創造性地在經驗的數個層面裡操縱。

就拿剛才給的那兩個例子來說：那想像青春的老年人，將在這種練習中重新發動某種荷爾蒙與化學的改變，而真的變得年輕些了；感覺被拒絕的那個女人，當她想像自己被愛時，也做了同樣的事。

這樣子的練習也會在自己之內發動所有它的無意識卻相當合法的經驗，而由其他同時的人生裡引出相似的插曲。在另一個存在裡，這個老人是很年輕；而不被愛的女人，是的確被愛的。藉著想像力的運用，這些無意識實相可以變得被打開了。每一天是進入每一生的一個窗口。

你可以休息或結束此節，隨你的便。

（「那麼休息好了。」）

（十一點五十九分。晚上涼快了一點，而珍覺得好些了，雖然她說當她在出神狀態時，房子裡的噪音曾干擾她，這種情形通常很少發生。

（在休息時，我提醒珍，我們要賽斯討論她在五月二十九日和書的工作有關的夢的經驗，但我剛這樣說，她就開始描述她昨晚的夢，而我剛才忘記這回事了。

（昨晚也是很熱，珍睡得很不好；她不斷醒來，覺得有關「夢中景觀」（dream landscape）的資料「就在」她面前，而好奇她是否可以在其中旅行，「好像爬過籬笆由一個後院到另一個去」那樣。同時，她知道所有這些地點都是一個龐大夢中風景的一部分。珍說就她所知，這些資料並非來自賽斯，而在回想的時候，彷彿很明顯的，那是為第二十章做準備。

（「賽斯已經蓄勢待發。」我們正在討論珍的夢的資料時，珍又說了這句話。因此，在十二點三分繼續上課。）

註釋

❶見《靈界的訊息》與《靈魂永生》。在這個主題上，我們也累積了可觀的未出版資料。

❷賽斯首次討論他的「片刻點」理論，是在一九六五年四月和五月之間的一組四堂課裡，也連帶講到了轉世與夢的宇宙。在一五二節裡他說道；「魯柏為其一部分的那個『全我』是極富彈性的。這個全我的各個部分比

大部分的人有更多彈性，向內並向外延伸。〔它〕在同時包圍了更多的『片刻點』……」賽斯在一個非常簡化的解釋裡說，他能透過這些「片刻點」之一而進入珍「心靈的理解」範圍內。

❸我感覺我就是這樣的一個畫家，要找相關資料可見《靈魂永生》第二十章五八二節的註。直到一九六三年這些課開始以後，我才悟到我內在的模特兒與坐在我面前的模特兒一樣真實。的確，我常常以更清楚的眼光看見前者，但我早期作為一個商業畫家的訓練與工作——一九三九年在紐約開始——使我相信畫家只應與他可以客觀「見到」的東西打交道。

有很多年我忽略了那個事實，以及當我在小學時，我會非常快樂而自由地用「想像的」人或她的圖畫來畫滿我的黃色練習本……

Chapter

20

夢中景觀、物質世界、可能性以及你的日常經驗

好，等我們一下……

（耳語：）第二十章：〈夢中景觀、物質世界、可能性與你的日常經驗〉。

（在十二點六分停了很久。）因為你們是有肉體的動物，所以，即使是你們的夢也必須透過肉體實相來轉譯。你們集體的透過我曾描述的方法來造成物質實相，然而，每一個經驗都是獨特的。

以同樣的方式，你們每一個人協助形成整體的夢世界，在其中，有一些一般性的協議，但每一個經驗都是原創性的。夢的世界有它的範圍，就如實質的世界一樣。在醒時的世界裡，要有一段時間，信念的具體化才會變得明顯。在無限的可能行動裡，通常只有一個能被實質的體驗。

夢的世界被用來作為一個創造性的情況，在其中，可能的行動即刻被具體化，而以實際或象徵的形式呈現出來。然後，從中你再選擇最適合的部分來具體表現。做夢還有許多其他重要的理由，但此處我們只把範圍限定在這個特定問題內，並且設定在「夢中景觀」上。

又因為你似乎期待夢中經驗就應該像是日常生活，所以你覺得這麼多的夢都混亂不堪。例如正常來說，一棵樹不會變成一隻孔雀，但如果你記得這樣一個夢的事件，在早晨看來它會顯得是無意義的。

現在夠了，我們將結束此節。

（「好的，賽斯晚安。」在十二點二十三分結束。）

（關於賽斯早先談夢、夢的象徵與療癒、夢魘治療法等等的資料，請見第十章六三九到六四一節。）

第六七〇節　一九七三年六月十三日　星期一　晚上九點二十五分

（我倆都期待今天早些時候提出的問題能有一些私人的資料；珍已經「知道」賽斯今晚會給我們了，但首先她想要一些對第二十章的書的口述。她的傳述安靜而穩定。）

晚安。

（「賽斯晚安。」）

我們先口述：你的情緒與情感在夢境有更大的流動性。你也許在一刻感覺自己像一棵樹那樣的生了根，而在下一刻覺得自己是一隻美麗的孔雀，在那種情形下，你將感知那樹變成了一隻鳥。

你的情感離開了實質事件對它們平常每日的吸引力之後，將常可以形成自己的景觀，而利用夢作為創造的媒介。我解釋過你們的情感及信念與像天氣這類實質情況之間的偉大關係。（見第十八章。）以差不多同樣的方式，在創造夢中景觀裡，你也個人地扮演了一個角色。它是你的情感與信念在不同層面上的結果，雖則它不能被實質地感知——如你們地球那樣的以山嶽、陸地來呈現，被你們的儀器所檢查——但它是以同樣正當的方式存在。

（停頓。）這並不指夢可以用任何既定的（一般性的）象徵符號來予以解碼。就如你是透過個人的情感與信念來創造並經驗每日的生活，這同樣也適用於夢的實相。

然而，在夢中，你的思想與情感變得「即刻地」活了起來，如雨後春筍般的亂冒，而且一出來即已成形。當然，夢世界也是以能量方式存在的，只不過是在一個以實質來說不很明顯的範圍內。你們大部分的內在創造工作與計畫是在這個層面完成的。在夢與醒時經驗之間，必須有一些區分在，而這個區分只是為了使你可以在每日生活的較窄焦點裡操縱。

（九點三十五分。）然而，對那個現在存在於你的醒時與睡時生活之間的廣大分離，並沒有什麼偉大的理由。如我先前提及的（例如在第十二章六五二節裡），這個區分大半是對實相的本質上，以及對人類由主觀資料中將客觀資料分離出來的習慣上，你們個人與集體信念造成的結果。

當你決定去操縱環境時，你就把自己與環境分開了。既然你是它的一部分，這也導致你試圖把自己與你的主觀實相分開。把你正常有意識的「我」帶入夢境，並且對你有利，是十分可能的。當你這樣做時，你將明白那個做夢的「我」和清醒的「我」都是同一個，卻在完全不同的環境裡運作。因此，你變得與你先前不知的經驗與知識深度熟悉了起來。你獲得了一個真正的彈性，及對你自己存有的一個擴大的覺察，並且打開了在你清醒和做夢實相之間的溝通管道。這是指你比以前更能好好的利用無意識的知識，使得無意識也能認識你目前的實質情況。

這樣的一個過程，能使你與你一直在否定自己擁有的那個智慧接觸，而協助統一你的整個生活情況，而實際的每日目的會把你的能量釋出。甚至去嘗試這樣一個冒險的決定也是有益的，因為，它自動預設了有意識的自己這方面的彈性態度。

如果，你害怕你的夢，你就是在害怕你自己。

就如你現在的情形，連帶它所有的挑戰、喜悅與問題，是以一個濃縮形式包含在你的每一日裡，這對你的一生也同樣適用。那麼，每個晚上的夢提供了你創造性的豐富花圃，且在你面前百花齊放，在其中，你將不只可以找到任何問題，而且還可以找到它們的答案。

現在，以實質的說法，可能要花些時間，你的意識心才會接受或認知夢中所給的診斷。它可能稍後以不同的形式，好比說，以一個預感、突然的直覺，或行動的衝動而來到。**如果你不信任**自己，可能會忽略這種動力或沒有好好的利用那些答案。

開悟了的意識心永遠會對這種訊息非常警醒。你也可以越過這個而直接進入夢的情況本身，要求某一種夢或解答，因而可以說，縮短了本來可能需要用的時間。

休息一下。

（九點五十三分，剩下來的課被用在緩和我所要求的資料上，然後在十一點三十五分結束。）

第六七一節 一九七三年六月二十一日 星期四 晚上八點五十八分

（既然這一週我們錯過了兩堂正規的課，所以珍決定今晚補上一課。她想盡量保持她在書上通常的動力。又是一個很熱的晚上，她的傳述是不慌不忙的。）

現在：晚安。

（「賽斯晚安。」）

一句題外話：如果你們願意，我可以連續不斷的以不論多少天來完成這本書。

（「是的。」賽斯是說我們可以每天都上課。珍和我今晚稍早也曾談到這件事，卻沒有對它太認真。雖則實際上，我們不會再有任何多餘的時間可以挪出來用；這本書在十月就必須完稿，而在那之前還必須做很多工作才能把它完成。）

口述：一般而言，如果你不相信你能在夢境變得有意識，相對地，那件事變成了不可能，因為它將和你對實相的意念相牴觸，因而阻止了必須的開放與接受。

新的一行：雖然你的信念的確構成了你大部分的夢中活動，但這也還涉及了其他的問題，只因你覺察的焦點不是精確地朝向物質實相，卻只是模糊地關心它。

（九點四分。）同樣的，思想與念頭也有它們自己的電磁效力。在醒時的生活中，你在「事實」的世界裡測試你的意念。當然，「事實」也只是被接受的一種虛構（fiction）而已，但這些意念必須合理且合於被接受的「故事」。

（「虛構」是賽斯在此要用的字，當我打斷了課去問他的時候，他這樣說。）

在夢境，你容許自己有更大的自由，在這個可塑的架構裡來嘗試某些意念與信念。因此，你可能接受在夢境裡開始的新信念，而知性或情感上的了解只在「稍後」才到來。做夢時，意識心本身是遠為寬大好玩的。它可以容納更大的自由，因為它明白不需要在日常生活裡考驗這個理論。它非常樂意向內看「內我」的那些經驗，而看看能為它自己的用途找到些什麼，很像一個探險者在處女地上尋找資源。

（九點十五分。）向地球調準的意識必須在時空範圍之內運作，只有在這個架構裡，它才可以清楚的來感知事件。在夢境，意識大半忽略了時空的關係，然而，它仍穩定建立在身體的肉體機構上，於是，夢是實質被經驗的。你感知自己奔跑、講話、吃東西，在相當實質的活動裡——除了它們不是被躺在床上的身體做出來的。

它的取向仍然是對感官資料非常生動的體驗，卻是以一個不透明的角度。換言之，在大半的夢裡，資料仍然是按照肉體生命的觀點來接受與詮釋的，而這也是那些最被記得的夢。

越過了這個，還有很少被憶起的經驗，在其中，你的意識通常與肉體生活取向的認同已經消失了。（停頓。）你認為的形象，是建立在自己的神經結構以及你對它們的詮釋上。當你想到死後的生命時，譬如說，你想像所有感官在完整運作——雖然也許是在非實質的身世裡。就彼而論，沒有形象的感知似乎是不可能的。然而，在某些夢的情形裡，你卻進入了一種覺察的狀態，而與那種感官資料離得相當遠。並沒有涉及所謂的形象，雖然稍後為了轉譯的緣故，它們也許會被無意識的製造出來。在那些情形裡，你才近乎對完全不以身體取向的你的意識有一個了解。

（九點二十七分。）在你的日常生活裡，可能突然知道某些事，卻不知道自己是怎麼知道的，並沒有覺察到任何特定的形象或感官印象。那個知識只是就在「那兒」，這種活動近乎你自己意識的那種「知曉」，當它沒有涉及任何一般的感官刺激時。它只是知道。那麼，在某類做夢狀態，你也以同樣的方式知道，你體驗到沒有與肉體聯合的自身存在。

那一類夢的覺察能夠真正更新你的生命，雖然最初的衝擊會被忘記，而在醒前整個事件通常會被轉譯成形象。這種夢的事件可以被稱為對基本存在的體驗。在這些夢裡，自己或意識真正旅行回到了他自己的能量之源。在另外一個層面，原子也擁有這同樣一種知曉。

（緩慢地：）這種理解可能好像與你的日常生活沒什麼關係，尤其是因為它們很少被憶起，而且又是只以轉譯的方式被憶起；它們卻可以提供你額外的能量——當你最需要它的時候。

在緊張的時期，對身體調準的意識常會暫時地捨棄了它通常的取向，而讓自己落回它本身的存在之源，在那兒，它知道它會得到更新，而且真的可以得到重生。

你可以休息一下。

（九點四十分。珍說今天下午在她自己談理論的書《面向心理學》裡，才剛用到賽斯在九點四分給的一句話：「事實只不過是一種被接受的虛構……」她曾寫了一些非常像賽斯在九點十五分所說的概念。

（在九點五十六分繼續。）

當你與肉身相連的時候，必須以感官的方式來詮釋經驗，甚至那些在夢中的經驗也是如此。有時候你的意識可以漫遊到其他區域，但那些事件之後必須以某種方式被轉譯成實質的。

在醒時生活裡，你只感知到那落入時空連續裡的事件之某部分，在夢裡，你可能對事件能有較大的一瞥。例如，你可能看見，在你的時間裡必須占據某個空間的物體之過去、現在與未來。常常這樣子的一個夢會被認為是無意義的，因為在你的「事實層面上」，一個物體過去、現在與未來的樣子，不能在同一時間出現在同樣的空間裡。

（非常專注地：）無論如何，這個空間並不是同一個，也不是同樣的。它只對你顯得是如此罷了。

空間本身以你所不了解的方式加速，而你只是沒有對準那些頻率而已。在空間的任何一點，也是在你認為的時間裡的一點，那是你還沒有學會去打開的一個門❶。

以差不多同樣的方式，你的大腦是一個門戶，它可以觸發心智的活動。那麼，你的信念就必須為你啟動的大腦區域以及所引起的心智非實質活動負大半的責任。

實質的焦點提供給你一個壯觀、專注且專門化的實相。然而，如果沒有夢的活動，你將會——相對地來說——被關在裡面，而在面對彷彿如此堅實的實相時，害怕去嘗試新的觀念及直覺的了悟。

（十點十分。）夢境提供你一個初步的舞台，在其中，可以創造性的形成一個基本假設，而後在一種遊戲的方式下試試看它成不成立。你有過而回想起來的夢，以及它引發對許多問題的解答，仍然只代表了夢的活動表層。追隨自己進入夢中是一件很迷人的事，你在夢的範圍裡，才能對自己意識的作用有所覺察。要如此做之前，你必須相信自己存在的健全性。如果你不信任醒時的自己，也不會信任做夢的自己，而你夢的景觀也將會顯得對你有威脅性。你相信夢是不愉快的這種信念會使得它們真的如此，或者你最多也只能記得嚇人的夢中事件。

（十點二十分停了很久。）然而，如果你相信你不做夢，你就會壓抑對它們的記憶——但你還是會做夢。那些豐富的經驗就會因為你的信念而不會形成有意識生活的一部分。

你的夢與醒時生活一樣，都是私密性的。然而，也有一個群體的醒時經驗以及一個群體的做夢經驗，在其中，每個人找到他自己的角色，並接受或拒絕事件。以你們的話來說，人類在任何既定的「時間」，都在夢境裡同時把一些問題解決，而後那些解答才會被實質具體化。在夢境，因為比較不受時空限制，所以會有較大的整體視角；許多在近距離裡——如它們在實質世界裡被啟動的——顯得很差的解答，在較長距離裡，將會被視為非常的富創造性。

那麼，在私人與群體兩方面，人類都把夢的世界用作一個初步的活動場所。而在你們真與假的世界裡被實質接受的「事實」，都是來自這些「幻想的」實相與可能的夢的事件。

（在十點二十九分停頓。見第十四章賽斯談可能性的一些資料。）

在夢裡體驗的可能事件，在實相的其他領域是相當的「合法」，但是在你們的世界裡就變得不成立了，而當同類事件實質地在你們的世界裡實現時，就成了真的。

新的一段：首先，你們的戰爭是在夢的世界裡發生而分出輸贏，而你們歷史的實際演出只是追隨著可能性中某一個系列的細線。對你而言，某個戰爭是由某一方贏了或輸了。在你們對事件的「吝嗇」（幽默的輕語）理解裡，好比說，一場戰事只能有一個確定的結果，也會有某些堅定的事實——在那一個地方，那一天發生的戰事，有多少人參加了，結果是誰勝了，之後會有歷史性條約的簽定。但在更廣義的說法裡，有一個相當超越你們對所涉及時間或地點觀念的更大事件，而你只感到其一小部分或一個角落。

（十點三十五分。）可以說，最初的戰事是發生在夢的層面上，然後經過私人與集體層面，人類才決定事件的哪些部分要以實質的方式來實現。然而，即使在那些被實現的公認結果裡——十分明顯的，贏家也常是輸家。

這整個事件超越了任何真或假的判斷，一個整體事件連帶所有的可能性顯然不能適合你們目前的參考架構。

再次強調，在夢中，你處理可能性而決定哪一個將變成你們實質的「真事」。在夢中，個人和全人類兩方面，你們都有很大的自由。在夢中，每一個人決定自己的命運，而運用這個夢的資料十分有意識的選擇，他將實質具體化並且體驗某一個插曲。

你會由夢中接受到那些大半與你醒時有意識的信念相符合的資料。如先前提及的，夢中和醒時之間有相互作用，可以說，在其內，新的信念可以被拿來嘗試。就那方面而言，你完全不會為你的夢所擺布。

你沒有了解到存在於醒時與夢中經驗之間的偉大交互作用，是因為你被教導去相信，在這兩者之間有個事實上並不存在的人工障礙。藉著在睡前建議夢給你問題的答案，你會自動地開始把夢的知識作更大程度的利用，並且打開到你自己更大創造性的門。

你可以休息一下。

（十點四十七分到十一點五分。）

好，我有一個小註給你，或者我也可以繼續口述。

（「那就講講那個註吧！」）

（賽斯讓我難以下決定，一方面我想要書的口述繼續，但我也確信他出其不意的離題將會很有意思。它的確是非常的有趣：在長達幾頁的資料裡，賽斯討論我的母親在她的耄耋之年，最近與可能性打交道的經驗，這涉及了我媽媽的複雜家庭背景，在此略過，但珍和我決定把賽斯資料中較一般性的部分包含在此，我們想這會對別人與老人的關係有所幫助。

（見第十三章六五〇節關於下面所要討論的「心靈的加速」。賽斯在那一課裡也評論過大腦半球。）

……你的母親是在體驗一個思想與直覺的加速，以及到目前為止一直被壓抑的一大堆刺激。她是十分清楚地在感知可能性，但把它們與實際的世界混淆了起來。不過，這只是當她實質的工作已完成後才發生的，而非譬如說，當方向的混淆會擾亂她自己任何必要的重要實質目的時發生的。

有明確物質性的改變，在非常集中的實質生活裡沒有用到的大腦那一部分被啟動了，就如它們在嬰兒期以及某種階段的青少年期時也被啟動一樣。這些改變是在每個人中個別地被啟動的。

我說可能性被實現了（在第十四章六五三節裡）……她突然對她的（想像的）事件開放，而當它是一個事實。因為你們是時空取向的，而她對可能性的實現，暫時地被接受為物質實相，所以這在你們認為的日常經驗裡造成了一個空隙。

她必須在時間順序裡體驗這種事件，對他人而言，這並不適合。我給你們這個資料不只是為了你們個人，也是因為它可以做一般性的運用。與可能性的搏鬥使你的母親能夠判斷她這一生實質生活的境況，可以說，為了她的下一個探險，而在事先作準備。

她的行動本身就可以被用來做為整個家庭的一個學習模式。不論她看起來如何，在她那方面並沒有一種感官印象的遲鈍化，而是一種「傾注」。她難以集中精神的確是由此而來，但事實上，她當時是集中在別的地方。

（在十一點二十五分停了很久。）她的獨立感被重新激起，這終將使她想要離開她的家人——不再依附她的「男孩們」（我的兩個兄弟和我自己）——而它們也被用作對她先前沒有實現的成長推動力。

她終將想要離開身體，但她並不是因為懦怯而不走——而是在掙扎著想使自己自由。還有更多的……在一方面這個家庭對待她像小孩一樣，是被她所接受的，因為這提供了她想要獨立的推動力，就如一個小孩想長大離家是一樣的。因此，你母親的獨立性被喚起了，就某方面來講，她是想要離開她曾實在地形成的「人生之屋」，而找個新的努力方向……去重新開始。如果她是一個青少年，她所說的話就會看起來很合理了。但她也想要開始一個新生活。

（輕快地：）現在：那就講完了，我希望你們的心多少安了一些，你可以結束這節或休息一下再開始？

（「那麼，我想結束好了。」）

我對你倆最衷心的祝福，並祝晚安。

（「賽斯晚安，謝謝你。」十一點三十三分。）

第六七二節　一九七三年六月二十五日　星期一　晚上九點二十七分

（一九七三年六月二十三日星期六，是被颶風風暴艾格妮絲引起水災的一週年。

（我們的區域仍在復原當中，當然，珍和我非常明白我們在這場水災裡的經歷是如何打斷這本書第一章的進行，見第六一三節的註〔附帶一提，在那節裡我提到了艾爾麥拉的華納街橋被沖毀的事；那個老鐵橋在離我們公寓半條街的地方橫跨祈夢河，現在正在進行修復工作——非常嘈雜的工作還要進行一年〕，在第十八章裡，賽斯解釋就整體而言艾格妮絲的情感來源，以及我們每個人在其中的行為。

（珍的傳述相當的慢，在課間她的眼睛大半閉著。）

晚安。

（「賽斯晚安。」）

口述：目前，人類對於夢的內在世界，及他在其中的角色，或它對他日常有意識生活的影響，沒有多少知識。

在你進入似乎對物質實相相當無意識的睡眠狀態時，意識的許多最有力量的面向卻正在作用。在你現在經驗的時間脈絡裡，你將不可能去處理可有的那麼一大堆知識。要想在你非常特定的場域內適當運作，必須立即消化幾乎無限量的資訊，並計算其可能性，而維持你甚至不覺察的某種平衡。

潛在地，你的意識是有能力來做這些偉績的，但這工作不能以你那強烈執著於時空關係的意識來做。你認作「意識心」的那個東西，是被給予估量每日生活「事實」的重任，然後形成對實相的信念，這些信念再被用於夢境而作為主要的尺度之一，可以說，以啟動某些可能事件而非其他的。

（九點三十七分。）在夢裡，你像探照燈一樣用你的信念，找尋其他適合你對實相意念的事件。你的堅信幫助你從你不關心的行為裡過濾出可能的行為——當然是以夢的樣子出現。

（緩慢地：）不過，既然你不只是一個專注於物質的動物，所以其他的問題也在作用。你自己內在有對你整個存在的濃縮知識，而這個資料不能以任何完整形式出現在與實質頭腦相連的意識裡，因為多重次元的實相根本就無法表達，在夢境，當意識對實質的關切晦暗不明時，多重次元的自己能以夢的形象及幻想閃現，那將象徵性的表達了你更大的存在。

如果有意識的信念引起你很大的痛苦，從這個來源可以收到相對的有益信念。你的存在——即為「你自己」的那個更大意識——與時空交會，它在許多的〔片刻〕「點」裡將同時生成肉身。（見第十九章六六八節。）你將稱這些進入三度空間存在的「侵入」為一個生命，而有其「自己」，而你是其中之一。

（在九點五十三分，緩慢地：）每一個自己必須以世俗的方式來體驗自己，每一個自己卻也是他更大存在的一部分，是他不斷來自的那個能源的一部分。在夢裡，你的能量向你本來就是的那個存在「悸動」回去。

（九點五十六分。）以一種說法，每一晚你都透過大氣及你所不覺察的進入點來回旅行。在你的睡眠裡，你的確神遊過那些在生與死之間的廣大距離。你所認為的意識超越了這些跳躍，而保住自己的持續感。這些都與能量及意識的悸動有關，而且在某一方面，由另外一個視角來看的話，你認為的生命，是光線的一個明顯「長度」。

（十點整。）在你憶起來的那些夢底下，是意識的那些經驗，而它們只以扭曲的形式偶爾出現，這些以非實質的方式表達了你與自己存在的關係。這裡，你恢復了精力，完全擺脫有意識的信念。從這個層面，個人與集體的理想被形成了。

（十點五分。）這種活動常常在一般的夢之下進行。它一直在進行，但程度小多了。因為它代表你現在的意識凌駕於其上的基礎。

你可以休息一下。

（十點九分。在十點二十八分以同樣緩慢的方式繼續。）

你生在其中的物質實相，並不像它表面看來那樣堅固，也不是完全預先決定、明確不變，相反的，有個豐富的「交互作用場」存在。你的意識必須集中在特定範圍的頻率內——在它甚至還不能感知物體之前，更別說固體了。在睡眠裡，你的意識在不同範圍的強度之間起伏，真的流入又流出物質的集團，而由較可塑的「物質前」階段形成物質在你們世界將要採取的最後形狀。這同樣也適用於事件，在於有一些會被結晶成實質的形式，其他的則不會。你自己存在的深層部分，對那些你獨特的目的與意圖是有所覺察的，那麼，對你想要具體化的特定種類物質實相，內在有一套無意識藍圖，而你即那建築師。

然而，有個制衡的系統存在，因此，在某些夢裡可以讓你覺察到這些藍圖。它們也許在你的一生中以特定性質的夢一再出現——啟示的夢；而即使你不記得它們，當你醒來時，目的也會更堅定或突然變清晰了。

（在十點四十二分，從容不迫地：）當你在處理信念時，找出你對夢的情況到底作何感想，如果你信任它，那麼就因你有意識的合作，它甚至可以變成你更重要的盟友。

如果你想要解決一個爭論的話，那就告訴自己你在夢裡將這樣做。在那兒，你可以自由的對那些若非如此可能會躲避你的人說話。許多的和解都是在那個層面發生的。如果你在夢裡要求對任何問題的解答，它就會給你，但你必須信任自己，而學著詮釋你自己的夢。除了自己開始處理你的夢以外，沒有別的辦法可以做到這一點，因為這將喚醒你直覺的能力，而給你所需的知識。

因此，你對夢的價值信念可以增加它們實際的效力。

此章結束。

（一個註：那些對意識起伏的資料有興趣的人，可以參考在《靈魂永生》裡的課：在第十六章五六七節談到原子的漸入與漸出我們的系統；在第十九章五七六節談替換的現在；以及在附錄裡，一九七〇年六月二十三日的ＥＳＰ課中，談到我們現在實相裡的組織。賽斯在那兒說到：「但事實是，物質並不是實質的，除非當你相信它是的時候……」）

註釋

❶賽斯在《靈魂永生》第二十章五八二節裡，有一些與這個類似的資料：「你們所感知的『時間』是侵入於你們自己系統的其他事件的一部分，常被詮釋為『在空間裡的移動』……」那節以及第五八一節也包含了一些有關賽斯所提到的電磁能量（ＥＥ）單位、它們的各種速度，以及我們把它們詮釋為事件、夢的事件、「需要花時間的移動」等等資料。

Chapter

21

肯定、愛、接受與否定

好，給我們一段長長的時間。

（十點四十五分，身為賽斯，珍只休息了一會兒，點了一支煙，啜飲一罐啤酒，而眼睛閉著坐在搖椅裡，把腳靠在咖啡桌上前後搖動。）

第二十一章：〈肯定、愛、接受與否定〉。那就是標題。

現在：肯定是指對你及自己所過的生活說「好」，而接受你獨特的個人性。

（停頓。）肯定宣告了你的個人性。肯定是指你擁抱那個為你擁有而流過你的人生。你對自己的肯定是你最偉大的力量之一。你有時候可以十分正當地否定經驗的某些部分，而仍確認自己的活力。你不必對使你深感不安的人、問題或事件說「好」。肯定不是指對任何降臨你身上的事作出淡而無味的軟弱接受，而不管你對它的感受如何。就生理而言，肯定意味著健康。你順隨著你的人生，了解是你形成了你的經驗，而強調你是有能力這樣做的。

（十一點正。）肯定並不是指閒閒地坐著，說：「我什麼都不能做，因為一切都在命運的掌握裡，只有聽天由命了。」相反的，肯定是建立在你了解到，沒有一個別的意識與你自己的相同，你的能力為你獨有，而與別人都不一樣。肯定是接受你在肉體中的個人性，基本上，它是一個心靈與生理上的必要，代表了你對自己非凡完整性的賞識。

（覺得好玩地：）一個原子可以照顧它自己，但原子本身有點像是馴養了的家畜；當它們加入了身體的生物性家庭，到某個程度，就變成在你統御之下友善的貓或狗。

就如動物撿起了牠們主人的特性，細胞也極受你的行為和信念影響，如果你肯定你物質存在的「正當」，那麼你就幫助了在你體內的細胞與器官，而在無意間仁慈地對待了它們。如果你不信任你肉體的天性，你也會把這種感覺輻射出來，而不論你採取了哪些保健措施；甚至就像動物一樣，細胞與器官也知道你不信任它們。以某方面而言，你使抗體與你作對，只因你不確認肉體存在於時空中的正當性。

現在：你可以休息，或結束此節也可以。

（「那就休息好了。」）

（十一點十分到十一點二十九分。）

有時候藉著說：「不」，可以十分適當的肯定你的獨特性。

個人性容許你做決定的權利。以你們的話說，這是指說「好」或「不好」，永遠的默許就是暗含了你在否定自己的個人性。

「我恨。」一個說「我恨」的人，起碼在說他有一個「我」能夠去恨。一個說「我沒有權利去恨」的人，卻沒有去面對他自己的個人性。

一個知道恨的人，也了解在那個感情與愛之間的區分。動物自己的模稜兩可、對比、相似與肯定，容許了牠情感的自由流動。（停頓。）許多人否認他們認為是負面情緒的經驗，而試圖肯定他們認為是正面的情緒。他們不容許自己動物性的幅度，而假裝不去感覺他們所感覺的。他們否定了自己經驗的完整性。

（十一點三十七分。）情緒跟著信念走，它們是情感自然而不斷變化的狀態，每一個都是在能量與活動的自然流動裡導入另外一個——豐富而多采多姿，給意識的性質帶來了變化。人格的這種狀況可以單與顏色相比，亮的與暗的，那永遠代表運動、生命與變化能量之強烈模式。

拒絕情緒是無用的，它們是配合肉身調準的意識來認識自己的一個方法。它們不是破壞性的，一種情緒不是善的，而另外一種也不是惡的。

情緒就只是情緒。它們是意識力量的要素，且充滿了能量。當不受干擾時，它們可以匯入一個「存在的力量之海」。如果你肯定一種情緒而否認另外一種，就會建立起一個障礙。你試圖把自己認為的負面情感藏在內心的密室裡，就好像在過去，他們把發瘋的親人關在密室裡一樣。這些都是因為你不相信你在肉身裡個人性的一些面向。

肯定是指接受你的靈魂如它在你的動物性裡的樣子，我先前也提過這個，（在第七章、第九章等等。）但你不可能只否定你的動物性而沒有同時否定你的靈魂，也不可能只否定你的靈魂而沒有同時否定你的動物性。

這是此節的結束。

（十一點四十三分。「非常謝謝你。」賽斯繼續對珍和我今天下午討論的一些信念加上半頁的資料，而我們事先並沒想到請他加以評論。在十一點五十六分結束。）

第六七三節 一九七三年六月二十七日 星期二 晚上九點三十八分

現在：口述。（緩慢地開始）不去管它的話，恨並不會持久。常常，恨是愛的近親，因為懷恨的人被很深的引力吸引到他所恨的對象。恨也可以是一種溝通方法，但它從不是一個穩定、經常的狀態。而如果你不去干預它的話，它就會自動的改變。

如果你相信恨是錯的、是惡的，然後發現你在恨某人，你可能試圖壓抑那情緒，或把它轉過來對付你自己——對你自己發怒，而非對別人。另一方面，你可能假裝它並不存在，在這種情形裡，你就把那洪流似的能量阻積了起來，而不能把它用在別的目的上。

在自然狀態裡，憎恨有一個有力的激發特性，可以啟動改變與行動。不管人家怎麼告訴你，憎恨並不會發動強大的暴力，如這本書先前談過的，暴力的爆發常是一種天生無力感的結果。（見第十七章六六二到六六三節。）

許多出乎意料的犯下重大罪案或突然殺人，甚至造成大規模死亡的人，常常有一個馴良的歷史與傳統的態度，而被認為事實上是品行良好的典範。在他們的天性裡，所有自然攻擊性的成分都被否定了，任何暫時性的憎恨情緒也都被認為是錯的和惡的。其結果卻是，這樣一種人終於發現很難表達最正常的「否定」，或違背他們被給予的、傳統與被尊重的行為法則。就反對意見的表達而言，他們不能跟人做到——好比說，甚至連動物都能做到的溝通。

（九點五十分：）

心理上，只有一個巨大的爆發能放他們自由。他們感覺如此無力，這更加重了他們的困難——因此他們試圖藉著暴力來顯示巨大的力量，而解放他們自己。有一些這種個人，譬如說模範兒子，他們甚至很少對父母回嘴，被突然的派去作戰，而被給予「自由行動權」（carte blanche），在戰鬥中去釋放所有這種情感；而我特別指的是上兩次的戰爭（一九五〇年到一九五三年的韓戰，以及一九六四年到一九七三年的越戰），而非第二次世界大戰。

在這些戰爭裡，攻擊性可以被釋放，而法則仍被遵循。然而，這些個人必須面對他們狂暴地釋出累積的恨意與攻擊性的恐怖。看見這些血淋淋的結果，他們變得甚至更為驚恐，更被這個他們想作有時似乎會驅使他們殺人的可怕能量所鎮懾。

當他們回到了家鄉，行為法則又變回適於平民生活的那種，而他們再次盡可能嚴厲地鉗制自己。有一些人會表現出像小老百姓一般的行為，甚至以誇張方式表達情感的「奢侈」，也突然的被扼殺了，無力感相對的增加。

（在九點五十九分停頓。）給我們一會兒……這不是專談戰爭的一章，然而，的確有幾點是我想要說的。引起國家之間開始打仗的也是一種無力感。這個與他們「實際的」世界情勢或別人會派給他們的力量沒什麼關係，而是與一種整體的無力感有關——甚至有時候不論世界的統御權在那一方。

在某方面，我很遺憾這不是討論第二次世界大戰（一九三九年到一九四五年）的地方，因為它也是一種無力感爆發成的大規模屠殺。如剛才所說，在這些個人的情形裡，他們私下也是遵循著同樣的路徑。

給我們一會兒。我只想指出——不進入任何細節地——二次大戰後，在美國有很強的全國性努力，把退伍軍人的精力導入其他區域。許多自覺無力而參戰的人在戰後被給予了一些優待——他們以前沒有的獎勵、教育和利益。在其眼中，他們被給予了得到權力的方法，在家鄉也被接納為英雄；雖則有許多人顯然感到幻滅，但在國家的整體情緒裡，退伍軍人是受歡迎的。

（在十點十一分停頓。）我現在是在對我們討論的這個戰爭作一般性評論，因為顯然是有例外，然而，大多數捲入二戰的人都會由他們的經驗中學到一些事。他們回過頭來反對暴力的意念，而每一個人以自己的方式，認出在戰鬥中個人心理上模稜兩可的情感。

政客們告訴他們，這將是最後一場戰爭，而諷刺的是，那些穿制服的人竟也大半的相信了。（我，羅伯．柏茲也是其中之一。）那個謊言沒有成真，但它幾乎變成真的，雖然那些退伍軍人失敗了，但他們「設法」帶大那些不會心甘情願去打仗、而會對它的前提質疑的孩子們。

以一種很怪異的方式，這使那些的確參加下面兩場規模較小戰爭的人，更加的「為難」，因為國家並沒有支持任何一個。在參戰個人這一方的任何無力感，就如以前那樣，被給予了表達的機會。雖然這一次是在比較局部的大屠殺裡，但法則本身卻變得比較不穩了，這個釋放甚至在行伍裡也不像以前那樣的被接受了。到了上一次的戰爭（越戰），這個國家反對它與贊成它的人變得一樣多，而在它結束之後，人的無力感又增強了，這是回國的軍人在那方面發生暴力事件的理由❶。

那麼，不去管它的話，恨並不會爆發成暴力。恨帶來一種力量感，而發動了溝通與行動。以你們的說法，它是自然憤怒之累積；在動物當中，可以說，它會導致面對面的對抗，而引起戰鬥的姿態；每個動物的身體語言、動作與儀式都會用來傳達危險的處境，此時一方或另一方就會退出。這可能會涉及咆哮或吼叫。

（十點二十五分。）牠們將會有效地展示力量，但只是象徵性地。這一類動物面對面的對抗很少發生，因為所涉及的動物將必須忽略或越過許多較小的初期憤怒或一開始的小對抗。每一個都是要使他們的地位清楚，避免暴力的發生。

此處還有一點：基督叫人送上他另外一邊臉頰（例如，馬太福音第五章三十九節），是一個心理上避開暴力——而非接受它——的巧妙辦法。象徵地，這代表了動物對敵方露出牠的肚皮。（身為賽斯，珍拍拍她的腹部。）那句話是象徵的意思。在某些層面，失敗的姿態才會帶來勝利與存活。這並不是指一個說「再打我一次」的殉道者卑躬屈膝的行為，卻代表了在生物上的貼切聲明，一種身體語言的溝通。給我們一會兒……（輕柔地：）它聰明的提醒了那個攻擊者，精神健全動物的「老的」溝通姿態。

現在：愛也是導致行動的一個偉大煽動者，而利用了能量的發電機。

你們可以休息。

（十點三十五分，在這個非常潮濕的夜晚裡，珍的出神狀態非常深。現在她告訴我，她在為這本書講第二次大戰的資料時，她曾對另一個從賽斯來的、沒有說出的頻道相當的覺察。

（那個完全是關於第二次世界大戰的，珍帶著些驚訝的說，包括了對那個戰爭的起因，以及它在個人、種族與轉世層面上的完整資料——如各個國家人民經驗到的——不論所說的國家有沒有直接地捲入其中。那個資料甚至考慮到在戰後全世界的社會由於科技的加強應用而流出的後果。珍指著她的左下方：「所有這些是從那邊來的。」她花了差不多十分鐘的時間，來描寫那些資料所包含的一些類別，而反覆的說，她希望我們對它能有一個記錄。同時，雖然那資料是可以得到的，我們卻不想把這本書擱在一邊，而去得到它。

（她對這個「可能頻道」的覺察，提醒了我在第十八章六六六節裡，她曾經驗到的一個類似的現象。但現在，〔那時也一樣〕當我問她怎麼能夠在作書的口述同時，還能由賽斯那兒感知到一串主觀的資料，她也沒辦法回答。見第二章六一六節裡她與多重頻道的第一次接觸。

（在十一點一分繼續。）

現在：愛與恨兩者都是建立在你自己經驗裡的自我認同上。如果你完全沒有與一個人認同的話，根本不會費事去愛或恨他。因為相對而言，他們並沒有「觸及」到你，也沒有引起你很深的情感。

恨永遠涉及了一個很痛苦的與愛分離的感覺，而這個愛可能被理想化了。在任何時候，你對他有強烈反感的人，是因為他沒有達到你的期望，你的期望愈高，似乎他們就差得愈遠。如果你恨父親或母親，那就正因為你期望這樣子的愛。一個你對他沒有任何期望的人，你永遠不會恨他。

那麼，以一種很奇怪的方式，恨是一個回到愛的方法；未受干擾地表達了的話，恨的作用是要傳達存在與所期待之間的一個分離。

因此，愛可以輕而易舉的包含了恨，恨也可以包含愛，而且被愛所驅動，尤其是被一個理想化了的愛（停頓）。你「恨」把你與一個你愛的對象分開的東西。正因為你愛一個對象，如果它沒有滿足你的期望，你才會如此的不喜歡它。你可能愛父親或母親，但如果他（她）好像沒有回報你的愛，並且否定了你的期望，那麼你可能「恨」他（她），因為你的愛使得你期待更多。這個恨的意思是要把你的愛再得回來，它的本意是要使你傳出一個訊息，而聲明你的感覺——可以說澄清誤會，而把你與所愛的對象帶得更近。那麼，恨不是對愛的否定，卻是想得回愛的企圖，以及對將你與愛分離境況的痛苦認知。

如果你了解愛的本質，也就能接受恨的感覺。「肯定」能包括這種強烈情感的表達。給我們一會兒。

（停頓。我打了個哈欠，被賽斯抓到了。）

（覺得好玩地：）我想這些資料該不致那麼無趣吧？

（「它真的是很有趣。」）

那些告訴你要超越到你的情感之上的教條或思想系統，可能會誤導，甚至以你們的說法是有點危險。這種理論建立在認為人的情感本質裡，有些東西天生會造成不安、低賤或謬誤，同時靈魂永遠被描寫為鎮定、「完美」、被動與無情的。只有最崇高喜樂的覺察才是被容許的。然而，靈魂最主要的是一個能量、創造與行動的泉源，而就是要透過永遠變化的情感來顯示它的特性。

（十一點二十二分。）你信賴它的話，你的情感就把你領到鎮定寧靜的神祕了解之心理與心靈狀態。你跟隨它的話，你的情緒會引你到一個很深的了解，但你不可能有一個肉身的自己而沒有情緒，正如你不能有一日卻沒有天氣一樣。

在個人的接觸裡，你可能十分覺察對另一個人的一份持久的愛，而仍然認出偶然對他會有恨意；當有一種分離存在的時候，由於涉及你知道的那份愛，你恨那個分離。

（緩慢地：）以同樣的方式，是可能對人類有博愛的心，同時，有時候卻恨他們，正因為他們似乎常常不值得那種愛。當你對人類發怒，就是因為你愛他們。否定恨的存在就是否定愛。那些情感並不是相反的，而是不同的面向被不同地體驗到。到某個程度，你想與那些你對他們感情很深的人認同。你不會只因為你以部分的你與他結交而愛一個人；你常常愛一個人，因為這個人在你之內，喚起你對「理想化的」自己看到幾眼。

（在十一點三十四分停頓。）你愛的人把你內在最好的部分吸了出來，在他的眼中，你見到了你可能成為的樣子。在別人的愛裡，你感覺到自己的潛能，這並不是指在你愛的人內心，你只對「理想的」自己反應，因為你也可以見到，在你愛的人內心潛在的理想自己。這是一個奇特的「遠景」，由那些涉及的人共享——不論是妻子與丈夫或父母與孩子。從這個遠景十分可能看出實際與理想之間的不同，因此，在愛的上升期間，實際行為裡的差距被忽略，而且被認為相對的不重要。

當然，愛是永遠在變化的。沒有一種〔永恆的〕很深的相互吸引狀況，兩個人在其中永遠投入的。作為一種情感，愛是活動的，而能十分輕易的變成憤怒或憎恨，又再回來。

在經驗的結構裡，雖然愛不是穩定的，卻可以是主流的；倘若如此，那麼永遠會有朝向理想的遠景，以及從那些自然發生在實景與遠景之間的不同，而產生的一些懊惱。有一些大人，當他們的孩子對他們說「我恨你」時，就會很沮喪，而小孩常常很快就學會不要這麼誠實，但小孩真正在說的是：「我這麼愛你，你為什麼對我這麼壞？」或者：「是什麼站在我們和我對你的愛之間？」

這孩子的敵意建立在對他自己的愛的堅定了解上。而被教導相信「恨是錯的」的父母，卻不知道如何去處理這樣的情形，懲罰只會加深這孩子的問題。如果父母表現出恐懼，那麼這孩子就會有效的被教導去害怕這個憤怒與恨，因為在它們面前，強有力的父母竟然也會畏縮，然後小孩子被制約去忘記這種本能的了解，而忽略了恨與愛之間的聯繫。

你可以休息一下。

（十一點四十九分到十二點六分。）

現在：你常常被教導不只是去壓制恨在語言上的表現，而且被告以怨恨的思想就與怨恨的行為一樣壞。

你被制約了，因此感覺愧疚，甚至當你默想恨一個人的時候，也試圖把這種想法藏起來而不讓自己看到。你也許做得這麼成功，以致在意識層面上真的不知道你的感覺為何。那些情感是在那兒，它們卻對你隱而不顯，因為你害怕去看。到那個程度，你與自己的真實分開了，而且和你自己愛的感覺失去了聯繫。那些被否定的情緒狀態可能會向外投射到別人身上——一個戰爭裡的敵人或鄰居。縱使你發現自己恨這個象徵性的敵人，你也將發現一個很深的吸引力。

一個恨的引力將會把你們連在一起，但這個引力最先是建立在愛上的。然而，在這種情形裡，你加強並且誇張了那些與理想之間的差距，而把注意力主要集中在它們上面。在任何一個特定例子裡，你都可以有意識的得到這些。它只需要一個誠實與堅決的企圖，去變得覺察你自己的情感與信念。甚至你充滿怨恨的幻想，不去理它的話，也將使你回到和解而釋出愛。

一個打自己父母或小孩、甚至打到死的想像，如果被貫徹始終的話，會引發愛與了解的眼淚。

現在：我將結束我們的課。我對你倆最友善的祝福，並祝晚安。

（「謝謝你，賽斯晚安。」十二點十七分。

（稍晚加的一個註：把這一課與賽斯早年的一些課相比較後，珍寫了一個聲明，附在此處。

（「在上面這些談到恨的話裡，以及這本書的其他地方，賽斯比他以前曾有的更深入於我們情感生活的本質，例如，他較早對恨的評論，是在他必須考慮那些參與那一課的人的了解層面而發。一個這樣的例子是在《靈界的訊息》裡，當他對我ＥＳＰ課的一個學生所做的宣告反應時，賽斯把這個學生對於恨的傳統意念視為當然，然後他再由之回答出：『你不能把恨合理化……當你咒詛別人，你就咒詛了自己，而那咒詛會回到你身上。』這個回答必須參照先前的談話來考慮，在其中，這個學生試圖把暴力合理化，而作為獲致和平的一個方法。賽斯主要的考慮是要反駁那種觀念。

（「在這本書裡，賽斯領著讀者越過了傳統對善與惡的意念，而到了一個了解的新天地。但甚至在更深的層面，恨也沒有被合理化，因為與它誠實面對，會使得這個人回到真正建立於其上的愛。

（「在用到咒詛這個字時，賽斯並不是指罵髒話，而是把恨意導向另外一個人。直到這個人和自己與情感達成協議之前，恨還會再回來，因為它是屬於那個發出恨的人，而非別人。賽斯在

第十一章，較早的指導裡，對處理情感的方式提供了一個架構，在其中，恨可以被面對及了解。在這個脈絡裡也很重要的是，賽斯經常提醒『正常攻擊性』的表達，可以防止憤怒累積成為怨恨。」）

第六七四節 一九七三年七月二日 星期一 晚上九點二十三分

晚安。

（「賽斯晚安。」）

（帶著很大的幽默，兩眼又大又黑。）你的友善的「宇宙作家」現在將開始口述。

（「很好。」）

「肯定」意味著接受你自己奇蹟似的複雜，它意味對你自己的存在說「好」，默許在肉體中的「靈」就是你的實相。在你自己的複雜架構之內，你有權利對某些情況說「不」，而去表達你的願望、傳達你的感受。

那麼，在你永恆實相的偉大之流裡，會有帶著你走的一個整體的愛與創造之流。肯定是在當下接受自己作為「你是」的那個人，在那個接受之內，你也許會發現到，你希望自己沒有的特質，或對你的習慣感到苦惱。你必須不期待做一個「完美」的人。如先前提及的，你對完美的意念是指一種完成了的境界，超過了那個，就沒有未來的成長，然而，是沒有這樣一種境界存在的。（例如，見第五章六二六節。）

「愛你的鄰人如你自己。」把這個轉過來，而說：「愛你自己就如愛你的鄰人。」因為你常常會寬以待人而嚴以責己。有些人相信在他們認為的謙虛裡，有偉大的優點及神聖的美德。因此，對自己覺得驕傲似乎是一種罪，而在那個參考架構裡，對自己的真正肯定是不可能的。真實的自傲，是對你自己的完整性與價值懷著愛心地承認，而真正的謙虛，是建立在對你自己這種摯愛的看法上；再加上這個認知，即你住在一個宇宙裡，所有其他的存在也都擁有這個不可否定的個人性與自我價值。

假的謙虛告訴你，你什麼都不是，它常常掩蔽了一個扭曲、膨脹、被否定的自傲，因為沒有一個人能真正接受否定個人自我價值的理論。

假的謙虛能夠引起你去撕下別人的價值，因為，如果你不接受自己的價值，也不會在任何其他的人裡面看到它。真正的自傲容許你去感知同類的完整性，而讓你幫助他們用自己的力量。舉例來說，許多人把幫助別人變成一個浮誇的表演，而鼓勵別人依賴他們。他們相信這是一個十分神聖、有德行的做法，其實，反而是不讓別人認識並利用自己的力量與能力。

（九點四十分。）不管人家是怎麼告訴你的，自我犧牲並不是美德。首先，它是不可能的。自我成長與發展，而不能夠被消滅。通常，自我犧牲是指把你自己這個「負擔」丟到別人身上，使它變成他們的責任。

一個媽媽對她的孩子說「我為你放棄了我的一生」是無意義的，以基本的說法，這樣一個母親相信——不管她說的是什麼——她並沒有那麼多可以放棄的東西，而這個「放棄」給了她想要的一種生活。

一個小孩說：「我為我的父母放棄了生活，而一心去照應他們。」是指：「我害怕去過自己的生活，也害怕讓他們去過自己的生活。因此，在『放棄』我自己的生活時，我獲得了想要的生活。」

愛並不要求犧牲。那些害怕去肯定自己存在的人，也害怕讓別人為他們自己過活。你把小孩綁在你身邊，對他們並無幫助；當你鼓勵年邁雙親的無助感時，你也沒有幫助到他們。透過你的動物性給你的一般溝通本能，如果能自發地和誠實地被遵循，就會解決你們許多的問題。只有被壓抑的溝通才會導致暴力，愛的自然力量在你之內是無所不在的，而正常的溝通方法，永遠是要把你帶到與同類的一個更大接觸上。

（停頓。）愛你自己，並且給自己公正的禮遇，而你將會公正的對待別人。當你說「不」或否定時，永遠是因為在你的心與情感裡，一個現在的狀況或被建議的狀況離某些理想還遠得很，這拒絕永遠是對某一件被認為——至少——更好的東西作反應，如果你對完美沒有太僵化的意念，那麼，平常的否定就有一個十分實際的目的。但永遠不要否定你自己的目前實相，只因你把它與一些理想化的完美相比。

完美是不存在的，因為所有的存在都在一種「變為」的狀態。這並不是指所有的存在是在變成完美的狀態，而是在變成「更是它自己」的狀態。所有其他的情感都建立在愛上，它們全都多少與愛有關，也全都是回到它以及擴展它容量的方法。

在整個這本書裡，我故意地避免「愛」這個字，是因為各種詮釋常被放在它上面，也因為有很多常常藉著它的名而犯的錯誤。

你要休息一下嗎？

（九點五十九分。「我想不必了。」）

你首先必須愛你自己——在你愛別人之前。

藉著接受你自己、喜悅的做你自己，你完成了自己的能力，而只是你的在場，就可以使別人快樂。你不能夠恨你自己而愛另外任何人，那是不可能的。相反的，你會把所有你以為自己沒有的特質投射到別人身上，在口頭上讚美他們，心中卻恨那個人，因為他有你所沒有的那些特質。雖然你聲稱愛那個人，但你會試圖去顛覆他存在的基礎本身。

當你愛別人時，你給他們天生的自由，而不懦怯的堅持他們必須永遠來照應你。在愛裡，是沒有分別的，在孩子對父母、父母對孩子、妻子對丈夫、哥哥對妹妹之間的愛，並沒有基本的不同，只有愛的各種不同表現與特質；然而，所有的愛都予人肯定。它能夠接受由理想遠景的歧出而不加以定罪。它不比較被愛的人的實際狀態與你預見的潛在理想狀況。

在這個遠景裡，那個潛能被視為「在場的」，而在實際與理想之間的距離並沒有造成矛盾，因為它們是共存的。

現在：有時候你想你恨人類，也許認為人們——與你共享這個地球的其他人——瘋狂，也許對你認為的人類愚蠢行為、嗜血方式，以及他們用來解決問題的不當與短視方法大發脾氣。這些都建立在你對人類應該是怎麼樣的理想化觀念上——即你對同類的愛上。但如果你貫注於那些不怎麼理想的各種情況，你的愛可能就會迷失。

當你以為自己最恨人類的時候，事實上，你是陷入了愛的兩難之境。你在把人類與你對他懷著愛心的理想化理念相比，然而在這種情形下，你忘記了實際涉及的人們。

你把愛放在這樣一個層面上，以致把自己與真實情感分開了，而不承認那摯愛的情感——你不滿的基礎。因為你害怕你所愛的——在這個例子是指人類全體——不能夠配得上你的愛，因此，你否定了這個情感的衝擊，而在你的經驗裡就感受不到多少愛意了。因此，你是聚焦在「達不到」理想上。如果相反的，你能容許自己把實際上在你不滿後面的愛意釋放出來，那麼，光是它就可以讓你看見現在大半逃過你的觀察、在人類裡的可愛特性。

你可以休息一下。

（十點二十四分。珍一個小時長的傳遞都很穩定、有力而且不受這非常溼熱夜晚的影響。然而，她一離開了出神狀態便感到很不舒服。在十點三十九分繼續。）

沒有比假的謙虛更浮誇的了。

許多自以為是真理尋求者與富於靈性的人都充滿了它。他們常常用宗教的術語來表達自己。他們會說：「我什麼都不是，但上帝的靈流經我，如果我做了任何善事，那是因為上帝的靈，而非我自己的。」或：「我自己沒有能力，只有上帝的力量才有能力。」

（專注地：）好，以那種說法，你即上帝力量的彰顯。你並不是沒有力量的。正好相反，透過你的存在，上帝的力量加強了，因為你是祂的一部分。你不是祂決定透過你顯現的一團不重要、無害的黏土。

你就是具體示現的祂。你與祂一樣的真實。

如果你是神的一部分，那麼祂也是你的一部分，而在否定你自己的價值時，結果你也同樣的否定了祂的。（停頓。）我不喜歡用男性的「他」來形容上帝，因為「一切萬有」不只是所有性別的來源，而且是所有實相的源頭，在其中的一些裡，你們所認為的性別並不存在。

當身體在跳舞時，「肯定」就在它自發的動作裡。許多自認十分有宗教情操、常上教堂的人，還不如有些常光顧跳舞場所的人那麼地了解愛或肯定的本質，當這些人隨著自己身體的動作而舞時，是在禮讚身體的天性，而享受「自發之超越性」。

（十點四十八分。）真正的宗教不是壓抑性的，就如生命本身也一樣不是。當基督說話時，他是在他那個時代的脈絡裡談話，以你們的話來說，他用的是歷史上一個特定時期的特定民族能聽得懂的象徵與辭彙。

他是以他們的信念作為開始，而用他們熟悉的話語，來試著把他們導入了解的更自由領域。隨著每一次「翻譯」，聖經已被改變了意義，因為它是以當代語言被詮釋的。基督談到「善靈」與「惡靈」，是因為這些代表了人們的信念。（相關資料見第十二章六四七節。）以他們的話，他顯給他們看「惡靈」是可以被征服的，但在那時，這些是被人們接受為事實的象徵──有時是十分「正常的」疾病與人類情況的象徵。

（在十點五十五分停了很久。兩眼閉著。）愛你的鄰人如你自己是一個反諷的聲明，因為在那個社會裡沒有一個人愛他的鄰人，卻打心底不信任他。因此，基督大部分的幽默並沒有被領會。

在「山上聖訓」裡：「……溫馴的人將承繼大地。」這句話大大地被誤解了。基督是指：「你形成你自己的實相，那些思想平和的人將發現自己不受戰爭與反對的波及，他們不會被它觸及，他們將逃過而真的繼承了大地。」

和平的思想──尤其是在混亂當中──需要很大的精力，那些能夠忽略戰爭的實質證據且將意識集中於和平思想的人將會勝利──但在你們的用語裡，溫馴這個字已變得是指沒有骨氣、不夠好及缺乏精力。在基督的時代，「溫馴的人繼承大地」這句話，暗含了對肯定、愛與和平富含精力的運用。

（在十一點二分停頓。仍在出神狀態裡，珍拿起了一支新的煙，發現她用完了最後一根火柴，於是她指向我們客廳的桌子。）

請你把魯柏的打火機拿來好嗎？

（「好的……」）

如我在《靈魂永生》提及的，基督的存在是太大了，而無法涵容於任何一個人，或就彼而言的任何一個時代裡，因此被你們認作基督的那個人並沒有被釘死在十字架上。（見《靈魂永生》第二十一、二十二章。）

那時也沒有涉及自我犧牲的意念。那個神話變得比實質事件更「真實」，當然那也是許多所謂重要史實的情形。但甚至那個神話也被扭曲了，上帝並沒有藉由允許那個兒子具有肉身，而犧牲祂摯愛的兒子——。「基督」渴望被生於時空裡，凌駕在動物屬性上，以便用領袖的身分來服務，並把某些真理轉譯成實質的說法。

你們每一個人都是死後猶存。被釘死的那個人毫無疑問地完全了解這一點，而他什麼都沒犧牲。

（「在《靈魂永生》裡，你說猶大安排一個替身來代替基督本人被釘在十字架上——」）

這個「替身」是一個彷彿迷惑的人，但在他的迷惑裡，他明白每個人都會復活，他要自己擔當起這個知識的象徵。

被稱為基督的那個人並沒有被釘死。然而，這整個戲劇裡，以你們的話來說，什麼是事實？什麼又不是？這之間並沒有多少的分別——因為更大的實相超越了事實而創造了它們。你有自由意志，能夠如你所願去詮釋那齣戲，因為它是為你而演出的。它的偉大創造力量仍然存在，而你能以自己的方式去用它，甚至當你的信念改變時，也改變了自己的象徵。但主要概念是肯定具有肉身的存在——你所知道的你——並沒有因死亡而被毀滅。這甚至在那個扭曲裡也被維持了下來。如基督所給的對天父的整個觀念，的確是一個「新約」。上帝的男性形像被用到，是因為那個時代的性別取向的緣故。但超越過這個，基督人格說：「……上帝的國度在你之內。」（路加福音十七章二十一節。）

以某種方式，基督人格是意識演進的一個具體示現，領導人類越過當時的暴力觀念，而改變了一直到那時候還流行的行為。

你可以休息一下。

（十一點十八分。珍只記得賽斯曾談到基督，並且引用了一些聖經上的話。她對這兩者都知道得很少——或對於聖經本身。作為一個例子，她不認為「上帝的國度在你之內」來自聖經，但我在稍後很輕易的在好幾個版本裡找到耶穌的這句話。

（許多人曾寫信或打電話給我們，詢問賽斯談關於基督、聖經的事件與時代的未出版資料，事實上，所有這種資料不是已經逐字印出來，就是被提到過了。除了《靈魂永生》及本書，請見《靈界的訊息》第十八章。

（一個稍後加的註：然而，更多資料是可得的，只要我們肯投資收到它所需要的時間。賽斯於七月中旬結束了他在這本書上的工作。不久之後，我在一本旅遊雜誌上看到有關耶路撒冷附了圖的文章，我們保留它以備可能的參考，伴隨著這文章的照片之一，是一個雙頁彩色、在沙漠背景裡的整個城市空照圖；珍和我覺得這圖是如此的令人興奮，我把它裱了起來以便隨時可以研究。耶路撒冷乾燥的環境，加上它不可思議的複雜與活躍的歷史背景，使得我們對似乎一直由那兒散出且目前仍在繼續的宗教創造性的神祕力量重新省思。

（在九月三日的一堂私人課裡，賽斯討論到耶路撒冷對某一部分人類的持續不斷吸引力其背後的理由。這些包括了可能性、地理，與涉及了過去、現在與未來的不尋常交互作用，而基督現象的某些面也被解釋了。然後在下一節──那是有關其他的主題──賽斯出乎意料地附加了這句：「無論是現在或當你要它的時候，你都可以有對耶路撒冷或基督更多的資料，當你要它的時候，你可以有『基督之書』……」但在這個時候，我們還沒準備好開始這樣的一個努力。

（在十一點三十三分，以同樣有力的方式繼續。）

就時間而言──如你所以為的演化──正在萌發的意識已經達到了一個點，在那兒，它如此的喜歡區別與不同，以致甚至在一個小小的地理區裡，多樣的團體、教派與國家都集合了起來，每個都驕傲的肯定它自己的個人性與價值在其他之上。以那種說法，在一開始，人類正萌發的意識需要自由地分散它自己以變得不同，去為不同的特性打下基礎，並肯定個性化。然而，到了基督的時代，必須有一些統一的原則，藉著它，這種多樣化也將體驗到一種統一感，而感覺到它的一體。

基督是人類正萌發意識的象徵，他自己內在持有對人類潛能的知識，他的訊息本來應是超越過時代地流傳下去，但這個詮釋往往沒有被做到。

基督用到在那時適用的比喻（如在所有四福音書裡描寫的）。他用祭司作為權威的象徵，並把水變成酒，然而，許多認為自己十分神聖的人忽視在婚宴上基督所做的，而認為任何含酒精的飲料使人墮落。

他與娼妓、窮人「為伍」，他的門徒們簡直不能稱為城裡有頭有臉的人物。然而，許多自認有宗教情操的人，最不肯放的就是名望與社會地位。基督使用當時的地方語言，以自己的方式公然反對教條式的概念，以及那些假裝是神聖知識寶庫、其實只關心名利的寺廟。然而，許多自認是基督追隨者的人，卻轉而反對那些基督認為是兄弟姊妹的流浪者。

他肯定個人的實相超過了任何組織，同時仍明白有一些系統是必要的。他整個的訊息是：外在世界是內在世界的顯現，「上帝的王國」被實質具體化了。

的確有失去的福音，那是在那個時代其他國家的人寫的，是關於基督不為人知的生活，也有關於聖經裡沒有提到的插曲。這些形成一個相當分開了的知識架構，那是可以被與當時猶太人有不同信仰的人們接受的。那些訊息是以其他說法講出來的，但同樣的，它們反映了對自己的肯定，以及自己在肉體死亡後繼續的存在。愛永遠是被強調的。

（十一點五十二分。）「四福音書」之一是假造的——意指它是在其他之後寫的，而事件被扭曲了，使得它顯得其中有些事發生在與它們真正發生的完全不同脈絡裡。不管怎麼說，基督的訊息仍是肯定的訊息。

（當珍在出神狀態裡，我疑惑的抬頭看她時，她停了下來。「我是想問哪一部福音是偽造的，因為我們必然會收到關於這點的問題。」）

它不是馬克或約翰福音。有些特別的理由，所以我不想現在加以詳述。

（我說：「好吧。」雖然多少有點勉強。）

（停頓。）在那個時候，基督以某些一直影響後世的方式來統一人的意識。基督的意識並非孤立的。我現在是以你們的話來說，因此，這同樣的意識也孕育了所有的宗教，透過各種不同的架構，不同時代的人們可以表達他們自己而成長。在所有情形裡，宗教是以當時流行的信念開始，透過當代的格言說出來，而後被擴展。現在，這代表了人類演化靈性的一面。當種族成長與改變時，心靈與精神生活的「意念架構」遠比身體層面重要得多。

（突然間較大聲地：）那就是此節的結束，我對你倆最衷心的祝福並祝晚安。

（「賽斯，非常謝謝你，那真是有趣極了，晚安。」在十二點二分結束。

（在課後，珍嘗試了一個短短的實驗，我把對福音所知的一點點內容解釋給她聽，建議她試著以通靈的方式來決定那部「偽造的」福音是馬太還是路加福音。很快地，珍並沒有花什麼力氣就說：是馬太福音。她並不知道為什麼得出這樣一個答案，而也沒想要發現更多——她說，她不認為她的聲明必然是由賽斯或透過賽斯而來的回答。大家都認為馬克福音是最先寫的。

（以下給的所有日期都是大略的：許多聖經學者都認為福音是在西元六十到一百年之間寫成的，比基督在西元二十九或三十年的死亡要遲了很久。各種近來的宣稱及各種證據都趨向於把馬克福音〔賽斯肯定那是真的〕的寫作推回西元三十五年那麼早——當然，離基督生活的那個時代要近多了。）

第六七五節　一九七三年七月四日　星期三　晚上十點二十分

（這個下午珍和我開車經過艾爾麥拉附近峻峭的、非常青翠的野外；這陽光普照的一天可說幾近完美。然而，當我們在九點二十五分坐著等課開始時，客廳卻很熱，所有的窗戶都打開了。在晚上，我們可以聽見在差不多一條街外非常刺激的炮竹聲。

（當我們在等上課的時候，珍開始進入一種超越或加強了的意識狀態。我開始記下她的經驗，卻因為她講的速度太快而遺漏了一些她的敘述。她的手獲得了一種絲絨般舒適的「內在平滑」，然後她又感覺到那些熟悉的「巨臉」向下窺視我們的宇宙——也帶著相當的懷舊，她笑起來說。〔見第十三章六五三節的長註，那是描寫她在四月二日各種改變了的感知狀態，在那些片段之一，她感覺到巨人站在我們世界的邊緣。〕現在珍說，由他們巨大的視角，這些觀察者可以同時看見從加州到俄國在我們世界裡發生的每件事——像太空人回望我們一樣……

（「我最好回到課裡來，但我似乎在期待些什麼。」她高興的繼續說。她在搖椅裡坐直起來，傾聽並且把一些東西連了起來，「當我聽到汽車轉過街角時，透過我的胃，我聽到那些令人震顫的聲音。而那些炮竹聽起來像是空氣裡的『皺紋』朝所有方向散開……哦！車子聲真是迷人——它對我的頭和耳朵起了作用。當我現在倒我的啤酒時，有那麼一剎那，我感覺到自己大得像個巨人。

（「當我向『賽斯二』❷調準時，我變得更大——感知能力放大了，以便能得到那個經驗……現在我覺得，當我閉上了眼睛，整個地球就在我的頭裡面。你不了解它，除非你閉上你的眼睛。我希望我能把這些訴諸語言；但你必須了解，在身體外的事件就與那些在身體內的是同樣的事件——它神經的行為以及所有的化學活動……因為內在與外在如此美妙的同步化了，所以每件事情將永遠的符合。

（「哦，當然！」她喊道：「如果某些東西在你的頭裡面死去，也許是個細胞，那麼外在世界裡也會有一些東西死去：一隻昆蟲，一個人。有一些我無法解釋的即刻相關性，新的誕生也是同樣的方式。炮竹的聲音就與在體內事件發出的聲音一樣。那就是為什麼賽斯是對的：一個外在事件就是一個內在事件。但我必須回到課裡來了……

（「在那外面有一個令人著迷的豐富呈現。」珍朝著打開的窗戶點頭，「在季節變化與思想的長度之間有一個令人著迷的關係，那是沒有人意識到的。思想在內在層面留下痕跡，你可以為思想做出圖表，而它們會與季節的變化，與海潮及月亮的盈虧相合。但所有那些似乎外在的事情，只是我們身體節奏的顯現罷了。」

（十點五分。「我的確想有一課，只是這個太有趣了——它讓你覺得這麼棒！但我想抽根煙而轉成賽斯。」珍做了一些努力，逐漸使她的情緒穩定下來。在同時，她堅持今晚的「啟示」發生是有理由的。它們也的確如此，如我們很快就學到的。

（「現在我感覺到一個『大賽斯』在近旁，」她微笑道，「我正在試著把他縮到上課的尺寸。如果他像現在這個樣子透過來，他的聲音將會這麼強大，而把世上每件事都掩蓋了。當然，我知道那只是一個比喻……現在我覺得——強到我必須提到它——我的腿一直長，長到穿過地板，而我的頭也向著天花板生長……」

（她叭嗒一聲坐回搖椅，而兩眼閉著。好像是收到一個信號一樣，一陣疾風把窗簾掃了進來，紙張沙沙作響的在房間裡挪動，炮竹的爆聲由小突然地變大了。客廳令人舒服地涼快了下來……而珍終於真的把賽斯帶到可以控制的尺寸。她拿下了眼鏡。)

晚安。

(「賽斯晚安。」)

口述：那麼，「肯定」意味著對你自己獨特的個人性懷著愛心的接受。它也許涉及了否定，在於你拒絕接受他人的憧憬或教條，為的是更清楚地感知並形成你自己的。

這種肯定將領你到自己的內在發現上，並且由存在的最深部分吸引你所需要的特定一類資訊、資料或知覺。對你自己懷著愛心的接受，將容許你瀏覽自己的信念，就如你可以瀏覽鄉野裡變化的景色一樣。一個愈鼓勵你利用能力與活力的信念，就愈具肯定性。

魯柏今晚知覺的改變程度非常大，而這是肯定與否定兩者的某種例子。他一直強調自己獨特創造性與直覺性的過程。在如此做時，他否定了許多別人相信的觀念。他接受了這個信念，即任何意識都可以與通常不被感知且被忽視的經驗實相，有某種直接而密切的接觸。

他明白即使就物質世界而言，也存在著許多不同的體驗方式。因此，他拒絕所有告訴他事實並非如此的觀念。這個信念本身就能容許他去用那些能力，就如肌肉的愈用愈有彈性，心靈與直覺的力量也一樣。

(在十點三十二分停頓。微風仍間歇的鞭入房間……)

腿會跑而躍過一片土地，它們本身無法詮釋腳下的實相。腳對被它們踩碎的螞蟻並不覺察，它們可能感覺得到那些草、人行道或道路，但草的本身或螞蟻的獨特個別感受卻不為腳所知，而腳是捲入自己的實相裡，只關懷那些與作為腳有關係的東西。

然而，心智可以詮釋腳與腿的經驗，而藉著想像用那些感官資料，也可以多少感知得到螞蟻的實相。且說，當心智在馳騁時，它有時很難向大腦詮釋它的活動，因為後者通常對其他實相的關心，僅止於它們侵入的那一部分而已。

現在，魯柏的心智比他的腦對其他實相有更多的覺察，但他有意識地相信「他自己與他感知的更大實相」。腦也擁有這個信念，因此，它把自己向著心智活動盡量開放。因為它這樣做，所以到了某個程度，某種直覺的心靈及「廣闊的知性」經驗能被肉體感覺到。這個知識是透過身體感受的改變而被詮釋的，因而給了這個知識重要的身體合法性。在這種情形裡，高度的精神與心靈活動反映在身體的經驗裡，提供了有益的統一。

此處我回到「廣闊的」這個詞，來形容存在於你也許可以稱之為一個加速行動範圍之內的心智與直覺活動。正常的知性——因為信念而如此精確的定向，以致不可避免的形成了一種單焦點的感知——是有限的。

（十點四十五分。）對自己某一種的肯定，能容許大腦對這些感知更廣闊的方法對準，而那些方法是心智自然的特色。為什麼這樣的肯定必須先發生是有很好的理由，大腦（以及整個肉體系統）是要保證你肉體的存活，而追隨你對實相有意識的信念。在你的信念與活動之間永遠有一個和諧使之統一的關連。有些人在某些區域極有自信，在其他方面卻非常的膽小。生活的某些面也許被忽略了，甚至有一段時間裡會被拒斥，同時卻專注在其他地方。往往當一個人在改變信念的過程裡，會在他感覺安全的那些區域非常聰明、精明地前進。你不會用你廣闊的心智，直到你在自身內肯定了其真實性，而且直到你準備好去處理那些，在那時將多少變得可以有意識地得到額外資料。但廣闊的心智是透過你的動物性來運作的；以你們的話來說，它代表了意識的潛在能力，那多少可以正常的作用。

有些與生俱來的生物性結構，可以為了接受這種訊息而被啟動，它們一直是你們作為一個族類實質天性的一部分。它們不會在一個個人基礎上被觸發，直到你自己的信念容許你感知自己經驗的多次元層面——或至少去接受這個可能性。

（停頓。）如今晚魯柏的插曲所表示的，即使正常的感官資料也於焉達成了一種多次元性，這是一個相當無法描述的豐富性。這自動地提供了生物上的學習過程，在其中，感官能以較自由而較深的方式被利用。雖然這種情形還沒有經常不斷的發生，但它們已足夠改變普通的經驗了，那個豐富性溢出而蓋在正常經驗之上。

（十一點正。）你不必對所謂的神通有任何的了解。許多人用到廣闊的心智及其感知，把它視為當然，而沒有了悟到他自己的感知與別人的有多麼不同。

魯柏對下面這件事覺得很好奇，那是與上面所說有關的：生理上。你自己內在攜帶著你們演化的遺跡，以你們的話來說，那是身體上的退化器官或其他早已被丟棄的屬性。你們明白我的意思嗎？

（「我明白。」）

以同樣方式，你在肉體內已攜帶著那些尚未完全被用到的；那些組織——是以你們現在的說法——指向將來的演進。而對廣闊心智的利用涉及了這些。世代以來，有些個人曾經體驗到這另外一種的覺察，雖然永遠沒有達到它最完美的形式。

（在十一點五分很久的停頓，眼睛閉著。）用到廣闊心智的經驗，可以化解其他層面發生在知性與直覺之間任何似乎的衝突。不論到什麼可能的程度，這個身體的組織通過感官資料新的混合來詮釋那個統一，因此實質地，這個資料就很合理了。

一個人在其一生中能轉入廣闊心智的運作二到三次，卻沒有知覺到它，而會有一些後來他發現難以詮釋的經驗。在這兒所涉及的肯定是「超越」的那一類，在其中，有一會兒，一個人肯定他在肉體裡的實相，在同時，又聲明他自己不受肉體的限制（微笑）——而明白這兩種情況同時存在。一個雙重的感知發生了，在其中，廣闊的心智被啟動了。說到「啟動」，我是指身體的組織突然覺察到〔廣闊心智的〕存在。

你可以休息一下。

（十一點十四分，珍的傳述大部分都很流利。「但我今天真難進入上課的狀況，」她說，

「因為我聽那些聲音聽得好起勁。然而，我很高興我還是上了課……」她的改變了的意識狀態仍在流連。「甚至現在，我自己的聲音聽起來也這麼棒，而我的手感覺真的液化了，幾乎像水一樣……」

（風靜了下來，我們沒再聽見炮竹的聲音，只有平滑駛過的車聲。我用全麥麵包給珍做了一個花生醬三明治。當她拿起三明治時，盯著它說：「幾乎好像是你必須選擇要咬進這個三明治，或你拿著它的手，或在手下面的膝蓋——並不是因為你迷失了方向，卻只因為每件事都是一體的。當你對那個變得覺察了，那麼你就要面對做有意識選擇的必要。」

（她變得真正被麵包的質感吸引，那個麵包在她嘴裡的感覺——她說：「當我把這個麵包掰開時，我知道它發出了我沒有聽到的聲音，因此，我用剛剛轉過街角的車聲來代替它，我覺得在我嚥下喉嚨的麵包與車聲之間，有一個很強的關係……」

（在十一點五十一分，非常安靜地繼續。）

現在：當廣闊的心智適當且完全地在你們所謂的時間裡被利用的時候，它將大大地豐富了人類的生活次元，而把身體帶入一個現在不可能有的更大和諧。

就神經系統而言，可以觸動一些未被釋放的潛在扳機，當它們被發動的時候，如你所知的，你與時間的實際經驗將會被改變。按你看來，人類那個時候將如此的不同，彷彿是全然不同的另一種。如魯柏有一次說起的，你們〔現代的〕通訊系統，已經擴大了在某段時間內一個私人意識心所能得到的資訊，而這個是發生在純粹的實質層面。

你必須處理與消化在其他地方發生而你現在可得的資料，那是在先前世紀裡沒有一個普通人能夠覺察的。在遠距離發生的事件於是變成當下的知識，在一個事件與你對它覺知之間的時間間隔被縮短了——即使這件事可能發生在世界的另一邊。

噴射機旅行攪亂了你們對時間的意念與經驗，而在如此做時，也改變了你們對它的觀念。但在身體的機構之內，有尚未被用到，也沒被認出的扳機，那將容許你們——作為一個族類——去有意識的處理對時間的更大感知，正如你們現在處理對空間的更大感知一樣。

（十二點二分。）以一個非常有限而摸索性的方式，透過電腦的應用而暗示了這個，在那兒，你們試圖去估計「未來的可能性」，而在目前照著去做。心智比任何電腦在這方面都要做得更好。如果它相信這點，那麼大腦的某些部分就會被開啟。大腦將對心智的知識變得更為覺知，而未來事件的可能性也將會變得可以有意識的得到。

現在，大腦必須整理這些資訊，以使向肉體對準的機制能夠清楚地維持它時間上的「現在」。當人類第一次發展了一個「反省」的暫停，如在這本書裡早先提及的（在第九章六三五到六三六節），在他學會去區分一個生動地憶起的過去事件，與一個目前在經驗的事件之前，他的確要經過最初的「方向迷失感」。成長中的意識必須為實際行為來做這種區分。去利用將來的可能事件，實質的大腦將被迫擴大它的作用，同時使個人與當下的威力之點或現世的效力保持清楚的關係。「肯定」永遠涉及了對你當下力量的承認。廣義而言，「否定」就是對那個力量的放棄。那麼，「肯定」就是默認你——作為在肉體內的心靈——去形成動物性物質實相的能力。

你能藉著改變過去而改變現在，或你能從將來來改變你的現在，（見第十四章的六五三到六五四節。）然而，即使是這些操縱，也必須在你實際體驗到的「現在」發生。許多人曾經偶爾因著一個「未來的」可能自己的勸告，而改變了他們現在的行為，卻根本不知道有過這麼一回事。

假設你在年輕的時候，心裡有特定的目標，而朝著它努力，可以說，你的意圖、意象、欲望與決心形成心靈的力量，而被投射到「未來」。你就是把自己的實相從你的現在送到你以為的將來去。

現在：比如說，在某一個階段，你有一些決定要做，而不知應該怎麼辦。你也許感覺有偏離目標的危險，然而，為了一些其他理由，卻強烈的感到要這樣做。在一個夢或白日夢裡，你可能在心中突然聽見一個聲音，以很確定的方式告訴你，「以你的初衷向前進」，或者以其他的方式，你也許收到同樣的資訊——藉著一個衝動或心象，或只是突然知道該做什麼。而這個發生在你的現在。

（十一點二十一分。）換言之，你投射到將來的那個自己，從一個你仍能創造的可能實相給你送回一個鼓勵。不過，那個集中了焦點的自己是由他的現在運作，而在自己將來的某一天，你可能發現自己懷著眷戀的回想過去的一刻，當你不能決定該如何做的時候，卻採取了正確的路徑。

你也許想：「我很高興我那樣做了。」或：「我是多麼慶幸我做了那樣的決定。」而在那一刻，你就是那個「一度」對過去那個人說鼓勵話語的「未來的自己」。可能的未來趕上了實際的現在。

對你自己早先的肯定投射到未來，使得這樣的一件事成為可能。以同樣方式，對你自己和自己健全性的接受，在你當下的任何一刻，能改變你的過去與將來。

（有力地：）本章結束。

註釋

❶那麼，按照賽斯所說的，那種無力的感覺，和在一度作過戰俘的美國軍人中特別高比例的暴力有很大的關係。例如，政府對那些二次大戰期間在遠東區作過戰俘以及在韓戰作過戰俘的人所做的研究顯示出，這些人在一九四五年到一九五四年之間所有的死亡當中，有百分之四十是謀殺、自殺或意外的結果。至於越戰：在一九七三年一月的停戰之後，北越釋放了超過五百名的美軍戰俘。因為這個戰爭在美國不得人心，所以政府官員現在害怕這些人中會有很多相信他們受苦是白費的。在他們之中，已經有人自殺了（到七月為止），而許多自從他們被放出戰俘營之後，已經經過至少暫時的「緊張反應」。

❷珍偶爾為「賽斯二」人格說話；那個觀念是與這巨大尺寸的現象有關的。

《靈魂永生》第二十二章包含了對「賽斯二」更多的資料。在五八九節裡，賽斯告訴我們：「……在那個人格與我自己之間有與存在於魯柏與我自己之間同類的聯繫。但以你們的話來說，『賽斯二』與我的實相的距離遠比我與魯柏的實相距離要遠得多，如果你喜歡的話，你可以想像『賽斯二』是我的一個將來的部分，但所涉及的要比這多得多。」

Chapter

22

肯定、你人生的實際改善，以及新的信念結構

（馬上在十二點二十五分：）新的一章標題〔第二十二章〕：〈肯定、你人生的實際改善，以及新的信念結構〉。

此節結束。

（「好的。」

（覺得好玩地：）我試著在一節末尾給你下一章的標題，因此，魯柏可以知道我在做什麼，那給了他信心。向你們道晚安。

（「非常謝謝你，賽斯晚安。」在十二點二十八分結束，珍改變的感知仍在持續。）

第六七六節　一九七三年七月九日　星期一　晚上九點三十二分

（在九點十五分我們就準備好要上課了。這又是一個非常熱的晚上。我們的風扇開著，但是轉低速，以免太吵；實際上我們很少用它。我把第二十二章的標題唸給珍聽，一邊在想，它所指的主題表示賽斯快結束他的書了。）

晚安。

（「賽斯晚安。」）

口述：如果你對自己有一種愛的尊重，那麼，你就會信任自己的方向。

你將接納你目前的地位——不論它是什麼，當它是那個方向的一部分，而了悟到所有你需要的創造要素都可以由它而來。做你自己，並且信任你自己的完整性，你就會自動去幫助別人。去重複這樣子的一個建議，「我是一個有價值的人，我信賴自己及我的完整性」，並沒有多大的用處，如果在同時，你害怕自己的情緒，而不論什麼時候，當你抓到自己在一種你認為的負面心態裡，你就變得不高興了。

正如戀人們在他們的所愛裡，能夠看見那個「理想」，卻又對某些不足或某些由理想的偏離十分的覺察。因此你也能愛你自己，而了悟到你所認為的不完美反倒是向著更完整「變為」的一種摸索。你不能愛你自己，同時卻恨那流經你的情感；雖然你並非你的情感，但你這麼經常的與它們認同，以致在恨它們的時候，你就在恨你自己。

用你的意識心及其邏輯，如果發現你覺得自己沒價值，那麼不要只試著把一個更正面的信念置於其上，相反的，找出你第一個信念的理由。如果你還沒有如此做的話，就把你對自己的感覺寫下來，要完全的誠實。如果另外一個人以同樣的話來告訴你，那麼你又會怎麼說呢？

檢查一下你所寫下來的，而了悟到它涉及了一套的信念。在「相信你沒有價值」與「事實上你沒有價值」之間有所不同。

（九點四十六分。）然後，對你的能力與成就列一張單子，這些應該包括以下這類事實，如：與別人相處得宜、有吸引力、對植物和動物很好，是一個很好的木匠或者廚子。任何的才能或成就，應該如你先前記錄最細微的「毛病」一樣，誠實的記下來。

沒有一個活著的人，以其自己的方式，沒有一些創造能力、成就或極佳的特性，因此，如果你照著這些指示去做，將發現自己的確是一個有價值的人。

當你發現自己陷入一種自卑的情緒裡，就看看你第二張列出能力與成就的單子。那麼，就用由你個人自我檢討所支持的，對自己價值的正面建議。你可能會說：「但我知道，我有沒用到的偉大能力。當我把自己與別人相比時，那時我就覺得差了很遠。如果我有少數一些與許多人相同的世俗成就，那並不獨特，又有什麼用呢？顯然我的命運涉及了比那要多的。我有我無法表達的渴望。」

首先，你必須了解，在你自己的獨特裡，把你自己與別人相比是無用的，因為在如此做時，你試圖去模仿那些屬於他們的特質，而到那個程度，你否認了自己奇蹟般的存在與遠景。一旦你開始把自己與別人相比，就永無止境。你永遠會發現有些人在某些方面比你更有才華，因此，你將繼續的不滿足。反之，透過處理你自己的信念，把你的人生是重要的視為當然；以它開始，以及以你所在的地方開始。不要因為你沒有達到某些偉大的理想而嘲弄自己，卻盡你所能去利用你有的那些才華，而明白它們內在潛存著你自己個人的完成。

（十點一分。）你給別人的任何幫助，將會由透過對你自己而非別人特性之創造性的利用而來。當你發現自己沉溺在生活裡的負面問題時，不要對自己生氣，反而建設性的問自己，你為什麼要這樣做，最後答案總是會出現的。

用那知識作為一個橋梁，不管你有什麼情緒，都讓它發生。如果你誠實地這樣做，對自己無價值的感覺或沮喪將通過而消失，它們自己發生變化了。你可能甚至發現自己對這些情感本身不耐煩，甚至厭倦，因而遣開它們。然而，不要自動地告訴你自己，它們是錯的，然後試圖像一個OK絆一樣的貼上「正面信念」。

對你自己要有一種幽默感——不是一種惡毒的幽默感，卻是一種善意的幽默尊重。當高度的嚴肅性是自然而非勉強來臨時，它是好的，但如果它被拖長了，就可能變得有點裝模作樣了。

如果你容許自己對信念愈來愈覺察，你就可以處理它們了。試圖去反抗你所認為的負面信念，或者被它們嚇著，是很傻的。它們並不神祕，你也許發現它們一度曾發生很好的作用，只是被過分強調了。它們也許需要的是被重新結構，而非否定。

你可以休息一下。

（十點十一分到十點二十八分。）有些信念可能在你生命的某個時期對你發生非常正面的效用，然而，因為你沒有去檢查它們，你可能在它們達到目的之後很久仍帶著它們，而現在它們可能變得與你作對。

新的一句：例如，許多小孩在某一段時期相信他們的父母是全能的——一個很方便的信念，給了兒童們一種安全感。而進入了青春期之後，這些兒女們震驚地發現，父母是相當具有人性，而且是會犯錯的，往往另一種堅信就取而代之了：對於較老一代之不足與低劣的信念，以及對那些掌管世界之人的僵化與無情的信念。

許多開始進入青年期的人，認為較老的一代沒有一件事是做得對的，然而，這個信念把他們從「較老的人不只是永遠對，並且不可能犯錯」的孩子氣觀念裡釋放出來，這帶給他們克服個人性與世界性問題的挑戰。

有那麼一會兒，新的成人們常感覺他們自己是不可征服的，甚至超過了動物性的界限；再次的，這個信念賦予他們去為自己開始一個生活，並形成他們群體世界所需的力量與精力。不過，以實質的說法，他們遲早必須不只了悟到那個挑戰，而且也了悟到動物性的其他奇異特性，在其中，基本上這種一般信念都變得不合理了。

（十點三十九分。）如果在四十歲時，你仍相信父母是絕不犯錯的，那麼，你對那個意念的持有已經遠超過它對你的有益期限了。用這本書裡的方法，你應該要去找出這個信念的理由，因為它將阻止你去運用自己的獨立性，也阻止你去造就自己的世界。如果你是五十歲，而仍相信較老的一代是僵化的，會很快變得老耄、精神上無能與身體上退化，那麼，你就在對較老一代的沒有效率持有一個舊信念，而為自己建立負面的暗示。相反地，如果你是五十歲，仍相信青春時期是一生中唯一光榮和有效的部分，當然，這也是在做同樣的事。

一個在某特定區域有天賦的青年，可能相信這個能力使他比別人都要卓越，在特定的期間，這可能對所涉及的人很有幫助，因為它提供了發展必須的推力，以及這個能力在其中成長的必要獨立性。這個同樣的人年長了幾歲之後，可能發現同樣的信念已被持有得太久了，因而否定了與同年紀的人非常重要的情感相互交流，或限制了這個人在其他方面的發展。

（在十點四十八分停頓。）一個年輕的母親可能相信孩子甚至比她的丈夫更重要，而按照當時的情況，這個信念可能幫助她對孩子付出必須的注意力——但如果這個孩子長大些了，她還持有這個觀念的話，那麼，這可能變得極度具限制性。如果一個婦人沒學會去檢查她心智的內容，那麼她整個成人生活就有可能按照這樣的意念來結構。對於一個二十歲婦女有正面結果的信念，不一定對一個四十歲婦女有同樣效果。好比說，她可能仍對孩子們比對丈夫付出更多的注意力。

當然，你們許多的信念是文化使然，但你們仍只接受了那些對你個人目的有用的信念。一般而言，在你們的社會裡，男人相信自己是邏輯性的，同時女人則被認為是直覺性的。現在，女人試圖去確認她們自己的權利，而常常落入同樣的陷阱裡，卻是開倒車的——試圖否定她們以為較低劣的直覺成分，而要她們認為較卓越的邏輯成分。

那麼，常常某些信念將在某個時期來構成你的生活，你們也會因著長大而放棄許多這些信念。當你這樣做的時候，內在的結構會改變，一旦你認出了「剩餘的」信念，你就是不可懦怯地默從它們。

「我覺得自卑，因為我的母親恨我。」或者，「我覺得沒有價值，因為我小時候瘦小得可憐。」一當你處理信念的時候，你可能發現自卑感似乎是由這種插曲而來。但作為一個成人，你就必須靠自己扭轉信念，去了悟一個恨她孩子的母親是已經處在困難中，而這樣一種憎恨，對這個母親比對她的孩子說明了更多的事。要靠你自己去了解，你現在是一個成人，而不是一個好欺負的小孩子。

（十一點一分。）

分開來寫：

威力之點就在當下

那個點不在過去——除非你卑下地決定默許那些不再對你有用的老舊信念。

如果你相信自己是沒有價值的，只因為你瘦弱好欺負，那麼，以某一種方式來說，無疑地，你是為了自己的目的而用那個信念。承認它，去發現那些目的是什麼。或許你加以補償了——稍後變成了運動家，或用那個推力以你自己的方式前進。如果你的母親恨你，你也許用那個去肯定你的獨立，好給你一個藉口或途徑；但在所有情形裡，你形成自己的實相，而因此，你對它表示了同意。

（停頓。）許多寫信給我的人感覺他們有非比尋常的心靈或寫作能力，或感覺到一個去幫助別人的強烈需要。他們經常地把自己所做的，與他們認為自己能做的相比，卻常常沒有對發展自己的能力做一個起步。

例如，他們想寫偉大的哲學理論，卻也許從未在紙上寫下隻字片語，或足夠信任自己，而去開始動筆。有一些人想要幫助整個世界，但所有他們做的只是去想這個願望，而根本沒有試著以實際方式實現它。在他們心中的理想變得如此偉大，以致他們永遠對自己的表現感到不滿意，卻害怕去開始。

對他們自己的獨特性懷著愛心的承認，其本身就可以讓他們明白，如何以自己的方式開始用他們的能力，而信任現在的情況。那個理想尚未實現，它只具有一個方向的要素。但只有藉著用現在你知道自己擁有的東西，而且對自己的機會與能力有個默許，並且透過當下的力量去用那些，你才可以找到方向。

你可以休息一下。

（十一點十三分。一般而言，除了賽斯要求的劃線字句以外，珍的傳述是穩定且安靜的。（這個晚上令人很舒適地涼快了下來，「但你知道嗎？」珍問道，「現在我真的覺得很累……」這個休息變成這節的結束。珍在斟酌要不要回到出神狀態之後，終於決定不要。）

第六七七節　一九七三年七月十一日　星期三　晚上九點三十六分

晚安。

（「賽斯晚安。」）

口述：當你認為你需要幫助的時候，顯然是沒有什麼錯的，而有時候的確也可以獲益很多。然而，有些人向人求助成了一種習慣，而用它作為逃避責任的方法。在特定身體上的問題，或在你沒有什麼知識的那些範圍裡，你應該去尋求幫助。但許多人向在他們之外的那些人——通靈者、醫生、心理分析師、神父、牧師、朋友——找尋對整個人生情況的答案，而如此做時，他們否定了自我了解與成長的能力。

因為你們的教育架構，個人被教導要慎防「內我」，如先前提及的（例如在第二章六一四節裡）。因此，很不幸地，一般人都是在自己之外尋求對個人問題的答案，而那正是它們最不可能被找到的地方。如果你用在這本書裡所給的方法，你應該比以前對自己要有更深入的了解，而且將較能處理你個人的實相。僅只是知道你形成你的實相，就將把你由過去曾妨礙你的限制性觀念裡釋放出來，然後你能創造性的檢查信念，找到它們與你的經驗之間的關連。單就有意識的知識本身，就將在內我裡觸發直覺性的反應，因此，你將透過夢、衝動及普通的思想模式而收到有用的資料。

（在九點四十七分停頓。）如果你肯定你存在的優美，那麼，這個將自動地減弱你相反於那個原則的信念。你也能夠在你的經驗內，同等地持有一個「理想自己」的意象，以及所有從它那兒伸出的自然分枝。

（相當緩慢地：）你將由現在所在的地方開始，歡喜地擴展你現有的屬性，而不去期待它們顯出完全綻放的樣子。你會愛自己，也會毫無困難的去愛你的鄰人，那並不指你必須對你所愛之人與你對他的理想之間的分歧沒有覺察。它也不指你必須經常地微笑，卻是你在動物性次元內肯定你的有效性及優美。

你一旦開始把自己與對自己的一些理想化看法相比時，就會自動的覺得愧疚。直到你開始去處理信念之前，這種愧疚可以被最無害的插曲與特點發動。把那些使你充滿罪惡感的明確行為或事情列成一張單子是個好主意。常常你將能相當容易的追蹤它們到早期的兒時信念——有一些是善意的父母因想保護你而告訴你的，有些則是某個成人出於無知而灌輸給你的。然而，當被帶到光天化日之下，許多這些信念將在你的理解面前化為烏有。

當你在宇宙裡肯定自己的「正當性」，那麼，就會自動且容易地與別人合作，而把這當作自己天性的一部分。你，做你自己，就能幫助別人也做他們自己。你不嫉妒自己沒有的才能，因此，你能以開朗的心胸鼓勵在別人之內的才能。因為你認知自己的獨特性，不需要去宰制別人，也不會在他們的面前畏縮。

（十點一分。）你必須在某個時候開始信任自己，我建議你現在就去做。如果你不肯去做，那麼，你將永遠仰賴別人對你證實你自己的「價值」，而你永遠也不會滿足。你將永遠問別人你該做什麼。同時，你也會憎恨那些你從他那兒找尋這種幫助的人。因為對你而言，似乎他們的經驗是合法的，你的卻是偽造的，所以你將感覺受欺騙。

（在十點六分停頓，我們的貓威立病了，因此，在上課時我們讓牠待在身旁。牠現在醒了，當珍坐在搖椅裡為賽斯說話時，牠走到珍身邊，蹲下來準備跳入她的懷裡。我叫牠，牠隨即選擇蜷伏在我身旁的沙發上。

（珍仍舊在出神狀態裡。稍後她告訴我，賽斯帶著「親切的笑意」等這個插曲自行解決。）

你將發現自己誇大你生活的負面，而誇大別人經驗的正面。你是一個多重次元的人格，信任你自己存在的奇蹟，不要在你一生裡的肉體與靈性上作任何區分，因為靈性是以肉體的聲音來說話，而肉體是心靈的創造物。

不要把上師、牧師、神父、科學家、心理學家、朋友的話語——或我的話語放在你自己存在的感受之上。你可以由別人那兒學到很多，但最深的知識必須來自你自己。你自己的意識正踏入一個實相，那基本上是不能被任何別人所經驗的，那是獨特而不能轉譯的，有它自己的意義，而追隨它自己「變為」的途徑。

你與那些也在以他們自己的方式經驗旅程的人共享一個存在，那麼，你們是在一同旅行。對你自己也對你的旅伴仁慈些吧！

我也在旅行中，而我試著透過魯柏與約瑟給你們我所擁有的資料與知識（停頓），他們是在你們時空裡的我的一部分。但他們是他們自己，就如我是我自己一樣。

你可以休息一下。

（十點十七分。珍的出神狀態很好，她的傳述平穩且相當安靜，她說：「你知道嗎？我以為這本書會再長些，但我有那種怪怪的依戀感覺，覺得賽斯很快就要把它結束了。我有那種要顫抖的感覺，我不知道你覺得如何，」她笑道，「但我喜歡看到它再延長個五章……我對《靈魂永生》也有同樣的感受；結尾永遠使我震撼。」我告訴她，我想今晚賽斯就會結束這本書，我開玩笑說，我們可以問他下一本書的題目。珍拍著她的頭頂說：「喔！他的資料已經堆到這麼高了。」

（對於休息前所給的資料有關的一個註：賽斯在第十九章談到一般性的轉世，但他在這本書裡對他與珍和我的心靈「聯繫」說得很少。在《靈界的訊息》以及《靈魂永生》裡都散布著一些對這種聯繫的參考資料〔見後者附錄裡的五九五節〕，而我們也有少數一些未出版的資料。但好比說，要探索光只涉及我們三人的轉世的枝節本身，就要花上一本書……

（在十點三十七分繼續。）

好，口述：魯柏對他自己意識本質的信念有助於把這些課帶了來。

魯柏和約瑟都致力於探索創造性的本質，從很年少的時候就在尋求答案——但最重要的就是，他們信任他們的「存在」命運與優美。

有時候他們也許會覺得自己迷失了方向。在某一段時期裡，他們也許有一些問題，因而暫時忘記了他們的目標，但他們對自己個別或共同的信念，強到足以給他們現在的實相。

許多寫信來的人想要發展並且用到同樣的能力，然而，由他們的信裡，可以很明顯的看出，他們的信念阻止了他們對內我產生足夠的信任。你不能害怕自己的存在，卻希望旅行過它，去探索它的幅度。首先，你必須採取肯定身分的簡單一步，那個肯定將釋出你擁有的那些屬性，而打開經驗的嶄新大道，它們將是且必然是你自己的。舉例來說，當你請別人來詮釋你的夢時，你就自動地把自己潛能的實現放遠了一步。當你請別人告訴你人生方向時，那麼到某個程度，你就不知道自己就擁有它。沒有這種覺知的話，那麼就沒有一個方法能幫助你。

（十點四十九分。）現在，以普通的說法，這本書並沒有包括任何秘教的指示，以幫助你達成你可能認作靈性的發展或心靈的專門知識。然而，對那些想用動物性作為架構，而透過它來感知與經驗其他實相的人，這本書卻是一個起步。

如我先前說過的，否定肉體不會使你變得更有靈性（見第七章）。這是你在過的生活——信任流經你的生活。這樣做的時候，其他實相也將讓它們自己為你所知，而它們將增加你現在實相的幅度與深度。

分開來寫：

你創造你自己的實相——不論你旅行到哪裡，並且不論你發現自己在哪一個次元裡。

在你還沒有開始其他的意識旅程時，要了解你的信念將跟著你並形成你的經驗，在那兒就如它們在這兒一樣。如果你相信惡魔，你就會碰到它們——在這一生以敵人的樣子，而在其他意識領域裡以魔鬼或「邪靈」的樣子出現。

如果你害怕你的情感，相信它們是錯的，那麼，當你嘗試「通靈」的實驗時，也許相信自己著了魔。你那被壓抑的情感將看起來彷彿惡魔似的，你將害怕把它們派給自己，因而，會認為它們屬於一個離開了身體的靈魂。那麼，了解所有情感真正的「無邪」是非常重要的，因為它們每一個如果不受干擾，而你只是跟隨它的話，它將會把你領回「愛的實相」裡。

（在十一點正停頓。）如果有任何人告訴你，因為你的天性或肉身的存在，你是邪惡或有罪的，或任何這類教條，不要信任他。不要信任任何領你離開自己真實的人，（長久停頓，雙眼閉著。）不要追隨那些告訴你必須贖罪——以不論什麼方式——的人。相反的，信任你自己存在的自發性，以及為你自己擁有的那個生活。如果你不喜歡你在的地方，那麼就檢查你有的那些信念，把它們帶到光天化日之下。在你之內沒有任何事值得害怕。

分開地：

我的人生是我的，而我形成了它。

常常告訴自己這句話。從現在起，創造你的人生，用你的信念就像藝術家用顏色一樣。沒有你不能改變的情況，除了在動物性的領域內，你出生時所接受的無可爭辯的肉體狀況，就好比說，少了一個器官或有機能性的缺陷。

如果你因為一種疾病或生活境況而充滿了自憐，那麼，抓住這個機會，開始去誠實面對你的信念，找出那個困難的理由。

（更專注地：）我以內在的活力說話，那是每一個讀者內在與生俱有的；我以內在的知識說話，那也是屬於他們的。

如我以前說過的，我現在也用它來做個結束：你們被給予了神明的天賦；你按照信念創造你的實相；你所有的是那個造成你們世界的創造性能量；「自己」是沒有限制的，除了那些你相信的以外。

我是賽斯，我喜悅地說出我的名字，雖然名字本身並不重要。那麼，每天早上，你們每個人也以肯定的語氣來說出你們的名字。

你們透過你存在的內在力量創造生活，（停頓。）你存在的根源在你之內，卻超越你所知的自己。以了解的狂放不羈去用那些創造能力、尊重自己，並行走過你存在的神性。

本書結束。

（十一點十四分。我說：「謝謝你，我想它是非常的好。」賽斯—珍相當嚴肅的瞪著我。）

你倆都有自己的旅程要走——那個起伏而流動的你們自己存在的節奏。魯柏有些聯繫工作要做，還會有我——以及他的和你的——其他的書出來，而在好幾世紀以前，我們真的開始了彷彿已開始的那些。

此節結束。

（「非常謝謝你，賽斯晚安。」）

（十一點十六分。珍最後書的傳述大部分時間都很安靜且如常的穩定。對於賽斯在這本長書裡的角色告一段落，她感到既驚奇——如她說了好幾次的——又有一些憂悶。剛在一週以前，她完成了她的序的初稿，因此，那個也已經在付梓當中了。她並不覺得賽斯將會做一個附錄，如我們偶爾臆測的。

（「——但我無法相信這真的結束了！」她再一次的說，「就我而言，這整件事是毫不費力的，彷彿它只是從我嘴裡出來，當我忙著在做其他事的時候……」那雖然是真的，卻幾乎沒有考慮到在過去十個月裡，她對這本書在情感與知性上深深的投入。

（在這本書的生產過程裡，每個星期珍與她ESP班的成員都在研習賽斯的書。而當她一個人時，她也常閱讀它；雖然如此，她仍然宣稱：「現在，我想把它重新看一遍，因此，我可以有一個整體的概念。」我告訴她，我認為她製作了一本很好的書。

（隨後的附註：賽斯在結語中，關於珍其他的書的說法，證明相當的正確。甚至當我們準備將此書付梓時，她另外兩本作品：《靈魂與必朽的自己在時間當中的對話》及《面向心理學》都被Prentice-Hall訂下出版合約。兩本都有些部分在本書出現過，而珍也在她的序言裡討論過它們。我負責為兩本書做插圖。

《對話》，一本詩集，在第十章六三九節裡描寫過。珍自己講通靈事物理論的書，《面向心理學》，除了其他的地方，還在第三章六一八節裡談到。它是由她「意識的探險」的寫作裡衍生出來的，在《靈魂永生》第二十一章裡談到過，也被包括在內了。）

愛的贊助

本書的順利出版，要感謝下列人士熱心贊助，
新時代賽斯教育基金會在此獻上誠摯的祝福：

- 陳沛渝（一萬五千元）
- 李雅菁（一萬元）
- 施月鵑（一萬元）
- 趙文嘉（一萬元）
- 劉素卿（一萬元）
- 邱冬純（二千元）
- 高儷文（一萬元）
- 廖林貴英（一萬元）
- 古詩吟（一萬元）
- 劉樹坤（五萬元）
- 吳淑華（一萬元）
- 陳卓漢（二萬元）
- 廖全保（一萬元）
- 溫雯婷（一萬元）
- 黃金山（一萬五千元）
- 黃文燕（一萬元）
- 盧火鐵（二萬元）
- 廖麗淳（一萬元）
- 郭榮芳（五萬元）
- 許淑芬（一萬元）
- 莊嫵諭（一萬元）
- 新竹無名氏（六萬元）
- 盛蘭（一萬元）
- 朱秀儀（二千元）

愛的推廣辦法

看完這本書，是否激盪出您內心世界的漣漪？

如果您喜歡我們的出版品，願意贊助給更多朋友們閱讀，下列方式建議給您：

1.訂購出版品：如果您願意訂購一千本（印刷的最低印量）以上，我們將很樂意以商品「愛的推廣價」（原售價之65折）回饋給您。

2.贊助行銷推廣費用：如果您認同賽斯文化的理念，願意贊助行銷推廣費用支持我們經營事業，金額達萬元以上者，我們將在下一本新書另闢專頁，標上您的大名以示感謝（每達一萬元以一名稱為限）。

請連絡賽斯文化或財團法人新時代賽斯教育基金會各地分處，我們將盡快為您處理。

●愛的連絡處

如果您認同本書的觀念及內容，想要接受我們的協助；如果您十分認同本書的理念，想依循本書的觀念成為一位助人者的角色；如果您樂見本書理念的推廣，而願意提供精神及實質的協助；請與財團法人新時代賽斯教育基金會各地分處連繫：

●台中總會　陳嘉珍　電話：04-22364612
E-mail: natseth337@gmail.com
台中市北區崇德路一段六三一號A棟十樓之一

●董事長新店服務處　林娉如　電話：02-82192432, 0921378642
E-mail: sethxindian@gmail.com
新北市新店區中央五街五一號

●板橋辦事處　邱譯萱　電話：02-82524377, 0915878207
E-mail: seth.banciao@gmail.com
新北市板橋區仁化街四〇之二號八樓

●三鶯辦事處　陳志成　電話：02-26791780, 0988105054
E-mail: sanyin80@gmail.com
新北市鶯歌區文化路二一四號

●嘉義辦事處　邱牡丹　電話：05-2754886
E-mail: new1118@gmail.com
嘉義市民權路九〇號二樓

●台南辦事處　關倩芝　電話：06-2134563, 0939295509
E-mail: sethfamilyl@gmail.com
台南市中西區開山路二四五號十樓

●高雄辦事處　黃久芳　電話：07-5509312, 0921228948　傳真：07-5509313
E-mail: ksethnewage@gmail.com
高雄市左營區明華一路二二一號四樓

- 屏東辦事處　羅那　電話：08-7212028　傳真：08-7214703
  E-mail: sethpintong@gmail.com
  屏東市廣東路一二〇巷二號
- 宜蘭辦事處　潘仁俊　電話：03-9325322, 0912296686
  E-mail: seth.yilan@gmail.com
  宜蘭市宜中路一二〇號
- 賽斯村　陳紫涵　電話：03-8764797　傳真：03-8764317
  E-mail: sethvillage@gmail.com
  花蓮縣鳳林鎮鳳凰路三〇〇號
- 香港聯絡處　董潔珊　電話：009-852-2398-9810
  E-mail: seth_sda@yahoo.com.hk
  香港九龍旺角花園街一二一號利興大樓5字樓D室
- 深圳聯絡處　田邁　電話：009-86-138288-18853　E-mail: tlll-job@163.com
- 紐約聯絡處　謝麗玉　電話：002-1-718-878-5185　E-mail: healingseeds@yahoo.com
- 多倫多聯絡處　黃美雲　電話：002-1-416-444-4055　E-mail: tsaisun2k@yahoo.ca
- 台灣身心靈全人健康醫學學會　徐雪萍　電話：02-22197106
  E-mail: TSHM2075@gmail.com
  新北市新店區中央四街八〇號五樓

賽斯文化 特約點

台北	佛化人生	台北市羅斯福路3段325號6樓之4	02-23632489
	政大書城台大店	台北市羅斯福路三段301號B1	02-33653118
	水準書局	台北市浦城街1號	02-23645726
中壢	墊腳石中壢店	桃園縣中壢市中正路89號	03-4228851
台中	唯讀書局	台中市北區館前路5號	04-23282380
斗六	新世紀書局	雲林縣斗六市慶生路91號	05-5326207
嘉義	鴻圖書店	嘉義市中山路370號	05-2232080
台南	金典書局	台南市前鋒路143號	06-2742711 ext13
高雄	明儀圖書	高雄市三民區明福街2號	07-3435387
	鳳山大書城	高雄縣鳳山市中山路138號B1	07-7432143
	青年書局	高雄市青年一路141號	07-3324910

依爾達 特約點

台北	賽斯花園5號出口	台北捷運南港展覽館站五號出口	02-26515521
桃園	大湳鴻安藥局	桃園縣八德市介壽路二段368號	03-3669908
	向光之徑	桃園縣中壢市中山東路三段327號	03-4365026
	彭春櫻讀書會	桃園縣楊梅市金山街131號7樓	0919-191494
	新時代賽斯中壢中心	桃園縣中壢市龍昌路7號	03-4365026
台中	賽斯興大讀書會	台中市永南街81號	0932-966251
	心能源社區讀書會	台中市北屯區九龍街85號	0911-662345
	愛麗絲花園	台中市沙鹿區自由路166-6號	04-26365209
南投	馬冠中診所	南投市復興路84號	049-2202833
台南	賽斯生活花園	台南市安南區慈安路205號	06-2560226
	2075 Efharisto	台南市北區北成路20巷1弄28號	06-2816328
高雄	天然園	高雄市林園區林園北路264號	07-6450406
	大崗山推廣中心	高雄市阿蓮區崗山村1號	07-6331187
	新時代賽斯六合推廣中心	高雄市苓雅區六合路21-1號2F	0972-330563
屏東	賽斯花園	屏東市廣東路120巷2號	08-7213545
	秋子壽司	屏東市興豐路68號	
花蓮	新時代賽斯花蓮中心	花蓮市中福路118號	03-8311342
台東	欣納的家	台東市廣東路252號	0933-626529
馬來西亞	Reset/賽斯學苑	sethlgm@gmail.com	009-60147398023
	馬來西亞心時代協會	inquiry@newage.org.my	009-60175570800
	賽斯舞台	mayahoe@live.com.my	009-60137708111
新加坡	LALOLN	elysia.teo@laloln.com	009-6591478972

Seth 賽斯文化

想完整閱讀賽斯文化的書籍嗎？
以上地點有我們全書系出版品喔！

國家圖書館出版品預行編目資料

個人實相的本質／Jane Roberts著；王季慶譯. --初版. --
臺北縣新店市：賽斯文化, 2010. 08.
面；　　公分. --（賽斯書；3）
譯自：The nature of personal reality

ISBN 978-986-6436-12-3（平裝）

1. 心靈學　2. 自我實現

175.9　　　　99011926

唐郁婷.

2014年9月於博客來購入.

每天的生活，都是靈魂的精心創造

You create your own reality.